Uni-Taschenbücher 234

UTB FÜR WISSEN SCHAFT

Eine Arbeitsgemeinschaft der Verlage

Birkhäuser Verlag Basel · Boston · Stuttgart
Wilhelm Fink Verlag München
Gustav Fischer Verlag Stuttgart
Francke Verlag München
Harper & Row New York
Paul Haupt Verlag Bern und Stuttgart
Dr. Alfred Hüthig Verlag Heidelberg
Leske Verlag + Budrich GmbH Opladen
J. C. B. Mohr (Paul Siebeck) Tübingen
R. v. Decker & C. F. Müller Verlagsgesellschaft m. b. H. Heidelberg
Quelle & Meyer Heidelberg
Ernst Reinhardt Verlag München und Basel
K. G. Saur München · New York · London · Paris
F. K. Schattauer Verlag Stuttgart · New York
Ferdinand Schöningh Verlag Paderborn · München · Wien · Zürich
Eugen Ulmer Verlag Stuttgart
Vandenhoeck & Ruprecht in Göttingen und Zürich

Für R. J. + 2 x D. J.

Hans-Joachim Jarchow

Theorie und Politik des Geldes

I. Geldtheorie

56 Figuren

6., überarbeitete und ergänzte Auflage

Vandenhoeck & Ruprecht in Göttingen

Der 1935 in Oldenburg/H. geborene Autor studierte Betriebswirtschaftslehre und Volkswirtschaftslehre an den Universitäten Hamburg und Kiel und schloß sein Studium 1959 mit dem volkswirtschaftlichen Diplomexamen in Kiel ab. Nach seiner Promotion zum Dr. sc. pol (1961) war er zunächst Assistent, später Oberassistent am Institut für Weltwirtschaft in Kiel. 1966 habilitierte er sich in Kiel mit einer geldtheoretischen Arbeit. 1967 übernahm er einen volkswirtschaftlichen Lehrstuhl an der Universität Göttingen. – Veröffentlichungen insbes. über Geldtheorie, Außenwirtschaftstheorie und internationale Währungspolitik.

CIP-Kurztitelaufnahme der Deutschen Bibliothek

Jarchow, Hans-Joachim:
Theorie und Politik des Geldes / Hans-Joachim Jarchow. – Göttingen: Vandenhoeck und Ruprecht.
1. Geldtheorie – 6., überarb. Aufl. – 1984.
(Uni-Taschenbücher; 234)
ISBN 3-525-03144-0

Printed in Germany
Einbandgestaltung: A. Krugmann, Stuttgart
Herstellung: Hubert & Co., Göttingen

Aus dem Vorwort zur 1. Auflage

Das zentrale Anliegen der vorliegenden Schrift besteht darin, zu analysieren, wie die Geldmenge bestimmt wird, wie sie von den Trägern der Geldpolitik beeinflußt werden kann und wie sie auf wirtschaftspolitische Zielgrößen, z. B. das Volkseinkommen, die Beschäftigung und das Preisniveau, einwirkt. Insbesondere zur Beantwortung der letzten Frage erscheint es angebracht, die häufig anzutreffende Isolierung der Geldtheorie aufzugeben und die Analyse des monetären Bereichs stattdessen mit der Analyse des güterwirtschaftlichen Bereichs zu verbinden.

Die Frage nach den Bestimmungsgründen der Geldmenge wird bereits im einführenden *Kapitel I* angeschnitten. Hierbei geht es zunächst um eine Darstellung elementarer Vorgänge, die zu einer *Geldschöpfung* oder *Geldvernichtung* führen. Danach wird ausführlicher die Frage behandelt, welche exogen vorgegebenen Faktoren die Kredit- und Geldschöpfungsmöglichkeiten der Geschäftsbanken limitieren. Offen bleibt dabei, in welchem Ausmaß die Geschäftsbanken ihr *Kredit-* und *Geldschöpfungspotential* tatsächlich ausnutzen. Die Beantwortung dieser Frage setzt eine Berücksichtigung des Verhaltens von Geschäftsbanken und Nichtbanken voraus und führt im III. Kapitel zur Ableitung einer Geldangebotsfunktion und einer Geldnachfragefunktion.

Nicht zuletzt um die bei der Ableitung des gesamtwirtschaftlichen Geldangebots und der gesamtwirtschaftlichen Geldnachfrage benutzten Hypothesen plausibel zu machen, wird im *II. Kapitel* eine *einzelwirtschaftliche Analyse der Kassenhaltung* vorgenommen. Den weitaus größten Raum nehmen dabei einführende Darstellungen neuerer Untersuchungen zur Bestimmung der Transaktions- und Vorsichtskasse sowie zur Zusammensetzung von finanziellen Vermögensbestandteilen (portfolio selection) ein. Dabei wird deutlich, daß Geld gegenüber anderen Vermögensobjekten ganz besondere Eigenschaften aufweist: So lassen sich mit Kassenbeständen einerseits Kosten und Risiken vermeiden, die bei einer Anlage von Geld in Obligationen, Aktien etc. auftreten, anderseits bedeutet eine Kassenhaltung aber auch den Verzicht auf Erträge (z. B. auf Zinsen, Dividenden und Kursgewinne). Solche relativen Vorzüge und Nachteile des Geldes bilden den Ausgangspunkt für die Bestimmung optimaler Kassenbestände. Die Theorie der *portfolio selection* gestattet darüber hinaus, neben der Höhe des (aus spekulativen Gründen) gewünschten Kassenbestandes auch allgemeiner den optimalen Umfang anderer finanzieller Vermögensobjekte zu ermitteln. Sie liefert damit einen Beitrag zur mikroökonomischen Fundierung der Geldnachfrage einerseits sowie des Kredit- und Geldangebots der Geschäftsbanken anderseits.

Im *III. Kapitel* steht die Frage im Vordergrund, wie aus dem Zusammenspiel von Geldangebot und -nachfrage die *Geldmenge* sowie die *Kreditmenge* und das *Zinsniveau* im Gleichgewicht bestimmt und wie diese Größen durch Einsatz geldpolitischer Instrumente oder durch andere Einflüsse verändert werden. Die Darstellung beschränkt sich dabei ausschließlich auf den monetären Bereich; das Volkseinkommen wird deshalb als eine außerhalb des Modells bestimmte Größe angesehen. In einem ersten Schritt erfolgt die Analyse außerdem unter der Annahme eines exogen fixierten Geldangebots und unter Vernachlässigung des Kreditmarktes (also ohne Berücksichtigung des Verhaltens der Geschäftsbanken); sie bedient sich dabei der *Keynesschen Liquiditätspräferenztheorie.* Im zweiten Schritt wird die Analyse erweitert. Sie beschränkt sich zwar weiterhin auf den monetären Bereich, bezieht aber die Kreditmenge und andere finanzielle Größen mit in die Gleichgewichtsanalyse ein. Insbesondere wird dabei angenommen, daß die Geschäftsbanken unter Beachtung von Rentabilitätsgesichtspunkten einen variablen Teil ihres Kredit- und Geldschöpfungspotentials für die Kreditgewährung an Nichtbanken ausnutzen. Auf diese Weise ergibt sich eine *Geldangebotsfunktion*, die u. a. verschiedene Zinssätze als Einflußgrößen enthält.

Im *IV. Kapitel* wird die isolierte, auf den monetären Bereich beschränkte Betrachtungsweise aufgegeben und der güterwirtschaftliche Bereich in die Untersuchungen einbezogen. Eine solche integrierende Betrachtungsweise scheint für eine grundlegendere Beurteilung der Geldpolitik unumgänglich zu sein. Die Notwendigkeit hierfür ergibt sich daraus, daß man die Wirksamkeit geldpolitischer Maßnahmen nur erörtern kann, wenn man die Verbindungslinien zwischen den Änderungen geldpolitischer Aktionsparameter und anderen Einflüssen aus dem monetären Bereich einerseits sowie den Reaktionen bei den wirtschaftspolitisch relevanten Zielgrößen im güterwirtschaftlichen Bereich anderseits untersucht, also den sog. *Transmissionsmechanismus* aufdeckt. Zur Klärung der Zusammenhänge werden verschiedene Theorien herangezogen, die sich u. a. dadurch unterscheiden, daß sie der Geldmenge unterschiedliche Wirkungen auf den güterwirtschaftlichen Bereich zuordnen. Neben einer Erörterung der *klassischen* und *neoklassischen Theorie*, der *Allgemeinen Theorie* von Keynes und der *Neukonzipierung der Quantitätstheorie* durch Milton Friedman wird hierbei auch der Versuch unternommen, einige Ergebnisse aus der jüngeren Entwicklung der Geldtheorie in die Lehrbuchliteratur aufzunehmen, nämlich den *Transmissionsmechanismus der relativen Preise* sowie einige Überlegungen und Hypothesen der *Monetaristen.*

Mit der Arbeit an diesem Band hat sich bei mir eine nicht geringe Dankesschuld angesammelt. Besonders habe ich meinen Mitarbeitern, den Herren Diplom-Volksw. G. Engel und Dr. P. Rühmann, die das gesamte Manuskript kritisch durchgearbeitet haben, für ihre wertvolle Hilfe zu danken. Die Diskussion mit ihnen hat mir manche wichtige Anregung vermittelt und mich auch vor einigen Irrtümern bewahrt.

Für eine Reihe von Hinweisen danke ich ferner den Herren H. Möller und Diplom-Volksw. R. Scheffler, letzterem besonders für die viele Mühe bei der Anfertigung der Zeichnungen, die Erstellung des Sachregisters und für die Hilfe beim Lesen der Korrektur, an der auch Herr Holla beteiligt war. Mein Dank gilt schließlich auch Frau E. Reiter für die sorgfältige Anfertigung des nicht immer einfachen Manuskripts.

September 1972 Hans-Joachim Jarchow

Vorwort zur 6. Auflage

Neben zahlreichen kleineren Korrekturen wurden an *zwei* Stellen des Bandes umfassendere Änderungen vorgenommen. *Erstens* wurde der Abschnitt über *Geldangebot und -nachfrage* weitgehend umgeschrieben. Dabei wurde das von der Deutschen Bundesbank inzwischen nicht mehr verwendete Konzept der Liquiditätsreserven aus den Betrachtungen herausgenommen (wie schon in der vierten Auflage von Band II), wodurch sich für die Darstellung Vereinfachungen ergaben. Außerdem wurde die Zentralbankverschuldung der Geschäftsbanken von vornherein in das Ausgangsmodell einbezogen, während eine Berücksichtigung der weniger wichtigen Liquiditätsdispositionen über Geldmarktpapiere erst im Zusammenhang mit der erweiterten Analyse erfolgte. *Zweitens* wurde der Abschnitt über *Geldmengenwachstum, realwirtschaftliche Effekte und Inflation* bei alternativen Erwartungen weitgehend neu geschrieben. Dabei erschien es sinnvoll, sich auf eine Betrachtung im Angebots-Nachfrage-Modell (nach Dornbusch/Fischer) zu konzentrieren und die Phillips-Kurven-Analyse nur noch als Ausgangspunkt für die Bestimmung der Inflationsrate zu benutzen. Hierdurch ließen sich inhaltliche Überschneidungen vermeiden und der Stoff konnte so gestrafft werden. Der freigewordene Raum wurde für eine detailliertere Darstellung der *Antiinflationspolitik* verwendet und für einen zusätzlichen *Anhang* (A 9), in dem der für geldpolitische Maßnahmen relevante Anpassungsprozeß auch für den Fall *rationaler Erwartungen* formalisiert wurde.

Meine beiden Mitarbeiter, die Herren Privatdozent Dr. G. Engel und Dr. H. Möller, haben die Änderungen im Manuskript inhaltlich überprüft. Für ihre konstruktive Kritik schulde ich Ihnen Dank. Für redaktionelle Arbeiten bedanke ich mich insbesondere bei Herrn H. Bernhöft, für die Anfertigung der neuen Zeichnungen bei Herrn G. Grebe. Mein Dank gilt schließlich auch wieder Frau H. Linne für die geduldige und gewissenhafte Anfertigung des Manuskripts.

Juni 1984 — Hans-Joachim Jarchow

Inhaltsverzeichnis

Anhänge

Verzeichnis der häufiger benutzten Symbole[1])

B:	Monetäre Basis
B':	Bereinigte Basis
C:	Banknotenumlauf im Nichtbankensektor [2])
D:	Sichteinlagen
F:	Zentralbankverschuldung
G:	Geldmarktpapiere
I:	Nettoinvestitionen
K:	Kredite an inländische Nichtbanken (ohne Geldmarktpapiere)
K^a:	Kreditangebot
K^n:	Kreditnachfrage
L:	Geldnachfrage (Liquiditätspräferenz)
M:	Geldvolumen der Wirtschaft (kurz: Geldmenge)
M^a:	Geldangebot
M^+:	Geldmenge in einem weiteren Sinne ($M + T$)
N:	Beschäftigung
S:	Ersparnis
T:	Termin- plus Spareinlagen
U:	Arbeitslosenquote (Unterbeschäftigung)
$\ddot{U}_0$:	Überschußreserven
Y:	Nettosozialprodukt zu Faktorkosten (kurz: Volkseinkommen)
Z:	Mindestreserven
a:	Kreditkoeffizient
e:	Erwarteter Liquidationserlös eines Portefeuilles (kurz: Erlös)
i:	Gegenwärtige Rendite (kurz: Zinssatz)
i_h, i_s:	Habenzinssatz, Sollzinssatz
k:	Bargeldquote (C in Relation zu D)[3])
p:	Preisniveau; p mit Index: Güter- und Faktorpreise
r:	Mindestreservesatz
s:	Erwartetes Risiko eines Portefeuilles (kurz: Risiko)
t:	Einlagenkoeffizient (T in Relation zu D)
w:	Geldlohnsatz
π, π^*:	(tatsächliche) Inflationsrate, erwartete Inflationsrate

[1]) Erscheint im Text eine Größe mit dem Index r, dann handelt es sich um eine reale Größe.

[2]) Im Abschnitt IV.2 sowie in dem Anhang A 4) bezeichnet C^r den *realen Konsum*. Verwechslungen mit dem Symbol C (Banknotenumlauf) sind jedoch ausgeschlossen.

[3]) Das Symbol k bezeichnet im Kapitel II die Kosten und im Abschnitt IV.1 (ebenso wie im Abschnitt III.1) den Kassenhaltungskoeffizienten. Verwechslungen mit dem Symbol k für Bargeldquote sind jedoch ausgeschlossen.

I. Grundlagen

1. Wesen und Erscheinungsformen des Geldes

a) Begriff und Funktionen des Geldes

aa) Zum Begriff des Geldes. – Ganz allgemein kann man unter **Geld** oder **Zahlungsmitteln** alles verstehen, was im Rahmen des nationalen Zahlungsverkehrs einer Volkswirtschaft generell zur Bezahlung von Gütern und Dienstleistungen oder zur Abdeckung anderer wirtschaftlicher Verpflichtungen akzeptiert wird. Mit dieser Begriffsbestimmung wird nicht ausgeschlossen, daß die konkrete Erscheinungsform, in der Zahlungsmittel Verwendung finden, im Zeitablauf Änderungen unterworfen ist. So liefert die Geschichte genügend Anschauungsmaterial dafür, daß Noten in Phasen ausgeprägter inflationärer Entwicklungen die Qualifikation als allgemein akzeptierte nationale Zahlungsmittel verlieren können und diese Funktion dann von bestimmten knappen Gütern (wie Zigaretten, Butter usw.) weitgehend übernommen wird.

bb) Funktionen des Geldes. – Mit der Definition des Geldes als allgemein akzeptiertes Zahlungsmedium ist bereits auf die wichtigste Funktion des Geldes, auf die sog. **Tauschmittelfunktion**, hingewiesen worden. Insbesondere die Erfüllung dieser Funktion macht Geld zu einem schwerlich wegzudenkenden Bestandteil einer durch weitgehende Arbeitsteilung gekennzeichneten modernen Volkswirtschaft. Eine solche Volkswirtschaft ist dadurch charakterisiert, daß sich die einzelnen am Produktionsprozeß beteiligten Individuen auf ganz bestimmte Tätigkeiten und die einzelnen Unternehmungen auf die Erzeugung ganz bestimmter Güter und Dienste spezialisieren. Die einzelne Wirtschaftseinheit produziert also die für den eigenen Lebensunterhalt erforderlichen Konsumgüter nicht selbst; sie ist deshalb darauf angewiesen, die von ihr benötigten oder gewünschten Güter und Dienste gegen die aus ihrer Beteiligung am Produktionsprozeß resultierenden Ansprüche einzutauschen. Eine arbeitsteilige Wirtschaft wird deshalb eine *Tauschwirtschaft* sein. Eine Tauschwirtschaft wiederum erfordert, will sie ohne größere Störungen funktionieren, ein allgemein anerkanntes Zahlungsmedium; sie muß also bei fortgeschrittener Arbeitsteilung eine *Geldwirtschaft* sein. Ist sie es nicht, dann muß eine Wirtschaftseinheit, die z. B. ein Gut (oder eine Dienstleistung) A gegen ein Gut Z eintauschen möchte, viel Mühe darauf verwenden, einen Tauschpartner zu finden, der erstens das Gut A erwerben und zweitens zur gleichen Zeit das Gut Z abgeben möchte. Eine andere Möglichkeit besteht in einer Tauschwirtschaft nur darin, das Gut A in ein Gut B einzutauschen und dieses im günstigsten Fall direkt, sonst aber über eine Kette weiterer Tauschtransaktionen dafür zu benutzen, in den Besitz des gewünschten Gutes Z zu gelangen. Da die erste Möglichkeit einen beträchtlichen Informationsstand voraussetzt und deshalb auch nur relativ selten zu realisieren sein dürfte und da die zweite Möglichkeit recht kompliziert und aufwendig sein kann, liegt es nahe, vom Naturaltausch abzugehen und ein allgemein akzeptiertes Tauschmittel einzuführen. Mit seiner Hilfe gelingt es, jede Tauschtransaktion in zwei Vorgänge aufzuspalten: einen Verkaufsakt, bei dem man Geld erhält, und einen Kaufakt, bei dem man Geld abgibt. Daß bei dieser Transaktion der Käufer des Gutes A und der Verkäufer des Gutes Z nicht ein und dieselbe Person sein müssen, wird durch die Tauschmittelfunktion des Geldes ermöglicht.

Neben der Tauschmittelfunktion übernehmen Zahlungsmittel gewöhnlich [1]) auch gleichzeitig die Rolle einer **Recheneinheit.** So ist z. B. die Deutsche Mark in der Bundesrepublik zugleich Zahlungsmittel und Recheneinheit.

Ebenso wie die Existenz eines allgemein anerkannten Tauschmittels, so ist auch das Vorhandensein einer Recheneinheit notwendiger

---

[1]) Möglich ist es allerdings auch, daß eine Recheneinheit existiert, die als Tauschmittel keine Verwendung findet. So könnte man die Preise aller Güter in Gewichtseinheiten von Gold messen (ein Gramm Gold dabei z. B. einen Goldor nennen), ohne Gold gleichzeitig im Zahlungsverkehr einzusetzen. In

Bestandteil einer funktionierenden arbeitsteiligen Tauschwirtschaft. Durch Einführung einer Recheneinheit wird es möglich, den Wert aller Güter, Forderungen und Verbindlichkeiten in Einheiten ein und derselben Bezugsgröße auszudrücken und auf diese Weise vergleichbar zu machen. Welche Vorteile hiermit verbunden sind, wird besonders deutlich, wenn wir uns vorstellen, daß eine Tauschwirtschaft *ohne* Recheneinheit auskommen müßte. Schon in dem sehr einfachen Fall, daß nur 200 Güter gegeneinander ausgetauscht werden, müßten 19900 Austauschverhältnisse[2]) bekannt sein. Wird *dagegen* eine Recheneinheit verwendet, das Gut A (sagen wir Gold) z.B. als Bezugsgröße gewählt und die Werte der anderen 199 Güter in Einheiten des Gutes A gemessen, dann reduziert sich dadurch die Zahl der Austauschverhältnisse auf 199. Der zur Erforschung der Märkte erforderliche Umfang an Informationen ist deshalb erheblich geringer [3]). Wie schon bei der Tauschmittelfunktion, so zeigt sich also auch hier, daß in der Vermeidung der sich durch den Naturaltausch ergebenden Komplikationen und der dadurch bedingten Aufwendungen die besondere Bedeutung der Verwendung des Geldes liegt.

Existiert ein Zahlungsmittel, das die Funktionen eines allgemein akzeptierten Tauschmittels und einer Recheneinheit übernimmt, dann liegt es nahe, daß es auch als **Wertaufbewahrungsmittel** Verwendung findet. So bietet sich bei einer Tauschtransaktion die Möglichkeit, Kaufakt und Verkaufsakt zeitlich zu trennen, wenn bei der Abwicklung ein Zahlungsmittel benutzt wird. In einer Geldwirtschaft hat eine Wirtschaftseinheit mithin die Möglichkeit, die beim Verkauf von Gütern und Diensten erworbene Kaufkraft in Form eines Geld-

---

diesem Fall wäre der Goldor Recheneinheit, aber *kein* Tauschmittel. Ein weiteres Beispiel ist die Guinee, die in England zwar noch als Recheneinheit, aber nicht mehr als Tauschmittel verwendet wurde.

[2]) Berechnet nach der Formel $\frac{n^2 - n}{2}$, wobei n die Zahl der Güter bezeichnet.

[3]) Siehe hierzu K. Brunner and A.H. Meltzer, The Use of Money: Money in the Theory of an Exchange Economy. "The American Economic Review", Vol. 61 (1971), S. 787.

bestandes „zu lagern“ und erst dann zu verausgaben, wenn sich ein entsprechender Bedarf einstellt.

Geld dient zwar als Wertaufbewahrungsmittel; andere Formen der Vermögensanlage spielen in diesem Zusammenhang jedoch eine wichtigere Rolle. So kann man Kaufkraft auch akkumulieren, indem man Sparguthaben unterhält, Wertpapiere kauft oder Sachvermögen (z.B. Land und Häuser) erwirbt. Im Unterschied zu Geldbeständen haben diese Aktiva den Vorteil, daß sie in Form von Zinsen, Dividenden, Pacht und Mieten Erträge abwerfen und u.U. an Preissteigerungen partizipieren (wie Sachvermögen). Dem steht allerdings der Nachteil gegenüber, daß sie unter Umständen kurzfristig nur mit Verlusten in ein allgemein akzeptiertes Zahlungsmittel (also in Geld) umgewandelt werden können.

b) Eigenschaften des Geldes

Geld kann die eben beschriebenen Funktionen nur erfüllen, wenn es ganz bestimmte Eigenschaften aufweist. Hierzu gehören zunächst einmal eine Reihe mehr technischer Eigenschaften wie *Homogenität, Teilbarkeit, Haltbarkeit* und *Seltenheit. Homogenität* erfordert, daß die verschiedenen Geldeinheiten die gleiche Beschaffenheit aufweisen und sich demzufolge untereinander vollständig vertreten können. *Teilbarkeit* bedeutet hier, daß das Medium in kleinere Einheiten unterteilt werden kann, ohne dabei insgesamt an Wert zu verlieren. *Haltbarkeit* soll verhindern, daß im Zeitablauf Substanzverluste eintreten und der in Gütermengen ausgedrückte Wert des Zahlungsmittels, also seine Kaufkraft, dadurch reduziert wird. *Seltenheit* ermöglicht es schließlich, daß man auch einer relativ kleinen Gewichtseinheit des Tauschmittels (z. B. eines Edelmetalls) eine relativ hohe Kaufkraft beimessen und so die Transportkosten in Grenzen halten kann.

Auch wenn ein Zahlungsmittel alle angeführten technischen Erfordernisse erfüllt, ist damit noch nicht gewährleistet, daß ein Zahlungsmittel stets funktionsfähig bleibt. Ein Zahlungsmittel kann seine Funktionsfähigkeit auf längere Sicht ungefährdet nur aufrechterhalten, wenn wiederholte und stärkere Schwankungen seines

Tauschwertes oder seiner Kaufkraft ausbleiben, wenn man also für eine Zahlungsmitteleinheit heute und in der Zukunft eine annähernd gleiche Gütermenge eintauschen kann. Ist das nicht der Fall, vermindert sich z. B. der Tauschwert oder die Kaufkraft der Zahlungsmitteleinheit im Zeitablauf beträchtlich, dann können die Rolle als Recheneinheit sowie die Tauschmittel- und insbesondere die Wertaufbewahrungsfunktion nicht mehr befriedigend erfüllt werden, und die bisherigen Zahlungsmittel verlieren damit – wie aus Phasen starker inflationärer Entwicklung bekannt – weitgehend oder vollständig ihre Funktionsfähigkeit[4]).

c) Erscheinungsformen des Geldes

aa) Warengeld. – Die konkrete *Erscheinungsform* des Geldes ist im Laufe der Geschichte einer tiefgreifenden Wandlung unterworfen gewesen. Zunächst existierten Zahlungsmittel nur in Form von **Warengeld,** wobei Güter der verschiedensten Art Verwendung fanden (z.B. Weizen, Salz, Kaurimuscheln, Fische, Vieh, Häute, Metalle usw.)[5]). Der umfangreiche Katalog des Warengeldes wurde mit der Zeit homogener und bestand schließlich zum überwiegenden Teil nur noch aus *Metallen*, also einem Medium, das sich gegenüber den anderen als Tauschmittel fungierenden Gütern dadurch auszeichnet, daß es die technischen Erfordernisse wie Homogenität, Haltbarkeit usw. in hohem Maße erfüllen kann. Mit der Ausprägung von Metall zu *vollwertigen,* d. h. durch den Stoffwert gedeckten[6]) Münzen ist die letzte Stufe in der Entwicklung des Warengeldes erreicht worden.

[4]) Wie bereits angedeutet, können Noten ihre Funktion als Zahlungsmittel an andere Tauschobjekte verlieren, wenn ihre Kaufkraft durch starke Preissteigerungen erheblich vermindert wird.

[5]) Eine umfangreichere, aber auch nicht vollständige Aufzählung von Gütern, die als Geld verwendet wurden, findet sich bei L. V. Chandler, S. M. Goldfeld, The Economics of Money and Banking. 7th ed. New York 1977. S. 11. – Vgl. auch A. Zottmann, Allgemeine Volkswirtschaftslehre IV. Geld und Kredit. Stuttgart 1965. S. 12ff.

[6]) Eine etwas ausführlichere Definition findet sich bei Chandler, a.a.O., S. 21: „Vollwertiges Geld ist Geld, dessen Wert als Ware für nichtmonetäre Zwecke so groß ist wie sein Wert als Geld“ (Übersetzung von mir).

bb) Kreditgeld. – Im Unterschied zum Warengeld in Form von vollwertigen Münzen stellen die Zahlungsmittel der Gegenwart im allgemeinen **Kreditgeld** dar; sie sind dadurch gekennzeichnet, daß ihr Wert als Zahlungsmittel (Nennwert) größer ist als ihr stofflicher Eigenwert.

Innerhalb der Kategorie des Kreditgeldes kommt den auch als **Bargeld** oder Stückgeld bezeichneten Scheidemünzen (nicht vollwertige Münzen) und Noten eine Sonderstellung zu. **Münzen** sind in der Bundesrepublik **gesetzliche Zahlungsmittel**; denn inländische Wirtschaftseinheiten sind kraft Gesetzes verpflichtet, Münzen bis zu bestimmten Beträgen [7]) zur Tilgung von Verpflichtungen entgegenzunehmen.

Während das Münzmonopol in der Bundesrepublik beim Bund liegt, hat die Bundesbank das ausschließliche Recht, **Noten** auszugeben. Für den jeweiligen Besitzer repräsentieren Noten eine Forderung gegen die Bundesbank, für die Bundesbank demnach eine unter den Passiva auszuweisende Verbindlichkeit. Noten sind wie Münzen *gesetzliche Zahlungsmittel;* im Unterschied zu den Münzen gilt der Annahmezwang für inländische Wirtschaftseinheiten aber unbegrenzt. Noten sind also die einzigen *unbeschränkten* gesetzlichen Zahlungsmittel in der Bundesrepublik.

Obwohl für Münzen ein beschränkter und gegenüber Noten ein unbeschränkter Annahmezwang vom Staat verfügt wird, ist damit nicht gewährleistet, daß gesetzliche Zahlungsmittel jederzeit Geldfunktionen ohne jede Beeinträchtigung erfüllen. Wie bereits erläutert, kann ein Medium ungefährdet Geldfunktionen nur dann auf Dauer übernehmen, wenn die Kaufkraft dieses Mediums im Zeitablauf keinen zu großen Schwankungen unterworfen ist. Ein anhaltender und starker Anstieg des Preisniveaus könnte deshalb dazu führen, daß die vom Staat ausgegebenen Noten und Münzen ihre Rolle als Zahlungsmittel an andere Tauschobjekte abgeben müssen. Schon aus diesem

---

[7]) Außer öffentlichen Stellen und der Bundespost ist niemand verpflichtet, bei einer Transaktion auf Pfennig lautende Münzen im Betrage von mehr als DM 5,– und auf Deutsche Mark lautende Münzen im Betrage von mehr als DM 20,– entgegenzunehmen.

Grund liegt es nahe, daß Notenbank und Regierung auch im Interesse der Funktionsfähigkeit des Zahlungsverkehrs danach streben, Preissteigerungen möglichst in Grenzen zu halten.

Neben den Noten gewann das sog. **Buch-** oder **Giralgeld** im Laufe der jüngeren Vergangenheit immer größere Bedeutung. In den entwickelten Volkswirtschaften stellt es heute die am meisten verbreitete Erscheinungsform des Geldes dar. Beim Buch- oder Giralgeld handelt es sich um nicht verbriefte Forderungen an die *Zentralbank* und an die *Geschäftsbanken* [8]), die nicht oder nur relativ niedrig verzinslich sind, dafür aber zu jeder Zeit (also „auf Sicht") von ihrem Besitzer in gesetzliche Zahlungsmittel umgetauscht oder im Wege einer Überweisung oder durch Scheck[9]) auf andere Wirtschaftseinheiten übertragen werden können. Man nennt sie auch Sichteinlagen, Sichtforderungen, Sichtguthaben oder täglich fällige Einlagen.

cc) Geldnahe Forderungen. – Daß Münzen, Noten und Sichteinlagen Geld repräsentieren ist nicht kontrovers, fraglich ist dagegen, ob eine solche Abgrenzung nicht zu restriktiv ist und nicht noch weitere Vermögensobjekte den Geldbeständen zugerechnet werden müßten. Diskutiert werden in diesem Zusammenhang vor allem Spar- und Termineinlagen bei den Geschäftsbanken.

Bei den **Spareinlagen** handelt es sich um Forderungen der Nichtbanken an Geschäftsbanken, die grundsätzlich erst nach Einhaltung einer bestimmten *Kündigungsfrist* (z.B. von drei Monaten) zurück-

---

[8]) Unter Geschäftsbanken wollen wir Unternehmungen verstehen, die im Sinne der §§ 1 und 2 des Gesetzes über das Kreditwesen vom 10. 7. 1961 (Bundesgesetzblatt, Teil I (1961), Nr. 49 vom 15. 7. 1961, S. 881ff.) als Kreditinstitute gelten, sowie Postscheckämter und Postsparkassen. Zu den Kreditinstituten gehören Kreditbanken (Großbanken, Regionalbanken, Privatbankiers), Girozentralen (also die zentralen Kreditinstitute der öffentlichen Sparkassen), Sparkassen, Zentralkassen (also die Spitzeninstitute der gewerblichen und ländlichen Kreditgenossenschaften), Kreditgenossenschaften etc.

[9]) Der **Scheck** selbst stellt ebensowenig ein Zahlungsmittel dar wie der Überweisungsauftrag; er ist lediglich eine Anweisung an die Bank, aus dem eigenen Sichtguthaben einen bestimmten Betrag an eine andere Wirtschaftseinheit zu übertragen (Verrechnungsscheck) oder auch (falls gewünscht) in Form von Bargeld auszuhändigen („Barscheck").

gefordert werden können[10]). Wie die Spareinlagen so repräsentieren auch die **Termineinlagen** Forderungen an die Geschäftsbanken. Man unterscheidet hierbei zwei Formen: die sog. **festen Gelder** oder **Festgelder** und die **Kündigungsgelder.** Erstere werden an vereinbarten Terminen fällig (die Festlegung erfolgt also für einen bestimmten Zeitraum), letztere können nach Einhaltung einer vereinbarten Kündigungsfrist zurückgefordert werden.

Für die Beantwortung der Frage, ob Spar- oder Termineinlagen den Geldbeständen zuzurechnen sind[11]), spielt eine Rolle, ob man die Wertaufbewahrungsfunktion oder die Tauschmittelfunktion des Geldes besonders betont. Stellt man die Wertaufbewahrungsfunktion in den Vordergrund, dann erscheint es erforderlich, den Geldbegriff weiter zu fassen und darin Spar- und Termineinlagen einzuschließen. Da wir jedoch mit der Definition des Geldes als allgemein akzeptiertes Tauschmittel bereits deutlich gemacht haben, daß wir in der Tauschmittelfunktion das charakteristische Merkmal des Geldes sehen, ist eine Festlegung bezüglich des Abgrenzungskriteriums bereits erfolgt. Danach werden Spar- und Termineinlagen *nicht* den Geldbeständen zugerechnet, und zwar mit folgender Begründung: Spar- und Termineinlagen können nicht unmittelbar für Zahlungszwecke verwendet werden, sie müssen hierfür erst in Bargeld oder Sichteinlagen umgewandelt werden. Die Umwandlung ist grundsätzlich nur am Ende des vereinbarten Festlegungszeitraums bzw. unter Einhaltung der Kündigungsfrist möglich. Erfolgt dennoch eine vorzeitige Rückzahlung, so müssen häufig Sanktionen, z. B. in Form von Vorschußzinsen, in Kauf genommen werden. Aus diesen Gründen können Spar- und Termineinlagen die für Zahlungsmittel charakteristische Tauschmittelfunktion nur unzureichend erfüllen. Als *Geld* bezeichnen wir deshalb nur *Münzen* und *Noten* (*Bargeld*) sowie *Sichteinlagen* bei der Zentralbank und den Geschäftsbanken (*Giral-*

---

[10]) Im Falle der gesetzlichen Kündigungsfrist von drei Monaten können Spareinlagen in der Bundesrepublik *ohne* Kündigung bis zu zweitausend Deutsche Mark innerhalb von dreißig Zinstagen zurückgefordert werden.

[11]) Siehe zu den folgenden Überlegungen auch W. T. Newlyn, Theory of Money. Oxford 1968. S. 6ff.

geld). *Spar-* und *Termineinlagen* nennen wir, solange sie relativ kurzfristig liquidierbar sind, **geldnahe Forderungen** [12]).

dd) Geldmengenkonzepte. – aaa) Nachdem geklärt ist, was wir unter Geld oder Zahlungsmitteln verstehen wollen, können wir uns mit dem für die späteren gesamtwirtschaftlichen Betrachtungen zentralen Begriff des Geldvolumens beschäftigen. Das **Geldvolumen** der Wirtschaft (kurz: **Geldmenge**) enthält zwei Komponenten: 1. den im Nichtbankensektor befindlichen Gesamtbestand an Noten und Münzen (Bargeldumlauf) und 2. den im Nichtbankensektor befindlichen Gesamtbestand an Sichteinlagen. Die Bargeldbestände der Geschäftsbanken und die Sichteinlagen der Geschäftsbanken bei der Zentralbank gehören also *nicht* zur Geldmenge. Der Grund liegt darin, daß die Geldmenge als *analytisches Konzept* Verwendung findet, also zur Erklärung bestimmter wirtschaftlicher Vorgänge, wie z. B. der Änderung der gesamtwirtschaftlichen Produktion und Beschäftigung sowie des Preisniveaus, herangezogen wird. Für solche Vorgänge sind aber unmittelbar nur die Geldbestände der Nichtbanken, nicht aber die Geldbestände der Geschäftsbanken von wesentlicher Bedeutung.

Was schließlich die konkrete Berechnung der Geldmenge in der Bundesrepublik angeht, so ist noch folgendes zu beachten: Der von der Bundesbank ermittelte Bargeldumlauf enthält auch die im Ausland befindlichen DM-Noten und -Münzen. In Hinblick auf die Erklärung wirtschaftlicher Vorgänge im Inland wäre es sinnvoll, diesen Teil des gesamten Bargeldumlaufs aus der Geldmenge zu eliminieren. Statistische Schwierigkeiten dürften dem jedoch entgegenstehen. Weiter ist zu beachten, daß die Bundesbank die Zentralbankeinlagen der öffentlichen Hand *nicht* in dem von ihr ausgewiesenen Bestand an Sichteinlagen der Nichtbanken berücksichtigt. Maßgeblich hierfür ist die Überlegung, daß Zentralbankeinlagen öffentlicher Haushalte – anders als andere Einlagen bei der Zentralbank – Begleiterscheinung und auch Mittel der Wirtschaftspolitik sein kön-

---

[12]) Die Deutsche Bundesbank bezeichnet Termineinlagen mit Befristung *bis unter vier Jahren* als **Quasigeld** (siehe Monatsberichte der Deutschen Bundesbank, Juli 1971, S. 12).

nen. Werden z. B. im Zuge einer antizyklischen Fiskalpolitik Budgetüberschüsse gebildet, dann sind die hierbei anfallenden Mittel bei der Deutschen Bundesbank auf Girokonto anzulegen [13]). Obwohl formal Sichteinlagen, gleichen die so stillgelegten Beträge wegen ihrer längeren Bindung eher Termineinlagen [14]). Entstehungsursache und zeitliche Bindung sprechen also dafür, die Zentralbankeinlagen öffentlicher Haushalte nicht den Geldbeständen zuzurechnen, die *Geldmenge* also als *Summe des Gesamtbestandes an Noten und Münzen (Bargeldumlauf) und der gesamten Sichteinlagen der Nichtbanken abzüglich der Zentralbankeinlagen öffentlicher Haushalte* zu ermitteln. In dieser Abgrenzung wird die Geldmenge am häufigsten verwendet. Zur Unterscheidung von anderen Geldmengenkonzepten bezeichnet man sie auch mit $\mathbf{M_1}$.

bbb) Für die Definition der Geldmenge M_1 war die *Zahlungsmittelfunktion* des Geldes als Abgrenzungskriterium maßgeblich. Wenn man jedoch bedenkt, daß eine wichtige Funktion des Geldes darin besteht, als *temporäres Kaufkraftaufbewahrungsmittel* zu dienen und damit ein zeitliches Auseinanderfallen von Verkaufsakt und Kaufakt zu ermöglichen, dann läßt sich neben M_1 auch eine weitergehende, z. B. bestimmte Termineinlagen einbeziehende Abgrenzung der Geldmenge vertreten [15]). Die Deutsche Bundesbank verwendet deshalb in ihren monetären Analysen neben M_1 auch die Geldmenge $\mathbf{M_2}$ und bezeichnet diese als *Summe aus* M_1 *und* den von ihr als *Quasigeld* bezeichneten Termineinlagen mit einer Befristung bis unter vier Jahren.

Bei der Einbeziehung von Termineinlagen in ein Geldmengenkonzept läßt sich nicht vermeiden, daß man zu einem gewissen Teil auch Termineinlagen aufnimmt, die nicht zu dem Zweck gehalten

---

[13]) Die entsprechenden Vorschriften finden sich im § 17 des Gesetzes über die Deutsche Bundesbank vom 26. 7. 1957 (Bundesgesetzblatt, Teil I (1957), Nr. 33 vom 30. 7. 1957, S. 745ff.).

[14]) Vgl. auch Monatsberichte der Deutschen Bundesbank, Februar 1965, S. 25.

[15]) Vgl. hierzu und zu den folgenden Ausführungen E.-M. Claassen, Die Definitionskriterien der Geldmenge: M_1, M_2, ... oder M_X? „Kredit und Kapital", 7. Jg. (1974), S. 274ff. – Siehe ferner Monatsberichte der Deutschen Bundesbank, Juli 1971, S. 11ff., und Dezember 1974. S. 9.

Schaubild 1: *Zur Geldmengenentwicklung in der Bundesrepublik*[a] (1979–1983[16])

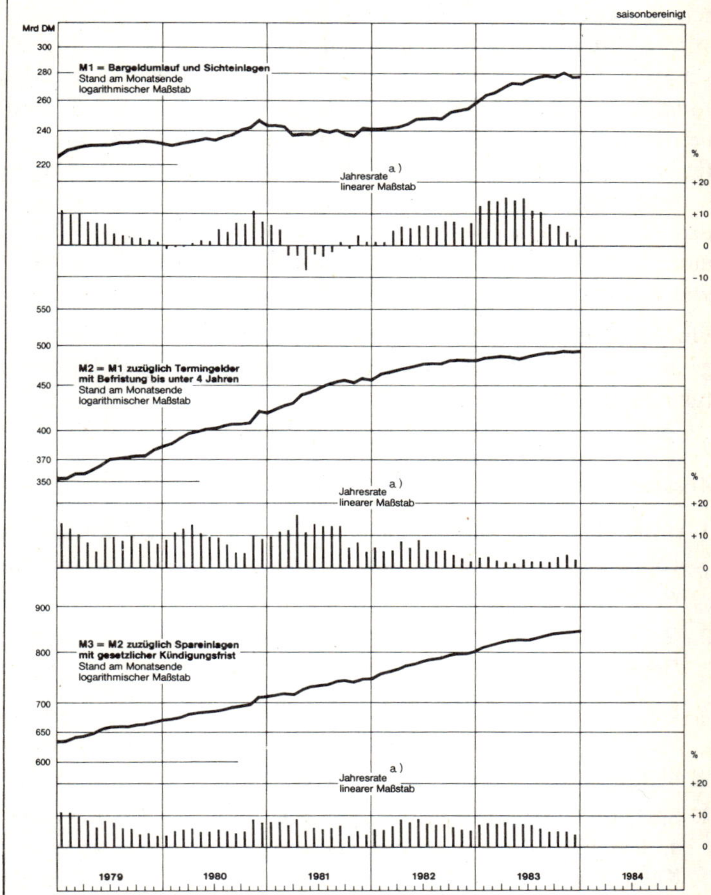

a) Veränderung in den jeweils letzten sechs Monaten auf Jahresrate umgerechnet.

[16]) *Quelle*: Mit geringfügigen Änderungen übernommen aus den Statistischen Beiheften zu den Monatsberichten der Deutschen Bundesbank (Reihe 4. Saisonbereinigte Wirtschaftszahlen, Februar 1984, Nr. 2), S. 34.

werden, eine bestimmte Anschaffung zu einem bestimmten späteren Zeitpunkt zu finanzieren, sondern als finanzielle Reserve dienen. Die Geldmenge M_2 enthält demnach auch finanzielle Mittel, die weniger ein temporäres als ein *permanentes Kaufkraftaufbewahrungsmittel* darstellen und damit schon Wertaufbewahrungsfunktionen übernehmen. Will man nun die *Wertaufbewahrungsfunktion* bei der Abgrenzung der Geldmenge noch stärker betonen als bei M_2, dann muß man den Geldmengenbegriff noch weiter fassen als bei M_2 und z. B. bestimmte Spareinlagen einbeziehen. Derartigen Überlegungen trägt die Deutsche Bundesbank dadurch Rechnung, daß sie auch eine Geldmenge $\mathbf{M_3}$ in ihrer monetären Analyse berücksichtigt, die sie als Summe von M_2 *und Spareinlagen mit gesetzlicher Kündigungsfrist* ermittelt.

Eine quantitative Vorstellung von der Entwicklung der Geldmenge M_1 (also dem üblichen Geldmengenkonzept), M_2 und M_3 vermittelt das obenstehende Schaubild.

Zusammenfassung:

1. Unter Geld wird alles verstanden, was allgemein zur Bezahlung von Gütern und Dienstleistungen oder zur Abdeckung anderer wirtschaftlicher Verpflichtungen akzeptiert wird.
2. Geld erfüllt drei Funktionen: die eines Tauschmittels, einer Recheneinheit und eines Wertaufbewahrungsmittels.
3. Die Formen, in denen Geld heute Verwendung findet, sind Münzen und Noten (Bargeld) sowie Sichteinlagen bei Geschäftsbanken und dem Zentralbanksystem (Giralgeld).
4. Spar- und Termineinlagen sind Forderungen von Nichtbanken an Geschäftsbanken. Bei den Spareinlagen wird eine bestimmte Kündigungsfrist, bei den Termineinlagen eine bestimmte Kündigungsfrist oder ein bestimmter Festlegungszeitraum vereinbart. Spar- und Termineinlagen werden, solange sie relativ kurzfristig liquidierbar sind, als geldnahe Forderungen bezeichnet.
5. Das Geldvolumen der Wirtschaft (kurz: die Geldmenge) wird ermittelt als der Gesamtbestand der sich im Nichtbankensektor

befindlichen Noten und Münzen (Bargeldumlauf) und Sichteinlagen ohne Zentralbankeinlagen öffentlicher Haushalte. Diese Größe wird auch als M_1 bezeichnet.

6. Neben M_1 finden noch andere Geldmengenkonzepte Verwendung, nämlich M_2 (M_1 plus Termineinlagen mit Befristung bis zu vier Jahren) und M_3 (M_2 plus Spareinlagen mit gesetzlicher Kündigungsfrist).

2. Geldschöpfung und Geldvernichtung

Aufgabe dieses Abschnittes ist es, Vorgänge aufzuzeigen, die eine Erhöhung bzw. Verminderung der Geldmenge (**Geldschöpfung** bzw. **Geldvernichtung**) zur Folge haben. Vorgänge dieser Art treten immer dann auf, wenn Nichtbanken (Haushalte, Unternehmungen und Staat) Transaktionen mit der Zentralbank und (oder) den Geschäftsbanken durchführen und dabei Geldbewegungen zwischen Nichtbanken und Banken stattfinden (vgl. Skizze)[17]):

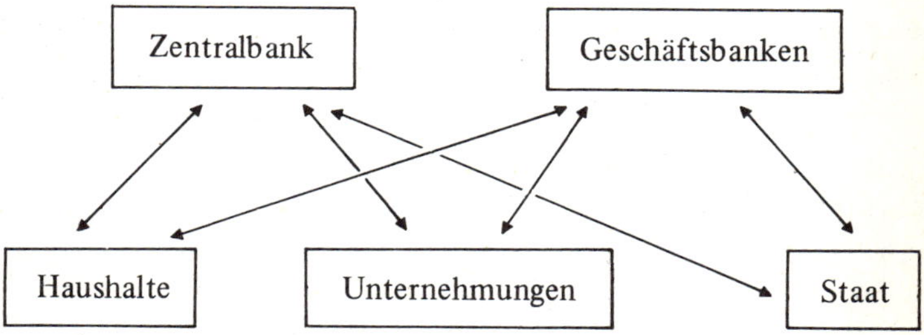

Geldbewegungen zwischen Haushalten, Unternehmungen und Staat bewirken im allgemeinen[18]) keine Geldschöpfung bzw. Geldver-

[17]) Transaktionen zwischen Zentralbank und Geschäftsbanken berühren nicht den Bereich der Nichtbanken und wirken sich deshalb auch nicht unmittelbar auf die Geldmenge aus. Sie können aber (was in diesem Zusammenhang nur von nebensächlichem Interesse ist, siehe aber S. 134) den Bestand an Zentralbankgeld bei den Geschäftsbanken beeinflussen.

[18]) Eine Ausnahme bilden Überweisungen von privaten Nichtbanken (Haushalte und Unternehmungen) zugunsten der Zentralbankeinlagen öffentlicher Haushalte und umgekehrt.

nichtung, sondern nur eine Umverteilung der Geldmenge innerhalb des Nichtbankensektors.

a) Einbanksystem mit ausschließlich bargeldlosem Zahlungsverkehr

aa) Einige Beispiele zur Geldschöpfung und Geldvernichtung. – Wichtige Erkenntnisse über den Prozeß der Geldschöpfung und Geldvernichtung lassen sich bereits gewinnen, wenn wir von der vereinfachenden Annahme ausgehen, daß in der Volkswirtschaft nur *eine Bank* existiert und alle Zahlungen mit Sichteinlagen bei dieser Bank durchgeführt werden, also *bargeldlos* erfolgen[19]).

Es erleichtert das Verständnis, wenn wir hierzu einige Beispiele betrachten und den zahlenmäßigen Niederschlag der entsprechenden Transaktionen in Kontenform darstellen:

Beispiel 1: Die Bank erwirbt Sachvermögen, z. B. ein Gebäude, von einer Unternehmung im Werte von einer Million Geldeinheiten (GE) und zahlt mit Sichtforderungen auf sich selbst. In der Bankbilanz wird eine Zunahme von Sachvermögen und Sichteinlagen gebucht, es kommt zu einer Bilanzverlängerung; in der Bilanz der Unternehmung findet dagegen ein Aktivtausch statt (Buchung 1a):

Bank

(1a)	Sachvermögen	+ 1 Mio	(1a)	Sichteinlagen	+ 1 Mio
(1b)	Sachvermögen	– 1 Mio	(1b)	Sichteinlagen	– 1 Mio

Nichtbank

(1a)	Sachvermögen	– 1 Mio	
(1a)	Sichtguthaben	+ 1 Mio	
(1b)	Sachvermögen	+ 1 Mio	
(1b)	Sichtguthaben	– 1 Mio	

[19]) Vgl. hierzu E. Schneider, Einführung in die Wirtschaftstheorie. III. Teil. Geld, Kredit, Volkseinkommen und Beschäftigung. 11., verb. und erw. Aufl. Tübingen 1969. S. 14ff.

Der Ankauf von Sachvermögen durch die Bank führt also in dem Beispiel zu einer Erhöhung der Geldmenge (Geldschöpfung) in Form von Giralgeld. Das umgekehrte Ergebnis (also eine Geldvernichtung) stellt sich ein, wenn die Bank Sachvermögen veräußert und mit Sichtguthaben bei der Bank bezahlt wird (Buchung 1b).

Beispiel 2: Die Bank kauft Devisen, z. B. Dollarguthaben, von einem Exporteur im Werte von zwei Millionen GE und zahlt mit Sichtforderungen auf sich selbst. Wie im ersten Beispiel ergibt sich in der Bankbilanz eine Bilanzverlängerung, in der Bilanz des Exporteurs ein Aktivtausch (Buchung 2a):

Bank

(2a)	Devisen	+ 2 Mio	(2a)	Sichteinlagen	+ 2 Mio
(2b)	Devisen	– 2 Mio	(2b)	Sichteinlagen	– 2 Mio

Nichtbank

(2a)	Devisen	– 2 Mio	
(2a)	Sichtguthaben	+ 2 Mio	
(2b)	Devisen	+ 2 Mio	
(2b)	Sichtguthaben	– 2 Mio	

Der Ankauf von Devisen durch die Bank führt also in dem Beispiel zu einer Erhöhung der Geldmenge (Geldschöpfung) in Form von Giralgeld. Das umgekehrte Ergebnis (also eine Geldvernichtung) erhält man, wenn die Bank Devisen an eine Nichtbank (z. B. an einen Importeur) veräußert und mit Sichtguthaben bezahlt wird (Buchung 2b).

Beispiel 3: Die Bank gewährt einer Unternehmung einen Kredit in Höhe von drei Millionen GE und schreibt den Gegenwert dem Girokonto der Unternehmung gut. Da sich mit der Kreditgewährung die Verbindlichkeiten der Unternehmung erhöhen, ergibt sich auch in der Bilanz der Unternehmung eine Bilanzverlängerung (Buchung 3a):

Bank

(3a)	Kredite	+ 3 Mio	(3a)	Sichteinlagen	+ 3 Mio
(3b)	Kredite	– 3 Mio	(3b)	Sichteinlagen	– 3 Mio

Nichtbank

(3a)	Sichtguthaben	+ 3 Mio	(3a)	Verbindlichk.	+ 3 Mio
(3b)	Sichtguthaben	– 3 Mio	(3b)	Verbindlichk.	– 3 Mio

Mit der Kreditgewährung durch die Bank ist also in dem Beispiel eine Erhöhung der Geldmenge (Geldschöpfung) in Form von Giralgeld verbunden. Das umgekehrte Ergebnis (also eine Geldvernichtung) stellt sich zwangsläufig ein, wenn zum vereinbarten Tilgungszeitpunkt die Rückzahlung des Kredites erfolgt (Buchung 3b).

Beispiel 4: Ein Bankkunde löst eine längerfristige (Nicht-Geld darstellende) Forderung an die Bank in Höhe von vier Millionen GE auf (z. B. eine Termineinlage mit vierjähriger Festlegungszeit) und erhält dafür Sichteinlagen. In der Bilanz der Bank ergibt sich ein Passivtausch, in der Bilanz des Bankkunden ein Aktivtausch (Buchung 4a):

Bank

			(4a)	Termineinlagen	– 4 Mio
			(4a)	Sichteinlagen	+ 4 Mio
			(4b)	Termineinlagen	+ 4 Mio
			(4b)	Sichteinlagen	– 4 Mio

Nichtbank

(4a)	Terminguthaben	– 4 Mio			
(4a)	Sichtguthaben	+ 4 Mio			
(4b)	Terminguthaben	+ 4 Mio			
(4b)	Sichtguthaben	– 4 Mio			

Die Umwandlung einer längerfristigen (Nicht-Geld darstellenden) Forderung an die Bank in eine Sichteinlage durch einen Bankkunden bewirkt also eine Erhöhung der Geldmenge (Geldschöpfung) in Form von Giralgeld. Das umgekehrte Ergebnis (also eine Geldvernichtung) ergibt sich, wenn ein Bankkunde ein Sichtguthaben in eine längerfristige Forderung an die Bank umwandelt (Buchung 4b).

bb) Einige Folgerungen aus den Beispielen. – Die vier Beispiele stimmen darin überein, daß sich die Bankbilanz verändert und dadurch eine Geldschöpfung bzw. Geldvernichtung eintritt. Unterschiede im Geldschöpfungs- und Geldvernichtungsprozeß werden deutlich, wenn wir die ersten drei Beispiele und das vierte Beispiel vergleichen. In den *ersten drei* Beispielen (Erwerb eines Grundstücks, Ankauf von Devisen und Gewährung eines Kredits) werden Vorgänge dargestellt (jeweils unter a), bei denen die Bank Aktiva erwirbt, die *keine* inländischen Zahlungsmittel darstellen, diese mit Sichtforderungen bezahlt und so die Geldmenge erhöht. *„Die Bank schafft (also) neues Geld, indem sie Nicht-Zahlungsmittel darstellende Aktiva monetisiert“* [20]). Der umkehrte Vorgang, also eine Verminderung der Geldmenge, findet statt, wenn die Bank Aktiva, die *keine* inländischen Zahlungsmittel darstellen, veräußert und dabei von den Nichtbanken mit Sichteinlagen bezahlt wird.

Das *vierte* Beispiel beschreibt einen Vorgang, bei dem Nichtbanken über ihre Forderungen an die Bank disponieren. Offenbar ergibt sich eine Geldschöpfung, wenn Nichtbanken Forderungen an die Bank, die *keine* inländischen Zahlungsmittel darstellen, liquidieren und dafür Sichteinlagen erhalten. Umgekehrt tritt eine Geldvernichtung ein, wenn Nichtbanken Forderungen an die Bank, die *keine* inländischen Zahlungsmittel darstellen, erwerben und dafür Sichteinlagen hergeben.

Die sich zwischen den ersten drei Beispielen und dem vierten Beispiel abzeichnenden Unterschiede in der Geldschöpfung und Geldvernichtung bedürfen einer weiteren Präzisierung. Wir werden die erforderlichen Ergänzungen jedoch noch zurückstellen und erst am Ende des folgenden Unterabschnittes vornehmen.

---

[20]) E. Schneider, Einführung in die Wirtschaftstheorie. III. Teil, ..., a.a.O., S. 16.

b) Mehrbankensystem unter Verwendung von Mischgeld

Obwohl ein Einbank-Modell von der wirtschaftlichen Wirklichkeit weit entfernt ist, führt eine sich der Realität annähernde Betrachtungsweise bezüglich der Geldschöpfung und -vernichtung nur zu relativ wenigen zusätzlichen Erkenntnissen. Unterschiede entstehen lediglich dadurch, daß ein Zentralbanksystem und ein Geschäftsbankensystem nebeneinander existieren und Geldschöpfungsprozesse durch beide Institutionen möglich sind. Die Zahlungsmittel bestehen demzufolge aus *Zentralbankgeld* in Form von Noten[21]) und Sichtforderungen an das Zentralbanksystem sowie aus *Giralgeld der Geschäftsbanken* (Sichtforderungen an die Geschäftsbanken). Die nunmehr zugrundegelegte Geldwirtschaft ist also ein **Mischgeldsystem.**

aa) Einige Beispiele zur Geldschöpfung und Geldvernichtung. – Geldschöpfungsprozesse, die zu einer Erhöhung des Zentralbankgeldbestandes und (oder) des Bestandes an Giralgeld der Geschäftsbanken im Nichtbankensektor führen, können aus Transaktionen zwischen Nichtbanken und Zentralbank (Beispiel 5) und (oder) aus Transaktionen zwischen Nichtbanken und Geschäftsbankensystem (Beispiele 6, 7 und 8) hervorgehen. Betrachten wir zur Illustration die in den Beispielen 5 bis 8 dargestellten Geldschöpfungsvorgänge:

Beispiel 5: Die Zentralbank erwirbt Sachvermögen (z. B. ein Gebäude) von einer Unternehmung im Werte von fünf Millionen GE und zahlt eine Million GE in bar (d. h. also in Form von Noten), den Rest in Form von Giralgeld. In der Zentralbankbilanz kommt es zu einer Bilanzverlängerung, in der Bilanz der Unternehmung zu einem Aktivtausch:

Zentralbank

Sachvermögen	+ 5 Mio	Sichteinlagen	+ 4 Mio
		Notenumlauf	+ 1 Mio

---

[21]) Münzen sollen vernachlässigt werden.

Nichtbank

Sachvermögen	– 5 Mio		
Sichtguthaben	+ 4 Mio		
Noten	+ 1 Mio		

Kauft die Zentralbank Devisen von einer Nichtbank oder gewährt sie einen Kredit an eine Nichtbank, dann tritt in den Bilanzen an die Stelle der Sachvermögensänderung lediglich eine Änderung des Bestandes an Devisen oder Krediten. In jedem dieser Fälle kommt es durch den Ankauf von Aktiva durch die Zentralbank zu einer Erhöhung der Geldmenge (in Form von Zentralbankgeld), also zu einer Geldschöpfung.

Beispiel 6: Eine Geschäftsbank gewährt einer Unternehmung einen Kredit in Höhe von sechs Millionen GE und zahlt davon eine Million GE in Form von Noten aus. In der Bankbilanz ergibt sich ebenso wie in der Bilanz der Unternehmung im Endergebnis eine Bilanzverlängerung.

Geschäftsbank

Kredite	+ 6 Mio	Sichteinlagen	+ 5 Mio
Noten	– 1 Mio		

Nichtbank

Sichtguthaben	+ 5 Mio	Verbindlichkeiten	+ 6 Mio
Noten	+ 1 Mio		

In entsprechender Weise wird der Erwerb von Sachvermögen oder Devisen durch eine Geschäftsbank gebucht. Ähnlich wie in den Beispielen 1, 2 und 3 erfolgt also in jedem Fall eine Geldschöpfung; der Unterschied gegenüber den Beispielen 1, 2 und 3 besteht nur darin, daß die Geschäftsbank auch Noten abgibt und die Nichtbanken auch Noten erhalten.

Beispiel 7: Ein Bankkunde löst eine längerfristige Forderung an eine Geschäftsbank (z. B. eine Spareinlage mit vierjähriger Kündigungsfrist) in Höhe von sieben Millionen GE auf und läßt sich den Gegenwert in Höhe von einer Million GE in bar auszahlen; der Rest wird seinem Girokonto gutgeschrieben. In der Bankbilanz ergibt sich ein Passivtausch sowie eine Bilanzverkürzung[22]) und in der Bilanz des Bankkunden ein Aktivtausch:

Geschäftsbank

Noten	– 1 Mio	Spareinlagen	– 7 Mio
		Sichteinlagen	+ 6 Mio

Nichtbank

Sparguthaben	– 7 Mio		
Noten	+ 1 Mio		
Sichtguthaben	+ 6 Mio		

Wie in Beispiel 4 besteht das Endergebnis in einer Geldschöpfung, die allerdings (*anders* als im Beispiel 4) mit einer Abnahme des Notenbestandes der Geschäftsbank verbunden ist, sobald die Nichtbanken den Gegenwert der liquidierten Forderung teilweise in Form von Bargeld verlangen.

Beispiel 8: Eine Unternehmung läßt zu Lasten ihrer Sichteinlagen bei einer Geschäftsbank eine Überweisung in Höhe von acht Millionen GE auf ihr Konto bei der Zentralbank durchführen. In der Bilanz der Geschäftsbank wird eine Abnahme von Zentralbankeinlagen und von Sichteinlagen gebucht, es kommt also zu einer Bilanzverkürzung; in der Bilanz des Bankkunden erfolgt ein Aktivtausch:

---

[22]) Anders als in einem Einbanksystem mit bargeldlosem Zahlungsverkehr kann ein Passivgeschäft in einem Mischgeldsystem also auch die Aktivseite der Bilanz einer Geschäftsbank berühren. Dieser Unterschied verschwindet allerdings wieder, wenn man die Bilanzen des Zentralbank- und Geschäftsbankensystems zu einer konsolidierten Bilanz des gesamten Bankensystems zusammenfaßt und dabei von Münzbeständen absieht (vgl. S. 138f.).

Geschäftsbank

Zentralbankeinlagen	– 8 Mio	Sichteinlagen	– 8 Mio

Nichtbank

Sichtguthaben	– 8 Mio	
Zentralbankeinlagen	+ 8 Mio	

Die Buchungsvorgänge verlaufen in der umgekehrten Richtung, wenn der Betrag von acht Millionen vom Zentralbankkonto der Unternehmung auf ein Girokonto bei einer Geschäftsbank überwiesen wird. In keinem der beiden Fälle ergibt sich eine Veränderung der Geldmenge; eine Geldschöpfung bzw. Geldvernichtung findet also nicht statt. Lediglich die Struktur der Geldmenge wird eine andere: Im ersten Fall steigt der Anteil des Zentralbankgeldes, im zweiten geht er zurück.

bb) Folgerungen aus den Beispielen. – Die Beispiele 5 und 6 entsprechen weitgehend den Beispielen 1, 2 und 3. In allen Fällen werden Aktiva, die keine inländischen Zahlungsmittel darstellen, von einer Bank angekauft. Solche Geschäfte, die bei einer Bank zu einer Änderung ihres Bestandes an Nicht-Zahlungsmittel darstellenden Aktiva führen, bezeichnet man als **Aktivgeschäfte** der Banken. Führt ein Aktivgeschäft zu einer Geldschöpfung oder Geldvernichtung, dann spricht man von **aktiver Geldschöpfung** oder **Geldvernichtung.**

Die Vorgänge, die zu einer aktiven Geldschöpfung oder Geldvernichtung führen, lassen sich weiter klassifizieren, wenn die Bilanz der Bankkunden, also der Nichtbanken, näher betrachtet wird. Beim Verkauf von Sachvermögen und Devisen (Beispiele 1, 2 und 5) erhält der Bankkunde Zahlungsmittel, ohne daß sich seine Passiva verändern; im Beispiel 3 bzw. 6 (Aufnahme eines Kredits) gelangt der Bankkunde dagegen in den Besitz von Zahlungsmitteln, indem er sich verschuldet. Die **aktive Geldschöpfung** ist also in den Beispielen 1, 2 und 5 von einer Erhöhung der Nettoforderungen des Bankkunden gegenüber der Bank (Forderungen an die Bank minus Verbindlichkeiten gegenüber der Bank) begleitet. In diesem Fall erwirbt die Bank **primäre**

Aktiva. Im Fall der Kreditaufnahme (Beispiel 3 bzw. 6) bleiben die Nettoforderungen des Bankkunden gegenüber der Bank dagegen unverändert; die Bank erwirbt in diesem Fall **sekundäre Aktiva** (also Aktiva, deren Erwerb durch die Bank, anders als bei primären Aktiva, mit keiner Änderung der Nettoforderungen von Nichtbanken verbunden ist[23]).

Das Gegenstück zu Aktivgeschäften bildet ein Bankgeschäft, das durch die Beispiele 4 bzw. 7 oder 8 illustriert und als **Passivgeschäft** bezeichnet wird. Einem Passivgeschäft liegen Dispositionen der Nichtbanken über ihre Forderungen an Banken zugrunde. Hieraus resultiert in der Bankbilanz eine Änderung der Passivseite, *ohne* daß gleichzeitig der Bestand an Aktiva, die *keine* inländischen Zahlungsmittel darstellen, verändert wird. Führen solche Passivgeschäfte zu einer Änderung der Geldmenge (wie in den Beispielen 4 und 7), dann bezeichnet man diesen Vorgang als **passive Geldschöpfung** bzw. **Geldvernichtung.**

Zusammenfassung:

1. Eine aktive Geldschöpfung findet statt, wenn Banken (Geschäftsbanken oder Zentralbank) von Nichtbanken Aktiva erwerben, die keine inländischen Zahlungsmittel darstellen, und dafür Zahlungsmittel hergeben. Eine aktive Geldvernichtung findet statt, wenn Banken an Nichtbanken Aktiva abstoßen, die keine inländischen Zahlungsmittel darstellen, und dafür von den Nichtbanken Zahlungsmittel erhalten.

2. Eine passive Geldschöpfung findet statt, wenn Nichtbanken Forderungen an Banken, die keine inländischen Zahlungsmittel darstellen, liquidieren und dafür Zahlungsmittel erhalten. Eine passive Geldvernichtung findet statt, wenn Nichtbanken Forderungen an Banken, die keine inländischen Zahlungsmittel darstellen, von Banken erwerben und dafür Zahlungsmittel hergeben.

---

[23]) Vgl. E. Schneider, Einführung in die Wirtschaftstheorie. III. Teil, ..., a.a.O., S. 16.

3. In einem Mischgeldsystem resultiert die Geldschöpfung bzw. Geldvernichtung in einer Änderung des Bestandes an Zentralbankgeld (Noten und Sichtforderungen an die Zentralbank) und (oder) in einer Änderung des Bestandes an Giralgeld der Geschäftsbanken im Bereich der Nichtbanken.

Ausgewählte Literaturangaben zum I. Kapitel[24])

H. D. Deppe, Betriebswirtschaftliche Grundlagen der Geldwirtschaft. Bd. 1: Einführung und Zahlungsverkehr. Stuttgart 1973 (zu **1**).

W. Ehrlicher, Geldtheorie und Geldpolitik III: Geldtheorie. In: Handwörterbuch der Wirtschaftswissenschaft (HdWW). Zugleich Neuauflage des Handwörterbuchs der Sozialwissenschaften. 3. Bd. (1981). S. 374ff. (zu **1**).

G. N. Halm, Economics of Money and Banking. Rev. ed., Homewood Ill., 1961 (zu **1**).

O. Issing, Einführung in die Geldtheorie. 4., überarb. Aufl. München 1981 (zu **1** und **2**).

H.-J. Jarchow, Theoretische Studien zum Liquiditätsproblem. (Kieler Studien, 75.) Tübingen 1966 (zu **1**).

D. Kath, Geld und Kredit. In: Vahlens Kompendium der Wirtschaftstheorie und Wirtschaftspolitik. Band 1. 2., überarb. u. erw. Aufl. München 1984. S. 173ff. (zu 1).

C. Köhler, Geldwirtschaft. 1. Band. Geldversorgung und Kreditpolitik. 2., veränd. Aufl. Berlin 1977 (zu **1**).

D. Robertson, Money. Cambridge 1961 (zu **1**).

R. Schilcher, Geldfunktionen und Buchgeldschöpfung. Ein Beitrag zur Geldtheorie. (Wirtschaftswissenschaftliche Abhandlungen, H. 11) Berlin 1958 (zu **1** und **2**).

E. Schneider, Einführung in die Wirtschaftstheorie. III. Teil. Geld, Kredit, Volkseinkommen und Beschäftigung. 11., verb. und erw. Aufl. Tübingen 1969 (zu **1** und **2**).

---

[24]) Die eingeklammerten Ziffern geben die *Abschnitte des Kapitels* an, auf die sich die Literaturangaben beziehen.

II. Einzelwirtschaftliche Analyse der Kassenhaltung

Die im I. Kapitel beschriebenen Funktionen des Geldes enthalten bereits gewisse Hinweise auf die *Motive* der Wirtschaftseinheiten für eine Kassenhaltung. So deutet die Tauschmittelfunktion darauf hin, daß Geld zur Deckung eines aus den laufenden Transaktionen resultierenden Finanzierungsbedarfs benötigt wird. Die entsprechende Kassenhaltung wird jeweils nach den ihr zugrundeliegenden Motiven entsprechend der üblichen Terminologie als

– **Transaktionskasse** (siehe II, 1) oder als
– **Vorsichtskasse** (siehe II, 2)

bezeichnet.

Wird die Kassenhaltung in diesen Fällen vor allem durch laufende, sich wiederholende Transaktionen motiviert, so weist die Wertaufbewahrungsfunktion vornehmlich auf die (zusätzliche) Rolle des Geldes als *Vermögensobjekt* hin. Dieser Aspekt ist es, der bei der Analyse der sog.

– **Spekulationskasse** (siehe II, 3)

zur Geltung kommt.

Die theoretische Analyse dieser drei Motive[1]) der Kassenhaltung wird durch einige neuere Entwicklungen in der Geldtheorie stärker beeinflußt, die die Kassenhaltung als Ergebnis eines einzelwirtschaftlichen *Optimierungskalküls* ableiten. Mit einer derartigen Analyse der Kassenhaltung befolgt man eine Methode, die in der Mikroökonomik, z. B. bei der einzelwirtschaftlichen Bestimmung von Güter-

---

[1]) Diese seit Keynes gebräuchliche Aufspaltung der Kassenhaltung ist natürlich nur eine abstrakte Vorgehensweise; in der Praxis wird man einem Bestand an Zahlungsmitteln nicht ansehen können, wie groß der Anteil der Transaktions-, Vorsichts- und Spekulationskasse ist. Dennoch ist eine gedankliche Trennung möglich; sie erscheint aus Gründen der Darstellung auch zweckmäßig.

angebot und -nachfrage, eine lange Tradition besitzt und deren Relevanz für geldtheoretische Probleme erstmalig wohl von Hicks (1935)[2]) in aller Klarheit gesehen worden ist.

1. Die Transaktionskasse

a) Institutionell determinierte Kassenhaltung

Im Rahmen der **Transaktionskasse** analysieren wir die Finanzplanung einer Wirtschaftseinheit, die Höhe und zeitliche Verteilung der laufenden Aus- und Einzahlungen *mit Sicherheit* voraussieht und als gegeben hinnimmt. Zur Illustration betrachten wir in einem stark vereinfachten Modell einen Haushalt, der alle Haushalte repräsentiert, und eine Unternehmung, die alle Unternehmungen repräsentiert[3]). Ohne daß sich an den Ergebnissen etwas ändert, könnten wir stattdessen aber auch noch weiter abstrahieren und annehmen, daß die Volkswirtschaft nur aus zwei Wirtschaftseinheiten besteht: Die eine (der Haushalt) verkauft Arbeitsleistungen, die andere (die Unternehmung) verkauft Güter.

Angenommen, der Haushalt empfängt zu Beginn des Planungszeitraums (z. B. eines Monats) eine Einzahlung (z. B. sein Einkommen) in Höhe von 3000 GE und gibt jeden Tag gleichbleibend einen Betrag von 100 GE für Güterkäufe aus. Sein Kassenbestand, der zu Beginn des ersten Tages 3000 GE beträgt, wird dann im Laufe des Monats immer kleiner, bis er am 30. Tag in vollem Umfang verausgabt ist.

Approximieren wir die streng genommen diskontinuierliche Abnahme des Kassenbestandes[4]) durch eine kontinuierliche Entwick-

---

[2]) Vgl. J. R. Hicks, A Suggestion for Simplifying the Theory of Money. "Economica", Vol. 2 (1935), S. 1ff.

[3]) Vgl. A. Woll, Allgemeine Volkswirtschaftslehre. 7., völlig überarb. und erg. Aufl. München 1981. S. 365f.

[4]) Daß die Kassenhaltung des Haushaltes an sich diskontinuierlich verläuft, ergibt sich daraus, daß jeden Tag zu einem bestimmten Zeitpunkt eine Auszahlung vorgenommen wird. Streng genommen müßte deshalb die kassenmäßige Entwicklung des Haushalts durch eine Treppenkurve dargestellt werden.

lung, dann können wir die Kassenhaltung des Haushaltes im Zeitablauf durch folgende Darstellung beschreiben.

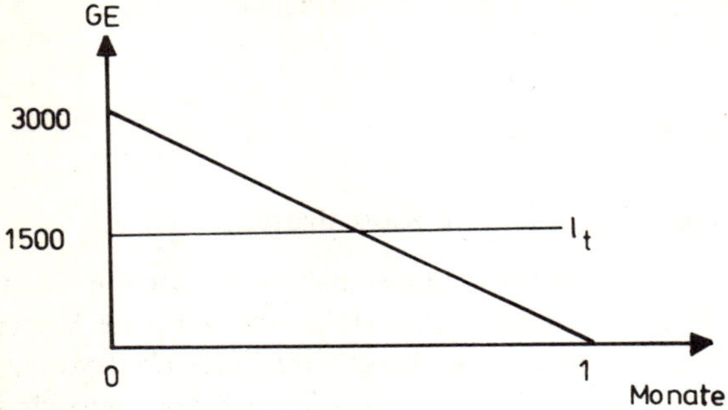

Fig. 1

Der während des Planungszeitraums im Durchschnitt gehaltene Kassenbestand für Transaktionszwecke (d. h. die *durchschnittliche Transaktionskasse*) läßt sich ermitteln, indem der Inhalt des in Fig. 1 eingezeichneten Dreiecks (die sog. Zeitmengenfläche) durch die Länge des Planungszeitraums geteilt wird. Wird die durchschnittliche Transaktionskasse (l_t) in unserem Beispiel auf einen Monat bezogen, dann ist die Länge des Planungszeitraums gleich eins und die durchschnittliche Transaktionskasse beläuft sich damit auf einen Betrag von $\frac{3000}{2} \cdot 1 = 1500$ GE.

Bei der Unternehmung führen die Ein- und Auszahlungen des Haushalts zu einer Entwicklung der Kassenhaltung, die spiegelbildlich zu der in Fig. 1 gegebenen Darstellung verläuft (vgl. Fig. 2).

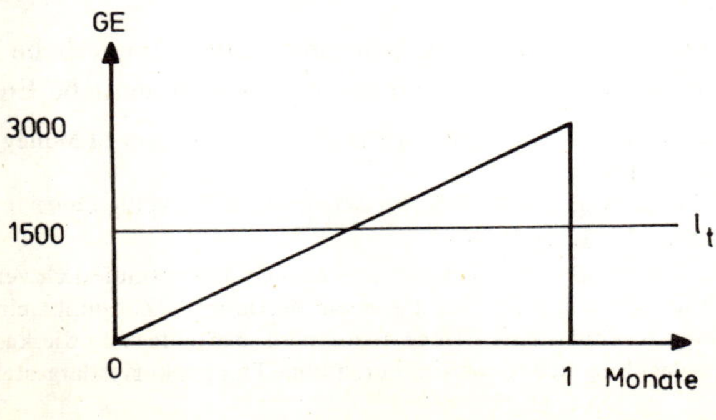

Fig. 2

Die Unternehmung tätigt zu Beginn des Monats eine Auszahlung in Höhe von 3000 GE (für Einkommenszahlungen) und erhält vom Haushalt jeden Tag einen Betrag von 100 GE für Verkäufe von Gütern. Ihr Kassenbestand füllt sich demzufolge im Laufe des Monats auf und erreicht am 30. Tag einen Bestand in Höhe von 3000 GE. Im Durchschnitt des Monats beläuft sich die Kassenhaltung der Unternehmung – wie beim Haushalt – auf einen Betrag von 1500 GE.

Bleiben Umfang und zeitliche Verteilung der Ein- und Auszahlungen von Monat zu Monat unverändert, dann erhält man für einen

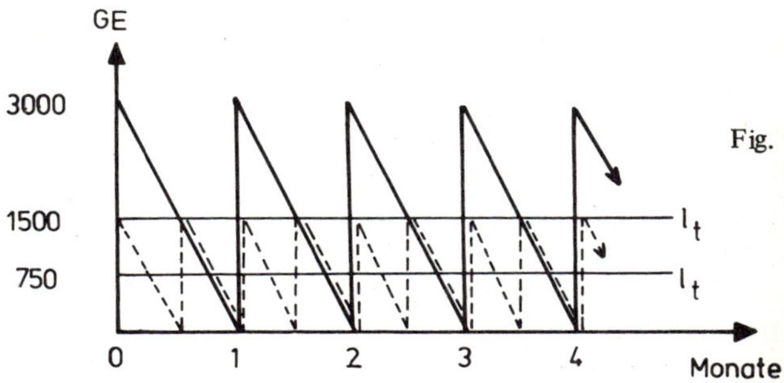

Fig. 3[5])

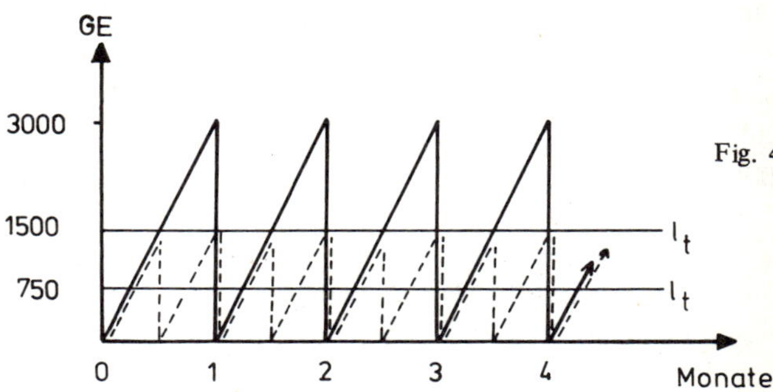

Fig. 4[6])

---

[5]) Die Entwicklung nach dem 4. Monat verläuft wie in den ersten vier Monaten.
[6]) Die Entwicklung nach dem 4. Monat verläuft wie in den ersten vier Monaten.

längeren Planungszeitraum (z. B. für ein Jahr) obige Darstellungen für die kassenmäßige Entwicklung der beiden Wirtschaftseinheiten.

Im Durchschnitt des *Jahres* wird offensichtlich sowohl vom Haushalt als auch von der Unternehmung ein Kassenbestand von 1 500 GE gehalten. Dabei werden jeweils Umsätze in Höhe von 12 · 3000 = 36 000 GE pro Jahr getätigt.

Es ist unschwer einzusehen, daß sich der durchschnittliche Kassenbestand bei beiden Wirtschaftseinheiten verändert, wenn sich entweder die zeitliche Verteilung von Ein- und Auszahlungen (also der **Zahlungsrhythmus**) oder die Höhe der Umsätze verändert.

Die durchschnittliche Transaktionskasse jeder Wirtschaftseinheit sinkt z. B. bei gleichbleibendem Jahresumsatz von 1 500 GE auf 750 GE, wenn das monatliche Haushaltseinkommen von 3000 GE nicht in einer Summe am 1. des Monats, sondern in zwei gleichen Teilbeträgen am 1. und 15. des Monats ausgezahlt wird (vgl. Fig. 3 und 4). Die durchschnittliche Transaktionskasse geht schließlich sogar auf Null zurück, wenn die Einkommenszahlungen in so kurzen Zeitabständen vorgenommen werden, daß Ein- und Auszahlungen bei Haushalt und Unternehmung vollkommen synchronisiert erfolgen.

Wird demnach die durchschnittliche Transaktionskasse bei *gegebenem* Jahresumsatz durch den *Zahlungsrhythmus* festgelegt, so wird sie umgekehrt bei *gegebenem* Zahlungsrhythmus durch die Höhe des *Jahresumsatzes* bestimmt.

Würde sich z. B. der Jahresumsatz der beiden Wirtschaftseinheiten bei gleichbleibendem Zahlungsrhythmus verdoppeln (z. B. von jeweils 36000 auf 72000 GE), dann würde dieser Vorgang in den Fig. 3 und 4 in einer Verdoppelung der Ordinatenwerte der „Sägekurven" zum Ausdruck kommen und damit eine Verdoppelung der durchschnittlichen Transaktionskassen bedeuten. Offenbar besteht in unserem einfachen Modell bei gegebenem Zahlungsrhythmus von Ein-und Auszahlungen zwischen der durchschnittlichen Transaktionskasse l_t einer Wirtschaftseinheit und ihrem Umsatz (h) eine proportionale Beziehung:

(1) $l_t = \gamma \cdot h, \quad \gamma > 0.$

Bei der Interpretation dieser Gleichung ist zu beachten, daß die Proportionalitätskonstante γ nicht unabhängig von der Länge des Planungszeitraumes ist. Wird die durchschnittliche Transaktionskasse z. B. auf den Monatsumsatz bezogen, dann ist $\gamma = \frac{1500}{3000} = \frac{1}{2}$; bildet dagegen der Jahresumsatz die Bezugsgröße, dann ist $\gamma = \frac{1500}{36000} = \frac{1}{24}$.

b) Kassenhaltung unter dem Gesichtspunkt der Kostenminimierung

aa) Alternativ- und Umwandlungskosten. – Eine Schwäche der im vorhergehenden Abschnitt durchgeführten Bestimmung der durchschnittlichen Transaktionskasse ist insbesondere darin zu sehen, daß die kassenmäßige Entwicklung mehr oder weniger passiv hingenommen und nicht zum Gegenstand einer besonderen ökonomischen Entscheidung gemacht wird. So muß es z.B. ökonomisch wenig einsichtig erscheinen, daß sich in dem von uns zuerst dargestellten Beispiel (vgl. Fig. 1) als Folge der Kassenhaltung ungenutzte Kassenüberschüsse einstellen, die in vollem Umfang erst gegen Ende des Planungszeitraums verausgabt sind. Es liegt in diesem Fall nahe, *Kassenüberschüsse verzinslich anzulegen* (z.B. in Form von Termineinlagen oder in Obligationen) und die entsprechenden Anlagen bei Auftreten eines Finanzierungsbedarfs aufzulösen. Auf diese Weise lassen sich mit der Kassenhaltung verbundene, aus dem Verzicht auf Zinserträge resultierende **Alternativkosten** (opportunity costs) einsparen. Anderseits ist hierbei aber in Rechnung zu stellen, daß bei Bildung und Auflösung von Geldanlagen (z. B. in Wertpapieren) Kosten anfallen, die teils durch die Höhe des Umwandlungsbetrages bestimmt werden (**variable Umwandlungskosten**), teils davon unabhängig sind (**feste Umwandlungskosten**) [7]).

Alternativkosten sowie variable und feste Umwandlungskosten sind somit die Einflußgrößen, die in einem an den Kosten orientierten

---

[7]) Hierbei kann es sich um Maklerprovisionen, Steuern, Telefongebühren oder auch um die Mühe und Unbequemlichkeit handeln, die mit Wertpapiergeschäften verbunden sind.

Kalkül zur Bestimmung einer **optimalen Transaktionskasse**[8]) eine wesentliche Rolle spielen.

Die Ergebnisse eines solchen Entscheidungskalküls lassen sich im Rahmen dieses Modells unter verschiedenen Annahmen herleiten. Betrachten wir z. B. die Finanzplanung eines Wirtschaftssubjekts, dessen *Auszahlungen gleichmäßig über den Planungszeitraum verteilt sind,* so kann man für die insgesamt gleich hohen *Einzahlungen* entweder davon ausgehen, daß sie *zu Beginn des Planungszeitraumes in einer Summe* oder daß sie am *Ende des Planungszeitraumes in einer Summe* anfallen. Im zweiten Fall sind die Auszahlungen vorzufinanzieren, z. B. mit Hilfe eines entsprechenden Bestandes an Wertpapieren oder auch durch Aufnahme eines Kredits.

Unter der Zielsetzung der Kostenminimierung ist dann im ersten Fall die Frage zu beantworten, in welcher Höhe die zu Beginn des Planungszeitraums vorhandenen Einzahlungen in Wertpapieren angelegt *und* in welchen Teilbeträgen die Anlagen später liquidiert werden sollen. Im zweiten Fall ist nur zu bestimmen, in welchen Teilbeträgen ein zu Beginn des Planungszeitraums als vorhanden angenommener Wertpapierbestand sukzessive in Kasse verwandelt oder ein Kredit aufgenommen werden soll. Im ersten Fall sind die optimalen Werte mehrerer Variablen simultan zu bestimmen; die entsprechende Lösung ist komplizierter als im zweiten Fall. Da eine Berücksichtigung des ersten Falls den Aussagewert unserer Betrachtungen nicht grundsätzlich erweitert[9]), können wir uns im folgenden auf die Analyse des zweiten Falls beschränken.

---

[8]) Ein entsprechendes, hier als Grundlage benutztes Modell wurde erstmalig von W. J. Baumol (The Transaction Demand for Cash: An Inventory Theoretic Approach. "The Quarterly Journal of Economics", Vol. 66 (1952), S. 545ff.) und in modifizierter und erweiterter Form später von J. Tobin, The Interest-Elasticity of Transactions Demand for Cash. "The Review of Economics and Statistics", Vol. 38 (1956), S. 241ff. vorgelegt.

[9]) Siehe hierzu Baumol (a.a.O., S. 547ff.), der beide Fälle berücksichtigt. – Vgl. zum ersten Fall auch V. Bergen, Theoretische und empirische Untersuchungen zur längerfristigen Geldnachfrage in der Bundesrepublik Deutschland (1950–1967) (Schriften zur angewandten Wirtschaftsforschung, Bd. 27) Tübingen 1970. S. 96ff.

Zur Illustration wollen wir annehmen, daß eine Wirtschaftseinheit einen stetigen Auszahlungsstrom zu finanzieren hat, der über den ganzen Planungszeitraum hinweg, z. B. über einen Monat, insgesamt den Betrag h = 3000 ergibt. In dieser Höhe soll ihr zu Beginn des Planungszeitraums ein Wertpapierbestand zur Verfügung stehen.

Die Finanzierung erfolgt im *Extremfall* in der Weise, daß zu Beginn des Planungszeitraums der gesamte Wertpapierbestand veräußert wird. In diesem Fall stellen sich ungenutzte Kassenüberschüsse ein, die sich im Durchschnitt des Monats auf einen Betrag von $\frac{h}{2}$ belaufen (vgl. Fig. 5). Der durchschnittliche Kassenbestand und die hiermit verbundenen Alternativkosten sind geringer, wenn Wertpapiere *häufiger und damit in kleineren Teilbeträgen* liquidiert werden.

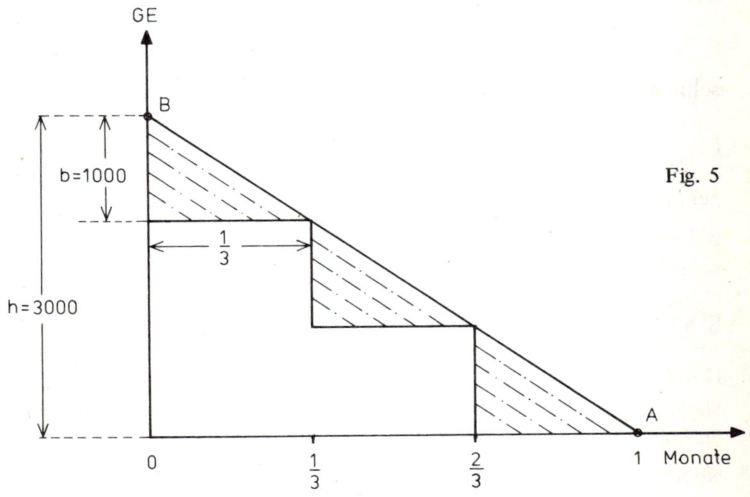

Fig. 5

Betrachten wir zur Illustration einmal den Fall, daß innerhalb des Monats dreimal Wertpapiere im Betrage von jeweils $b = \frac{h}{3}$ (= 1000 GE) liquidiert werden (vgl. Fig. 5). Im ersten

Drittel des Monats ist im Durchschnitt die Hälfte des ersten Liquidationserlöses, also $\frac{b}{2}$ (= 500 GE), als Kasse vorhanden. Das gleiche gilt für die beiden folgenden Drittel des Monats. Insgesamt wird also dreimal für die Dauer eines Monatsdrittels ein durchschnittlicher Betrag von $\frac{b}{2}$ als Kasse gehalten. Während des *ganzen* Monats wird deshalb eine durchschnittliche Transaktionskasse von

$$l_t = 3 \cdot \left(\frac{1}{3} \cdot \frac{b}{2}\right) = \frac{b}{2}$$

gehalten. Diesem Betrag entspricht die durch die drei kleinen Dreiecke in Fig. 5 gegebene Zeitmengenfläche.

Die Beziehung zwischen der durchschnittlichen Transaktionskasse l_t und dem Umwandlungsbetrag b läßt sich verallgemeinern: Werden n gleich große Wertpapiertransaktionen in Höhe von jeweils $b = \frac{h}{n}$ durchgeführt, dann wird im Laufe des Monats eine durchschnittliche Transaktionskasse in Höhe von

(2) $$l_t = n \cdot \left(\frac{1}{n} \cdot \frac{b}{2}\right) = \frac{b}{2}$$

gehalten.

Bei einem Zinssatz für Wertpapiere von i resultieren hieraus *Alternativkosten* von

(3) $$k_A = \frac{b}{2} i.$$

Die Alternativkosten sind offenbar um so geringer, je kleiner die Umwandlungsbeträge sind, d. h. je häufiger Wertpapiere liquidiert werden, und umgekehrt.

Neben den Alternativkosten sind jetzt noch *Umwandlungskosten* zu berücksichtigen. Wir nehmen an, daß die Umwandlungskosten pro Transaktion ($\check{k}_U$) teilweise vom Umwandlungsbetrag unabhängig, teilweise hiervon abhängig sind und nach folgender Formel berechnet werden:

(4a) $$\check{k}_U = \alpha + \beta b.$$

Hierbei geben α die festen Umwandlungskosten und β die Umwandlungskosten pro Geldeinheit (GE) an.

Da innerhalb des gesamten Planungszeitraums insgesamt n Transaktionen durchgeführt werden, betragen die gesamten Umwandlungskosten (k_U):

$$k_U = n\,\check{k}_U \quad \text{bzw.}$$

$$k_U = n\alpha + n\beta b$$

und wegen

$$n = \frac{h}{b}$$

(4) $$k_U = \frac{h}{b}\alpha + h\beta.$$

Offenbar werden die gesamten Umwandlungskosten – im Gegensatz zu den Alternativkosten – um so größer, je kleiner die Umwandlungsbeträge sind, d. h. je häufiger Wertpapiere liquidiert werden, und umgekehrt.

bb) Die optimale Transaktionskasse. – aaa) Das Optimierungsproblem besteht in dem vorliegenden Fall darin, den Umwandlungsbetrag b (und damit auch wegen $n = \frac{h}{b}$ die Umwandlungshäufigkeit) so zu bestimmen[10]), daß die Summe aus Alternativ- und Umwandlungskosten ein *Minimum* wird, also:

(5) $$k = \frac{b}{2}i + \frac{h}{b}\alpha + h\beta \quad \text{Min!}$$

In diesem einfachen Entscheidungsmodell ist der Umwandlungsbetrag die **Entscheidungsvariable**. Sie nimmt einen optimalen Wert an, wenn die Kosten (**Zielvariable**) das verlangte Minimum (Ent-

---

[10]) Ergibt sich als optimale Lösung ein Wert von b, der größer ist als h (z. B. infolge hoher fester Umwandlungskosten), dann wird der zu Beginn des Planungszeitraumes vorhandene Wertpapierbestand in einer Summe in Kasse umgewandelt.

scheidungsmaxime) erreichen. Notwendig ist hierfür als *Bedingung erster Ordnung:*

$$(6) \quad \frac{dk}{db} = \frac{i}{2} - \frac{h}{\hat{b}^2}\alpha = 0$$

bzw.

$$(6a) \quad \frac{i}{2} = \frac{h}{\hat{b}^2}\alpha.$$

Hieraus folgt

$$(7) \quad \hat{b} = \sqrt{\frac{2\alpha h}{i}}.$$

Die *Bedingung zweiter Ordnung* ist erfüllt; denn

$$\frac{d^2k}{db^2} = \frac{2h\alpha}{\hat{b}^3} > 0.$$

Da zwischen Umwandlungsbetrag und durchschnittlicher Kassenhaltung die oben abgeleitete Beziehung

$$l_t = \frac{b}{2}$$

besteht, ergibt sich für die *optimale durchschnittliche Kassenhaltung* folgende Bestimmungsgleichung:

$$(8) \quad \boxed{\hat{l}_t = \sqrt{\frac{\alpha h}{2i}}}\ .$$

Wird schließlich zwischen dem Umsatz des Planungszeitraums h und dem Einkommen der Wirtschaftseinheit y ein positiver Zusammenhang unterstellt, z. B.

$$h = \kappa y,$$

dann erhält man für die optimale durchschnittliche Kassenhaltung

$$(9) \quad \hat{l}_t = \sqrt{\frac{\alpha \kappa y}{2i}}.$$

Zunächst einmal zeigt sich, daß die Haltung einer Transaktionskasse *nicht mehr rational* erscheint, wenn bei der Umwandlung von Wertpapieren in Kasse keine (festen)[11]) *Umwandlungskosten* anfallen (die Größe α also gleich Null ist). Entstehen aber (feste) Umwandlungskosten (und das dürfte i. a. der Fall sein), dann *steigt die optimale durchschnittliche Transaktionskasse mit steigendem Einkommen, zunehmenden (festen) Umwandlungskosten und sinkendem Zinssatz für Wertpapiere und umgekehrt.*

Der Unterschied zu dem im vorhergehenden Abschnitt abgeleiteten Ergebnis (vgl. Gleichung (1)) besteht demnach zunächst einmal darin, daß Zinssatz und Umwandlungskosten als Einflußgrößen berücksichtigt werden. Außerdem unterscheidet sich die optimale durchschnittliche Transaktionskasse vom ersten Ansatz dadurch, daß auch bei Annahme einer proportionalen Beziehung zwischen Umsatz und individuellem Einkommen *kein proportionaler, sondern ein unterproportionaler Zusammenhang zwischen durchschnittlicher Kassenhaltung und Einkommen besteht.* Die auf eine Einkommenseinheit bezogene (durchschnittliche) Transaktionskasse nimmt also mit steigendem Einkommen ab[12]).

---

[11]) Diese Aussage ist zu modifizieren, wenn die Einzahlungen zu Beginn des Planungszeitraums anfallen und demzufolge auch zu entscheiden ist, in welcher Höhe der entsprechende Betrag in Wertpapieren angelegt werden soll (vgl. S. 42). In diesem Fall erscheint die Haltung einer Transaktionskasse nicht mehr rational, wenn bei der Umwandlung von Wertpapieren in Kasse keine festen Umwandlungskosten *und* bei der Umwandlung von Kasse in Wertpapieren und umgekehrt keine vom Umwandlungsbetrag abhängigen Umwandlungskosten anfallen (vgl. Baumol, a.a.O., S. 547ff. und die Ableitungen bei Bergen, a.a.O., S. 96ff., insbesondere Gleichung (2.3.2.10) auf S. 101).

[12]) Aus (9) folgt:

$$\frac{\hat{l}_t}{y} = \sqrt{\frac{\alpha\kappa}{2yi}}$$

und hieraus unmittelbar:

$$\frac{d\left(\frac{\hat{l}_t}{y}\right)}{dy} < 0.$$

bbb) *Graphisch* läßt sich die optimale durchschnittliche Transaktionskasse mit Hilfe eines Grenzkosten-Diagramms bestimmen. Ausgangspunkt der Darstellung ist der in Gleichung (6) beschriebene Zusammenhang zwischen einer marginalen Zunahme des Umwandlungsbetrages und der daraus resultierenden Erhöhung der Alternativkosten und der gleichzeitigen Senkung der Umwandlungskosten. Wie Gleichung (6a) erkennen läßt, wird das *Kostenminimum* nur dann erreicht, wenn der Umwandlungsbetrag so bemessen wird, daß die marginale Ersparnis an Umwandlungskosten $\left(\frac{h}{b^2}\alpha\right)$ durch die marginale Zunahme der Alternativkosten $\left(\frac{i}{2}\right)$ gerade kompensiert wird. In Fig. 6a wird diese Bedingung im Punkt *A* erfüllt.

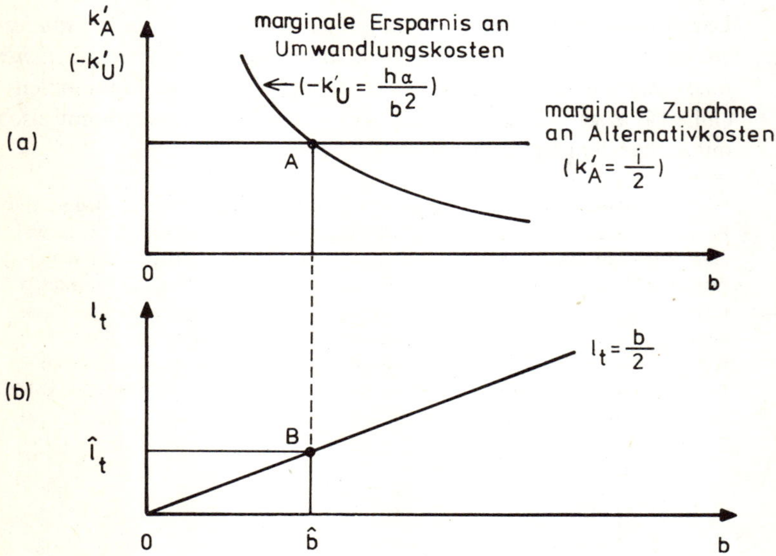

Fig. 6

Zum Punkt *A* in Fig. 6a gehört in Fig. 6b der Punkt *B*, der die optimale durchschnittliche Transaktionskasse $\hat{l}_t$ bestimmt.

Verschiebt sich die k'_A-Kurve nach oben (als Folge einer Zinserhöhung) oder die $(-k'_U)$-Kurve nach unten (als Folge einer Senkung der (festen) Umwandlungskosten oder einer Senkung des Umsatzes), dann wird der optimale Umwandlungsbetrag kleiner und die optimale Transaktionskasse nimmt demzufolge ab und umgekehrt.

Zusammenfassung:

1. Die Analyse der Transaktionskasse erfolgt unter der Annahme, daß die Wirtschaftseinheit Höhe und zeitliche Verteilung der Ein- und Auszahlungen mit Sicherheit voraussieht und als gegeben hinnimmt.
2. Wird von der Möglichkeit, daß Kassenüberschüsse vorübergehend zinsbringend angelegt werden, abgesehen, dann zeigt sich, daß die durchschnittliche Transaktionskasse einer Wirtschaftseinheit allein durch die zeitliche Verteilung von Ein- und Auszahlungen (also den Zahlungsrhythmus) und durch den Umsatz des Planungszeitraums bestimmt wird. Das Modell legt dabei die Hypothese nahe, daß die durchschnittliche Transaktionskasse bei gegebenem Zahlungsrhythmus direkt proportional zum Umsatz steigt (bzw. sinkt).
3. Wird die Möglichkeit einer vorübergehenden Anlage von Kassenüberschüssen in verzinslichen Geldanlagen berücksichtigt und die Transaktionskasse unter dem Ziel der Kostenminimierung festgelegt, dann ergibt sich folgende Hypothese: Die optimale Transaktionskasse steigt mit zunehmenden (festen) Umwandlungskosten und abnehmendem Zinssatz (für alternative Geldanlagen) und umgekehrt. Sie steigt ferner – und zwar unterproportional – mit dem Umsatz bzw. dem Einkommen des Planungszeitraums und umgekehrt.

2. Die Vorsichtskasse

Die Analyse der Transaktionskasse geht von der Annahme aus, daß in der Finanzplanung Höhe und zeitliche Verteilung von Aus- und Einzahlungen *mit Sicherheit* vorausgesehen werden. Der Bestimmung der Transaktionskasse liegen also *einwertige* Erwartungen[13]) zugrunde: Bezüglich der Plangrößen (hier insbesondere Höhe und Termine der Zahlungsvorgänge) besteht hundertprozentige Sicherheit. Im Unterschied hierzu wird die Vorsichtskasse dadurch motiviert, daß Aus- und Einzahlungen in bezug auf Umfang und zeitliche Verteilung nicht mit Sicherheit geplant werden können. Die Erwartungen sind *mehrwertig*: In der Planung wird bei den Zahlungsvorgängen mit verschiedenen Beträgen und verschiedenen Terminen gerechnet, die für unterschiedlich wahrscheinlich gehalten werden. Da Umfang und zeitliche Verteilung der Aus- und Einzahlungen nicht mehr mit hundertprozentiger Sicherheit vorhergesehen werden können und die Erwartungen mehrwertig sind, ist die Finanzplanung mit einem **Risiko** belastet. Falls die Wirtschaftseinheit den Kassenbestand zu niedrig bemißt, muß sie damit rechnen, daß der Kassenbestand zur Deckung von Kassendefiziten nicht ausreicht. Darum liegt es nahe, daß die Wirtschaftseinheiten dem Risiko der Illiquidität durch einen zusätzlichen Kassenbestand in Form einer **Vorsichtskasse** Rechnung tragen.

a) Alternativ- und Illiquiditätskosten

Wie bei der Transaktionskasse, so besteht auch hier die wesentliche Frage darin, von welchen Einflußgrößen der Umfang der Kassenhaltung abhängt. Um zu entsprechenden Hypothesen zu gelangen, werden wir die Kassenhaltung wieder aus einem vereinfachten entscheidungslogischen Modell ableiten. Ein entsprechender auf Whalen zurückgehender Ansatz[14]) läßt sich in seinen Grundzügen wie folgt beschreiben:

Ebenso wie das Bestehen einer Transaktionskasse bedeutet auch die Haltung einer Vorsichtskasse den Verzicht auf Zinserträge und

---

[13]) Vgl. E. M. Claassen, Grundlagen der Geldtheorie. 2., neubearb. u. erw. Aufl. Berlin, Heidelberg, New York 1980, S. 121f.

[14]) Vgl. hierzu E. L. Whalen, A Rationalization of the Precautionary Demand for Cash. "The Quarterly Journal of Economics", Vol 80 (1966), S. 314ff. – Vgl. auch U. Westphal, Theoretische und empirische Untersuchungen zur Geldnachfrage und zum Geldangebot. (Kieler Studien, 110.) Tübingen 1970. S. 10ff.

damit den Anfall von **Alternativkosten,** die mit zunehmender Kassenhaltung größer werden. Man wird deshalb einerseits bestrebt sein, die Kassenhaltung einzuschränken, anderseits aber auch in Rechnung stellen, daß damit bei nicht sicheren Erwartungen die Gefahr eines ungedeckten Finanzierungsbedarfs größer wird.

Ein ungedeckter Finanzierungsbedarf (Finanzierungslücke) hat besondere **Illiquiditätskosten** zur Folge, die z. B. aus einer Kreditaufnahme, aus Zwangsverkäufen von Aktiva (z. B. von Wertpapieren) oder im äußersten Fall aus einer Zahlungseinstellung resultieren und die (wie die Umwandlungskosten bei der Transaktionskasse) teils vom Umfang des Kassendefizits abhängig (variable Illiquiditätskosten), teils davon unabhängig sind (feste Illiquiditätskosten).

Alternativkosten sowie feste und variable Illiquiditätskosten sind mithin Einflußgrößen, die in einem an den Kosten orientierten Kalkül zur Bestimmung einer **optimalen Vorsichtskasse** eine wesentliche Rolle spielen.

Ein solcher Kalkül geht von der Frage aus, auf welchen Betrag sich die Nettozahlungsströme (Kassenüberschuß oder Kassendefizit) im Planungszeitraum vermutlich belaufen werden. *Verschiedene* Möglichkeiten werden hierfür in Betracht gezogen und ihnen jeweils bestimmte Wahrscheinlichkeiten zugeordnet. Aus der so gebildeten Wahrscheinlichkeitsverteilung für die Nettozahlungsströme wird ein Mittelwert gebildet, indem die als möglich angesehenen Nettozahlungsströme jeweils mit ihren entsprechenden Wahrscheinlichkeiten multipliziert und die sich ergebenden Produkte summiert werden. Der auf diese Weise berechnete Mittelwert stellt den **Erwartungswert für das Kassendefizit bzw. den Kassenüberschuß** der Periode dar.

Das der Analyse der Vorsichtskasse zugrundeliegende Modell soll unter folgenden vereinfachenden Annahmen dargestellt werden:

1. Die Wahrscheinlichkeit, daß innerhalb des Planungszeitraums (z. B. innerhalb eines Tages) in bestimmter Höhe ein Kassendefizit auftritt, ist ebenso groß wie die Wahrscheinlichkeit, daß sich in der gleichen Höhe ein Kassenüberschuß einstellt. Daraus

ergibt sich, daß im Mittel für den Planungszeitraum mit einem Nullsaldo zwischen Aus- und Einzahlungen gerechnet wird. Somit weisen die *Nettozahlungsströme (z) einen Erwartungswert von Null* auf und ihre *Wahrscheinlichkeitsverteilung ist bezüglich des Nullpunktes symmetrisch* [15]).

2. Kassendefizite bzw. -überschüsse können innerhhalb des Planungszeitraums nur bis zu einem *bestimmten Höchstbetrag* (*m*) auftreten.

Diese Annahmen werden im folgenden am Beispiel einer Wahrscheinlichkeitsverteilung illustriert, die dadurch charakterisiert ist, daß die Wahrscheinlichkeit (genauer: die Wahrscheinlichkeitsdichte $f(z)$) für einen Kassenüberschuß bzw. ein Kassendefizit um so geringer veranschlagt wird, je größer der Kassenüberschuß bzw. das Kassendefizit ist (vgl. Fig. 7) [16]).

Die Kassenhaltung aus Vorsichtsgründen erfolgt in dem *extremen Fall,* in dem jedes Illiquiditätsrisiko vermieden werden soll, in der Weise, daß ein Kassenbestand in Höhe des maximal möglichen Kassendefizits (*m*) gehalten wird. Dem Vorteil, daß Illiquiditätskosten mit Sicherheit nicht entstehen, steht in diesem Fall der Nachteil relativ hoher Alternativkosten gegenüber. Die Alternativkosten (k_A), die sich bei einer Kassenhaltung in Höhe von l_v und einem Zinssatz i aus der Beziehung

(10) $k_A = l_v \cdot i$

ergeben (und die sich bei $l_v = m$ auf den Betrag $m \cdot i$ belaufen), können vermindert werden, wenn *die Vorsichtskasse verkleinert und damit die Möglichkeit der Illiquidität in Kauf genommen wird.*

---

[15]) Eine Verteilung mit der Wahrscheinlichkeitsdichte (bzw. Dichtefunktion) $f(z)$ (wobei $f(z)$ jedem Ereignis z die entsprechende Dichte zuordnet) heißt *symmetrisch* bezüglich einer Zahl $z = c$, wenn für jedes reelle a

$$f(c + a) = f(c - a)$$

gilt. (Vgl. E. Kreyszig, Statistische Methoden und ihre Anwendungen. 4., durchges. Aufl. Göttingen 1973. S. 87).

[16]) In Fig. 7 ist diese Beziehung zwischen der Wahrscheinlichkeitsdichte und den Nettozahlungsströmen ($f(z)$) linear. Fig. 7 beschreibt damit eine *Dreiecksverteilung.*

Fig. 7 macht deutlich, daß sich der Bereich (l_v bis m), in dem mögliche Kassendefizite die Vorsichtskasse übertreffen, ausdehnt, wenn die Vorsichtskasse (also die Strecke von 0 bis l_v) kleiner wird. Die (durch die Fläche des schraffierten Dreiecks angegebene) Wahrscheinlichkeit für den Fall der Illiquidität nimmt also zu, wenn man die Vorsichtskasse senkt (z. B. um Alternativkosten einzusparen).

Fig. 7

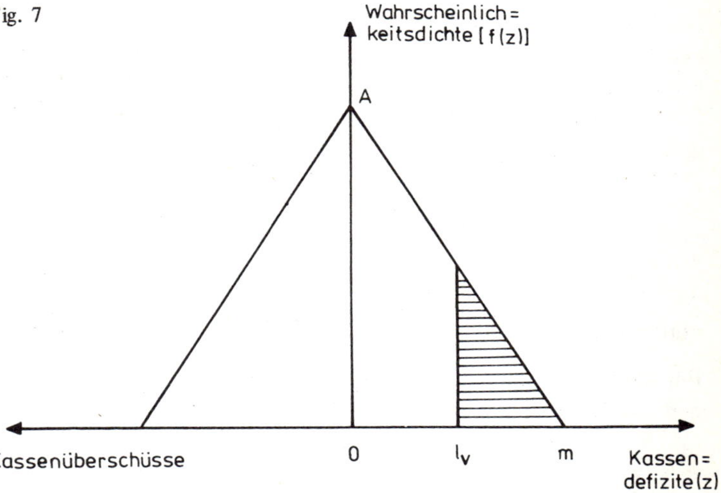

Der genaue Wert der im Mittel bei einer bestimmten Vorsichtskasse *erwarteten Illiquiditätskosten* wird durch feste und variable Illiquiditätskosten bestimmt. Die (erwarteten) *festen Illiquiditätskosten* erhält man, wenn die Kosten, die unabhängig vom Umfang des Kassendefizits auftreten (α'), mit der Wahrscheinlichkeit, daß die Kassendefizite größer sind als die Vorsichtskasse (Fall der Illiquidität), multipliziert werden. Da die Wahrscheinlichkeit für den Fall der Illiquidität bei einer Vorsichtskasse in Höhe von l_v durch den Inhalt des schraffierten Dreiecks angegeben wird, läßt sich die Wahrscheinlichkeit für den Fall der Illiquidität durch das Integral

$$\int_{l_v}^{m} f(z)\,dz \qquad \text{bestimmen.}$$

Für die (erwarteten) *festen Illiquiditätskosten* ergibt sich somit der Ausdruck

$$\alpha' \cdot \int_{l_v}^{m} f(z)\,dz.$$

Die (erwarteten) *variablen Illiquiditätskosten* werden ermittelt, indem die variablen Illiquiditätskosten pro GE (β') mit dem im Mittel erwarteten Betrag der Finanzierungslücke, d. h. genauer: mit dem Erwartungswert der über die Vorsichtskasse hinausgehenden Kassendefizite

$$\int_{l_v}^{m} (z - l_v)\, f(z)\,dz,$$

multipliziert werden.

Für die (erwarteten) *variablen Illiquiditätskosten* erhält man somit den Ausdruck

$$\beta' \cdot \int_{l_v}^{m} (z - l_v)\, f(z)\,dz.$$

Die im Mittel erwarteten *gesamten Illiquiditätskosten* (k_I) ergeben sich schließlich als Summe aus den (erwarteten) festen und variablen Illiquiditätskosten:

$$(11)\quad k_I = \alpha' \cdot \int_{l_v}^{m} f(z)\,dz + \beta' \int_{l_v}^{m} (z - l_v)\, f(z)\,dz.$$

Gleichung (11) macht deutlich, daß sich die Kostenfunktion k_I nur bestimmen läßt, wenn eine explizite Dichtefunktion[17]) $f(z)$,

[17]) Vgl. S. 52 und im einzelnen Kreyszig, a.a.O., S. 80f.

die die Wahrscheinlichkeitsverteilung der Nettozahlungsströme beschreibt, angenommen werden kann[18]).

b) Die Bestimmung der optimalen Vorsichtskasse

aa) Algebraische Lösung. – Das Optimierungsproblem besteht im vorliegenden Fall darin, die Vorsichtskasse **(Entscheidungsvariable)** so zu bestimmen, daß die Summe aus Alternativ- und Illiquiditätskosten **(Zielvariable)** ein *Minimum* wird (Entscheidungsmaxime), also:

(12) $k = k_A + k_I$ Min!

Der für die Lösung grundlegende Gedankengang läßt sich ohne Rückgriff auf eine explizite Dichtefunktion mit Hilfe der *Tschebyscheff*schen Ungleichung darstellen, wenn von variablen Illiquiditätskosten abgesehen wird und die Standardabweichung der Nettozahlungsströme bekannt ist.

Auf unser Problem angewendet[19]), besagt die ***Tschebyscheff*sche Ungleichung**:

– Die Wahrscheinlichkeit, daß Kassendefizite auftreten, die *größer* als das λ-fache der Standardabweichung der Nettozahlungsströme sind, ist höchstens $\frac{1}{2\lambda^2}$.

---

[18]) Im Anhang der schon zitierten Arbeit von Whalen (a.a.O., S. 322ff.) ist die optimale Vorsichtskasse für explizite Wahrscheinlichkeitsverteilungen berechnet worden.

[19]) In einer weniger speziellen Form besagt die Tschebyscheffsche Ungleichung: Die Wahrscheinlichkeit, daß eine Zufallsvariable vom Mittelwert um mehr als das λ-fache ihrer Standardabweichung abweicht, ist nicht größer als $\frac{1}{\lambda^2}$. Im vorliegenden Fall können Abweichungen vom Mittelwert (der gleich Null ist) sowohl in Form von Kassendefiziten als auch in Form von Kassenüberschüssen auftreten, und zwar jeweils mit gleichen Wahrscheinlichkeiten. Damit ist die Wahrscheinlichkeit, daß Kassendefizite über einen bestimmten Betrag hinausgehen, halb so groß wie die Wahrscheinlichkeit, daß Kassendefizite *oder* Kassenüberschüsse über diesen Betrag hinausgehen (zur Ungleichung von Tschebyscheff s. Kreyszig, a.a.O., S. 171).

Ist die Standardabweichung z. B. s = 300 GE, dann beträgt die Wahrscheinlichkeit (w), daß Kassendefizite das *drei*fache der Standardabweichung s (d. h. den Betrag von 900 GE) übertreffen,

$$\text{höchstens } w = \frac{1}{2 \cdot 3^2} = \frac{1}{18}.$$

Bei einer Vorsichtskasse in Höhe von 900 GE und einer Standardabweichung von 300 GE ist demnach der für den Illiquiditätsfall relevante Wert von λ gleich $\frac{900}{300} = 3$ und die dazugehörige Wahrscheinlichkeit höchstens gleich $\frac{1}{18}$. Ist die Vorsichtskasse größer, z. B. gleich 1800 GE, dann beläuft sich der für den Illiquiditätsfall relevante Wert von λ auf $\frac{1800}{300} = 6$ und die Wahrscheinlichkeit, daß Kassendefizite die Vorsichtskasse übertreffen, sinkt auf

$$\text{höchstens } w = \frac{1}{2 \cdot 6^2} = \frac{1}{72}.$$

Offenbar läßt sich bei gegebenem s für jede Vorsichtskasse l_v nach der Formel

$$(13) \quad \lambda = \frac{l_v}{s}$$

der für den Illiquiditätsfall relevante Wert von λ ermitteln und damit angeben, wie groß die Wahrscheinlichkeit (w) ist, daß Kassendefizite (z) über die Vorsichtskasse (l_v) hinausgehen. Man erhält hierfür in allgemeiner Schreibweise:

$$w(z > l_v) \leqq \frac{1}{2\lambda^2}$$

und bei Berücksichtigung von (13)

$$(14) \quad w(z > l_v) \leqq \frac{1}{2\left(\frac{l_v}{s}\right)^2}.$$

Unter der Annahme, daß der Finanzplanung der *ungünstigste Fall* (d. h. der höchstmögliche Wert von w) zugrunde gelegt wird, ist die Beziehung (14) als Gleichung anzusehen und nach Umformulierung ergibt sich:

$$(15)\quad w(z > l_v) = \frac{s^2}{2\, l_v^2}.$$

Werden die festen Illiquiditätskosten mit dem Grad ihrer Wahrscheinlichkeit gewichtet (also mit $w(z > l_v)$ multipliziert) und bleiben variable Illiquiditätskosten unberücksichtigt (d. h. $\beta' = 0$), dann erhalten wir schließlich für die *Gesamtkosten* und damit für die Zielfunktion folgenden Ausdruck[20]):

$$(16)\quad k = l_v \cdot i + \alpha' \frac{s^2}{2\, l_v^2} \qquad \text{Min!}$$

Der erste Summand auf der rechten Seite von (16) stellt die Alternativkosten dar, der zweite die im Mittel erwarteten festen Illiquiditätskosten.

Notwendig für die Minimierung der Gesamtkosten ist als *Bedingung erster Ordnung*

$$(17)\quad \frac{dk}{dl_v} = i - \alpha' s^2 \frac{1}{\hat{l}_v^{\,3}} = 0$$

bzw.

$$(17a)\quad i = \alpha' \frac{s^2}{\hat{l}_v^{\,3}}$$

und

$$(18)\quad \boxed{\hat{l}_v = \sqrt[3]{\frac{\alpha' s^2}{i}}}$$

Die *Bedingung zweiter Ordnung* ist erfüllt; denn

$$\frac{d^2k}{dl_v^{\,2}} = \alpha' s^2 \frac{3}{\hat{l}_v^{\,4}} > 0.$$

---

[20]) Siehe Gleichung (12) mit (10), (11) und (15) bei $\beta' = 0$.

Da angenommen werden kann, daß zwischen der Standardabweichung s und dem Umsatz eine positive Beziehung besteht[21]) und daß sich Umsatz und individuelles Einkommen i. a. auch in gleicher Richtung ändern, ergibt sich aus Gleichung (18), daß *die optimale Vorsichtskasse mit steigendem Einkommen, zunehmenden (festen) Illiquiditätskosten und sinkendem Zinssatz steigt und umgekehrt.* Gleichung (18) zeigt weiter, daß die *optimale Vorsichtskasse mit steigendem Einkommen immer dann unterproportional zunimmt,* wenn zwischen der Varianz s^2 und dem Umsatz einerseits sowie dem Umsatz und dem individuellen Einkommen anderseits ein proportionaler Zusammenhang besteht[22]). Schließlich enthält Gleichung (18) auch noch das Ergebnis, daß eine *Vorsichtskasse überflüssig* ist ($l_v = 0$), wenn die *Erwartungen bezüglich des Kassendefizits bzw. -überschusses einwertig sind* und die Varianz damit den Wert Null annimmt.

bb) Graphische Lösung. – Die eben abgeleiteten Zusammenhänge wollen wir auch hier graphisch mit Hilfe eines Grenzkosten-Diagramms darstellen. Ausgangspunkt ist wieder der in Gleichung (17) beschriebene Zusammenhang zwischen einer marginalen Zunahme der Vorsichtskasse und der daraus resultierenden Erhöhung der Alternativkosten und der gleichzeitigen Senkung der Illiquiditätskosten. Wie Gleichung (17a) erkennen läßt, wird das *Kostenminimum* nur dann erreicht, wenn die Vorsichtskasse so bemessen wird, daß die marginale Ersparnis an Illiquiditätskosten $\left(\alpha' \frac{s^2}{\hat{l}_v^{\,3}}\right)$ durch die marginale Zunahme der Alternativkosten (i) gerade kompensiert wird.

In Fig. 8 wird das Optimum (d. h. das Kostenminimum) im Punkt A realisiert; die optimale Vorsichtskasse beträgt $\hat{l}_v$. Verschiebt sich die k_A'-Kurve nach oben (als Folge einer Zinserhöhung) oder die $(-k_I')$-Kurve nach unten (als Folge einer Senkung der (festen) Illiquiditäts-

---

[21]) Siehe hierzu Westphal, a.a.O., S. 12.

[22]) Proportionalität zwischen Varianz und Umsatz ist gegeben, wenn der Durchschnittsbetrag jeder möglichen Aus- bzw. Einzahlung konstant bleibt und nur ihre Häufigkeit zunimmt (vgl. Whalen, a.a.O., S. 319).

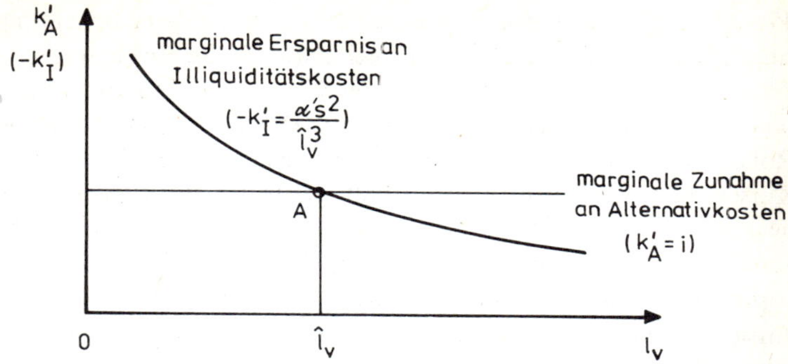

Fig. 8

kosten oder einer Senkung der Varianz, die aus einer Abnahme des Umsatzes resultiert), dann wird die optimale Vorsichtskasse geringer.

Zusammenfassung:

Eine Analyse der Vorsichtskasse, die Alternativkosten der Kassenhaltung einerseits und Illiquiditätskosten unter Berücksichtigung ihrer Wahrscheinlichkeit anderseits in die Untersuchung miteinbezieht, legt die Hypothese nahe, daß die optimale Vorsichtskasse einer Wirtschaftseinheit mit zunehmendem Einkommen, zunehmenden festen Illiquiditätskosten und abnehmendem Zinssatz steigt und umgekehrt.

3. Die Spekulationskasse

a) Spekulative Kassenbestände bei sicheren Erwartungen und einem Wertpapier

aa) Erwartete Kursänderungen und laufende Zinserträge. – Während für die Bestimmung der Transaktions- bzw. Vorsichtskasse sichere bzw. mit Risiko behaftete Erwartungen über *Höhe und zeitliche*

Verteilung der laufenden Transaktionen von besonderer Bedeutung sind, spielen bei der Analyse der **Spekulationskasse** Erwartungen über den *zukünftigen Preis (Kurs) von finanziellen*[23]) *Vermögensobjekten und damit über ihre zukünftige Rendite*[24]) eine wesentliche Rolle. Wird z. B. für die Zukunft bei Wertpapieren mit fallenden Kursen oder, was dasselbe besagt, mit steigenden Renditen gerechnet, dann bietet die Haltung einer Spekulationskasse die Möglichkeit, Kursverluste zu vermeiden. Ob deshalb eine Umwandlung von Wertpapieren in Kasse vorgenommen wird, hängt davon ab, ob die voraussichtlichen Kursverluste die Zinserträge aus der Wertpapieranlage übertreffen.

Erwartungen über Richtung und Umfang der Kursänderungen sowie die laufenden Zinserträge der Wertpapiere wären somit Faktoren, die in einem Modell zur Bestimmung spekulativer Kassenbestände eine wichtige Rolle spielen.

bb) Die Entscheidungsregel. – Die Analyse der Spekulationskasse erfolgt unter der Annahme, daß die Erwartungen bezüglich der zukünftigen Wertpapierkurse vom Umfang der eigenen Dispositionen unabhängig sind[25]), daß also Mengenanpasserverhalten vorliegt. Im ersten Stadium der Betrachtung werden wir außerdem

---

[23]) Die Möglichkeit einer Spekulation in Gütern wird nicht berücksichtigt.

[24]) Bei einem Wertpapier mit einer Laufzeit von n Jahren, einem Nominalwert 100, einem Nominalzinssatz i_0 und einer Tilgung zum Nominalwert besteht zwischen *Kurswert* p_w und *Rendite* i folgende Beziehung:

$$p_w = i_0 \cdot 100 \frac{(1+i)^n - 1}{i(1+i)^n} + \frac{100}{(1+i)^n}.$$

Bei einer unendlich großen Laufzeit (d. h. $n \to \infty$) ergibt sich hierfür:

$$p_w = i_0 \cdot 100 \frac{1}{i}$$

und umgekehrt für die Rendite:

$$i = \frac{i_0 \cdot 100}{p_w}.$$

[25]) Für einen Spekulanten, der sich mit relativ großen Beträgen am Wertpapiermarkt engagiert, kann sich diese Annahme als problematisch erweisen.

davon ausgehen, daß die Erwartungen hinsichtlich der zukünftigen Kurse **einwertig** und in bezug auf den gegenwärtigen Kurs **vollkommen unelastisch** sind. Ersteres bedeutet, daß für die folgende Periode ein bestimmter Kurs mit hundertprozentiger Sicherheit erwartet wird, letzteres, daß die erwarteten Kurse nicht von den gegenwärtigen Kursen abhängen.

Zur Vereinfachung wird schließlich vorerst noch unterstellt, daß für die Anlageentscheidung als finanzielle Aktiva nur Kasse und *ein* Wertpapier mit unendlich langer Laufzeit, einem Nominalwert von 100,– GE und einem Nominalzinssatz von i_0 in Betracht kommen.

Wird für das Ende des Planungszeitraums (z.B. eines Jahres) ein Wertpapierkurs p_w^* erwartet, dann resultiert aus einem x Stücke umfassenden Wertpapierbestand folgender (erwarteter) Ertrag:

$$(19) \quad g = \underbrace{(p_w^* - p_w)\,x}_{\text{Kursgewinn/-verlust}} + \underbrace{i_0\,100\,x}_{\text{Nominalverzinsung}} .$$

Da zwischen dem Kurs des Wertpapiers p_w und der Rendite i die Beziehung

$$p_w = \frac{i_0\,100}{i}$$ [26]

besteht, können wir für (19) auch schreiben:

$$(20) \quad g = \underbrace{\left(\frac{i_0\,100}{i^*} - \frac{i_0\,100}{i}\right) x}_{\text{Kursgewinn/-verlust}} + \underbrace{i_0\,100\,x}_{\text{Nominalverzinsung}} .$$

Mit i^* wird hierbei die *erwartete* Rendite bezeichnet.

Ergibt die Summe aus der erwarteten Kursänderung und dem Zinsertrag einen positiven Betrag, d.h. $g > 0$, dann bedeutet jeder Be-

[26]) Vgl. S. 60, Fußnote 24.

stand an Kasse einen Verzicht auf sichere Erträge; eine nach maximalem Ertrag strebende Wirtschaftseinheit wird deshalb den gesamten für spekulative Zwecke verfügbaren Betrag in Wertpapieren anlegen. Ist dagegen $g < 0$, dann lassen sich sichere Verluste nur vermeiden, wenn keine Wertpapiere in das Portefeuille aufgenommen werden. Es entspricht also in diesem Fall dem Ziel der Ertragsmaximierung (bzw. Verlustminimierung), in voller Höhe der verfügbaren Mittel spekulative Kasse zu halten und gegenüber einem Wertpapierengagement eine abwartende Haltung (Attentismus) einzunehmen.

Die Eigenart der hier durchgeführten Analyse der Spekulationskasse besteht also darin, daß sie zu einer *Entweder (Kasse) Oder (Wertpapiere) – Entscheidung* führt. Nur wenn der spezielle Fall vorliegt, daß der erwartete Ertrag gerade gleich Null ist und die Wirtschaftseinheit sich demzufolge gegenüber Kasse und Wertpapieren auch indifferent verhalten kann, erscheint eine gleichzeitige Haltung von Kasse und Wertpapierbeständen plausibel.

cc) Die individuelle Liquiditätspräferenz. – Die eben abgeleiteten Zusammenhänge sollen mit Hilfe eines Diagramms illustriert werden, das zeigt, wie über einen zu Beginn des Planungszeitraums für spekulative Zwecke verfügbaren Kassenbestand[27]) in Höhe von $\bar{l}_s$ bei alternativen (gegenwärtigen) Renditen i und gegebener erwarteter Rendite i^* disponiert wird[28]). Ausgangspunkt der Darstellung ist die unter (20) abgeleitete Bestimmungsgleichung für den Ertrag. Wird g in Gleichung (20) auf den in Wertpapieren investierten Geldbetrag (GE) bezogen, d. h. durch $p_w \cdot x = \frac{i_0\,100}{i} \cdot x$ dividiert, dann ergibt sich:

---

[27]) Besteht der für spekulative Zwecke zu Beginn des Planungszeitraums verfügbare Betrag teilweise auch aus Wertpapieren, dann ergibt sich insofern eine gewisse Komplizierung, als der Wert dieses Betrages dann von der Kursentwicklung der Wertpapiere beeinflußt wird.

[28]) Vgl. J. Tobin, Liquidity Preference as Behavior Towards Risk. "The Review of Economic Studies", Vol. 25 (1957/58), S. 67ff.

$$(21) \quad \underbrace{\frac{g}{p_w \cdot x}}_{\substack{\text{Ertrag} \\ \text{pro GE}}} = \underbrace{\frac{i}{i^*} - 1}_{\substack{\text{Kurs-} \\ \text{ge-} \\ \text{winn /} \\ \text{-verlust} \\ \text{pro GE}}} + \underbrace{i}_{\substack{\text{Zins-} \\ \text{ertrag} \\ \text{pro GE} \\ \text{(Rendite)}}}$$

Offenbar ist

$$g \gtreqless 0,$$

wenn

$$i - i^* + i\,i^* \gtreqless 0,$$

bzw. bei Auflösung nach i, wenn

$$i \gtreqless \frac{i^*}{1 + i^*}.$$

Bezeichnen wir die gegenwärtige Rendite, bei der g gleich Null wird, als *kritische* Rendite (i_k), dann lassen sich folgende Ergebnisse formulieren: Ist die gegenwärtige Rendite i größer als die kritische Rendite i_k und damit $g > 0$, dann wird der gesamte für Spekulationszwecke verfügbare Betrag $\bar{l}_s$ in Wertpapieren investiert; ist die

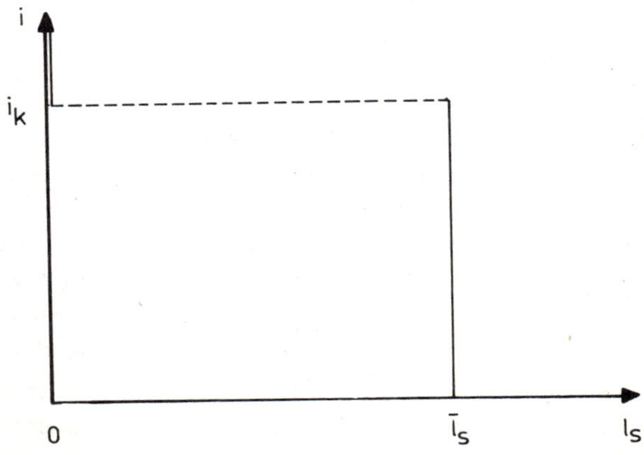

Fig. 9

gegenwärtige Rendite kleiner als die kritische Rendite und damit $g < 0$, dann wird nur Kasse gehalten; ist die gegenwärtige Rendite schließlich gleich der kritischen Rendite und damit $g = 0$, dann können sich die Wirtschaftseinheiten gegenüber einer Anlage in Spekulationskasse oder in Wertpapieren indifferent verhalten.

Die individuelle Präferenz für Kasse (d. h. **Liquiditätspräferenz**) in Abhängigkeit von der gegenwärtigen Rendite (i) wird demnach im Diagramm (vgl. Fig. 9) durch eine Treppenkurve beschrieben, die bei $i > i_k$ mit der Ordinate zusammenfällt, bei $i = i_k$ parallel zur l_s-Achse verläuft und bei $i < i_k$ mit einer Parallele zur i-Achse identisch ist, deren Abszissenwert durch den insgesamt für spekulative Zwecke vorhandenen Betrag $\bar{l}_s$ bestimmt wird.

b) Spekulative Kassenbestände bei mit Risiko behafteten Erwartungen und einem Wertpapier

Der Aussagewert der im letzten Abschnitt durchgeführten Analyse wird insbesondere durch zwei Annahmen begrenzt, die jetzt schrittweise aufgegeben werden sollen: 1. die *Einwertigkeit* der Kurs- bzw. Renditeerwartungen mit der daraus i. d. R. resultierenden Konsequenz einer Entweder (Kasse) Oder (Wertpapiere)-Entscheidung und 2. die Beschränkung auf Kasse und *ein* Wertpapier als ausschließliche Anlagemöglichkeiten.

aa) Erwarteter Erlös und Risiko. – Der erste Schritt zur Erweiterung der Analyse besteht darin, daß bei der Beurteilung der zukünftigen Ertragsaussichten eines Wertpapiers *mehrere* Möglichkeiten der Ertragsentwicklung Berücksichtigung finden. Werden die als möglich angesehenen Erträge eines Wertpapiers entsprechend der Wahrscheinlichkeit ihres Eintretens gewichtet und aufsummiert, dann erhält man einen Mittelwert, der den Erwartungswert für den zukünftigen Ertrag darstellt. Wird hierzu der in dem Wertpapier investierte Geldbetrag (also die Anlagesumme) addiert, dann ergibt sich der **Erwartungswert für den Liquidationserlös** des Wertpapiers am Ende des Planungszeitraums. Die hierauf bezogene **Standardabweichung** (oder stattdessen auch die Varianz) gibt an, wie die verschiedenen als möglich angesehenen Erlöse um den Erwartungswert streuen; sie wird deshalb als ein Maß für das mit der Wertpapieranlage verbundene **Risiko** angesehen[29]).

Wie sich der im *Mittel erwartete Liquidationserlös* und das *Risiko* im konkreten Fall ermitteln lassen, soll an einem einfachen Beispiel gezeigt werden. Liquidationserlös und Risiko sollen dabei zur Vorbereitung weiterer Überlegungen auf eine in dem Wertpapier investierte Geldeinheit bezogen werden. Zur Illustration betrachten wir einen Wertpapieranleger, der zehn Obligationen, die zu einem Nominalwert in Höhe von 100,– GE emittiert sind und jährlich mit einem Nominalzinssatz von 8 v.H. verzinst werden, zu einem Kurs von 98 erwirbt und dabei von folgender Beurteilung der zukünftigen Entwicklung seiner Wertpapieranlage ausgeht:

(1) Liquidationserlös am Ende des Planungszeitraums [(Anschaffungskurs + Kursgewinn/ -verlust + Nominalverzinsung) · 10] v	(2) Liquidationserlös pro angelegter Geldeinheit $\frac{v}{10\,p_w}$	(3) Wahrscheinlichkeit für dieses Ereignis w	(4) $\frac{v}{10\,p_w}\,w$	(5) $\left(\frac{v}{10\,p_w} - e_w\right)^2 \cdot w$
(98 + 14 + 8) · 10 = 1200	$\frac{1200}{980}$	0,25	$\frac{300}{980}$	$\left(+\frac{140}{980}\right)^2 \cdot 0{,}25$
(98 + 0 + 8) · 10 = 1060	$\frac{1060}{980}$	0,50	$\frac{530}{980}$	$0 \cdot 0{,}50$
(98 – 14 + 8) · 10 = 920	$\frac{920}{980}$	0,25	$\frac{230}{980}$	$\left(-\frac{140}{980}\right)^2 \cdot 0{,}25$
Σ			$\frac{1060}{980}\ (= e_w)$	$\frac{9800}{980^2}\ (= s_w^2)$

[29]) Eine große Standardabweichung bedeutet, daß der Anleger bei Erwerb eines bestimmten Wertpapiers einerseits eine relativ hohe Chance hat, Kursgewinne zu machen, anderseits aber auch eine relativ hohe Wahrscheinlichkeit besteht, daß Kursverluste auftreten. Umgekehrt ist bei einer kleinen Standardabweichung die Wahrscheinlichkeit hoher Kursgewinne und -verluste relativ gering.

Das Beispiel enthält die recht einfache Annahme, daß mit einer Wahrscheinlichkeit von 0,5 (also 50 v.H.) keine Kursänderung und jeweils mit einer Wahrscheinlichkeit von 0,25 (also 25 v.H.) eine Kurserhöhung bzw. Kurssenkung um 14 GE erwartet wird. Diese Annahme bedeutet, daß sich der Liquidationserlös des Bestandes an Obligationen am Ende des Planungszeitraumes in der Erwartung der Wirtschaftseinheit auf drei verschiedene Beträge belaufen kann (vgl. Spalte (1)). Die als möglich angesehenen Beträge (1200, 1060, 920) werden in der Tabelle auf die Anlagesumme bezogen (d.h. jeweils durch 980 dividiert) und stellen somit die möglichen Liquidationserlöse pro angelegter Geldeinheit dar (Spalte (2)). Die in der zweiten Spalte enthaltenen Angaben werden mit den dazugehörigen Wahrscheinlichkeiten (Spalte (3)) gewichtet, d.h. multipliziert, und bilden die vierte Spalte. Aus der vierten Spalte wird durch Summenbildung ein Erwartungswert e_w abgeleitet, also:

$$e_w = \frac{v_1}{10p_w} \cdot w_1 + \frac{v_2}{10p_w} \cdot w_2 + \frac{v_3}{10p_w} w_3 \left(= \frac{1060}{980} \sim 1{,}08\right).$$

Der Erwartungswert e_w gibt an, welchen Liquidationserlös eine Wirtschaftseinheit am Ende des Planungszeitraums im Mittel erwartet, wenn eine Geldeinheit in Wertpapieren angelegt wird. Wir nennen e_w den *erwarteten Erlös einer in Wertpapieren angelegten Geldeinheit.*

Das durch die Streuung s_w^2 bzw. durch die Standardabweichung s_w ausgedrückte Risiko wird durch Summenbildung aus der Spalte (5) ermittelt, also:

$$s_w^2 = \left(\frac{v_1}{10p_w} - e_w\right)^2 w_1 + \left(\frac{v_2}{10p_w} - e_w\right)^2 w_2 + \left(\frac{v_3}{10p_w} - e_w\right)^2 w_3 \left(= \frac{9800}{980^2}\right)$$

und

$$s_w = \sqrt{s_w^2} \left(\sim \frac{99}{980} \sim 0{,}10\right).$$

Wir bezeichnen s_w als das *Risiko einer in Wertpapieren angelegten Geldeinheit.*

Unter der Annahme einer bestimmten Wahrscheinlichkeitsverteilung haben wir also zwei Größen abgeleitet:

1. den durch den Erwartungswert e_w gemessenen erwarteten Erlös einer in Wertpapieren angelegten Geldeinheit und
2. das durch die Standardabweichung s_w gemessene Risiko einer in Wertpapieren angelegten Geldeinheit.

Diese beiden Größen sind wichtige Elemente für ein Entscheidungsmodell, das die *Zusammensetzung der (finanziellen) Vermögensbestandteile* unter dem Gesichtspunkt mit *Risiko behafteter Erwartungen* analysiert. Dieses Entscheidungsproblem wird in der angelsächsischen Terminologie als Problem der **portfolio selection** bezeichnet [30]).

bb) Die möglichen Kombinationen von Erlös und Risiko. – Die weitere Analyse soll davon ausgehen, daß eine Wirtschaftseinheit zu Beginn des Planungszeitraumes einen für spekulative Zwecke verfügbaren Kassenbestand im Betrage von $\bar{l}_s$ besitzt und vor der Frage steht, wie sie diesen Betrag auf Kasse und Obligationen mit einheitlicher Ausstattung aufteilen soll. Für ihre Entscheidung sind wesentlich:

1. der im Mittel für das Ende des Planungszeitraums erwartete Liquidationserlös des gesamten Portefeuilles (kurz: *Erlös*) und
2. das mit dem Portefeuille verbundene *Risiko* [31]).

---

[30]) Siehe hierzu Hicks, A Suggestion ..., a.a.O., S. 1ff. – H. M. Markowitz, Portfolio Selection. "The Journal of Finance", Vol. 7 (1952), S. 77f. – Tobin, Liquidity Preference ..., a.a.O., S. 65ff. – H. M. Markowitz, Portfolio Selection. Efficient Diversification of Investments (Cowles Foundation, Monograph 16.) New York 1959. – J. Tobin, The Theory of Portfolio Selection. In: The Theory of Interest Rates. Proceedings of a Conference held by the International Economic Association. Ed. by F. H. Hahn and F. P. R. Brechling. London and New York 1966. S. 3ff. – J. R. Hicks, The Pure Theory of Portfolio Selection. In: Critical Essays in Monetary Theory. Oxford 1967. S. 103ff.

[31]) Wir unterstellen damit, daß ein Portefeuille durch diese beiden Größen für den Entscheidungsträger hinreichend charakterisiert ist (vgl. zu dieser Annahme auch Hicks, The Pure Theory ..., a.a.O., S. 117ff. und Tobin, Liquidity Preference ..., a.a.O., S. 74ff.).

Erwirbt die Wirtschaftseinheit x Obligationen zu einem Kurs von p_w, dann beläuft sich der in Wertpapieren angelegte Geldbetrag auf $x \cdot p_w$ und der im Mittel für das Ende des Planungszeitraums erwartete Liquiditätserlös des Wertpapierbestandes (kurz: der Liquidationserlös des Wertpapierbestandes) e_W ergibt sich durch Multiplikation mit dem erwarteten Erlös einer in Wertpapieren angelegten Geldeinheit, also:

(22) $e_W = e_w \, x \, p_w$.

Berücksichtigt man, daß das finanzielle Vermögen auch spekulative Kassenbestände (l_s) enthalten kann, dann erhält man für den erwarteten *Erlös* des gesamten Portefeuilles:

(23) $e = l_s + e_w \, x \, p_w$.

Das mit dem gesamten Portefeuille verbundene *Risiko* (s) resultiert allein aus der Wertpapieranlage[32]); es läßt sich ermitteln, wenn das Risiko einer in Wertpapieren angelegten Geldeinheit mit dem für Wertpapiere aufgewendeten Betrag von $x \, p_w$ multipliziert wird, also:

(24) $s = s_w \, x \, p_w$.

Schließlich bleibt noch zu berücksichtigen, daß zu Beginn des Planungszeitraums nur ein begrenzter Kassenbestand $\bar{l}_s$ zur Verfügung steht, der für die Haltung einer Spekulationskasse l_s und (oder) den Erwerb von Wertpapieren verwendet werden kann. Die Bestimmungsgleichungen für den Erlös und das Risiko des Portefeuilles müssen deshalb noch durch folgende *Bilanzrestriktion* ergänzt werden:

(25) $\bar{l}_s = l_s + x \, p_w$.

Wird Gleichung (25) nach l_s aufgelöst und das Ergebnis

(26) $l_s = \bar{l}_s - x \, p_w$

in Gleichung (23) eingesetzt, dann erhält man:

---

[32]) Mit der Kassenhaltung ist nur dann ein Risiko verbunden, wenn der Realwert betrachtet und die Möglichkeit von Preisänderungen berücksichtigt wird. Hiervon wird in der Analyse aber abgesehen.

$$e = \bar{l}_s - x\,p_w + e_w\,x\,p_w$$

bzw.

$$(27)\quad e = \bar{l}_s + (e_w - 1)\,x\,p_w.$$

Wird (24) nach $x\,p_w$ aufgelöst und das Ergebnis

$$(28)\quad x\,p_w = \frac{s}{s_w}$$

in (27) eingesetzt, dann ergibt sich schließlich:

$$(29)\quad e = \bar{l}_s + (e_w - 1)\,\frac{s}{s_w}.$$

Beziehung (29) gibt an, welcher Zusammenhang zwischen Erlös und Risiko bei gegebenem erwarteten Erlös und Risiko einer in Wertpapieren angelegten Geldeinheit (also bei gegebenen Werten von e_w und s_w) sowie bei gegebenem Anfangskassenbestand ($\bar{l}_s$) besteht. Der Klammerausdruck $(e_w - 1)$ stellt dabei die Differenz zwischen dem erwarteten Erlös einer in Wertpapieren angelegten Geldeinheit und dem erwarteten Erlös einer in Form von Kasse gehaltenen Geldeinheit dar. Da im allgemeinen anzunehmen ist, daß der erwartete Erlös einer Geldeinheit bei den mit Risiko behafteten Wertpapieren größer ist als bei einer von Risiko freien Kassenhaltung, unterstellen wir für den Regelfall $e_w > 1$ bzw. $(e_w - 1) > 0$. Unter dieser Annahme zeigt Gleichung (29), daß *sich der Erlös nur vergrößern läßt, wenn dabei eine Zunahme des Risikos in Kauf genommen wird.*

cc) Optimale Kombination von Erlös und Risiko und optimales Portefeuille. – aaa) Mit der Ableitung der Relation (29) ist der erste Teil unseres Entscheidungsproblems gelöst. Die Aufgabe des zweiten Teils besteht darin, aus den verschiedenen durch Gleichung (29) beschriebenen Kombinationen von Erlös und Risiko diejenige Kombination auszuwählen, die den individuellen Präferenzen für Erlös und Risiko am besten entspricht.

Da die Bestimmung einer solchen (optimalen) Kombination genaue Annahmen über die subjektive Nutzeneinschätzung von Erlös und

Risiko erfordert, wollen wir der weiteren Analyse folgende *Nutzenfunktion* zugrunde legen:

(30) $u = u(e, s)$, wobei $\frac{\partial u}{\partial e} > 0, \frac{\partial u}{\partial s} < 0.$

Es wird also unterstellt, daß der Grenznutzen des Erlöses positiv, der Grenznutzen des Risikos negativ ist. Weiter wollen wir annehmen, daß das Nutzenniveau bei einer Zunahme von Erlös und Risiko nur aufrechterhalten werden kann, wenn das marginale Risiko durch immer größer werdende Erlöszuwächse kompensiert wird [33]), die Grenzrate $\frac{de}{ds}$ mit steigendem s also zunimmt.

Innerhalb der Klasse der von uns zugelassenen Nutzenfunktionen verdienen die sog. *homogenen Funktionen* [34]) noch ein besonderes Interesse. Solche Nutzenfunktionen haben nämlich die für weitere Überlegungen interessante Eigenschaft [35]), daß die Grenzraten $\frac{de}{ds}$ (und damit die Steigung der Indifferenzkurven) in den Schnittpunkten, die eine vom Ursprung der Indifferenzkurvenebene ausgehende Gerade mit den Indifferenzkurven bildet, gleich sind (vgl. Fig. 10).

bbb) Die Ermittlung der *optimalen* Kombination von Erlös und Risiko (und damit die Bestimmung des Portfolio-Gleichgewichts) erfolgt in der Weise, daß aus den durch die Relation (29) beschriebenen *möglichen* Kombinationen diejenige ausgewählt wird, die zum *Nutzenmaximum* führt. Formal besteht der Optimierungskalkül

---

[33]) Diese Annahme bedeutet, daß die entsprechenden *Indifferenzkurven* in einem e/s-Diagramm (vgl. Fig. 10) von unten gesehen konvex verlaufen.

[34]) Funktionen sind *homogen vom Grade n*, wenn bei einer Erhöhung der unabhängigen Variablen um den Faktor λ eine Erhöhung der abhängigen Variablen um den Faktor λ^n eintritt. Auf die Nutzenfunktion (30) angewendet, würde das folgenden Zusammenhang bedeuten:

$$u(\lambda \cdot e, \lambda \cdot s) = \lambda^n \cdot u(e, s).$$

[35]) Der Beweis findet sich im Anhang A 2).

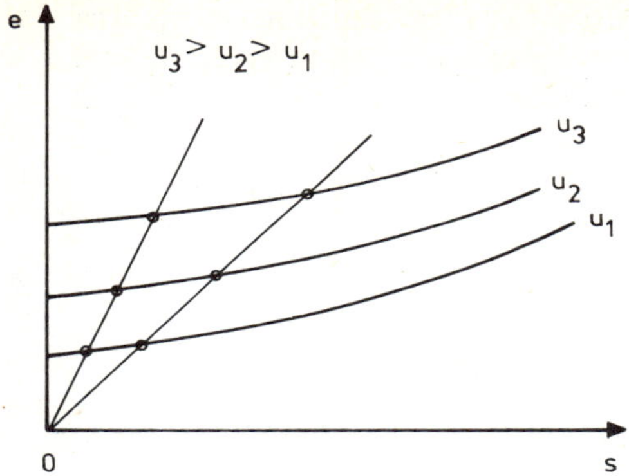

Fig. 10

also darin, die Nutzenfunktion (30) unter der Nebenbedingung von Gleichung (29) zu maximieren. Die Technik der *Lagrangeschen Multiplikatoren* ergibt dabei als Lösungsansatz:

$$(31)\quad \breve{u} = u(e, s) + \lambda \left[e - \bar{l}_s - (e_w - 1)\frac{s}{s_w}\right] \qquad \text{Max!}$$

Hierbei bezeichnet λ den noch unbestimmten Lagrangeschen Multiplikator.

Für die Erreichung des Optimums ist es erforderlich, daß die ersten Ableitungen von (31) nach den Variablen *e, s* und λ Null werden[36]), d. h.

$$(32)\cdot \frac{\partial u}{\partial e} + \lambda = 0,$$

$$(33)\quad \frac{\partial u}{\partial s} - \lambda (e_w - 1)\frac{1}{s_w} = 0,$$

$$(34)\quad e - \bar{l}_s - (e_w - 1)\frac{s}{s_w} = 0.$$

[36]) Die geometrische Darstellung macht deutlich, daß die Bedingungen zweiter Ordnung in unserem Fall wegen des konvexen Verlaufs der Indifferenzkurven erfüllt sind (vgl. Fig. 10 und 11).

Die drei Gleichungen (32) bis (34) bestimmen bei gegebener Nutzenfunktion und bei gegebenen Werten von e_w, s_w und $\bar{l}_s$ die optimalen Werte von e, s und λ.

Mit den Beziehungen

$$(28) \quad x\, p_w = \frac{s}{s_w}$$

und

$$(26) \quad l_s = \bar{l}_s - x\, p_w$$

stehen zwei weitere Gleichungen zur Verfügung, mit denen sich die dem optimalen Risiko ($\hat{s}$) entsprechenden Werte für den optimalen Wertpapierbestand ($\hat{x}\, p_w$) und die optimale Kassenhaltung ($\hat{l}_s$) bestimmen lassen. Es zeigt sich somit, daß der optimale Bestand an Kasse und Wertpapieren bei gegebener Nutzenfunktion festgelegt ist, wenn die Erlös- und Risikoparameter sowie das Anfangsvermögen (in Form eines Anfangskassenbestandes) vorgegeben sind.

Wird Gleichung (33) schließlich durch Gleichung (32) dividiert, dann kann man noch zeigen, daß im Optimum auch folgende Bedingung[37]) gelten muß:

$$(35) \quad \frac{\frac{\partial u}{\partial s}}{\frac{\partial u}{\partial e}} = - \frac{e_w - 1}{s_w}.$$

Das Verhältnis der Grenznutzen von Risiko und Erlös muß also im Portfolio-Gleichgewicht gleich dem negativen Wert des Quotienten aus dem Erlösparameter ($e_w - 1$) und dem Risikoparameter s_w sein. Bei gegebener Nutzenfunktion bleiben danach die optimalen Werte von e und s und damit auch der optimale Kassen- und Wertpapierbestand *unverändert*, wenn sich Erlös- und Risikoparameter prozentual im gleichen Ausmaß vergrößern oder verringern.

---

[37]) Diese Bedingung entspricht dem aus der Mikroökonomik bekannten zweiten Gossenschen Gesetz.

ccc) Die eben analysierten Zusammenhänge werden anschaulicher, wenn man sie durch eine *graphische Darstellung* illustriert (vgl. Fig. 11):

Das e/s-Diagramm enthält zwei wichtige Bestandteile:

1. eine *Möglichkeitskurve* $\left(e = \bar{l}_s + (e_w - 1)\,\dfrac{s}{s_w}\right)$, die alle nach Gleichung (29) möglichen Kombinationen von Erlös und Risiko darstellt und
2. ein *Indifferenzkurvensystem* ($u = u\,(e, s)$), das die Nutzenfunktion und damit die individuelle Nutzeneinschätzung von Erlös und Risiko angibt.

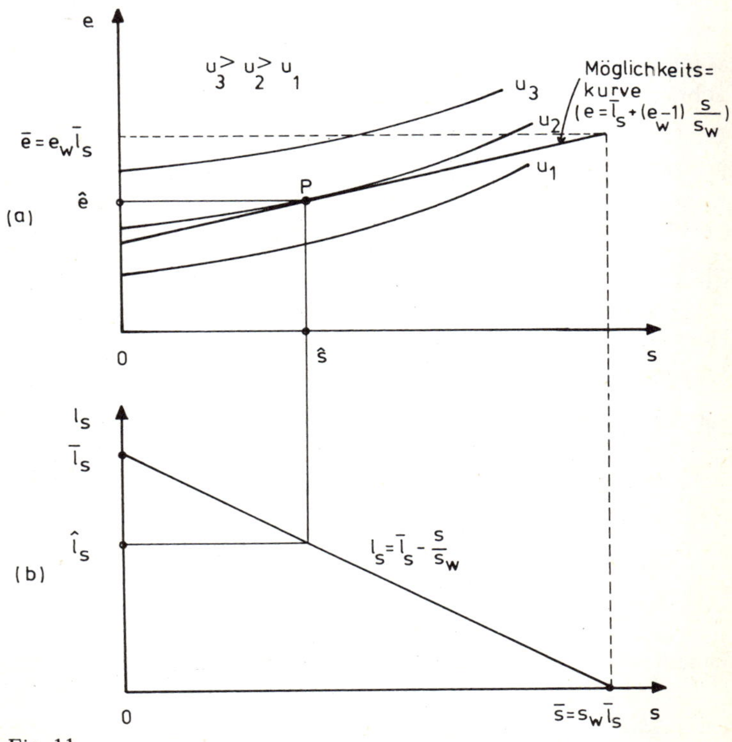

Fig. 11

Das l_s/s-Diagramm (Fig. 11b) gibt folgenden durch Verknüpfung von (26) und (28) gewonnenen Zusammenhang zwischen Kassenhaltung und Risiko wieder:

$$(36)\quad l_s = \bar{l}_s - \frac{s}{s_w}.$$

Die Werte auf der e-Achse und den s-Achsen werden durch den maximalen Erlös ($\bar{e}$) und das maximale Risiko ($\bar{s}$) begrenzt. Der maximale Erlös und das maximale Risiko werden realisiert, wenn der gesamte Anfangskassenbestand $\bar{l}_s$ in Wertpapieren angelegt ist. Der Betrag für den maximalen Erlös $\bar{e}$ ergibt sich, wenn der Erlös einer in Wertpapieren angelegten Geldeinheit (e_w) mit der Anlagesumme multipliziert wird. Folglich ist $\bar{e} = e_w\, \bar{l}_s$. Entsprechend erhält man für das maximale Risiko $\bar{s} = s_w\, \bar{l}_s$. Die Werte von $\bar{e}$ und $\bar{s}$ bestimmen den Punkt, in dem die Möglichkeitskurve in Fig. 11a abbricht.

Das Optimierungsproblem wird auf geometrischem Wege dadurch gelöst, daß man auf der Möglichkeitskurve einen Punkt sucht, der zu der am weitesten vom Ursprung entfernt liegenden Indifferenzkurve gehört. Er wird bestimmt als Berührungspunkt der Möglichkeitskurve mit einer Indifferenzkurve und liegt bei P[38]) (vgl. Fig.

[38]) Es ist nicht schwer zu zeigen, daß diese Lösung mit dem Ergebnis der algebraischen Ableitung (vgl. Gleichung (35)) übereinstimmt: Die Steigung einer Indifferenzkurve $\left(\frac{de}{ds}\right)$ wird ermittelt, indem eine marginale Bewegung auf einer Indifferenzkurve ($u = u\,(e, s)$) analysiert wird. Hierfür gilt:

$$(x)\qquad du = \frac{\partial u}{\partial e} de + \frac{\partial u}{\partial s} ds = 0 \quad \text{und}$$

$$\frac{de}{ds} = -\frac{\frac{\partial u}{\partial s}}{\frac{\partial u}{\partial e}}.$$

Im Berühungspunkt P ist die Steigung der Indifferenzkurve $\left(\frac{de}{ds} = -\frac{\frac{\partial u}{\partial s}}{\frac{\partial u}{\partial e}}\right)$ gleich der Steigung der Möglichkeitskurve $\frac{e_w - 1}{s_w}$.

11a). Der Punkt P fixiert das Portfolio-Gleichgewicht; ihm entspricht die optimale Kombination von Erlös ($\hat{e}$) und Risiko ($\hat{s}$). Wie Fig. 11b zeigt, bedeutet diese Kombination, daß Kasse in Höhe von $\hat{l}_s$ gehalten wird. Der über $\hat{l}_s$ hinausgehende Teil des anfänglichen Kassenbestandes (also $\bar{l}_s - \hat{l}_s$) wird für den Erwerb von Obligationen verwendet.

ddd) Unsere bisherigen Betrachtungen führen also zu dem Resultat, daß im Portfolio-Gleichgewicht Kasse und Wertpapiere *nebeneinander* als Vermögensobjekte gehalten werden. Als Ergebnis eines

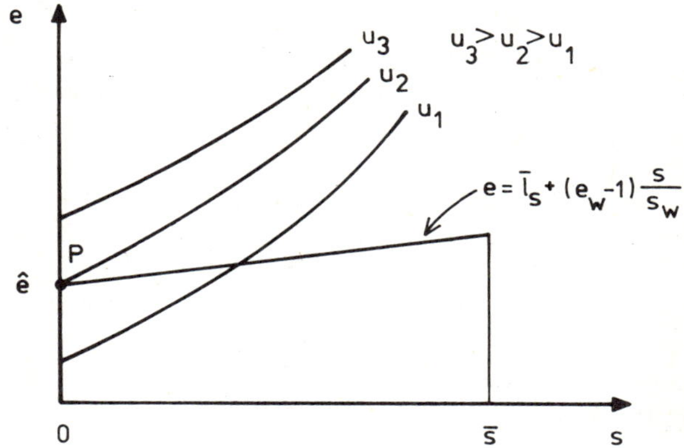

Fig. 12

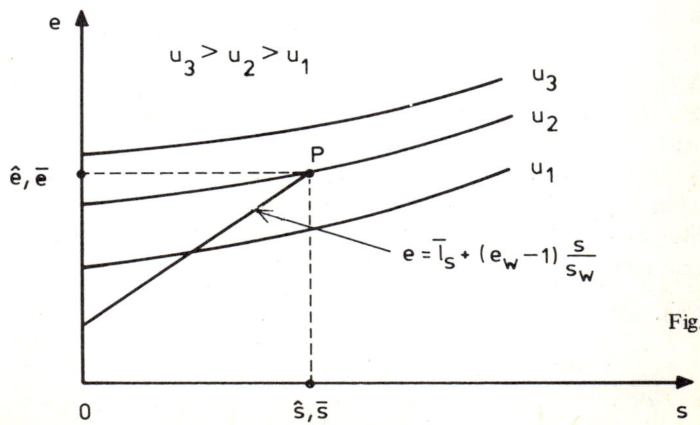

Fig. 13

Entscheidungskalküls läßt sich aber auch ableiten, daß ein optimales Portefeuille in besonderen Fällen *nur Kasse oder nur Wertpapiere* enthalten kann. Betrachten wir zur Illustration die beiden Darstellungen auf S. 75.

Die beiden dargestellten Fälle stimmen darin überein, daß es im Bereich zwischen Ursprung und maximalem Risiko ($\bar{s}$) keinen Berührungspunkt der Möglichkeitskurve mit einer Indifferenzkurve gibt. Im ersten Fall (vgl. Fig. 12) wird *der* Punkt auf der Möglichkeitskurve, der zu der am weitesten vom Ursprung entfernt liegenden Indifferenzkurve gehört, bei $s = 0$ realisiert, im zweiten Fall (vgl. Fig. 13) bei $s = \bar{s}$. Die nutzenmaximalen Positionen bedeuten demnach *im ersten Fall* ein Portfolio-Gleichgewicht, bei dem *nur Kasse*, und *im zweiten Fall* ein Portfolio-Gleichgewicht, bei dem *nur Wertpapiere* gehalten werden. Wie die beiden Darstellungen vermuten lassen, tritt der *erste Fall* um so eher ein, je schwächer die Möglichkeitskurve ansteigt, d. h. je geringer der mit der Risikoerhöhung verbundene Erlöszuwachs ist, und je stärker die Indifferenzkurven ansteigen, d. h. je größer der negative Grenznutzen des Risikos (absolut genommen) im Verhältnis zum Grenznutzen des Erlöses ist[39]). Ist die Steigung der Möglichkeitskurve im Extremfall gleich Null oder sogar negativ, weil

$$(e_w - 1) \gtreqless 0$$ [40]),

dann wird bei der unterstellten positiven Steigung der Indifferenzkurven auf jeden Fall nur Kasse gehalten.

Der *zweite Fall* wird offenbar um so eher eintreten, je stärker die Möglichkeitskurve ansteigt, d. h. je größer der mit einer Risikoerhöhung verbundene Erlöszuwachs ist, und je schwächer die Indifferenzkurven ansteigen, d. h. je kleiner der negative Grenznutzen des Risikos (absolut genommen) im Verhältnis zum Grenznutzen des Erlöses ist. Geht die Steigung der Möglichkeitskurve im Extremfall gegen unendlich (fällt sie also mit der *e*-Achse zusammen), weil

[39]) Wie auf S. 74, Fußnote 38, abgeleitet ist, gilt:

$$\frac{de}{ds} = -\frac{\frac{\partial u}{\partial s}}{\frac{\partial u}{\partial e}}$$

[40]) Vgl. hierzu S. 69.

$s_w = 0$[41]),

dann wird das Optimum stets im Punkt des maximalen Erlöses $\bar{e}$ (= $e_w \bar{l}_s$) realisiert und der gesamte Anfangskassenbestand wird auf jeden Fall nur in Wertpapieren angelegt.

Die in den Fig. 12 und 13 dargestellten *Ecklösungen* betrachten wir als Spezialfälle. Für den allgemeinen Fall liefert die Bestimmung des Portfolio-Gleichgewichts damit ein Ergebnis, das sich wesentlich von dem Resultat der Analyse bei sicheren Erwartungen unterscheidet: Während das optimale Portefeuille bei mit Risiko behafteten *Erwartungen* im allgemeinen Kasse *und* Wertpapiere enthält, werden Kasse und Wertpapiere bei sicheren Erwartungen nebeneinander nur unter einer recht speziellen Parameterkonstellation gehalten. Umgekehrt stellt die bei *sicheren Erwartungen* als Regelfall abgeleitete *Entweder (Kasse) Oder (Wertpapiere)*-Entscheidung bei mit Risiko behafteten Erwartungen die Ausnahme dar.

dd) Parameteränderungen. – aaa) Neben der Bestimmung der optimalen Aktivakombination für vorgegebene Parameterwerte ist auch die Frage von Interesse, wie sich die Dispositionen ändern, wenn eine Variation der Parameterkonstellation vorgenommen wird. Wir analysieren zunächst eine *Veränderung des zu Beginn der Planungsperiode verfügbaren Kassenbestandes* $\bar{l}_{s0}$ und gehen dabei von einer *homogenen* Nutzenfunktion aus. Bei der Darstellung beschränken wir uns auf eine Zunahme von $\bar{l}_{s0}$, da sich im Fall einer Senkung von $\bar{l}_{s0}$ Kassen- und Wertpapierbestand lediglich in der umgekehrten Richtung ändern. Ecklösungen bleiben bei der Analyse – wie auch im folgenden – unberücksichtigt.

Die Vergrößerung von $\bar{l}_{s0}$ (auf $\bar{l}_{s1}$) bedeutet in der graphischen Darstellung eine Parallelverschiebung der Möglichkeitskurve nach oben (vgl. Fig. 14a).

Da die Indifferenzkurven wegen der Homogenitätseigenschaft der Nutzenfunktion in allen Punkten des durch P_0 gehenden Fahrstrahls

---

[41]) Bei $s_w = 0$ und $e_w > 1$ wird aus

(29) $e = \bar{l}_s + (e_w - 1)\dfrac{s}{s_w}$

bzw. aus

$s(e_w - 1) = es_w - \bar{l}_s s_w$

$s = 0.$

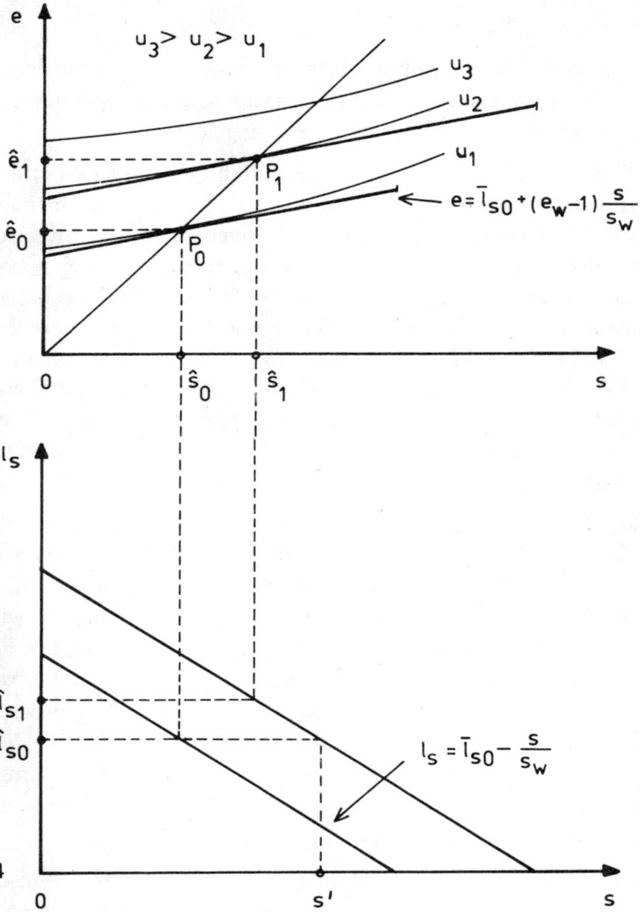

Fig. 14

die gleiche Steigung wie die Möglichkeitskurve in P_0 aufweisen und da die Steigung der Möglichkeitskurve durch die Parallelverschiebung nicht verändert wird, haben die neue Möglichkeitskurve und die Indifferenzkurve (u_2) im Punkt P_1 die gleiche Steigung. P_1 bestimmt somit die *neue optimale Position.* Diese ist dadurch charakterisiert, daß das Verhältnis von Erlös und Risiko und damit der Anteil von Kasse bzw. Wertpapieren am Gesamtvermögen gegenüber der Ausgangssituation *konstant* bleibt[42]). Kasse und Wertpapiere werden also direkt *proportional* zum gestiegenen Vermögen erhöht.

Wenn auch die vermögensproportionale Erhöhung von Kasse und Wertpapieren nur unter Zugrundelegung einer bestimmten Klasse von Nutzenfunktionen abgeleitet werden kann, so ist doch im Regelfall zu erwarten, daß *bei einem Anstieg des Vermögens alle Aktivakomponenten* – also Kasse und Wertpapiere – in irgendeiner Weise *zunehmen*. Deshalb werden wir es als Ausnahmefall ansehen, wenn die Indifferenzkurven trotz Konvexität so verlaufen,

- daß die neue Position links von $\hat{s}_0$ liegt, d. h. ein Portefeuille darstellt, das ein vermindertes Risiko hat und damit einen verminderten Wertpapierbestand enthält, oder
- daß die neue Position rechts von s' liegt (vgl. Fig. 14b), der Kassenbestand also gegenüber der Ausgangslage abgenommen hat.

---

[42]) Aus (36) folgt:

$$(x) \quad \frac{l_s}{\bar{l}_s} = 1 - \frac{s}{s_W \bar{l}_s}.$$

Da nach (29) $s_W \bar{l}_s = es_W - (e_W - 1)s$, ergibt sich aus (x):

$$(xx) \quad \frac{l_s}{\bar{l}_s} = 1 - \frac{s}{es_W - (e_W - 1)s} \text{ bzw.}$$

$$(xxx) \quad \frac{l_s}{\bar{l}_s} = 1 - \frac{1}{\frac{e}{s}s_W - (e_W - 1)}.$$

Bei gegebenen Werten für s_W und e_W sowie bei konstantem Verhältnis von Erlös und Risiko $\left(=\frac{e}{s}\right)$ bleibt der Quotient $\frac{l_s}{\bar{l}_s}$ $\left(\text{und damit auch } \frac{\bar{l}_s - l_s}{\bar{l}_s}\right)$ unverändert. –

Der speziell interessierte Leser sei darauf hingewiesen, daß dieses Ergebnis auch auf andere Weise hergeleitet werden kann (und zwar unter Anwendung des sog. Bernoulli-Prinzips): Man maximiert den Erwartungswert des Nutzens aus dem Gesamtvermögen am Ende des Planungszeitraums und geht dabei von bestimmten Annahmen über die Risikoaversion der Wirtschaftseinheiten aus (nämlich von konstanter relativer Risikoaversion). Im einzelnen siehe hierzu K. J. Arrow, Aspects of the Theory of Risk-Bearing. Helsinki 1965. S. 28ff., insbesondere S. 43 in Verbindung mit Gleichung (14) auf S. 41.

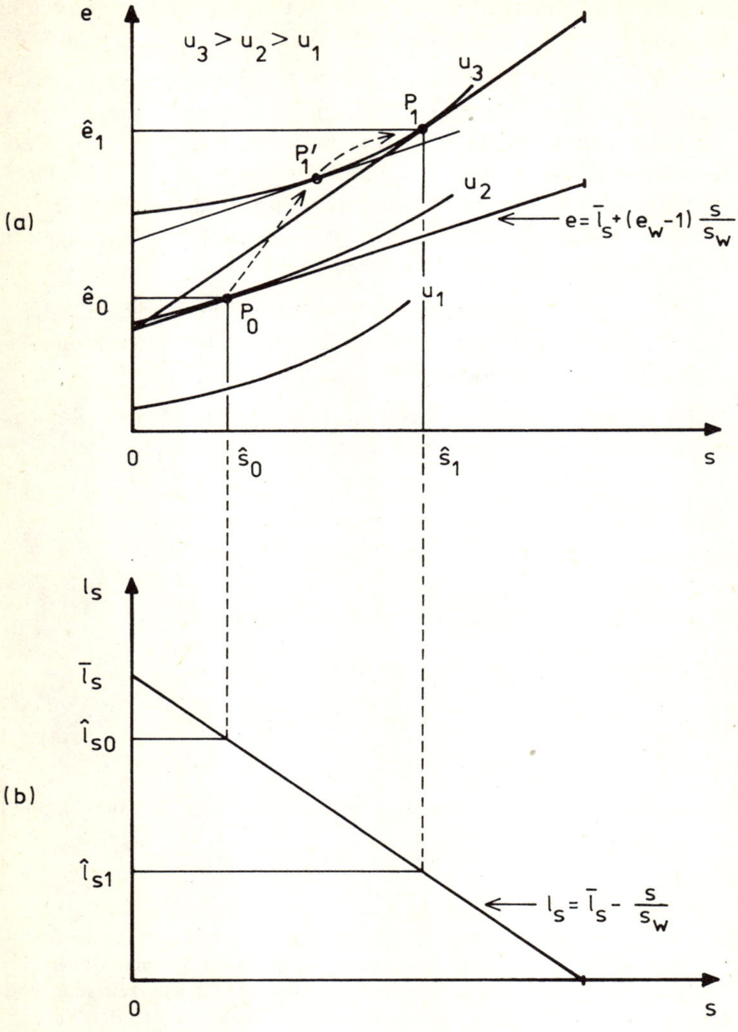
e
$u_3 > u_2 > u_1$
u_3
P_1
$\hat{e}_1$
P_1'
u_2
(a)
$e = \bar{l}_s + (e_w - 1)\frac{s}{s_w}$
$\hat{e}_0$
P_0
u_1
0
$\hat{s}_0$
$\hat{s}_1$
s
l_s
$\bar{l}_s$
$\hat{l}_{s0}$
(b)
$\hat{l}_{s1}$
$l_s = \bar{l}_s - \frac{s}{s_w}$
0
s

Fig. 15

bbb) Nachdem die Wirkungen einer Vermögensänderung analysiert worden sind, soll jetzt noch untersucht werden, wie sich eine *Änderung des Erlösparameters* e_w auf die Vermögensdispositionen auswirkt. Eine Zunahme von e_w bedeutet in der graphischen Darstellung eine Linksdrehung der Möglichkeitskurve und damit eine Bewegung der optimalen Position von P_0 nach P_1 (vgl. Fig. 15a). Die Erhöhung von e_w bewirkt also bei dem im Diagramm angenommenen Indifferenzkurvensystem, daß der optimale Kassenbestand um $\hat{l}_{s0} - \hat{l}_{s1}$ sinkt und der optimale Wertpapierbestand entsprechend steigt.

Die der Änderung der Aktivakombination zugrundeliegende Bewegung der optimalen Position von P_0 nach P_1 läßt sich – analog den Wirkungen von Preisänderungen auf den optimalen Verbrauchsplan in der traditionellen Theorie des Haushalts – in zwei Vorgänge aufspalten. Der erste Vorgang resultiert aus einer fiktiven Parallelverschiebung der Möglichkeitskurve bis P_1'. Hinter diesem Vorgang steht die Vorstellung einer fiktiven Zunahme des Vermögens, und zwar um einen Betrag, der nutzenmäßig der in unserem Beispiel betrachteten Erhöhung von e_w äquivalent ist (also zur gleichen Indifferenzkurve führt). Diesen (ersten) Vorgang nennen wir den *Vermögenseffekt*. Der zweite Vorgang wird durch eine Bewegung auf der Indifferenzkurve von P_1' nach P_1 dargestellt. Er entspricht einer Substitution von Kasse durch Wertpapiere, ohne daß dabei das Nutzenniveau geändert wird. Diesen Vorgang bezeichnen wir als *Substitutionseffekt*.

Während der Substitutionseffekt bei einer Erhöhung von e_w – konvexer Verlauf der Indifferenzkurven vorausgesetzt – stets eine Zunahme des optimalen Wertpapierbestandes bewirkt, könnte der Vermögenseffekt (anders als in Fig. 15) auch das umgekehrte Ergebnis zur Folge haben. Wie bereits ausgeführt, wollen wir aber eine Nutzenfunktion (und damit ein Indifferenzkurvensystem) unterstellen, die bei Erhöhung des Anfangskassenbestandes zu einer Zunahme des Wertpapierbestandes führt[43]). In diesem Fall wird eine *Erhö-*

[43]) Diese Annahme ist allerdings nicht erforderlich, um abzuleiten, daß bei einer Erhöhung des Erlösparameters der Wertpapierbestand steigt. Notwendig ist lediglich, daß der Substitutionseffekt stärker ist als der Vermögenseffekt, wenn sie in entgegengesetzter Richtung wirken.

hung des Erlösparameters stets eine *Zunahme des Wertpapierbestandes und eine Abnahme des für spekulative Zwecke gehaltenen Kassenbestandes* (l_s) bewirken. Eine Senkung von e_w führt auf entsprechende Weise zu den umgekehrten Ergebnissen.

Die oben abgeleitete Beziehung zwischen optimaler Kassenhaltung und dem Erlösparameter e_w wollen wir abschließend verwenden, um eine Hypothese über die Abhängigkeit der Kassenhaltung von der *gegenwärtigen Rendite* (i) aufzustellen. Wir benötigen hierzu einen Zusammenhang zwischen dem Erlösparameter e_w und der Rendite i. Wie die folgenden Ableitungen zeigen, kann ein solcher Zusammenhang z. B. durch die Annahme hergestellt werden, daß der im Mittel für die Zukunft erwartete Kurs eines Wertpapiers dem gegenwärtigen Kurs des Wertpapiers entspricht, daß also im Mittel *keine Kursänderung* erwartet wird. Der erwartete Erlös des Wertpapierbestandes ist damit in diesem Fall

$$e_W = \underbrace{x p_w}_{\text{Angelegter Betrag}} + \underbrace{i_0 x\ 100}_{\text{Nominalverzinsung}}$$

Für eine in Wertpapieren angelegte Geldeinheit ergibt sich hieraus:

$$(37) \quad e_w = 1 + \frac{i_0 x\ 100}{x\ p_w}.$$

Da

$$p_w = \frac{i_0\ 100}{i},$$

folgt aus (37):

$$(38) \quad e_w = 1 + i.$$

Änderungen der gegenwärtigen Rendite i sind also in dem hier betrachteten einfachen Fall mit gleichgerichteten und gleich großen Änderungen des Erlösparameters e_w verbunden und wirken deshalb in gleicher Weise auf die optimale Kassenhaltung ein wie Änderungen von e_w. Zusammen mit den vorstehenden Ergebnissen folgt deshalb, daß eine Erhöhung der *gegenwärtigen Rendite* eine *Abnahme der optimalen Kassenhaltung* bewirkt und umgekehrt.

Zusammenfassung zu 3a und 3b:

1. Ein Zwei-Aktiva-Modell zur Bestimmung der Spekulationskasse, das auf sicheren Erwartungen beruht und die Erwartungen über Richtung und Umfang der Kursänderungen sowie die laufenden Zinserlöse als wesentliche Einflußgrößen berücksichtigt, führt im allgemeinen zu einer Entweder (Kasse) Oder (Wertpapiere)-Entscheidung.
2. Das Modell zeigt weiter, daß die Entscheidung gegen Kasse und für Wertpapiere ausfällt, wenn die Summe aus erwarteten Kursänderungen und der laufenden Rendite größer ist als Null, und umgekehrt.
3. Abweichend von den Ergebnissen einer bei sicheren Erwartungen durchgeführten Analyse führt ein Zwei-Aktiva-Modell zur Bestimmung der Spekulationskasse, das auf mit Risiko behafteten Erwartungen und auf den Entscheidungsvariablen Erlös und Risiko basiert, im allgemeinen zu einem Portefeuille, das sowohl Kasse als auch Wertpapiere enthält. Der optimale Bestand an Kasse und Wertpapieren hängt dabei von der Größe der Erlös- und Risikoparameter sowie vom Anfangsvermögen ab.
4. Daneben legt dieses Modell die Hypothese nahe, daß der Bestand an Kasse und Wertpapieren im Regelfall mit steigendem Vermögen zunimmt (und zwar unter Umständen in direkter Proportionalität), die Kassenhaltung bei verbesserten Erlösaussichten eingeschränkt und der Wertpapierbestand bei verbesserten Erlösaussichten aufgestockt wird und umgekehrt.
5. Unter zusätzlichen Annahmen läßt sich die Hypothese über den Zusammenhang zwischen Kassen- und Wertpapierbestand einerseits und Erlösaussichten anderseits spezieller formulieren, nämlich: Die Kassenhaltung ist um so geringer und der Wertpapierbestand um so größer, je höher die gegenwärtige (laufende) Rendite ist, und umgekehrt.

c) Spekulative Kassenbestände bei mit Risiko behafteten Erwartungen und mehreren Wertpapieren

Die im vorhergehenden Abschnitt durchgeführte Analyse erscheint insbesondere deshalb stark vereinfacht, weil als Alternative zur Kassenhaltung lediglich ein Wertpapier berücksichtigt wird, während das Spektrum möglicher finanzieller Spekulationsobjekte in der Realität wesentlich breiter und differenzierter ist. Will man die Vielfalt möglicher Anlageformen – wie Kasse, Bankeinlagen, festverzinsliche Wertpapiere, Aktien usw. – in die Analyse einbeziehen, dann liegt es nahe, zur Charakterisierung der einzelnen Aktiva die gleichen Unterscheidungskriterien wie im letzten Abschnitt anzuwenden, nämlich den *im Mittel erwarteten Erlös und das Risiko einer Anlage.* So unterscheiden sich festverzinsliche Wertpapiere von Kassenbeständen dadurch, daß sie einerseits Erlöse abwerfen, anderseits aber auch Kursschwankungen unterworfen sind und demzufolge gegenüber Kassenbeständen ein größeres Risiko aufweisen. Ein ähnlicher Zusammenhang zwischen Erlös und Risiko zeigt sich, wenn man Aktien und festverzinsliche Wertpapiere vergleicht: Aktien bieten gegenüber festverzinslichen Wertpapieren häufig die Chance, einen größeren Erlös zu realisieren. Dabei ist aber im allgemeinen[44]) auch ein höheres Risiko in Kauf zu nehmen, weil die Nominalverzinsung (die Dividende) nicht fixiert ist und Aktienkurse in der Regel stärker fluktuieren als die Kurse festverzinslicher Wertpapiere.

aa) Effiziente Portefeuilles. – Wie schon in dem vorher behandelten Zwei-Aktiva-Modell so bildet auch hier der *im Mittel erwartete Erlös des gesamten Portefeuilles und das damit verbundene Risiko* die Grundlage des Entscheidungskalküls[45]).

Die Vielzahl der verschiedenen Aktivakombinationen, die mit einem zu Beginn des Planungszeitraums verfügbaren Kassenbestand ($\bar{l}_s$)

---

[44]) Würde man den *Realwert* der Aktiva betrachten, dann könnte bei Preiserhöhungen der Fall eintreten, daß die Aktienkurse mit den Preiserhöhungen ansteigen und das mit Aktien verbundene Risiko – im Vergleich zu festverzinslichen Wertpapieren und u. U. auch zu Kasse – als geringer angesehen wird.

[45]) Vgl. hierzu die Gleichungen (1) und (2) im Anhang A 3).

realisiert werden können (also der Bilanzrestriktion genügen), werden in graphischer Darstellung (vgl. Fig. 16) durch Punkte im Feld der möglichen Kombinationen dargestellt. Dieses *Möglichkeitsgebiet* wird begrenzt durch die e-Achse, die s-Achse, eine Parallele zur e-Achse, die durch das maximale Risiko ($\bar{s}$) bestimmt wird[46]), und durch die *Kurve effizienter Portefeuilles* [$e(s)$].

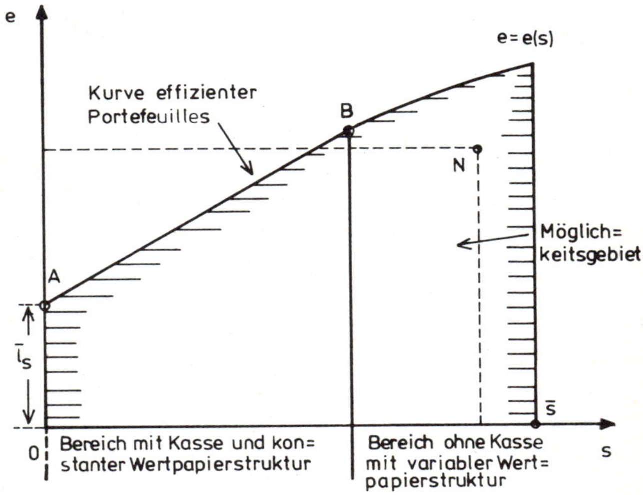

Fig. 16

Ein **effizientes Portefeuille** ist für ein bestimmtes Anfangsvermögen ($\bar{l}_s$) definiert, und zwar als Aktivakombination, die *bei gegebenem Risiko den größten Erlös und bei gegebenem Erlös das kleinste Risiko* erwarten läßt. Punkte des Möglichkeitsgebiets (wie z. B. N), die nicht auf der Kurve effizienter Portefeuilles liegen, kann man deshalb im Kalkül von vornherein ausscheiden; stets gibt es auf der $e(s)$-Kurve eine Kombination, die bei gleichem Risiko einen höheren Erlös und bei gleichem Erlös ein geringeres Risiko möglich macht.

---

46) Das maximale Risiko $\bar{s}$ wird realisiert, wenn das Portefeuille nur aus dem Wertpapier mit dem höchsten Risiko besteht.

Die für die „Vorauswahl" der Portefeuilles wichtige Kurve effizienter Portefeuilles hat – wie sich zeigen läßt[47]) – einen für den Zusammenhang zwischen Erlös und Risiko typischen Verlauf (vgl. Fig. 16). Sie beginnt im positiven Bereich der *e*-Achse (bei *A*), verläuft dann zunächst linear (der Erlös nimmt also proportional zum Risiko zu) und knickt schließlich von einem bestimmten Punkt (*B*) an nach unten ab (ein zusätzliches Risiko ist mit einem ständig sinkenden Erlöszuwachs verbunden). Der Ausgangspunkt *A* bezeichnet dabei ein Portefeuille, das frei von Risiko ist und nur aus Kasse bestehen soll[48]). Der Erlös entspricht deshalb dem anfänglichen Kassenbestand $\bar{l}_s$. Soll der Erlös über $\bar{l}_s$ hinaus zunehmen, dann muß eine Substitution von Kasse durch Wertpapiere stattfinden und somit ein Risiko in Kauf genommen werden. Dabei zeigt sich, daß sich ein zusätzlicher Erlös mit dem geringsten Risiko nur dann erzielen läßt, wenn die Wertpapieranlagen in bestimmter Weise gestreut, d. h. Geldbeträge in einem bestimmten Verhältnis $q_1 : q_2 : \ldots : q_n$ für den Erwerb der *n* verschiedenen Wertpapiere aufgewendet werden. Da diese Zusammensetzung solange effizient bleibt, wie das Portefeuille noch Kasse enthält, beschreiben die Punkte rechts von *A* auf der $e(s)$-Kurve zunächst Portefeuilles, die aus Kasse und einem Wertpapierbündel bestehen, das sich in seiner Struktur $(q_1 : q_2 : \ldots : q_n)$ nicht ändert und deshalb als *ein* Wertpapier angesehen werden kann[49]). Insofern liegt es auch nur nahe, daß die $e(s)$-Kurve im ersten Bereich (von *A* bis *B*) genau so verläuft wie die im letzten Abschnitt abgeleitete Möglichkeitskurve[50]), nämlich linear.

---

[47]) Vgl. Hicks, The Pure Theory ..., a.a.O., S. 106ff. – Vgl. auch J. Ebel, Portefeuilleanalyse: Entscheidungskriterien und Gleichgewichtsprobleme (Schriftenreihe Annales Universitatis Saraviensis, Bd. 47.) Köln 1971. S. 47. – Siehe auch den Anhang A 3).

[48]) An unseren Aussagen würde sich nichts Wesentliches ändern, wenn anstelle von Kasse ein anderes risikofreies Vermögensobjekt gehalten wird (vgl. Hicks, S. 106ff.).

[49]) Vgl. Hicks, The Pure Theory ..., a.a.O., S. 108. – Vgl. auch Anhang A 3), S. 312.

[50]) Bei zwei Aktiva fällt das Möglichkeitsgebiet mit der Möglichkeitskurve zusammen. Deshalb sind Möglichkeitskurve und Kurve effizienter Kombinationen in diesem Fall identisch.

Die Beziehung zwischen Erlös und Risiko ändert sich, wenn der verfügbare Kassenbestand in voller Höhe in Wertpapieren angelegt ist (vgl. Punkt *B* in Fig. 16). Eine Erlössteigerung des effizienten Portefeuilles ist jetzt nur noch möglich, wenn Wertpapiere mit geringeren Erlöschancen (und geringerem Risiko) durch Wertpapiere mit größeren Erlöschancen (und größerem Risiko) ersetzt werden. Es kommt also innerhalb des Portefeuilles zu einer *Umschichtung*, die zu einem höheren Anteil risikoreicherer Wertpapiere führt. Die Folge hiervon besteht darin[51]), daß eine sukzessive Erhöhung des Erlöses nur noch bei überproportional ansteigendem Risiko möglich bzw. eine sukzessive Erhöhung des Risikos mit einem unterproportionalen Anstieg des Erlöses verbunden ist. Die Kurve effizienter Portefeuilles verläuft vom Punkt *B* an also immer flacher.

bb) Das optimale Portefeuille. – Nachdem mit der Ermittlung der effizienten Portefeuilles bereits eine Vorauswahl getroffen ist, besteht der nächste Schritt der portfolio selection darin, aus den effizienten Portefeuilles dasjenige auszuwählen, das am besten den individuellen Präferenzen für Erlös und Risiko entspricht. In der graphischen Darstellung geschieht das mit Hilfe eines Indifferenzkurvensystems. Ist das Indifferenzkurvensystem so beschaffen, daß der Tangentialpunkt einer Indifferenzkurve mit der Kurve effizienter Portefeuilles im Bereich zwischen *A* und *B* liegt[52]), dann besteht das *optimale Portefeuille* aus *Kasse und einem Wertpapierbündel,* dessen Struktur von Punkt zu Punkt gleich bleibt und insofern unabhängig von den individuellen Präferenzen ist. Liegt die optimale Position dagegen rechts von *B,* dann werden *nur Wertpapiere* gehalten; die Zusammensetzung des Wertpapierbündels ist dabei von Punkt zu Punkt verschieden und wird deshalb von der Lage des Indifferenzkurvensystems (d.h. von den individuellen Präferenzen) mitbestimmt.

cc) Parameteränderungen. – aaa) Abschließend wollen wir noch kurz auf die Frage eingehen, wie sich das Portfolio-Gleichgewicht ändert, wenn sich die Parameterkonstellation ändert. Wir beschrän-

---

[51]) Vgl. Hicks, The Pure Theory ..., a.a.O., S. 109ff. – Vgl. auch Anhang A 3), S. 313.

[52]) Liegt der Berühungspunkt bei A, dann wird nur Kasse gehalten.

ken uns dabei jedoch auf *effiziente Portefeuilles mit Kasse.* Außerdem untersuchen wir wieder nur eine *Erhöhung der Parameterwerte,* da sich auch hier bei einer Senkung lediglich die umgekehrten Ergebnisse einstellen.

Betrachten wir zunächst *alternative Werte für den Anfangskassenbestand* $\bar{l}_s$.

Bei einem Anfangskassenbestand von $\bar{l}_{s0}$ wird das Portfolio-Gleichgewicht durch P_0 bestimmt. Ist der Anfangskassenbestand größer als $\bar{l}_{s0}$, z.B. gleich $\bar{l}_{s1}$, dann verlagert sich das Portfolio-Gleichgewicht, und zwar im Fall einer homogenen Nutzenfunktion von P_0 nach P_1. Das dabei unveränderte Verhältnis von Erlös und Risiko deutet darauf hin, daß auch das Verhältnis von Kasse zu dem mit

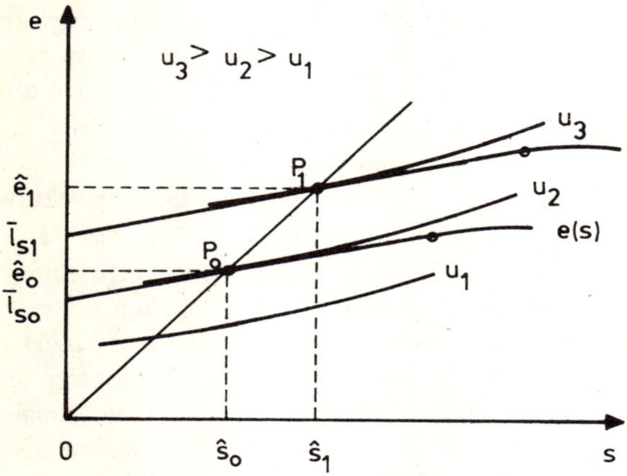

Fig. 17

Risiko behafteten Wertpapierbündel konstant geblieben ist[53]). Da auch die Struktur des Wertpapierbündels nicht von der Höhe des Anfangsvermögens beeinflußt wird[54]), gelangt man zu dem Ergebnis, daß eine Zunahme des Vermögens bei homogenen Nutzenfunktionen die Anteile aller Aktivakomponenten am Gesamtvermögen

[53]) Da das Wertpapierbündel als ein Wertpapier angesehen werden kann (vgl. S. 86), gilt der Beweis auf S. 79, Fußnote 42, analog.

[54]) Vgl. Hicks, The Pure Theory ..., a.a.O., S. 110ff. – Vgl. auch Anhang A 3), S. 312.

unverändert läßt; Kasse und die in den verschiedenen Wertpapieren angelegten Beträge steigen also *proportional* zum Vermögen.

Wenn wir die Annahme homogener Nutzenfunktionen aufgeben und alle Formen konvexer Indifferenzkurvensysteme zulassen, dann können sich als Folge eines Zuwachses im Anfangsvermögen (wie im letzten Abschnitt bereits erwähnt) recht unterschiedliche Ergebnisse einstellen, z.B. auch eine (absolute) Verminderung des Kassenbestandes oder der Wertpapiere. Wir wollen jedoch davon ausgehen, daß bei einer *Erhöhung des Vermögens alle Vermögensbestandteile zunehmen*, und werden Indifferenzkurvensysteme, die zu anderen Ergebnissen führen, (wie im letzten Abschnitt)[55]) als Ausnahme ansehen.

bbb) Nach der Analyse einer Vermögensänderung bleibt noch zu untersuchen, wie sich eine *Änderung der Erlösparameter* auf die Zusammensetzung der Aktiva auswirkt. Zur Illustration wollen wir annehmen, daß sich die Ertragsaussichten bei allen Wertpapieren in gleichem Ausmaß erhöhen[56]).

Die Verbesserung der Ertragsaussichten wird in der graphischen Darstellung durch eine Drehung der Kurve effizienter Portefeuilles ($e(s)$) nach oben ausgedrückt (vgl. Fig. 18). Die damit verbundene

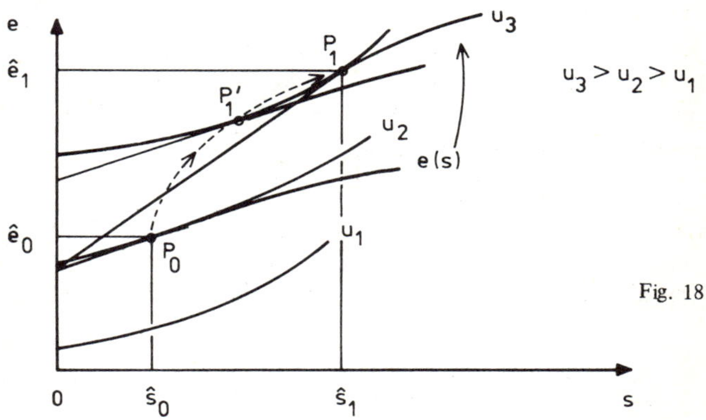

Fig. 18

[55]) Vgl. S. 79.

[56]) Die erwarteten Erlöse einer Geldeinheit werden also bei allen Wertpapieren um einen konstanten Faktor erhöht. – Zur Wirkung von Änderungen einzelner

Verlagerung der optimalen Position von P_0 nach P_1 läßt sich wieder in zwei fiktive Vorgänge aufspalten. Der erste Vorgang führt von P_0 zu P_1' und stellt den *Vermögenseffekt* dar. Der zweite Vorgang besteht in einer Bewegung auf der Indifferenzkurve u_3 von P_1' nach P_1 und gibt den *Substitutionseffekt* wieder. Ist der Vermögenseffekt positiv[57]) (und davon sind wir ausgegangen) und wird der Substitutionseffekt damit nicht durch den Vermögenseffekt kompensiert[58]), dann ist die neue optimale Position mit einem größeren Erlös und Risiko verbunden (vgl. Fig. 18). Hierin zeigt sich, daß der mit Risiko behaftete Wertpapierbestand gestiegen und der Kassenbestand gesunken ist.

Zusammenfassung zu 3c[59]):

1. Der Entscheidungsprozeß über das optimale Portefeuille vollzieht sich im Rahmen eines *n*-Aktiva-Modells in drei Stufen: Zunächst werden Erlös und Risiko der verschiedenen Portefeuilles ermittelt, die bei dem vorhandenen Anfangsvermögen möglich sind. Danach wird eine Vorauswahl in Form der effizienten Portefeuilles getroffen. Es werden also Portefeuilles ermittelt, die bei gegebenem Risiko den größten Erlös und bei gegebenem Erlös das kleinste Risiko erwarten lassen. Aus den so bestimmten effizienten Portefeuilles wird schließlich das Portefeuille ausgewählt, das am besten den individuellen Präferenzen für Erlös und Risiko entspricht (optimales Portefeuille).

2. Die Ableitung effizienter Portefeuilles zeigt bereits folgendes: Solange das Portefeuille Kasse (und damit ein risikofreies Vermögensobjekt) enthält (1. Bereich), steigt der Erlös proportional zum Risiko und die Struktur des Wertpapierbestandes bleibt

Erlösparameter vgl. die Hinweise im Anhang A 3), S. 312f. und H.-J. Jarchow, Der Bankkredit in einer Theorie der „Portfolio Selection". „Weltwirtschaftliches Archiv", Bd. 104 (1970 II), S. 189ff.

57) In diesem Fall werden die Aktiva bei einer Erhöhung des Vermögens zunehmen.

58) Vgl. hierzu S. 81, Fußnote 43.

59) Die Zusammenfassung zu 3a) und 3b) findet sich auf S. 83.

konstant; besteht das Portefeuille ausschließlich aus Wertpapieren (2. Bereich), dann steigt der Erlös unterproportional mit dem Risiko und der Wertpapierbestand wird umgeschichtet.

3. Je nach den unterstellten Präferenzen (und der dadurch bestimmten Lage der Indifferenzkurvenschar) ist das optimale Portefeuille (und damit das Portfolio-Gleichgewicht) im ersten oder im zweiten Bereich lokalisiert.

4. Hinsichtlich des Einflusses von Parameteränderungen auf das Portfolio-Gleichgewicht gelangt man zu folgenden Hypothesen: Alle Aktiva steigen bzw. sinken mit dem Vermögen (u. U. in direkter Proportionalität). Die Kassenhaltung wird geringer und der Bestand an Wertpapieren größer, wenn sich die Ertragsaussichten bei allen Wertpapieren verbessern, und umgekehrt.

Ausgewählte Literaturangaben zum II. Kapitel

W. J. Baumol, The Transactions Demand for Cash: An Inventory Theoretic Approach. "The Quarterly Journal of Economics", Vol. 66 (1952), S. 545ff. (zu **1**).

E. M. Claassen, Grundlagen der Geldtheorie. 2., neubearb. u. erw. Aufl. Berlin, Heidelberg, New York 1980 (zu **1**, **2** und **3**).

G. Gabisch, Portfoliotheorie der Geldnachfrage. „das wirtschaftsstudium", 5. Jg. (1976), Nr. 5, S. 220ff. (zu **3**).

J. R. Hicks, A Suggestion for Simplifying the Theory of Money. "Economica", Vol. 2 (1935), S. 1ff.

–, The Pure Theory of Portfolio Selection. In: Critical Essays in Monetary Theory. Oxford 1967, S. 103ff. (zu **3**).

H. M. Markowitz, Portfolio Selection. "The Journal of Finance", Vol. 7 (1952), S. 77ff. (zu **3**).

–, Portfolio Selection. Efficient Diversification and Investments (Cowles Foundation, Monograph 16.) New York 1959 (zu **3**).

J. Tobin, Liquidity Preference as Behavior Towards Risk. "The Review of Economic Studies", Vol. 25 (1957–58), S. 65ff. (zu **3**).

–, The Interest Elasticity of Transactions Demand for Cash. "The Review of Economics and Statistics", Vol. 38 (1956), S. 241ff. (zu **1**).

E. L. Whalen, A Rationalization of the Precautionary Demand for Cash. "The Quarterly Journal of Economics", Vol. 80 (1966), S. 314ff. (zu **2**).

U. Westphal, Theoretische und empirische Untersuchungen zur Geldnachfrage und zum Geldangebot (Kieler Studien, 110.) Tübingen 1970 (zu **1** u. **2**).

III. Gesamtwirtschaftliche Analyse des monetären Bereichs

Während es im vorhergehenden Kapitel um die Untersuchung der einzelwirtschaftlichen Kassenhaltung geht, steht im III. Kapitel die Frage im Vordergrund, wie die gesamte Geldnachfrage[1]) der Nichtbanken und das gesamte Geldangebot[1]) in einer Volkswirtschaft in Übereinstimmung zu bringen ist. Auf die *einzelwirtschaftliche* Analyse folgt somit eine *gesamtwirtschaftliche* Analyse.

Die gesamtwirtschaftliche Analyse beschränkt sich dabei zunächst allein auf den **monetären Bereich** einer Volkswirtschaft. Das bedeutet, daß nur das Zusammenspiel zwischen gesamtwirtschaftlicher Geldnachfrage und gesamtwirtschaftlichem Geldangebot untersucht wird und die hiervon ausgehenden Folgewirkungen auf die gesamtwirtschaftliche Produktion, die Beschäftigung und das Preisniveau (d. h. auf den güterwirtschaftlichen Bereich) vorerst *unberücksichtigt* bleiben. Das Volkseinkommen wird deshalb auch an dieser Stelle als *Parameter* behandelt, also als eine Größe, die vorgegeben ist und demzufolge keine endogenen, d. h. aus dem Modell heraus bestimmte, Änderungen erfährt.

Die vorläufige Beschränkung der Analyse auf den monetären Bereich erscheint aus Gründen der Darstellung zweckmäßig. Sie läßt sich aber auch damit rechtfertigen, daß Anpassungsvorgänge im monetären Bereich (z. B. eine Senkung des Zinsniveaus) wesentlich schneller ablaufen als die hierdurch ausgelösten Anpassungsvorgänge im güterwirtschaftlichen Bereich (z. B. die durch eine Zinssenkung induzierte Erhöhung der Investitionstätigkeit[2])).

---

[1]) Unter *Geldangebot* ist genauer der Kassenbestand zu verstehen, der im Nichtbankensektor untergebracht werden soll, unter *Geldnachfrage* der Kassenbestand, den die Nichtbanken zu halten wünschen (*Liquiditätspräferenz*).

[2]) Vgl. auch M. Friedman and A. J. Schwartz, Money and Business Cycles. "The Review of Economics and Statistics", Vol. 45 (1963, Suppl.), S. 61. – R. L. Teigen, Some Observations on Monetary Analysis. „Kredit und Kapital", 4. Jg. (1971), S. 254. – Vgl. auch S. 262.

1. Die Analyse des monetären Bereichs bei exogen fixierter Geldmenge

– Die Keynessche Liquiditätspräferenztheorie –

Bei der Analyse des monetären Bereichs einer Volkswirtschaft wollen wir uns zunächst auf Aspekte der *Geldnachfrage (Liquiditätspräferenz)* konzentrieren. Wir beginnen deshalb mit der Darstellung einer Theorie des monetären Bereichs, die das Geldangebot vernachlässigt und als eine exogen fixierte Größe ansieht. Zur Illustration können wir annehmen, daß die Zentralbank die Geldmenge durch entsprechende geldpolitische Maßnahmen vollständig kontrollieren kann und die Geldmenge so zu einem exogen bestimmten geldpolitischen Aktionsparameter wird.

Eine Theorie des monetären Bereichs, die sich auf die Geldnachfrage konzentriert und das Geldangebot als eine exogen fixierte Größe ansieht, ist von Keynes in Form der **Liquiditätspräferenztheorie** entwickelt worden. Diese Theorie ist Teil der im Jahre 1936 publizierten *Allgemeinen Theorie* von Keynes[3]) und knüpft in einigen Teilen an die damals vorherrschende klassische Theorie an (die wir erst später behandeln)[4]), geht aber zugleich in anderen Teilen ganz neue Wege. Die Übereinstimmung mit traditionellen Vorstellungen äußert sich darin, daß der *Tauschmittelfunktion* des Geldes für die Analyse von Kassenbeständen auch bei Keynes eine wesentliche Bedeutung zukommt; der entscheidende Unterschied ergibt sich daraus, daß die Rolle des Geldes als *Vermögensobjekt* von den Klassikern vernachlässigt[5]), innerhalb der Keynesschen Liquiditätspräferenztheorie aber zu einem Eckpfeiler des Modells wird[6]). Die

[3]) Vgl. J. M. Keynes, The General Theory of Employment, Interest, and Money. London 1936. (Im folgenden zitiert als Keynes, a.a.O.).

[4]) Vgl. S. 187 ff. und Anhang A 4).

[5]) Vgl. A.H. Hansen, A Guide to Keynes. New York, Toronto, London 1953. S. 126. – R. F. Harrod, Money. London 1969. S. 4.

[6]) Vgl. A. Leijonhufvud, On Keynesian Economics and the Economics of Keynes. New York, London, Toronto 1968. S. 366. – Vgl. auch A. H. Hansen, a.a.O., S. 126, 130.

mehr oder weniger traditionelle Komponente seiner Theorie bilden somit die beiden ersten der drei von ihm genannten Motive der Kassenhaltung: das *Transaktionsmotiv* und das *Vorsichtsmotiv;* ein neues Element wird von Keynes mit dem *Spekulationsmotiv* eingeführt. Mit der Berücksichtigung des Spekulationsmotivs gelingt es ihm (wie noch zu zeigen ist), eine Zinsabhängigkeit der Kassenhaltung abzuleiten.

a) Die Transaktions- und Vorsichtskasse

aa) Transaktionskasse. – Die mikroökonomischen Wurzeln der Keynesschen Analyse der **Transaktionskasse** deuten überwiegend auf eine institutionell bestimmte Kassenhaltung hin[7]): Das Halten einer Transaktionskasse dient dem Zweck, Unterschiede in Höhe und zeitlicher Verteilung von Aus- und Einzahlungen auszugleichen, d.h. genauer: den aus diesen Diskrepanzen herrührenden Finanzierungsbedarf bei Haushalten und Unternehmungen zu decken[8]). Der Umfang der einzelwirtschaftlichen Transaktionskasse wird deshalb vom *Zahlungsrhythmus* und vom *Umsatz* der Wirtschaftseinheiten bestimmt.

Daneben finden sich bei Keynes aber auch vereinzelt Hinweise dafür, daß die Kassenhaltung für Transaktionszwecke von der Höhe potentieller Kreditkosten beeinflußt wird[9]) und zudem durch Verzicht auf eine verzinsliche Anlage Alternativkosten bedingt. Keynes deutet also schon bei seinen Überlegungen zur Transaktionskasse an, daß die Kassenhaltung auch von der Höhe des Zinssatzes abhängig sein könnte[10]). Er hält diesen Einfluß im Zusammenhang mit dem

---

[7]) Vgl. dazu S. 37ff.

[8]) Vgl. Keynes, a.a.O., S. 195ff.

[9]) Siehe Keynes, a.a.O., S. 201; aber auch Ders., The Theory of the Rate of Interest. In: The Lessons of Monetary Experience. (Ed. by A. D. Gayer). New York 1937. S. 149. – Vgl. ferner A. H. Hansen, a.a.O., S. 128f.

[10]) Sporadisch klingen also Überlegungen an, die bei den späteren Arbeiten von Baumol und Tobin über eine entscheidungslogisch begründete Kassenhaltung eine wesentliche Rolle spielen (vgl. S. 41ff.). Im wesentlichen deuten seine Hinweise aber auf eine mikroökonomische Fundierung hin, wie sie von uns im II. Kapitel im Rahmen der institutionell bestimmten Kassenhaltung skizziert worden ist.

Transaktionsmotiv aber für nicht sehr bedeutsam, solange man von außergewöhnlichen Zinsbewegungen absehen kann. Da außerdem davon ausgegangen wird, daß sich die Zahlungssitten (und damit der Zahlungsrhythmus von Ein- und Auszahlungen) nicht abrupt ändern, bleibt der Umsatz und damit in der Regel das Einkommen bei kurzfristiger Betrachtung[11]) der maßgebliche Bestimmungsfaktor für die Höhe der Transaktionskasse einer Wirtschaftseinheit. Bei Keynes wird deshalb auch *die gesamtwirtschaftliche Liquiditätspräferenz für Transaktionszwecke* (L_t) *als allein vom nominellen Volkseinkommen* (Y) abhängig angenommen[12]) und in der speziellen Form

(1) $L_t = kY, \quad k > 0$

dargestellt.

bb) Vorsichtskasse. – Wie aus der einzelwirtschaftlichen Analyse bereits bekannt[13]), ist für das Halten einer **Vorsichtskasse** die Überlegung maßgeblich, daß Zeitpunkt und Umfang der für die Bemessung der Transaktionskasse maßgeblichen Zahlungsvorgänge nicht in jedem Fall mit 100%iger Sicherheit vorhersehbar sind. Es können z.B. unerwartete Ausgaben notwendig werden oder sich unvorhergesehene Möglichkeiten für vorteilhafte Käufe ergeben[14]). Mit Vorgängen dieser Art wird bei Keynes eine zusätzliche Kassenhaltung aus Vorsichtsgründen motiviert.

Bei der Frage, welche Faktoren den Umfang der Vorsichtskasse bestimmen, argumentiert Keynes wie bei der Analyse der Transaktionskasse. Auch in diesem Zusammenhang deutet er die Möglichkeit an[15]), daß die Höhe der Kassenhaltung einerseits von der Zuverlässigkeit und den Kosten einer nicht eingeplanten Geldbeschaf-

---

[11]) Hierbei darf sich auch der Grad der vertikalen Integration in der Volkswirtschaft nicht verändern, da z.B. bei zunehmender Integration Zahlungsvorgänge entfallen, die andernfalls c.p. auftreten würden.

[12]) Hierbei unterstellt er auch ausdrücklich eine weitgehende Konstanz der Einkommensverteilung (vgl. Keynes, a.a.O., S. 201).

[13]) Vgl. S. 49f.

[14]) Vgl. Keynes, a.a.O., S. 196.

[15]) Ebenda.

fung (z. B. von Überziehungskrediten) abhängt, anderseits aber auch durch die Alternativkosten der Kassenhaltung beeinflußt wird. Während dabei eine Erhöhung der (zuerst genannten) Illiquiditätskosten auf eine Aufstockung der Vorsichtskasse hinwirkt, führt eine Steigerung der Alternativkosten dazu, daß die Kassenhaltung eingeschränkt wird[16]). Die empirische Bedeutung einer solchen Beziehung wird allerdings von Keynes (ähnlich wie bei der Transaktionskasse) relativ gering veranschlagt[17]). Unter normalen Umständen (d. h.: solange keine extremen Zinsschwankungen auftreten) wird die *Vorsichtskasse* hauptsächlich durch das Ausmaß der wirtschaftlichen Aktivität, d. h. präziser: *durch das Volkseinkommen*, bestimmt[18]). Da damit sowohl für die Transaktionskasse als auch für die Vorsichtskasse der gleiche Einflußfaktor maßgeblich ist und deshalb in den entsprechenden Liquiditätspräferenzfunktionen die gleiche Größe als unabhängige Variable erscheint, wird das Vorsichtsmotiv in formaler Hinsicht unter das Transaktionsmotiv subsumiert und kann insofern durch Gleichung (1) als miterfaßt angesehen werden.

b) Die Spekulationskasse

Bei der Analyse der Keynesschen **Spekulationskasse** wird nicht zwischen verschiedenen Wertpapierarten differenziert. Es wird vielmehr angenommen, daß nur *ein* Wertpapier mit einheitlicher Ausstattung existiert.

Für die Analyse der Spekulationskasse sind die *Erwartungen* einer Wirtschaftseinheit bezüglich der zukünftigen Entwicklung der Wertpapierrendite, also die Zinserwartungen, von wesentlicher Bedeutung. Zinserwartungen können, wie unsere einzelwirtschaftlichen Über-

---

[16]) Keynes deutet damit bereits auf Zusammenhänge hin, die erst in den sechziger Jahren in umfassendere Modelle zur Analyse der Vorsichtskasse eingebaut werden (vgl. z. B. die Ausführungen zu dem Modell von Whalen auf S. 50ff.). Es bleibt allerdings in der *Allgemeinen Theorie* bei recht fragmentarischen Hinweisen, die in keiner Weise in ein geschlossenes mikroökonomisches Modell integriert werden.

[17]) Vgl. Keynes, a.a.O., S. 196f. – A. H. Hansen, a.a.O., S. 128.

[18]) Vgl. Keynes, a.a.O., S. 196ff.

legungen gezeigt haben[19]), in verschiedener Weise zur Analyse spekulativer Kassenbestände herangezogen werden. Bei *sicheren* Erwartungen[20]) kann eine Kassenhaltung nur damit begründet werden, daß eine Wirtschaftseinheit bei Wertpapieren mit Kursverlusten rechnet, die mit 100%iger Wahrscheinlichkeit den laufenden Zinsertrag übersteigen (oder ihn gerade aufzehren)[21]). Bei mit Risiko behafteten Erwartungen[22]) läßt sich dagegen mit Hilfe der Theorie der *portfolio selection* auch dann eine Kassenhaltung als rationale Verhaltensweise ableiten, wenn der Erwartungswert der Kursänderungen positiv (oder gleich Null) ist. Offenbar resultiert die Kassenhaltung bei einer Wirtschaftseinheit im ersten Fall (d.h. bei sicheren Erwartungen) daraus, daß diese mit Sicherheit einen *anderen niedrigeren* Wertpapierkurs als den herrschenden Marktkurs erwartet, also mit einer sicheren Erhöhung der Wertpapierrendite rechnet[23]). Im zweiten Fall dagegen sind es die mit Risiko behafteten Erwartungen über die zukünftige Kursentwicklung, die eine Streuung der Vermögensanlage und damit i.d.R. auch das Halten eines (spekulativen) Kassenbestandes zweckmäßig erscheinen lassen.

Wenn sich auch bei Keynes gewisse Andeutungen dafür finden lassen, daß er im Risiko individueller Kurs- und Zinserwartungen einen Grund für das Halten von spekulativen Kassenbeständen sieht[24]), so stützt sich doch seine Argumentation im wesentlichen darauf, daß ein Kassenbestand aus spekulativen Gründen sinnvoll sein kann, wenn die von einer Wirtschaftseinheit *„mit ziemlicher Sicherheit"*[25]) *erwartete Rendite von der gegenwärtigen Rendite abweicht*[26]). So

[19]) Vgl. S. 59ff. [20]) Vgl. S. 59ff. [21]) Vgl. hierzu S. 61f.

[22]) Vgl. hierzu die Ausführungen zur portfolio selection auf S. 64ff.

[23]) Zur Beziehung zwischen Wertpapierkurs und Rendite s. S. 60, Fußnote 24.

[24]) Vgl. Keynes, a.a.O., S. 168f. – Siehe dazu auch A. H. Hansen, a.a.O., S. 126f. – Aus dem Hinweis, daß der aus einer Wahrscheinlichkeitsverteilung gewonnene (mathematische) Erwartungswert der Erträge einer Wertpapieranlage ausreichen muß, um das Risiko zu kompensieren (vgl. Keynes, a.a.O., S. 169), läßt sich zudem ersehen, daß bei Keynes bereits formale Elemente der *portfolio selection* sichtbar werden. Die fragmentarischen Andeutungen erfahren allerdings bei ihm keine Vertiefung.

[25]) Keynes spricht von einem "fairly *safe* level" (a.a.O., S. 201).

[26]) Eine ins Detail gehende mikroökonomische Analyse, die dieser Argumentation entspricht, findet sich auf S. 59ff.

heißt es bei Keynes[27]), daß eine Wirtschaftseinheit, die annimmt, daß die zukünftige Rendite über dem gegenwärtigen Marktniveau liegen wird, Grund hat, spekulative Kassenbestände zu halten[28]); umgekehrt besteht für eine Wirtschaftseinheit Anlaß, Wertpapiere zu kaufen, wenn eine Rendite erwartet wird, die unter dem gegenwärtigen Marktniveau liegt.

Aus den bisherigen Überlegungen haben sich damit folgende beiden Größen als Bestimmungsgründe für die Höhe der Spekulationskasse herauskristallisiert: die **gegenwärtige Rendite** und die für die Zukunft **erwartete Rendite.** Wie sich die Spekulationskasse mit diesen beiden Größen ändert, ist die Frage, der wir uns nun zuwenden wollen. Wir betrachten zunächst alternative Werte für die *gegenwärtige Rendite* und gehen dabei davon aus, daß die individuellen Erwartungen bezüglich der zukünftigen Rendite *a) sicher, b) von Wirtschaftseinheit zu Wirtschaftseinheit im allgemeinen unterschiedlich und c) konstant* und damit in bezug auf die gegenwärtige Rendite *vollkommen unelastisch*[29]) sind[30]). Abnehmende Werte für die gegenwärtige Rendite (i) bedeuten dann folgendes[31]): Bei Wirtschaftseinheiten, bei denen die Differenz zwischen gegenwärtiger und erwarteter Rendite ($i - i^*$) zunächst noch positiv ist, kann diese Differenz negativ werden, aus den ursprünglich erwarteten Kursgewinnen können also

---

[27]) Vgl. Keynes, a.a.O., S. 170. – Weitere Hinweise dazu finden sich in der *Allgemeinen Theorie* auf den Seiten 169, 172, 199 und 201, ferner bei A. H. Hansen, a.a.O., S. 128 und 131f.

[28]) Der Vergleich der beiden Renditen berücksichtigt nur den dadurch implizierten Ertrag aus der erwarteten Kursänderung; der Ertrag aus der Nominalverzinsung wird an dieser Stelle von Keynes offenbar vernachlässigt (vgl. dazu die Ausführungen auf S. 61ff. und insbes. die Gleichung (21) auf S. 63).

[29]) Zum Begriff *unelastische Erwartungen* siehe auch S. 61.

[30]) Diese Annahme kann als typisch für die Keynessche Liquiditätspräferenztheorie angesehen werden (s. hierzu Tobin, Liquidity Preference ..., a.a.O., S. 67ff. und auch den Hinweis bei Leijonhufvud, a.a.O., S. 368). Keynes sieht allerdings über diese Annahme hinweg, wenn er die Konsequenzen eines extrem niedrigen Zinsniveaus diskutiert und dabei schreibt, daß "a long term rate of interest of (say) 2 per cent. leaves more to fear than to hope,..." (Keynes, a.a.O., S. 202).

[31]) Vgl. zu den folgenden Ausführungen Gleichung (21) auf S. 63.

erwartete Kursverluste werden. Bei Wirtschaftseinheiten, bei denen die Differenz zwischen laufender und erwarteter Rendite $(i - i^*)$ in der Ausgangslage negativ ist, erhöhen sich die ursprünglich erwarteten Kursverluste. Hinzu kommt, daß bei sinkendem i die Aussichten immer geringer werden, Kursverluste aus den laufenden Zinserträgen zu decken[32]). Bei sinkendem i gibt es deshalb immer mehr Wirtschaftseinheiten, die mit Verlusten aus der Wertpapieranlage rechnen und die deshalb gegenüber einer Wertpapieranlage eine abwartende Haltung einnehmen. Sinkende laufende Renditen haben damit bei unveränderten erwarteten Renditen zur Folge, daß immer mehr Wirtschaftseinheiten zur Kassenhaltung übergehen und daß infolgedessen von der Gesamtheit aller Wirtschaftseinheiten eine zunehmende Spekulationskasse gehalten wird. Alle Wirtschaftseinheiten werden schließlich Kasse gegenüber Wertpapieren vorziehen, wenn eine so niedrige Rendite erzielt wird (also ein so hohes Kursniveau besteht), daß niemand mehr damit rechnet, mögliche Kursverluste durch Zinserträge kompensieren zu können. Die gesamte Liquiditätspräferenz würde demnach bei diesem Zinssatz so groß werden, daß jeder Zufluß von Geld bei allen Wirtschaftseinheiten in voller Höhe zur Aufstockung von Kassenbeständen benutzt wird[33]).

Die bisherigen Ausführungen über den Zusammenhang zwischen Spekulationskasse und gegenwärtiger Rendite (kurz: Zinssatz) gestatten nun eine erste Teilantwort auf die oben gestellte Frage: *Bei gegebenen Erwartungen über den zukünftigen Zinssatz nimmt die Liquiditätspräferenz für spekulative Zwecke (L_s) zu, wenn der Zinssatz (i) abnimmt.* Die Liquiditätspräferenz wird vollkommen elastisch, wenn der Zinssatz einen unteren Grenzwert ($\underline{i}$) erreicht (vgl. Fig. 19). Es besteht also allgemein folgende Beziehung:

$$(2) \quad L_s = L_s(i), \frac{dL_s}{di} < 0 \quad \text{und}$$

$$\frac{dL_s}{di} \to -\infty, \text{ wenn } i \to \underline{i}.$$

---

[32]) Vgl. Keynes, a.a.O., S. 202.

[33]) Vgl. Keynes, a.a.O., S. 202f., 207. – Vgl. auch A. H. Hansen, a.a.O., S. 132.

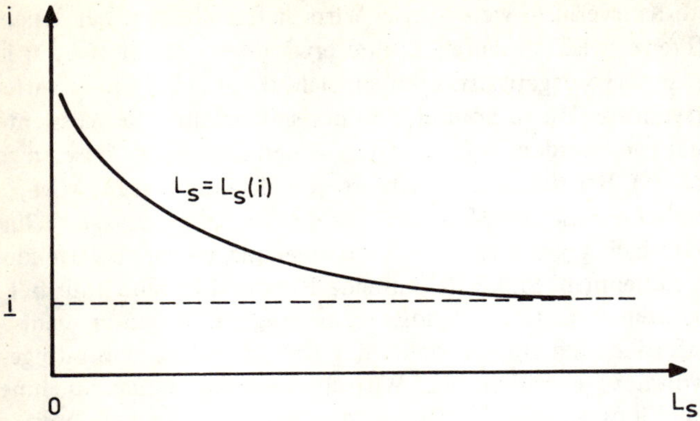

Fig. 19

Die zweite Teilantwort bezieht sich auf den Zusammenhang zwischen der Höhe der Spekulationskasse und den *Erwartungen über die zukünftige Rendite* bei gegebener gegenwärtiger Rendite. Wird allgemein angenommen, daß die zukünftige Rendite höher sein wird als zunächst angenommen (werden also die Renditeerwartungen nach oben korrigiert), dann wird es mehr Wirtschaftseinheiten geben, die mit Kursverlusten rechnen und deshalb gegenüber der Wertpapieranlage eine abwartende Haltung einnehmen. Tendenziell wird also

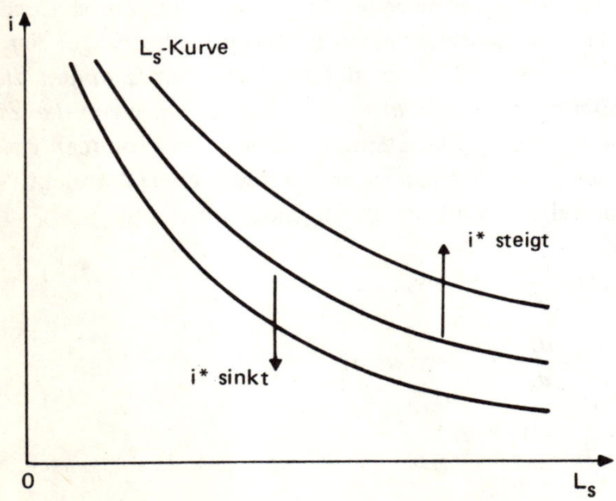

Fig. 20

in der Volkswirtschaft die Neigung zunehmen, Kasse aus spekulativen Gründen zu halten. Gleichbleibende Beträge an Spekulationskasse würden somit nur bei steigender gegenwärtiger Rendite (i) nachgefragt. Die Korrektur der Renditeerwartungen nach oben kommt deshalb in einer Verschiebung der L_s-Kurve nach oben zum Ausdruck (vgl. Fig. 20). Werden umgekehrt die Renditeerwartungen nach unten korrigiert, dann ergibt sich in graphischer Darstellung eine Verschiebung der L_s-Kurve nach unten.

Während also in Fig. 19 eine Änderung der gegenwärtigen Rendite eine *Bewegung auf der L_s-Kurve* auslöst, führt eine Korrektur der Erwartungen über die zukünftige Rendite zu einer *Verschiebung der L_s-Kurve* (vgl. Fig. 20).

c) Eine Gleichgewichtsanalyse des monetären Bereichs

aa) Gleichgewicht. – aaa) Mit der Bestimmung der Liquiditätspräferenzfunktion (L) sind die wichtigsten Vorarbeiten getan, um eine *Gleichgewichtsanalyse des monetären Bereichs* durchführen zu können. Zu berücksichtigen ist nur noch zweierlei:

1. die Keynessche Annahme eines exogen fixierten Geldangebots M^a (in Höhe von $\overline{M}$) und
2. eine Beziehung, die zum Ausdruck bringt, daß Gleichgewicht besteht, wenn das gesamte Geldangebot (M^a) durch die Liquiditätspräferenz für Transaktions-, Vorsichts- und Spekulationszwecke (L) absorbiert wird, und daß im Gleichgewicht die Geldmenge M realisiert wird.

Das Keynessche Gleichgewichtsmodell für den monetären Bereich besteht demnach *bei gegebenem nominalen Volkseinkommen $\overline{Y}$* aus folgenden Beziehungen:

(3) $M^a = \overline{M}$ (Geldangebot)

(4) $L = k\overline{Y} + L_s(i)$ (Liquiditätspräferenz)

und

(5), (6) $M^a = L = M$ (Gleichgewicht, Definition).

Das Modell enthält damit an:

Daten[34]): k

Parametern[34]): $\overline{M}$, $\overline{Y}$

Variablen: M^a, M, L, i (insgesamt 4).

Vorausgesetzt, eine Lösung existiert, dann lassen sich mit den Gleichungen (3) bis (6) alle Variablen des Modells bestimmen[34a]).

Für die Auswertung des Modells ist es sinnvoll, das Gleichungssystem (3) bis (5) auf eine Gleichung zu reduzieren. Dazu setzen wir die Beziehungen (3) und (4) in die Gleichgewichtsbedingung (5) ein. Wir erhalten dann:

$$(7) \quad \overline{M} = k\overline{Y} + L_s(i).$$

Gleichung (7) beinhaltet folgendes Endergebnis:

> *Bei gegebenem Volkseinkommen bestimmt das exogen fixierte Geldangebot zusammen mit der gesamten Liquiditätspräferenz des Nichtbankensektors (Geldnachfrage) den Gleichgewichtszinssatz,*
>
> oder:
>
> *Der Zinssatz stellt sich im Gleichgewicht so ein, daß die gesamte Liquiditätspräferenz des Nichtbankensektors (Geldnachfrage) durch das exogen fixierte Geldangebot befriedigt wird.*

Der *Zinssatz* ist also in dieser Analyse die Variable, die das Gleichgewicht zwischen Geldnachfrage und Geldangebot herstellt.

bbb) Soll die Gleichgewichtslösung durch eine *geometrische Darstellung* illustriert werden, dann müssen wir zunächst eine Kurve für die gesamte Liquiditätspräferenz ableiten. Neben der bereits in Fig. 19 abgebildeten L_s-Kurve benötigen wir hierzu eine graphische Darstellung für die vom Zinssatz unabhängige und vom Volkseinkommen

---

[34]) *Daten* sind Größen, die im Rahmen eines Modells ein für allemal fixiert sind. *Parameter* können dagegen im Rahmen eines Modells geändert werden, aber nur exogen. Daten und Parameter werden auch als exogene Variablen bezeichnet.

[34a]) Alle Gleichungen müssen dazu natürlich in expliziter Form vorliegen.

abhängige Liquiditätspräferenz für Transaktionszwecke. Bei alternativen Werten von Y erhalten wir hierfür in einem i/L_t-Diagramm eine Schar von Parallelen zur i-Achse (L_t-Geraden) (vgl. Fig. 21):

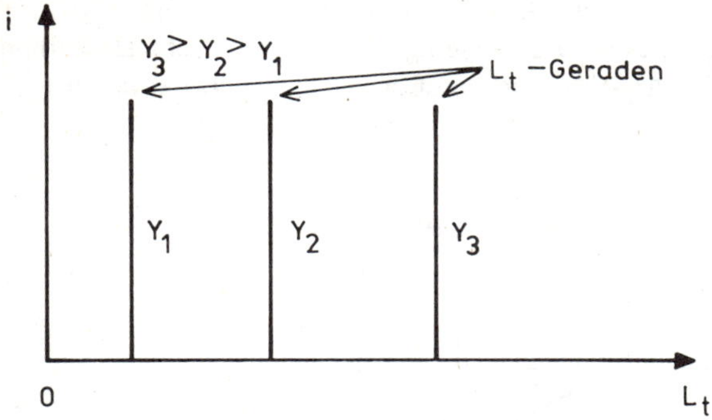

Fig. 21

Die Kurve für die gesamte Liquiditätspräferenz (L-Kurve) entsteht aus der *horizontalen* Aggregation einer L_t-Geraden und der L_s-Kurve. So ergibt sich z. B. die Kurve für die gesamte Liquiditätspräferenz bei einem Volkseinkommen Y_1, indem wir die Abszissenwerte der zu Y_1 gehörenden L_t-Geraden und der L_s-Kurve bei alternativen Werten von i addieren (vgl. Fig. 22).

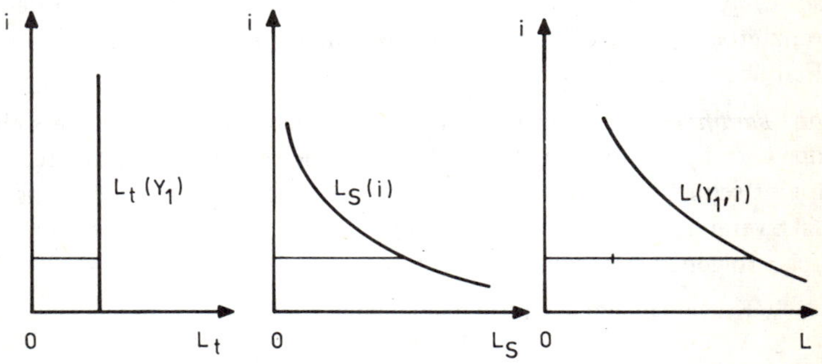

Fig. 22

Wird die L-Kurve schließlich in einem neuen Diagramm (Fig. 23) mit der das Geldangebot repräsentierenden Mª-Geraden konfrontiert, dann bestimmt der Schnittpunkt (P_1) den *Gleichgewichtszinssatz* (i_1).

Bei Zinssätzen oberhalb oder unterhalb von i_1 herrscht *Ungleichgewicht.* Im ersten Fall (z. B. bei $i = i_2$) ist die Liquiditätspräferenz kleiner als das Geldangebot; es wird also weniger Kasse gewünscht als vorhanden ist, und der Angebotsüberschuß an Geld bewirkt eine *Zinssenkung.*

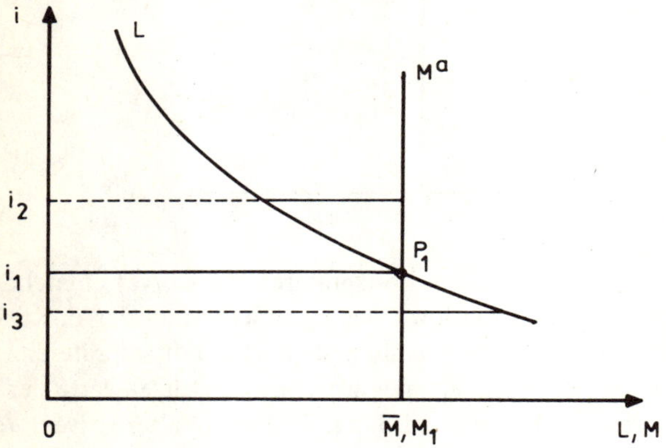

Fig. 23

Im zweiten Fall (z. B. bei $i = i_3$) ist die Liquiditätspräferenz größer als das Geldangebot; die Anpassung erfolgt in diesem Fall über eine *Zinserhöhung.*

bb) Parameteränderungen. – Nachdem gezeigt worden ist, wie sich der Gleichgewichtszinssatz im Keynesschen System herausbildet, bleibt schließlich noch zu klären, wie sich der Gleichgewichtszinssatz verändert, wenn *Parameteränderungen* eintreten. Wir wollen dazu folgende drei Fälle betrachten:

1. Korrektur der Renditeerwartungen,
2. Änderung des Volkseinkommens und
3. Änderung der Geldmenge.

Wir untersuchen hierbei nur Parameteränderungen in eine Richtung, da sich bei einer Änderung in die entgegengesetzte Richtung lediglich eine Umkehrung der Ergebnisse ergibt.

aaa) Wie bereits gezeigt worden ist, bewirkt eine *Korrektur der Renditeerwartungen* eine Verschiebung der L_s-Kurve. Wird z. B. allgemein angenommen, daß die zukünftige Rendite höher sein wird als zunächst erwartet, dann verschiebt sich die L_s-Kurve in Fig. 20 und damit auch die L-Kurve in Fig. 24 nach oben.

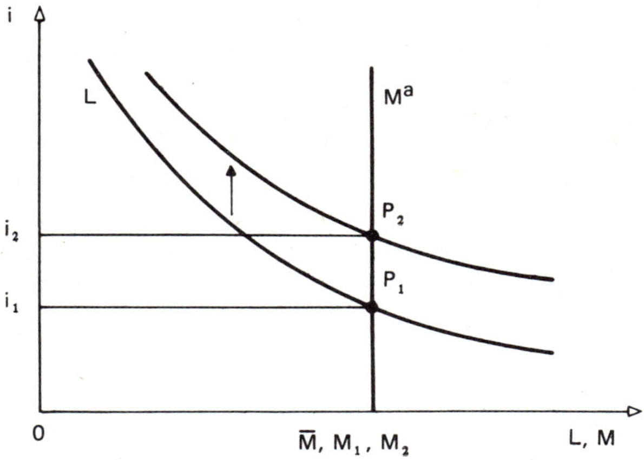

Fig. 24

Die Folge ist eine Verlagerung des Gleichgewichtspunkts von P_1 nach P_2 und damit eine *Erhöhung des Zinsniveaus* von i_1 auf i_2. Die Zinserhöhung kommt dadurch zustande, daß mehr Wirtschaftseinheiten Kasse gegenüber Wertpapieren vorziehen, deshalb mehr Wertpapiere verkauft werden und dadurch die Kurse sinken bzw. der Zinssatz ansteigt.

bbb) Wie Fig. 21 erkennen läßt, führt eine Änderung des Volkseinkommens zu einer Verschiebung der L_t-Geraden. *Erhöht sich z. B. das Volkseinkommen,* dann verschiebt sich die L_t-Gerade in Fig. 21 und damit auch die L-Kurve nach rechts. Wie in dem zuerst geschilderten Fall, so tritt deshalb auch eine *Erhöhung des Zinssatzes* ein[35]) (vgl. auch hierzu Fig. 24).

[35]) Dieses Ergebnis erhält man auf algebraischem Weg, wenn die Gleichung (7) total differenziert und dabei $d\bar{M} = 0$ gesetzt wird. Aus

$$(x) \qquad k d\bar{Y} + \frac{\partial L_s}{\partial i} di = d\bar{M}$$

wird bei unveränderter Geldmenge, d. h. bei $d\bar{M} = 0$,

Hinter der Zinserhöhung steht in diesem Fall folgender Vorgang[36]): Das steigende Volkseinkommen führt dazu, daß bei einer Reihe von Wirtschaftseinheiten ein erhöhter Bedarf an Transaktionskasse entsteht. Dieser zusätzliche Bedarf kann im Rahmen des Keynesschen Systems nur dadurch gedeckt werden, daß aus der gesamtwirtschaftlichen Spekulationskasse ein entsprechender Betrag in die Transaktionskasse überführt wird. Bewerkstelligt wird dieser Transfer dadurch, daß von Wirtschaftseinheiten, deren Liquiditätspräferenz für Transaktionszwecke steigt, Wertpapiere verkauft werden. Die hiermit verbundene Senkung der Wertpapierkurse bzw. Erhöhung der Wertpapierrendite (des Zinssatzes) führt zu einer Einschränkung der Spekulationskasse[37]) und findet dann ein Ende, wenn die Spekulationskasse um einen Betrag vermindert worden ist, der dem zusätzlichen Bedarf an Transaktionskasse größenmäßig entspricht.

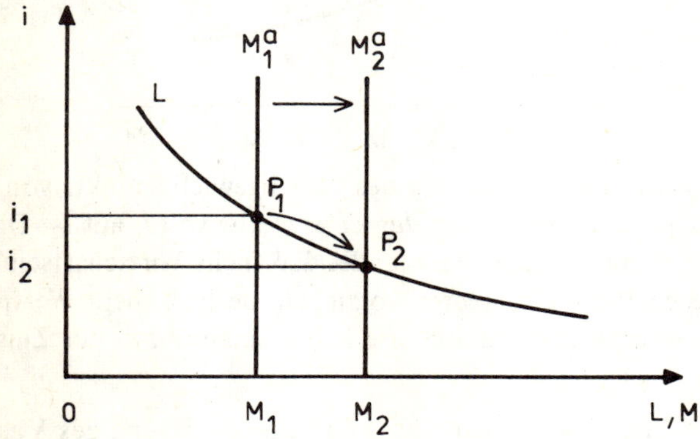

Fig. 25

(xx) $kd\bar{Y} + \frac{\partial L_s}{\partial i} di = 0$

und

(xxx) $\frac{di}{d\bar{Y}} = -\frac{k}{\frac{\partial L_s}{\partial i}} > 0.$

[36]) Vgl. auch Schneider, Einführung in die Wirtschaftstheorie. III. Teil, ..., a.a.O., S. 88f.

[37]) „Die Kurssenkung, d. h. Zinserhöhung, ist also das Mittel, um Beträge aus dem spekulativen Bereich in den Transaktionsbereich zu überführen“ (Ebenda, S. 89).

ccc) Durch eine Variation des exogen fixierten Geldangebots erfährt die Mª-Gerade eine Lageveränderung. *Wird das Geldangebot z. B. erhöht*, dann verschiebt sich die Mª-Gerade nach rechts, wodurch sich bei gegebener Liquiditätspräferenzfunktion eine *Zinssenkung* ergibt[38]) (vgl. Fig. 25).

Die in Fig. 25 dargestellten Zusammenhänge lassen sich wie folgt erklären: Will die Zentralbank die Geldmenge erhöhen, so wird sie zu diesem Zweck Wertpapiere von Nichtbanken ankaufen. Damit die Nichtbanken Wertpapiere gegen Kasse verkaufen, muß für sie eine verstärkte Kassenhaltung attraktiv gemacht werden. Da das Volkseinkommen im Rahmen unserer auf den monetären Bereich beschränkten Analyse als Parameter angenommen wird, gibt es nur die Möglichkeit, die Liquiditätspräferenz für spekulative Zwecke zu beeinflussen. Tatsächlich erfolgt die notwendige Expansion der Kassenhaltung dadurch, daß die Wertpapierkäufe der Zentralbank zu Kurssteigerungen führen, also eine Senkung des Zinssatzes eintritt und auf diese Weise ein Anreiz geschaffen wird, die Spekulationskasse zu vergrößern. *Nur* in der extremen Situation einer vollkommen elastischen Liquiditätspräferenz für spekulative Zwecke bleibt die Zinssenkung aus; sie ist in diesem Fall auch nicht erforderlich, um Wirtschaftseinheiten zu veranlassen, zusätzliche Kassenbestände zu bilden[39]).

---

[38]) Dieses Ergebnis läßt sich auf algebraischem Wege ableiten, wenn Gleichung (7) total differenziert und dabei $d\bar{Y} = 0$ gesetzt wird. Aus

$$(x) \qquad k\,d\bar{Y} + \frac{\partial L_s}{\partial i}\,di = d\bar{M}$$

wird bei unverändertem Volkseinkommen, d. h. bei $d\bar{Y} = 0$,

$$(xx) \qquad \frac{\partial L_s}{\partial i}\,di = d\bar{M}$$

und

$$(xxx) \qquad \frac{di}{d\bar{M}} = \frac{1}{\frac{\partial L_s}{\partial i}} < 0.$$

[39]) Der *Extremfall*, in dem eine Geldmengenerhöhung *keine* Zinssenkung bewirkt, wird in der Literatur als Keynessche "liquidity trap" bezeichnet. Nach

Zusammenfassung:

1. Im Rahmen der Keynesschen Liquiditätspräferenztheorie ist das Geldangebot und damit auch die im Gleichgewicht realisierte Geldmenge eine exogen fixierte Größe. Das Geldangebot wird durch eine mit zunehmendem Volkseinkommen steigende Kassenhaltung für Transaktionszwecke und eine mit zunehmendem Zinssatz sinkende Kassenhaltung für spekulative Zwecke absorbiert.
2. Der Ausgleich zwischen Geldangebot und Geldnachfrage (Liquiditätspräferenz) erfolgt bei einem als gegeben angenommenen Volkseinkommen über eine Anpassung des Zinssatzes.
3. Der Gleichgewichtszinssatz steigt, wenn das Volkseinkommen eine Erhöhung erfährt oder die Geldmenge abnimmt, und umgekehrt.

2. Das Geld- und Kreditschöpfungspotential von Bankensystemen

Eine Schwäche der im vorhergehenden Abschnitt durchgeführten Analyse des monetären Bereichs ist darin zu sehen, daß das Geldangebot und damit auch die Geldmenge als exogen fixierte Größen angesehen werden. Unser Ziel ist es deshalb, die Geldmenge als endogene, d.h. aus dem Modell heraus bestimmte Variable darzustellen und dabei insbesondere den für die Geldschöpfung wichtigen Kreditgewährungsprozeß der Geschäftsbanken sowie die geldpolitischen Aktivitäten der Zentralbank zu berücksichtigen. Ein zu diesem Ziel hinführender erster Schritt besteht darin, den sog. *multiplen Kreditschöpfungsprozeß* unter besonders einfachen Annahmen zu analysieren und dabei das **Kreditschöpfungspotential** von Bankensystemen, d.h. den maximalen Zugang an Krediten, zu ermitteln. Da mit der Kreditschöpfung eine Geldschöpfung verbun-

---

Keynes (a.a.O., S. 207) kann dieser Fall für die Zukunft Bedeutung erlangen. Gleichzeitig weist er aber einschränkend darauf hin, daß ihm kein entsprechendes Beispiel aus der Vergangenheit bekannt geworden ist.

den ist, wird zugleich das **Geldschöpfungspotential** von Bankensystemen bestimmt.

a) Geschäftsbankensystem bei ausschließlich bargeldlosem Zahlungsverkehr

Zu wesentlichen Einsichten über wichtige Bestimmungsgründe der Kreditschöpfung und der damit verbundenen Geldschöpfung gelangt man bereits, wenn das *Kreditschöpfungspotential* eines aus zwei Banken bestehenden Geschäftsbankensystems unter folgenden Annahmen analysiert wird:

– Die Nichtbanken halten nur Sichteinlagen bei den Geschäftsbanken (also nicht bei der Zentralbank) und zahlen ausschließlich *bargeldlos.* Die Überweisungen werden über die Zentralbank abgewickelt.

– Die Geschäftsbanken sind verpflichtet, in Höhe eines bestimmten Prozentsatzes ihrer Sichteinlagen (z.B. in Höhe von 20 v.H.) Zentralbankgeld bei der Zentralbank festzulegen, d.h. sog **Mindestreserven** zu halten.

– Die Geschäftsbanken können nur dadurch in den Besitz von Zentralbankgeld gelangen, daß sie Aktiva, die ihnen von Nichtbanken verkauft werden (z.B. Devisen), an die Zentralbank weiterveräußern. Sie haben nicht die Möglichkeit, sich Zentralbankgeld allein auf eigene Initiative zu verschaffen, z.B. durch Verschuldung bei der Zentralbank.

Eine Begrenzung der Kreditgewährungsmöglichkeiten ergibt sich in diesem einfachen Modell eines Mischgeldsystems dadurch, daß die beiden Geschäftsbanken nur über einen bestimmten Bestand an Zentralbankgeld verfügen und als Folge der Kreditgewährung Verpflichtungen in Zentralbankgeld entstehen, die zu einem Liquiditätsproblem führen können. Ein einfaches Beispiel möge die entsprechenden Zusammenhänge illustrieren: In der Ausgangslage verkaufen Nichtbanken Devisen im Wert von vierzig Millionen GE an eine Bank A, die diese an die Zentralbank weiterverkauft. Um den gleichen Betrag erhöht sich dann der Bestand an Zentralbankgeld bei der Bank A, also ihre sog. **Barreserve**. Außerdem steigt die später[40]) noch im einzelnen zu behandelnde **monetäre Basis**, d.h. der Bestand an Zentralbankgeld bei Geschäftsbanken und Nichtbanken, ebenfalls um diesen Betrag.

Bilanz der Bank A (Periode 0)

Barreserve	+ 40 Mio	Sichteinlagen	+ 40 Mio

Zu beachten ist, daß der Zugang an Barreserven in Höhe von vierzig Millionen der Bank A *nicht* in vollem Umfang für zusätzliche Kredite zu Verfügung steht, da Mindestreserven in Höhe von 20v.H. der Sichteinlagen zu halten sind. Der über die Mindestreserve hinausgehende und damit frei verfügbare Bestand an Zentralbankgeld, die sog. **Überschußreserve**, beläuft sich bei der Bank A auf einen Betrag von 32 Millionen, so daß sich für die Bilanzänderungen bei der Bank A in der Ausgangslage unter Berücksichtigung dieser Zusammenhänge folgende kontenmäßige Darstellung ergibt:

Bilanz der Bank A (Periode 0)

Mindestreserve	+ 8 Mio	Sichteinlagen	+ 40 Mio
Überschußreserve	+ 32 Mio		

Der *maximale Kreditbetrag*, den die Bank A im ungünstigsten Fall (d.h. bei Überweisung des gesamten von ihr gewährten Kreditbetrages auf ein Zentralbankkonto der Bank B) zusätzlich vergeben kann, ist durch die Überschußreserve von 32 Millionen bestimmt. Gewährt die Bank in dieser Höhe zusätzliche Kredite (weil sie mit dem ungünstigsten Fall rechnet)[41]), und werden die so entstandenen Sicht-

---

[40]) Eine genaue Begriffsbestimmung erfolgt auf S. 131f.

[41]) In diesem Fall ist der von H.-D. Deppe (Bankbetriebliches Wachstum. Stuttgart 1969. S. 29, Fußnote 82) definierte **interne Verrechnungsfaktor**, d.h. das Verhältnis von Überweisungen an Kunden der eigenen Bank zu den Gesamtüberweisungen gleich Null. – Die Annahme, daß die Geschäftsbanken mit einem internen Verrechnungsfaktor von Null rechnen und deshalb in je-

einlagen in voller Höhe auf die Bank B übertragen, dann ergeben sich in der ersten Periode bei den Banken A und B folgende Bilanzänderungen:

Bilanz der Bank A (Periode 1)

Kredite	+ 32 Mio	Sichteinlagen	+ 32 Mio
Überschußreserve	– 32 Mio	Sichteinlagen	– 32 Mio

Bilanz der Bank B (Periode 1)

Mindestreserve	+ 6,4 Mio	Sichteinlagen	+ 32 Mio
Überschußreserve	+ 25,6 Mio		

Gewährt die Bank B in der zweiten Periode Kredite in Höhe der Überschußreserve und werden die uno actu entstandenen Sichteinlagen auf die Bank A übertragen, dann erhält man für die zweite Periode folgende kontenmäßige Darstellung:

Bilanz der Bank B (Periode 2)

Kredite	+ 25,6 Mio	Sichteinlagen	+ 25,6 Mio
Überschußreserve	– 25,6 Mio	Sichteinlagen	– 25,6 Mio

Bilanz der Bank A (Periode 2)

Mindestreserve	+ 5,12 Mio	Sichteinlagen	+ 25,6 Mio
Überschußreserve	+ 20,48 Mio		

In der dritten Periode ist die Überschußreserve im Bankensystem weiter gesunken, und zwar auf 20,48 Millionen; in dieser Höhe kann die Bank A maximal Kredite gewähren.

---

der Periode Kredite nur in Höhe der Überschußreserve gewähren, ist für die Höhe des *gesamten* Kreditschöpfungspotentials unerheblich. Auch bei anderen internen Verrechnungsfaktoren würden wir das gleiche Ergebnis erhalten.

Die kontenmäßige Darstellung der folgenden Perioden des **multiplen Kredit- und Giralgeldschöpfungsprozesses** wollen wir uns ersparen, da der weitere Verlauf – wie die folgende Zusammenstellung erkennen läßt – durch die Ergebnisse der ersten Perioden bereits deutlich vorgezeichnet ist:

Periode	Δ Kredite	Δ Sichteinlagen (= Δ Giralgeld)	Δ Mindest-reserven
0	–	40	8
1	32	32	6,4
2	25,6	25,6	5,12
3	20,48	20,48	4,096
.	.	.	.
.	.	.	.
.	.	.	.
∞	0	0	0
Spalten-summe	160	200	40

Offenbar folgt die Entwicklung der einzelnen Positionen den Gesetzmäßigkeiten einer *geometrischen Reihe,* so daß sich z.B. für die Gesamtsumme der zusätzlichen *Sichteinlagen* (ΔD), also des zusätzlichen Bestandes an Giralgeld, folgender Ausdruck ergibt:

$$\sum_{t=0}^{\infty} \Delta D_t = 40 + (1 - 0{,}2) \cdot 40 + (1 - 0{,}2)^2 \cdot 40 + \ldots$$

$$= \frac{1}{1 - (1 - 0{,}2)} \cdot 40 = \frac{1}{0{,}2} \cdot 40 = 200.$$

Bezeichnen wir den Mindestreservesatz mit r (wobei $0 < r < 1$) und beachten wir, daß den in der Ausgangslage von der Bank A erworbenen Barreserven in Höhe von vierzig Millionen eine Ausweitung der monetären Basis (B) in gleicher Höhe entspricht, dann läßt sich dieses Ergebnis allgemeiner wie folgt formulieren:

(1) $$\boxed{\Delta D = \frac{1}{r}\Delta B}.$$

Der Zugang an Giralgeld geht dabei in Höhe von vierzig Millionen auf die in der Ausgangslage erfolgte *Monetisierung* von Devisen durch Nichtbanken zurück; die restlichen 160 Millionen sind das Ergebnis eines *multiplen Kreditschöpfungsprozesses,* wie auch die folgende Rechnung für die Summe aller zusätzlich gewährten *Kredite* (ΔK) zeigt:

$$\sum_{t=1}^{\infty} \Delta K_t = \overbrace{(1-0{,}2)\cdot 40}^{32} + (1-0{,}2)\overbrace{(1-0{,}2)\cdot 40}^{32}$$

$$+ (1-0{,}2)^2\overbrace{(1-0{,}2)\cdot 40}^{32} + \ldots$$

$$= \frac{1}{1-(1-0{,}2)}(1-0{,}2)\cdot 40 = 160.$$

Bezeichnen wir die in der Ausgangslage entstandenen Überschußreserven mit $\ddot{U}_0$ (im Beispiel: 32), dann können wir dieses Ergebnis allgemeiner wie folgt formulieren:

(2) $$\boxed{\Delta K = \frac{1}{r}\ddot{U}_0}.$$

In Höhe dieses Betrages ist zusätzliches Giralgeld durch Kreditgewährung entstanden. Da in dem von uns betrachteten Fall zwischen der Überschußreserve in der Ausgangslage $\ddot{U}_0$ (= 32) und der Ausweitung der monetären Basis ΔB (= 40) offenbar die Beziehung

(3) $$\ddot{U}_0 = (1-r)\,\Delta B$$

besteht, kann man an Stelle von (2) auch schreiben:

(4) $$\Delta K = \frac{1-r}{r}\Delta B.$$

Zu beachten ist jedoch, daß der Zusammenhang zwischen $\ddot{U}_0$ und ΔB *nicht* unabhängig von der Entstehungsursache der Überschußreserven ist und die Beziehung (3) deshalb nicht in jedem Fall zutrifft. Würde die Entstehung der Überschußreserven nämlich *nicht* auf Transaktionen von Nichtbanken beruhen, sondern allein auf Initiative der Geschäftsbanken erfolgen, beispielsweise dadurch, daß Geschäftsbanken von erweiterten Verschuldungsmöglichkeiten bei der Zentralbank Gebrauch machen und Kredite bei der Zentralbank aufnehmen, dann erhöht sich uno actu die monetäre Basis und Überschußreserven entstehen genau in Höhe der Ausweitung der monetären Basis ($\dot{U}_0 = \Delta B$)[42]). Dieser Fall ist jedoch durch die dritte der eingangs formulierten Annahmen ausgeschlossen worden. Im übrigen sei auch hervorgehoben, daß der wichtige durch Gleichung (1) ausgedrückte Zusammenhang (ebenso wie Gleichung (2)) in jedem Fall, also unabhängig von der Entstehungsursache der Überschußreserven, gilt[43]). Dieses wird auch deutlich, wenn wir die maximale Geldmenge im folgenden Unterabschnitt bb) aaa) im Rahmen eines allgemeineren Ansatzes bestimmen.

Wie aus der tabellarischen Übersicht schließlich noch hervorgeht, ist mit der Expansion der Sichteinlagen ein Anstieg der *Mindestreserven* verbunden. Die zusätzlichen Mindestreserven (ΔZ) betragen in jeder Periode:

$$\Delta Z_t = r\,\Delta D_t \qquad t = 1, 2, \ldots$$

und insgesamt

$$\sum_{t=0}^{\infty} \Delta Z_t = r \sum_{t=0}^{\infty} \Delta D_t .$$

Wird der für $\Sigma\,\Delta D_t = \Delta D$ in Gleichung (1) angegebene Zusammen-

---

[42]) Für das Kreditschöpfungspotential in Abhängigkeit von der monetären Basis würde sich in diesem Fall anstelle von (4) ergeben:

$$\Delta K = \frac{1}{r}\Delta B.$$

[43]) Entstehen Überschußreserven allein auf Initiative der Geschäftsbanken, z.B. durch Kreditaufnahme bei der Zentralbank, dann entfällt zwar der erwähnte anfängliche Monetisierungseffekt in Höhe von ΔB, dafür können aber in der ersten Kreditgewährungsrunde Kredite in Höhe von ΔB gewährt werden, da die Entstehung der Überschußreserven in diesem Fall nicht mit einer zusätzlichen Mindestreserveverpflichtung verbunden ist.

hang berücksichtigt, dann ergibt sich für die Summe aller zusätzlichen Mindestreserven folgender Ausdruck:

(5) $\Delta Z = r\Delta D = \Delta B.$

Wir finden also folgende Ergebnisse:

1. *Steht am Anfang eines Geld- und Kreditschöpfungsprozesses eine aus der Sicht der Geschäftsbanken exogene Erhöhung der monetären Basis, dann ergibt sich hieraus ein Zugang an Giralgeld, der aus einem anfänglichen Monetisierungseffekt und einem multiplen Kreditschöpfungsprozeß resultiert.*

2. *Der Geldschöpfungsprozeß findet sein Ende, wenn die Überschußguthaben im Bankensystem verbraucht sind. Die mit der Mindestreserveverpflichtung verbundene Bindung von Zentralbankgeld hat dann einen Umfang erreicht, der der Ausweitung der monetären Basis gerade entspricht (Gleichung (5)).*

3. *Offenbar kann das Bankensystem als Ganzes von der Ausgangsperiode bis zum Ausklingen des multiplen Kreditschöpfungsprozesses insgesamt zusätzliches Giralgeld schaffen, das sich in seinem Umfang auf ein Vielfaches (nämlich auf das $\frac{1}{r}$-fache) der in der Ausgangslage eingetretenen Erhöhung der monetären Basis beläuft (Gleichung (1)).*

4. *Insbesondere kann das Bankensystem als Ganzes im Anschluß an die Ausgangsperiode bis zum Ausklingen des Kreditschöpfungsprozesses zusätzliche Kredite gewähren, die sich in ihrem Umfang auf ein Vielfaches (nämlich auf das $\frac{1}{r}$-fache) der mit der Ausweitung der monetären Basis entstandenen Überschußreserve belaufen (Gleichung (2)).*

b) Geschäftsbankensystem bei teilweise bargeldlosem Zahlungsverkehr

Wie aus dem Anhang A1) hervorgeht[44]), gelten die Aussagen über das Kreditschöpfungspotential (und damit auch über das Geldschöp-

[44]) Siehe S. 306f.

fungspotential)[45]) *unabhängig* davon, wieviele Geschäftsbanken existieren, wie sich die in der Ausgangslage vorhandenen Überschußreserven auf die Geschäftsbanken verteilen und welche Werte die internen Verrechnungsfaktoren der Geschäftsbanken besitzen[46]).

aa) *Kontenmäßige Darstellung.* – Wird die Annahme ausschließlich bargeldlosen Zahlungsverkehrs aufgegeben, so ergibt sich für die Ermittlung des Kreditschöpfungspotentials insofern ein neuer Aspekt, als die Kreditnehmer über Teile des gewährten Kredits „in bar" verfügen können. Neben einer Bindung von Zentralbankgeld in Form der Mindestreserve sind also jetzt auch *Barabzüge* der Nichtbanken zu berücksichtigen. Für den Umfang der Barabzüge ist die Annahme maßgeblich, daß die Nichtbanken Bargeld in Höhe eines bestimmten Anteils an der Geldmenge bzw. an den Sichteinlagen zu halten wünschen. Der entsprechende Anteil wird als **Bargeldquote** bezeichnet. Wir beziehen die Bargeldquote zunächst auf die *Geldmenge* (Bargeldvolumen und Sichteinlagen), da die Bestimmung des Kredit- und Geldschöpfungspotentials aus einer geometrischen Reihe dann weniger umständlich wird als mit einer nur auf die Sichteinlagen bezogenen Bargeldquote[47]). Zur Illustration der Ableitungen verwenden wir das Beispiel aus dem letzten Unterabschnitt (S. 109ff.), wobei wir zusätzlich die Annahme einführen, daß sich die *Bargeldquote* auf 0,25 beläuft und die Nichtbanken dementsprechend immer 25 v.H. jeder Giralgelderhöhung bei Geschäftsbanken in Form von Zentralbankgeld (z.B. in Form von Noten) abfordern.

Die Ausgangslage sei durch folgende bereits bekannte Änderungen in der Bilanz der Bank A vorgegeben[48]):

---

[45]) Das Geldschöpfungspotential ergibt sich, wenn die (möglicherweise auf viele Banken verteilte) Zunahme der monetären Basis zum Kreditschöpfungspotential addiert wird.

[46]) Im o.a. Modell befinden sich in der Ausgangslage alle Überschußreserven bei der Bank A, und die internen Verrechnungsfaktoren der beiden Banken sind gleich Null.

[47]) Im folgenden Unterabschnitt bb) aaa) wird das Geldschöpfungspotential auf andere Weise und unter Verwendung der auf *Sichteinlagen* bezogenen Bargeldquote bestimmt.

[48]) Der Zugang an Barreserven und Sichteinlagen ergab sich im Zuge einer Monetisierung von Devisen durch Nichtbanken (siehe S. 109f.).

Bilanz der Bank A (Periode 0)

Barreserve	+ 40 Mio	Sichteinlagen	+ 40 Mio

→ Barabzüge: 10 Mio

Berücksichtigen wir, daß Mindestreserven in Höhe von 20 v.H. der Sichteinlagen zu halten sind und Barabhebungen in Höhe von 25 v.H. des Giralgeldzuwachses erfolgen, dann werden in der Bilanz der Bank A folgende Änderungen ausgewiesen:

Bilanz der Bank A (Periode 0)

Mindestreserve	+ 6 Mio	Sichteinlagen	+ 30 Mio
Überschußreserve	+ 24 Mio		

Gewährt die Bank A in Höhe der Überschußreserve Kredite und verfügen die Kreditnehmer über die zusätzlichen Kredite in der Weise, daß sie 25 v.H. des Gegenwerts in Form von Bargeld abheben und den Rest an Kunden der Bank B überweisen, dann ergeben sich bei den Banken in der nächsten Periode folgende Bilanzänderungen:

Bilanz der Bank A (Periode 1)

Kredite	+ 24 Mio	Sichteinlagen	+ 24 Mio
Überschuß-reserve	– 24 Mio	Sichteinlagen	– 24 Mio

→ Barabzüge: 6 Mio

Bilanz der Bank B (Periode 1)

Mindest-reserve	+ 3,6 Mio	Sichteinlagen	+ 18 Mio
Überschuß-reserve	+ 14,4 Mio		

Die Bank B schöpft ihr zusätzliches Kreditpotential in vollem Umfang aus, wenn sie Kredite in Höhe ihrer Überschußreserve gewährt. In diesem Fall ergeben sich für die Bilanzen der beiden Banken in der zweiten Periode folgende Änderungen:

Bilanz der Bank B (Periode 2)

Kredite	+ 14,4 Mio	Sichteinlagen	+ 14,4 Mio
Überschußreserve	– 14,4 Mio	Sichteinlagen	– 14,4 Mio

Barabzüge: 3,6 Mio

Bilanz der Bank A (Periode 2)

Mindestreserve	+ 2,16 Mio	Sichteinlagen	+ 10,8 Mio
Überschußreserve	+ 8,64 Mio		

In der nächsten Periode kann die Bank A maximal einen Betrag in Höhe von 8,64 Millionen GE an zusätzlichen Krediten zur Verfügung stellen usw. Die Gesetzmäßigkeiten der weiteren Entwicklung werden deutlich, wenn wir dazu folgende Tabelle betrachten:

Periode	Δ Kredite	Δ Bargeldvolumen	Δ Sichteinlagen (= Δ Giralgeld)	Δ Mindestreserve
0	–	10	30	6
1	24	6	18	3,6
2	14,4	3,6	10,8	2,16
3	8,64	2,16	6,48	1,296
.	.	.	.	.
.	.	.	.	.
.	.	.	.	.
∞	0	0	0	0
Spaltensumme	60	25	75	15

Da sich die einzelnen Positionen im Zeitablauf wie eine *geometrische Reihe* entwickeln, läßt sich die Gesamtsumme der zusätzlichen *Sichteinlagen* folgendermaßen bestimmen:

$$\sum_{t=0}^{\infty} \Delta D_t = \overbrace{(1 - 0{,}25) \cdot 40}^{30} + (1 - 0{,}25)(1 - 0{,}2)\overbrace{(1 - 0{,}25) \cdot 40}^{30}$$

$$+ (1 - 0{,}25)^2 (1 - 0{,}2)^2 \overbrace{(1 - 0{,}25) \cdot 40}^{30} + \ldots$$

$$= \frac{1 - 0{,}25}{1 - (1 - 0{,}25)(1 - 0{,}2)} \cdot 40 = 75.$$

Bezeichnen wir die auf die Geldmenge bezogene Bargeldquote mit c (wobei $0 < c < 1$) und – wie bisher – den Mindestreservesatz mit r sowie Änderungen der monetären Basis mit ΔB, dann läßt sich dieses Ergebnis allgemeiner wie folgt darstellen:

$$(6) \qquad \Delta D = \frac{1 - c}{1 - (1 - c)(1 - r)} \Delta B.$$

Wie aus der Tabelle ersichtlich, besteht zwischen der Änderung des *Bargeldvolumens* und den Änderungen der Sichteinlagen über alle Perioden eine unveränderte Relation (im Beispiel von 1 : 3). Dieser Zusammenhang resultiert daraus, daß zwischen Bargeldvolumen (C) und Geldmenge (M) in jeder Periode die Beziehung

$$C_t = c M_t \qquad t = 1, 2, \ldots$$

besteht. Aus dieser Beziehung folgt $\Delta C_t = c \, \Delta M_t$ und wegen $\Delta M_t = \Delta C_t + \Delta D_t$

$$\Delta C_t = c \, (\Delta C_t + \Delta D_t)$$

bzw.

$$\Delta C_t = \frac{c}{1 - c} \Delta D_t$$

bzw.

$$\sum_{t=0}^{\infty} \Delta C_t = \frac{c}{1-c} \sum_{t=0}^{\infty} \Delta D_t.$$

Wenn wir für $\Sigma \Delta D_t$ wieder die Abkürzung ΔD verwenden, ergibt sich unter Berücksichtigung von (6)

$$\sum_{t=0}^{\infty} \Delta C_t = \frac{c}{1-c} \cdot \frac{1-c}{1-(1-c)(1-r)} \Delta B$$

bzw.

(7) $$\Delta C = \frac{c}{1-(1-c)(1-r)} \Delta B \text{ (im Beispiel: } \frac{0{,}25}{0{,}4} \cdot 40 = 25).$$

Der gesamte *Geldmengenzuwachs* ergibt sich als Summe aus der Gesamterhöhung des Bargeldvolumens (ΔC) und der Sichteinlagen (ΔD). Wir addieren deshalb Gleichung (7) und (6) und erhalten:

(8) $$\boxed{\Delta M = \frac{1}{1-(1-c)(1-r)} \Delta B}$$

bzw.

(9a) $$\Delta M = \frac{1}{r + c(1-r)} \Delta B$$

oder

(9b) $$\Delta M = \frac{1}{c + r(1-c)} \Delta B.$$

Der gesamte Geldmengenzuwachs im Betrage von 75 + 25 = 100 Millionen GE geht dabei in Höhe von vierzig Millionen (also in Höhe der Ausweitung der monetären Basis) auf die in der Ausgangslage erfolgte *Monetisierung* von Devisen durch Nichtbanken zurück; die restlichen sechzig Millionen sind wieder das Ergebnis eines *multiplen Kreditschöpfungsprozesses,* wie auch die folgende Rechnung für die Summe aller gewährten *Kredite* zeigt:

$$\sum_{t=1}^{\infty} \Delta K_t = \overbrace{(1-0{,}25)\,(1-0{,}2)\cdot 40}^{24}$$

$$+ (1-0{,}25)\,(1-0{,}2)\,\overbrace{(1-0{,}25)\,(1-0{,}2)\cdot 40}^{24}$$

$$+ (1-0{,}25)^2\,(1-0{,}2)^2\,\overbrace{(1-0{,}25)\,(1-0{,}2)\cdot 40}^{24}$$

$$+ \ldots$$

$$= \frac{1}{1-(1-0{,}25)\,(1-0{,}2)} \cdot \overbrace{(1-0{,}25)\,(1-0{,}2)\cdot 40}^{24}$$

$$= 60.$$

Bezeichnen wir die in der Ausgangslage entstandene Überschußreserve wieder mit $\dot{U}_0$ (im Beispiel: 24), dann können wir dieses Ergebnis allgemeiner wie folgt formulieren:

$$\boxed{\Delta K = \frac{1}{1-(1-c)\,(1-r)}\,\dot{U}_0} \qquad (10)$$

Da in diesem Fall zwischen der Überschußreserve in der Ausgangslage $\dot{U}_0$ (= 24) und der Ausweitung der monetären Basis ΔB (= 40) offenbar die Beziehung

$$\dot{U}_0 = (1-c)\,(1-r)\,\Delta B \qquad (11)$$

gilt[49]), kann man an Stelle von (10) auch schreiben:

$$\Delta K = \frac{(1-c)\,(1-r)}{1-(1-c)\,(1-r)}\,\Delta B. \qquad (12)$$

Wie aus der tabellarischen Übersicht weiter hervorgeht, ist mit der Expansion der Sichteinlagen ein Anstieg der *Mindestreserven* verbunden. Die zusätzlichen Mindestreserven betragen in jeder Periode

---

[49]) Man beachte jedoch in diesem Zusammenhang die auch hier relevanten Ausführungen zu Gleichung (3) und (4) auf S. 113f.

$$\Delta Z_t = r\,\Delta D_t \qquad t = 1, 2, \ldots$$

und insgesamt

$$\sum_{t=0}^{\infty} \Delta Z_t = r \sum_{t=0}^{\infty} \Delta D_t .$$

Berücksichtigen wir den für $\Sigma \Delta D_t = \Delta D$ in Gleichung (6) angegebenen Zusammenhang, dann ergibt sich für die Summe aller zusätzlichen Mindestreserven schließlich der Ausdruck

$$\Delta Z = \frac{r\,(1 - c)}{1 - (1 - c)\,(1 - r)}\,\Delta B.$$

Fassen wir den Gesamtzuwachs an Mindestreserven und die Gesamterhöhung des Bargeldvolumens zusammen, dann zeigt sich, daß folgender Zusammenhang besteht:

(13) $\Delta Z + \Delta C = \Delta B$;

denn

$$\frac{r\,(1 - c)}{1 - (1 - c)\,(1 - r)} + \frac{c}{1 - (1 - c)\,(1 - r)} = 1.$$

Wir finden also bei *teilweise bargeldlosem* Zahlungsverkehr folgende Ergebnisse:

1. *Steht am Anfang eines Geld- und Kreditschöpfungsprozesses eine aus der Sicht der Geschäftsbanken exogene Erhöhung der monetären Basis, dann ergibt sich hieraus eine Geldmengenerhöhung, die aus einem anfänglichen Monetisierungseffekt und einem multiplen Kreditschöpfungsprozeß resultiert.*

2. *Der Geldschöpfungsprozeß findet sein Ende, wenn die Überschußguthaben im Bankensystem verbraucht sind. Die mit der Mindestreserveverpflichtung verbundene Bindung von Zentralbankgeld und die Barabzüge haben dann insgesamt einen Umfang erreicht, der der Ausweitung der monetären Basis gerade entspricht (Gleichung (13)).*

3. *Offenbar kann das Bankensystem als Ganzes von der Ausgangsperiode bis zum Ausklingen des multiplen Kreditschöpfungspro-*

zesses zusätzliches Geld in einem Ausmaß schaffen, das sich auf ein Vielfaches (nämlich auf das $\frac{1}{1-(1-c)(1-r)}$ *fache) der in der Ausgangslage eingetretenen Erhöhung der monetären Basis beläuft (Gleichung (8)).*

4. *Insbesondere kann das Bankensystem als Ganzes im Anschluß an die Ausgangsperiode bis zum Ausklingen des multiplen Kreditschöpfungsprozesses zusätzliche Kredite gewähren, die sich in ihrem Umfang auf ein Vielfaches (nämlich auf das* $\frac{1}{1-(1-c)(1-r)}$ *fache) der mit der Ausweitung der monetären Basis entstandenen Überschußreserve belaufen (Gleichung (10)).*
5. *Das Geldschöpfungspotential ist bei gegebener Erhöhung der monetären Basis um so größer, je kleiner die Bargeldquote und der Mindestreservesatz sind (siehe Gleichung (9a) und (9b)).*

bb) Algebraische Darstellung. – aaa) Das *Geldschöpfungspotential* läßt sich in einer weniger aufwendigen Weise herleiten, wenn wir ein einfaches algebraisches Gleichgewichtsmodell benutzen und auf eine Beschreibung der Anpassungsvorgänge in den einzelnen Perioden verzichten. Darüber hinaus bietet der Modellansatz die Möglichkeit, die monetäre Basis *als absolute Größe* (und nicht als Änderungsbetrag) mit der *maximal möglichen Geldmenge* zu verknüpfen. Ausgangspunkt der Analyse ist die Überlegung, daß der Geldschöpfungsprozeß abgeschlossen und damit ein Gleichgewichtszustand erreicht ist, wenn im Bankensystem kein Zentralbankgeld mehr in Form von Überschußreserven vorhanden ist. In diesem Fall besteht die monetäre Basis (B) ausschließlich aus den Mindestreserven (Z) und dem Bargeldumlauf (C). Die Ausgangsgleichung lautet deshalb:

(14) $B = Z + C.$

Die weiteren Gleichungen des Modells sind:

(15) $M = C + D$

(Die Geldmenge besteht aus dem Bargeldvolumen und dem Bestand an Sichteinlagen),

(16) $Z = rD$ $\qquad 0 < r < 1$

(Die Geschäftsbanken sind verpflichtet, Mindestreserven in Höhe eines bestimmten Anteils ihrer Sichteinlagen zu halten),

(17) $C = cM$ $\qquad 0 < c < 1$

(Nichtbanken halten einen bestimmten Anteil der Geldmenge in Form von Bargeld).

Wird (17) in (15) eingesetzt und nach D aufgelöst, erhält man:

(18) $D = (1 - c) M.$

Werden (16) – unter Berücksichtigung von (18) – sowie (17) in (14) eingesetzt, dann ergibt sich:

$$B = r(1 - c) M + cM \text{ bzw.}$$

(19) $M = \dfrac{1}{c + r(1 - c)} B$

bzw.

(20) $\boxed{M = \dfrac{1}{1 - (1 - c)(1 - r)} B.}$

Gleichung (20) gibt an, wie groß die *Geldmenge maximal* sein kann[50]), wenn sich für die monetäre Basis ein Betrag in Höhe von B ergibt. Werden nun Änderungen von B betrachtet, z.B. eine Erhöhung, dann ergibt sich die in Gleichung (8) angegebene Bestimmungsgleichung für das Geldschöpfungspotential.

Für die Bestimmung der *maximalen Kreditmenge* benötigen wir zusätzlich den sich aus der Bilanz der Geschäftsbanken ergebenden Zusammenhang, daß die Summe der Aktiva, d.h. bei Überschußreserven von Null: die Summe aus Mindestreserven ($Z = rD$) und Kre-

---

[50]) Vgl. zur maximal möglichen Geldmenge auch O. Issing, Einführung in die Geldtheorie. Heidelberg 1974. S. 40. – Inwieweit die maximal mögliche Geldmenge von der tatsächlich realisierten Geldmenge abweicht, ist ein Problem des Abschnitts III.3.

diten (K), den gesamten Passiva, d.h. in unserem Fall: den Sichteinlagen (D), entsprechen muß. Folglich ist:

$rD + K = D$[51])

bzw.

(21) $K = D(1 - r)$.

Wird (18) in (21) eingesetzt, dann ergibt sich:

$$K = (1 - c)(1 - r)M.$$

Wird (20) in diese Gleichung eingesetzt, dann erhält man schließlich:

$$K = \frac{(1 - c)(1 - r)}{1 - (1 - c)(1 - r)} B.$$

Wird die *Bargeldquote* nicht auf die Geldmenge, sondern auf den Bestand an *Sichteinlagen* bezogen, dann tritt an die Stelle von Beziehung (17) die Beziehung

(17a) $C = kD \qquad k > 0.$

Wird (17a) in (15) eingesetzt, dann erhält man für D

(18a) $D = \frac{1}{1 + k} M$[52]).

Werden (16) und (17a) in (14) eingesetzt und wird dabei (18a) berücksichtigt, dann erhält man:

$$B = \frac{r}{1 + k} M + \frac{k}{1 + k} M \text{ bzw.}$$

---

[51]) Zu beachten ist, daß die aus der Bilanz der Geschäftsbanken abgeleitete Beziehung in der oben angegebenen Form nur gilt, wenn die Geschäftsbanken – unseren Annahmen entsprechend – nicht die Möglichkeit besitzen, sich Zentralbankgeld allein auf eigene Initiative zu beschaffen (z.B. im Wege der Verschuldung).

[52]) Wie die Gleichungen (18) und (18a) unmittelbar erkennen lassen, besteht zwischen c und k die Beziehung: $1 - c = \frac{1}{1 + k}$. Folglich ist $c = \frac{k}{1 + k}$.

(22) $$\boxed{M = \frac{1+k}{r+k}B}.$$

Erfährt B eine Änderung, dann ergibt sich als Geldschöpfungspotential

(23) $$\Delta M = \frac{1+k}{r+k}\Delta B.$$

Der Multiplikator von ΔB ist um so größer, je kleiner k ist, und umgekehrt[53]).

Die maximale Kreditmenge (und damit auch das Kreditschöpfungspotential) wird bestimmt, indem (18a) ind (21) eingesetzt wird. Man erhält:

$$K = \frac{1-r}{1+k}M.$$

Wird Gleichung (22) in diese Gleichung eingesetzt, dann ergibt sich:

(24) $$K = \frac{1-r}{r+k}B.$$

bbb) Unsere Überlegungen zum Geldschöpfungspotential bedürfen noch insofern einer Ergänzung, als bisher nur die auf Grund einer *Ausweitung* der monetären Basis maximal mögliche Geldschöpfung dargestellt worden ist. Wir wollen deshalb noch kurz auf die Frage eingehen, wie sich das Geldschöpfungspotential verändert, wenn die monetäre Basis *sinkt.* Zur Illustration sei angenommen, daß Nichtbanken Devisen im Werte von vierzig Millionen GE bei einer Bank A kaufen und diese in Höhe von zehn Millionen GE mit Bargeld und in Höhe von dreißig Millionen mit Giralgeld (Sichteinlagen) bezahlen. Die *Geldmenge sinkt* dementsprechend. Die erforderlichen Devisen beschafft sich die Bank A bei der Zentralbank und verliert in gleicher Höhe Barreserven. Die Bilanz der Bank A zeigt dann folgende Änderungen:

---

[53]) Der Multiplikator, differenziert nach k, ergibt $\frac{(r+k)-(1+k)}{(r+k)^2} < 0$.

Bilanz der Bank A (Periode 0)

Barreserve	– 40 Mio	Sichteinlagen	– 30 Mio
Barreserve	+ 10 Mio		

Da mit der Senkung der Sichteinlagen bei einem Mindestreservesatz von – sagen wir – 20 v.H. eine Mindestreserveersparnis von sechs Millionen GE verbunden ist, hat die Bank A letztlich Zentralbankgeld in Höhe von 30 – 6 = 24 Millionen GE aufzubringen. Ist das Kreditschöpfungspotential voll ausgenutzt und deshalb keine Überschußreserve verfügbar, dann muß die Bank A ihre *Kreditmenge einschränken,* um in den Besitz von Zentralbankgeld zu gelangen. Die Einschränkung der Kreditgewährung, die eine *weitere* Reduktion der Geldmenge bedeutet, führt dabei in folgender Weise zu einer Erhöhung von Barreserven: Zum einen werden die Nichtbanken die Kredite entsprechend ihrer Bargeldquote teilweise in bar tilgen, zum anderen bedeutet der Rückgang der Kreditmenge, daß die Sichteinlagen abnehmen und demzufolge weiteres durch die Mindestreserveverpflichtung gebundenes Zentralbankgeld frei wird.

In dem hier betrachteten Fall kommt es also letztlich aus zwei Gründen zu einem Rückgang der Geldmenge: *erstens,* weil Nichtbanken Aktiva (hier Devisen) bei Geschäftsbanken kaufen und mit Bar- und Giralgeld bezahlen und *zweitens,* weil die Kreditgewährung eingeschränkt wird. Der sich hieraus insgesamt ergebende Rückgang der Geldmenge, d.h. die Einschränkung des Geldschöpfungspotentials, ist aus Gleichung (20) bzw. (22) ersichtlich, wenn eine negative Änderung von B betrachtet wird. Offenbar wird die Geldschöpfung in einem Ausmaß eingeschränkt, das sich auf ein *Vielfaches* (nämlich auf das $\frac{1}{1-(1-c)(1-r)}$ fache bzw. $\frac{1+k}{r+k}$fache) der Senkung der monetären Basis beläuft.

Zusammenfassung:

1. Der Bestand an Zentralbankgeld bei den Geschäftsbanken wird als Barreserve bezeichnet. Die Überschußreserve ist der über die

Mindestreserven hinausgehende Teil der Barreserve und damit die frei verfügbare Barreserve.

2. Gelangen die Geschäftsbanken im Zuge der Ausweitung der monetären Basis in den Besitz einer Überschußreserve, dann kann die Kreditgewährung in einem Ausmaß ausgedehnt werden, das sich auf ein Vielfaches (nämlich auf das $\frac{1}{1-(1-c)(1-r)}$ fache bzw. $\frac{1+k}{r+k}$ fache) der ursprünglich vorhandenen Überschußreserve beläuft.

3. Erfolgt eine Erhöhung der monetären Basis, dann kann die Geldmenge insgesamt in einem Ausmaß steigen, das sich auf ein Vielfaches (nämlich auf das $\frac{1}{1-(1-c)(1-r)}$ fache bzw. $\frac{1+k}{r+k}$ fache) der Ausweitung der monetären Basis beläuft. Erfolgt eine Senkung, dann sinkt die Geldmenge um das oben genannte Vielfache der monetären Basis.

3. Die Analyse des monetären Bereichs bei endogen bestimmter Geldmenge

– Geldangebot und Geldnachfrage –

In diesem Abschnitt wird die vereinfachende Vorstellung, daß die Geschäftsbanken das Geld- und Kreditschöpfungspotential stets in voller Höhe ausnutzen, aufgegeben. Stattdessen wird jetzt angenommen, daß die Geschäftsbanken unter Beachtung von Rentabilitätsgesichtspunkten einen (variablen) Teil ihrer verfügbaren Barreserven für die Kreditgewährung an Nichtbanken und den restlichen Teil für den Erwerb anderer verzinslicher Anlagen verwenden. Auch wird die Möglichkeit berücksichtigt, daß sich die Geschäftsbanken bei der Zentralbank zu einem vorgegebenen Zinssatz verschulden können und sich eine derartige Refinanzierung für sie u.U. als lohnend erweist.

Das *Kreditangebot* wird damit aus einer rentabilitätsorientierten Verhaltensweise der Geschäftsbanken abgeleitet und auf diese Weise *von verschiedenen Zinssätzen abhängig.* Da mit jeder Kreditgewährung Geld zur Verfügung gestellt wird, impliziert jedes Kreditangebot auch ein entsprechendes *Geldangebot.* Mit der Ableitung des Kreditangebots werden also Vorarbeiten zur Bestimmung des Geldangebots geleistet.

Die Ermittlung der im Gleichgewicht ***realisierten*** Geldmenge rückt in diesem Abschnitt in den Mittelpunkt der Analyse; hierfür ist neben dem Geldangebot auch die Geldnachfrage oder Liquiditätspräferenz zu berücksichtigen. **Geldangebot** und **Geldnachfrage** bilden somit die Schlüsselgrößen für eine Analyse, die wichtige Einflußfaktoren für *die Entwicklung von Geldmenge sowie Zinsniveau und Kreditmenge* aufdecken soll und die insofern auch Ansatzpunkte für die Beeinflussung dieser Größen (und damit für die Zentralbankpolitik) offenlegt.

Ausgangspunkt der Analyse sind die Bilanzgleichungen für die Zentralbank und das Geschäftsbankensystem, aus denen dann nach gewissen Vereinfachungen durch Einführung von Verhaltensgleichungen, institutionell bestimmten Beziehungen und Gleichgewichtsbedingungen ein Gleichgewichtsmodell für den monetären Bereich entwickelt wird[54]).

a) Bilanzgleichungen und analytische Konzepte

aa) Zentralbankbilanz und monetäre Basis. – aaa) Die für unsere Analyse benötigten Bilanzgleichungen ergeben sich aus den Bilanzen der Zentralbank und des Geschäftsbankensystems. Betrachten wir zunächst die *Bilanz der Zentralbank,* so wie sie – wenn auch erheblich stärker differenziert – regelmäßig von der Deutschen Bundesbank in ihren Geschäfts- und Monatsberichten veröffentlicht wird:

[54]) Vgl. hierzu H.-J. Jarchow, P. Rühmann und G. Engel, Geldmenge, Zinssatz, Bankenverhalten und Zentralbankpolitik. „Weltwirtschaftliches Archiv", Bd. 105 (1970 II), S. 305ff.

1. Zentralbankbilanz[55])

Aktiva	Passiva
11. Nettoauslandsforderungen (einschl. Goldbestand)	15. Banknotenumlauf
12. Kredite an Geschäftsbanken 121. Rediskontierte Wechsel 122. Lombardkredite	16. Einlagen der Geschäftsbanken
13. Kredite an den öffentlichen Sektor (Ausgleichsforderungen, Kredite in Form von Staatsobligationen und Geldmarktpapieren sowie Buchkredite)	17. Einlagen des öffentlichen Sektors
14. Realvermögen	18. Verbindlichkeiten aus abgegebenen Mobilisierungs- und Liquiditätspapieren
	19. Reinvermögen

Die Bilanz der Zentralbank ist Spiegelbild ihrer speziellen Funktionen innerhalb der Volkswirtschaft: Die Position 11. enthält im wesentlichen die *(Netto-)Währungsreserven,* die insbesondere durch Devisenmarktinterventionen der Zentralbank verändert werden[56]). Sie bestehen aus dem Goldbestand, der Reserveposition im Internationalen Währungsfonds (Ziehungsrechte in der Reservetranche [57] und Kredite an den Fonds auf Grund besonderer Vereinbarungen) und den Sonderziehungsrechten[57]), Forderungen an den Europäischen Fonds für währungspolitische Zusammenarbeit im Rahmen des Europäischen Währungssystems[58]), dem Bestand an Devisen und Sorten[59]) abzüglich der Verbindlichkeiten aus dem Auslandsge-

[55]) Von Münzbeständen der Zentralbank und Einlagen privater Nichtbanken bei der Zentralbank wird abgesehen.

[56]) Vgl. hierzu Band II (Geldmarkt, Bundesbank und geldpolitisches Instrumentarium. 4., neubearb. Aufl. Göttingen 1983. Abschnitt II. 4b).

[57]) Ziehungsrechte in der Reservetranche sowie Sonderziehungsrechte bieten den Währungsbehörden eines Landes die Möglichkeit, Devisen beim Internationalen Währungsfonds (im Fall von Sonderziehungsrechten auch bei anderen Ländern) gegen Hergabe der heimischen Währung zu erlangen. Einzelheiten hierzu siehe D. Dickertmann, A. Siedenberg, Instrumentarium der Geldpolitik. 4., neubearb. u. erw. Aufl. Düsseldorf 1984. S. 208ff.

[58]) Siehe hierzu Band II, Unterabschnitt II. 4b) cc).

[59]) Bei den Devisen handelt es sich um Guthaben bei ausländischen Banken und Anlagen auf ausländischen Geldmärkten, bei den Sorten um ausländische

schäft. Die Position 12. läßt erkennen, daß die Zentralbank von den Geschäftsbanken als Refinanzierungsquelle in Anspruch genommen werden kann; die Refinanzierung erfolgt dabei im wesentlichen in der Weise, daß Wechsel im Rahmen eines bestimmten Kontingents an die Zentralbank zum *Rediskont* weitergereicht werden oder daß Wertpapiere von der Zentralbank beliehen werden (*Lombardkredit*). Aus den Positionen 13. und 17. geht hervor, daß die Zentralbank den öffentlichen Sektor bei der Finanzierung seiner Ausgaben unterstützt und an seiner Kassenhaltung beteiligt ist[60]). Die Position 15. ist ein besonderes Merkmal der Zentralbankbilanz; sie weist auf das Notenmonopol hin und macht deutlich, daß *Noten* Forderungen an das Zentralbanksystem darstellen. Die Position 16. rührt bis auf die im allgemeinen geringfügigen *Überschußguthaben* (Überschußreserven) daher, daß die Geschäftsbanken verpflichtet sind, obligatorische Einlagen (*Mindestreserven*) bei der Zentralbank zu halten. Die Position 18. resultiert daraus, daß die Bundesbank die Möglichkeit hat, Schatzwechsel und unverzinsliche Schatzanweisungen, also Geldmarktpapiere, im Rahmen geldpolitischer Maßnahmen auf dem offenen Markt auf eigene Rechnung zu begeben[61]). Die Positionen 14. und 19. sind schließlich Bestandteile nahezu jeder Bilanz und für unsere Überlegungen weniger interessant; erstere bezeichnet Gebäude und die Geschäftsausstattung, letztere ist ein Ausgleichsposten und enthält das Eigenkapital einschließlich des vorgetragenen Gewinns (bzw. Verlusts).

bbb) Aus der Zentralbankbilanz läßt sich das in der neueren geldtheoretischen Literatur häufiger anzutreffende Konzept der **monetären Basis** (Geldbasis) ermitteln. Dieses Konzept umfaßt den Bestand an Zentralbankgeld bei Geschäftsbanken und Nichtbanken (ein-

---

Noten und Münzen. **Geldmarktanlagen** bestehen aus kurzfristigen Krediten an andere Geschäftsbanken (Geldmarktkredite) oder aus Geldmarktpapieren (das sind i.d.R. kurzfristige Staatstitel wie z.B. Schatzwechsel).

[60]) Zu den *Ausgleichsforderungen* siehe Band II, Unterabschnitt III. 4b) bb). – Bei den Geldmarktpapieren unter 13. handelt es sich um sog. *Finanzierungspapiere*, die auf Rechnung des öffentlichen Sektors zur Deckung seines Kreditbedarfs von der Zentralbank begeben werden.

[61]) Zu den *Mobilisierungs-* und *Liquiditätspapieren* siehe Band II, Unterabschnitt III. 4b) bb).

schließlich Münzumlauf, aber ohne Zentralbankeinlagen des öffentlichen Sektors). Geht man bei der Berechnung der monetären Basis von den *Passiva* der Zentralbankbilanz aus, dann erhält man die

Monetäre Basis von der Verwendungsseite

= Banknotenumlauf (15.) zuzüglich Münzumlauf

\+ Einlagen der Geschäftsbanken bei der Zentralbank (16.)[62]).

Die Summe der Positionen 15. und 16., ergänzt um den Münzumlauf, läßt sich auch als Summe aller *Aktiva*, ergänzt um den Münzumlauf, abzüglich der Positionen 17., 18. und 19. ermitteln. Man erhält dann die

Monetäre Basis von der Entstehungsseite

= Nettoauslandsforderungen (einschl. Goldbestand) der Zentralbank (11.)

\+ Rediskontierte Wechsel und Lombardkredite (12.)

\+ Zentralbankkredite an den öffentlichen Sektor (Ausgleichsforderungen, Kredite in Form von Staatsobligationen und Geldmarktpapieren sowie Buchkredite) (13.)

– Einlagen des öffentlichen Sektors (17.)

– Verbindlichkeiten aus abgegebenen Mobilisierungs- und Liquiditätspapieren (18.)

\+ Realvermögen ./. Reinvermögen der Zentralbank (14. ./. 19.)

\+ Münzumlauf.

Die Bedeutung der monetären Basis als *analytisches Konzept* resultiert daraus, daß sie als sog. *Indikator* und (oder) als sog. *Zwischenziel* Verwendung findet. Im Rahmen der Geldpolitik ist unter einem **Indikator** eine Variable des monetären Bereichs zu verstehen, die geeignet erscheint, in Form komparativer Feststellungen anzugeben, wie geldpolitische Maßnahmen der unmittelbar zurückliegenden Vergangenheit (oder umfassender: Impulse aus dem monetären Bereich,

---

62) Sollen Einlagen *privater* Nichtbanken auf Girokonten der Zentralbank *nicht* vernachlässigt werden, dann sind diese zu den angeführten Positionen hinzuzuzählen.

ausgelöst in der unmittelbar zurückliegenden Vergangenheit) auf die zukünftige Entwicklung der wirtschaftspolitischen Zielvariablen (wie Volkseinkommen, Beschäftigung und Preisniveau) einwirken. Eine Indikatorvariable hat also eine *Prognosefunktion.* Veränderungen ihres Werts signalisieren beispielsweise, ob von den geldpolitischen Maßnahmen der unmittelbar zurückliegenden Vergangenheit eine expansive oder eine kontraktive Wirkung auf die zukünftige Entwicklung der wirtschaftspolitischen Zielvariablen ausgeht. Unter einem **Zwischenziel** (target) der Geldpolitik ist eine Variable des monetären Bereichs zu verstehen, die den Trägern der Geldpolitik bei Verfolgung eines bestimmten geldpolitischen Kurses als Leitlinie (Steuergröße) für ihre laufenden geldpolitischen Aktionen dient. Eine Zwischenzielvariable hat also eine *Lenkungsfunktion.*

Eine ausführliche Behandlung erfährt das Indikator- und Zwischenzielproblem in Band II (Abschnitt IV. 2).

bb) Geschäftsbankenbilanz und bereinigte Basis. – aaa) Betrachten wir als nächstes die zusammengefaßte *Bilanz des Geschäftsbankensystems:*

2. Geschäftsbankenbilanz

Aktiva	Passiva
21. Münzen und Noten sowie Einlagen bei der Zentralbank	26. Verbindlichkeiten gegenüber der Zentralbank
22. Inländische Geldmarktpapiere	261. Rediskontierte Wechsel
23. Nettoauslandsforderungen	262. Lombardverbindlichkeiten
24. Kredite an inländische Nichtbanken (ohne Geldmarktpapiere)	27. Verbindlichkeiten gegenüber Nichtbanken
25. Realvermögen	271. Sichteinlagen
	272. Andere Verbindlichkeiten
	28. Reinvermögen

Einer ergänzenden Erläuterung bedürfen nur die Positionen 22., 24. und 27.: Die Position 22. enthält Geldmarktpapiere in Form der bereits erwähnten Mobilisierungs- und Liquiditätspapiere sowie die Finanzierungspapiere, die auf der Aktivseite der Zentralbankbilanz unter 13. ausgewiesen werden. Die Position 24. resultiert aus dem *Kreditgeschäft mit Nichtbanken;* sie enthält zum überwiegenden Teil Buchkredite und Darlehen, zu einem geringeren Teil auch Wechseldiskontkredite oder Forderungen in Form von marktfähigen Obligationen. Die Position 27. enthält die Verbindlichkeiten der Geschäftsbanken gegenüber Nichtbanken. Diese fungieren als Zahlungsmittel (Position 271.) oder dienen den Nichtbanken als Vermögensanlage; sie bestehen vor allem aus Einlagen (Sichteinlagen, Termineinlagen mit bestimmten Laufzeiten oder Kündigungsfristen und Spareinlagen mit gesetzlicher oder vereinbarter Kündigungsfrist), zu einem geringeren Teil auch aus verbrieften Schuldtiteln (insbesondere Bankschuldverschreibungen).

bbb) Wie aus der Ermittlung der *monetären Basis* von der Entstehungsseite und der Geschäftsbankenbilanz ersichtlich, haben die Geschäftsbanken die Möglichkeit, mit einigen Transaktionen unmittelbar auf den Umfang der monetären Basis Einfluß zu nehmen. So können sich die Geschäftsbanken durch Rediskontierung von Wechseln oder Aufnahme von Lombardkrediten Zentralbankgeld beschaffen, wodurch sich die monetäre Basis erhöht. Umgekehrt ergibt sich eine Senkung der monetären Basis, wenn die Geschäftsbanken bei der Zentralbank Geldmarktpapiere, z.B. Mobilisierungs- und Liquiditätspapiere, erwerben und mit Zentralbankgeld bezahlen. Wird der Einfluß derartiger Transaktionen bei der Ermittlung der monetären Basis *ausgeschaltet*, dann erhält man ein Basiskonzept, das bei der sich anschließenden theoretischen Analyse als exogener Einflußfaktor eine wichtige Rolle spielen wird. Seine Abgrenzung erfolgt durch Korrektur bzw. Bereinigung der monetären Basis. Die Art der *Bereinigung* wird einsichtig, wenn wir uns folgende Zusammenhänge vor Augen halten: Die monetäre Basis wäre *größer*, wenn die Geschäftsbanken keine inländischen Geldmarktpapiere bei der Zentralbank gekauft hätten. Umgekehrt wäre die monetäre Basis *kleiner*, wenn die Geschäftsbanken keine Wechsel bei der Zentralbank rediskontiert oder keine Lombardkredite aufgenommen hätten. Hieraus ergibt sich, daß man die monetäre Basis von den Einflüssen der genannten Art *bereinigen* kann, wenn man sie wie folgt korrigiert:

Monetäre Basis

\+ Bestand an (inländischen) Geldmarktpapieren bei den Geschäftsbanken
– Rediskontierte Wechsel
– Lombardkredite

= Monetäre Basis nach Bereinigung

Als Ergebnis erhalten wir ein weiteres analytisches Konzept, nämlich die **bereinigte** bzw. *korrigierte* (monetäre) **Basis**.

Die konkreten Bestimmungsgründe der bereinigten Basis werden deutlich, wenn die monetäre Basis (von der Entstehungsseite her gesehen) in ihre Komponenten aufgespalten wird. Dann ist die

Bereinigte Basis

= Nettoauslandsforderungen der Zentralbank + Rediskontierte Wechsel und Lombardkredite + Zentralbankkredite an den öffentlichen Sektor (Ausgleichsforderungen, Kredite in Form von Staatsobligationen und Geldmarktpapieren sowie Buchkredite) – Einlagen des öffentlichen Sektors – Verbindlichkeiten aus abgegebenen Mobilisierungs- und Liquiditätspapieren + Realvermögen minus Reinvermögen der Zentralbank + Münzumlauf	} monetäre Basis

– Rediskontierte Wechsel und Lombardkredite
\+ Bestand an Geldmarktpapieren bei den Geschäftsbanken
(Mobilisierungs- und Liquiditätspapiere sowie auf Rechnung des öffentlichen Sektors von der Zentralbank begebene Geldmarktpapiere)

oder bei entsprechender Zusammenfassung:

Bereinigte Basis

= Nettoauslandsforderungen der Zentralbank
+ Nettoverschuldung des öffentlichen Sektors bei der Zentralbank (Zentralbankkredite an den öffentlichen Sektor abzüglich der Einlagen des öffentlichen Sektors bei der Zentralbank)
+ Geldmarktverschuldung des öffentlichen Sektors bei den Geschäftsbanken
– Umlauf an Mobilisierungs- und Liquiditätspapieren bei Nichtbanken[63])
+ Realvermögen minus Reinvermögen der Zentralbank
+ Münzumlauf.

Die angeführten Komponenten der bereinigten Basis lassen erkennen, daß diese Größe – anders als die monetäre Basis – durch Vorgänge bestimmt wird, die sich in ihrer Gesamtwirkung dem Einflußbereich der Geschäftsbanken weitgehend entziehen und insofern überwiegend *exogen* bedingt erscheinen[64]). Wohl können die Geschäftsbanken einzelne Komponenten der Summe verändern, z.B. ihren Bestand an Geldmarktpapieren. Wenn die Geschäftsbanken jedoch ihren Bestand an Geldmarktpapieren durch Transaktionen mit der Zentralbank verändern, dann verändert sich im gleichen Zuge und in gleicher Höhe entweder auch der Bestand an Geldmarktpapieren bei der Zentralbank in der entgegengesetzten Richtung oder die Verbindlichkeiten der Zentralbank aus abgegebenen Mobilisierungs- und Liquiditätspapieren in der gleichen Richtung.

---

[63]) Diese Position ergibt sich dadurch, daß die von den Geschäftsbanken gehaltenen Mobilisierungs- und Liquiditätspapiere gegen die gesamten Verbindlichkeiten der Zentralbank aus abgegebenen Mobilisierungs- und Liquiditätspapieren aufgerechnet werden.

[64]) Die bereinigte bzw. korrigierte Basis wird deshalb auch als *exogene Basis* bezeichnet (Vgl. D. Kath, Geld- und Kredit. In Vahlens Kompendium der Wirtschaftstheorie und Wirtschaftspolitik. Band 1. 2., überarb. u. erw. Aufl. München 1984. S. 197).

Wie die ausführliche Bestimmungsgleichung für die bereinigte Basis auf S. 135 zeigt, erfolgt also in Hinblick auf die bereinigte Basis in jedem Fall eine Kompensation.

cc) Mindestreserven und erweiterte Basis. – Hinter der Abgrenzung eines Geldbasiskonzepts in Form der sog. *erweiterten* (monetären) Basis steht die Absicht, die von der Zentralbank vorgenommenen Änderungen des Mindestreservesatzes in einer Basisgröße sichtbar zu machen. Zu diesem Zweck werden die Mindestreserven so aufgespalten, daß der Einfluß von Änderungen der gesamten mindestreservepflichtigen Einlagen und von Änderungen des Mindestreservesatzes getrennt erfaßt wird[65]). Die zweite Komponente umfaßt dabei genauer die von einem bestimmten Zeitpunkt ($t = 1$) bis zum gegenwärtigen Zeitpunkt ($t = n$) kumulierten Beträge aus durch Mindestreservesatzänderungen gebundenen und frei gewordenen Zentralbankguthaben. Sie läßt sich formal durch folgenden Summenausdruck beschreiben:

$$\sum_{t=1}^{n} (r_t - r_{t-1})\, E_{t-1},$$

wobei mit E der Gesamtbestand an mindestreservepflichtigen Einlagen bezeichnet wird.

Um den *negativen* Wert der angegebenen Summe wird die monetäre Basis erweitert und so das Konzept der *erweiterten Basis* (B_e) abgegrenzt, d.h.

$$B^e = B + [-\sum_{t=1}^{n} (r_t - r_{t-1})\, E_{t-1}].$$

Die **erweiterte (monetäre) Basis** ergibt sich demnach als Summe aus der monetären Basis und den von einem bestimmten Zeitpunkt an kumulierten Beträgen der durch Mindestreservesatzänderungen frei gewordenen und gebundenen Zentralbankguthaben. Man erkennt, daß die erweiterte Basis bei einer Erhöhung des Mindestreservesatzes

---

[65]) Vgl. hierzu im einzelnen die Darstellung im Anhang A4) in Band **II**, in der auch für verschiedene Einlagearten unterschiedliche Mindestreservesätze berücksichtigt werden.

($r_t > r_{t-1}$) kleiner und bei einer Senkung des Mindestreservesatzes ($r_t < r_{t-1}$) größer wird. In gleicher Weise könnte man (anstelle der monetären Basis) auch die *bereinigte Basis* erweitern. Als Geldbasiskonzept würde sich dann die **erweiterte bereinigte Basis** ergeben. Bei der Konzipierung eines Geldangebots-Geldnachfrage-Modells zur Analyse von Geldmenge, Kreditmenge und Zinsniveau kann alternativ auf jedes der behandelten Geldbasiskonzepte zurückgegriffen werden[66]). Hier wird im folgenden (Unterabschnitt b) und c)) der *bereinigten* bzw. korrigierten Basis aus analytischen Gründen der Vorzug gegeben. Dieses schließt nicht aus, daß die erweiterte Basis in der geldpolitischen Funktion eines Indikators bzw. Zwischenziels gegenüber anderen Abgrenzungen Vorteile aufweist.

dd) Konsolidierte Bilanz des gesamten Bankensystems und Bestimmungsgründe der Geldmenge. – aaa) Bevor wir zur Gleichgewichtsanalyse übergehen können, müssen wir noch ein letztes und schon bekanntes analytisches Konzept abgrenzen: die **Geldmenge**. Zu ihrer Bestimmung ist es erforderlich, die *konsolidierte Bilanz des gesamten Bankensystems* herzuleiten. Wir fassen dazu die Bilanz der Zentralbank und die Bilanz der Geschäftsbanken zusammen und ergänzen die konsolidierte Bilanz auf beiden Seiten um den *Münzumlauf bei Nichtbanken*. Hierbei werden folgende Positionen gebildet:

- Der auf der Aktivseite ausgewiesene Münzumlauf bei Nichtbanken wird mit den Münzbeständen der Geschäftsbanken (siehe Position 21.) zur Position 31. zusammengefaßt.
- Die Positionen 11. und 23. werden zu Positionen 321. und 322.
- Die Positionen 12. und 26. heben sich gegenseitig auf.
- Die Position 13. wird zur Position 331.
- Die Positionen 14. und 25. werden zur Position 34. zusammengefaßt.

---

[66]) Vgl. hierzu H.-J. Jarchow, H. Möller, Geldbasiskonzepte und Geldmenge (I). Erster Teil: Theoretische Zusammenhänge. „Kredit und Kapital", 9. Jg. (1976), S. 177ff.

- Der Bestand an Noten bei den Geschäftsbanken und die Einlagen der Geschäftsbanken bei der Zentralbank werden gegen die Positionen 15. und 16. aufgerechnet. Der Saldo wird um den auf der Passivseite ausgewiesenen Münzumlauf bei Nichtbanken ergänzt. Als Summe ergibt sich die Position 35.
- Die Position 17. wird zur Position 363.
- Die Positionen 19. und 28. werden zur Position 38. zusammengefaßt.
- Die in der Position 22. enthaltenen Bestände an Mobilisierungs- und Liquiditätspapieren bei den Geschäftsbanken werden gegen die Position 18. aufgerechnet. Der Rest von Position 18. wird zur Position 37. Der von Position 22. verbleibende Rest wird mit der Position 24. zur Position 332. zusammengefaßt.
- Die Positionen 271. und 272. werden zu Positionen 361. und 362.

Als konsolidierte Bilanz des gesamten Bankensystems erhält man dann:

3a. Konsolidierte Bilanz des gesamten Bankensystems

Aktiva	Passiva
31. Münzumlauf bei Nichtbanken und Geschäftsbanken	35. Bargeldumlauf bei Nichtbanken
32. Nettoauslandsforderungen	36. Verbindlichkeiten gegenüber inländischen Nichtbanken
321. Nettoauslandsforderungen der Zentralbank	361. Sichteinlagen bei den Geschäftsbanken
322. Nettoauslandsforderungen der Geschäftsbanken	362. Andere Verbindlichkeiten der Geschäftsbanken (Termineinlagen, Spareinlagen etc.)
33. Kredite an inländische Nichtbanken	363. Zentralbankeinlagen des öffentlichen Sektors
331. Kredite der Zentralbank an den öffentlichen Sektor (einschließlich Geldmarktpapiere)	37. Umlauf an Mobilisierungs- und Liquiditätspapieren bei Nichtbanken
332. Kredite der Geschäftsbanken (einschließlich Geldmarktpapiere, die nicht Mobilisierungs- und Liquiditätspapiere sind)	38. Reinvermögen
34. Realvermögen	

bbb) Aus den Positionen 35. und 361. läßt sich die *Geldmenge von der Verwendungsseite* her ermitteln. Alle übrigen Bilanzpositionen bestimmen die *Geldmenge von der Entstehungsseite;* sie bilden somit die *Bestimmungsgründe der Geldmenge,* und aus ihren Veränderungen resultiert die Entwicklung der Geldmenge. Vernachlässigt man mögliche Änderungen der Positionen 31., 34., 37. und 38.[67]), dann erhält man im einzelnen folgenden Zusammenhang:

I.	Veränderungen der Kredite an inländische Nichtbanken 1. Zentralbank 2. Geschäftsbanken	(Position 33.)
+ II.	Veränderung der Nettoauslandsforderungen 1. Zentralbank 2. Geschäftsbanken	(Position 32.)
– III.	Geldkapitalbildung in Form von Termineinlagen, Spareinlagen etc.	(Position 362.)
– IV.	Veränderungen der Zentralbankeinlagen des öffentlichen Sektors	(Position 363.)
V.	Veränderung der Geldmenge	(Positionen 35. und 361.)

Aus der konsolidierten Bilanz des gesamten Bankensystems ergibt sich demnach die saldenmechanisch zwingende Aussage, daß die Geldmenge expandiert, wenn die um die Nettoauslandsforderungen vermehrten Kredite (nach Abzug der Tilgungen) stärker steigen als die Summe aus der Geldkapitalbildung und den Zentralbankeinlagen des öffentlichen Sektors.

Zusammenfassung zu 3a):

1. Die häufig als Indikator und (oder) Zwischenziel der Geldpolitik verwendete monetäre Basis bezeichnet den Bestand an Zen-

[67]) Die Änderungen dieser Positionen gehören in die Terminologie der Bundesbank zu den „*sonstigen Einflüssen*".

tralbankgeld bei den Geschäftsbanken und Nichtbanken einschließlich Münzumlauf, aber ohne Zentralbankeinlagen des öffentlichen Sektors. Sie läßt sich aus der Zentralbankbilanz ermitteln.

2. Die bereinigte bzw. korrigierte (monetäre) Basis ist eine Größe, die in ihrer Gesamthöhe dem Einflußbereich der Geschäftsbanken weitgehend entzogen ist. Sie wird im wesentlichen durch die Nettoauslandsforderungen der Zentralbank und die Nettoverschuldung des öffentlichen Sektors bei der Zentralbank bestimmt. Man erhält die bereinigte Basis, indem Geldmarktpapiere der Geschäftsbanken zur monetären Basis hinzugezählt und rediskontierte Wechsel und Lombardkredite hiervon abgezogen werden.

3. Als erweiterte (monetäre) Basis bezeichnet man die Summe aus monetärer Basis und den von einem bestimmten Zeitpunkt an kumulierten Beträgen der durch Mindestreservesatzänderungen frei gewordenen und gebundenen Zentralbankguthaben. Die erweiterte Basis wird bei einer Erhöhung des Mindestreservesatzes kleiner und bei einer Senkung größer.

4. Die konsolidierte Bilanz des gesamten Bankensystems zeigt, daß die Geldmenge zunimmt, wenn die Summe aus den Nettoauslandsforderungen und den Krediten (nach Abzug der Tilgungen) stärker steigt als die Summe aus der Geldkapitalbildung (in Form von Termineinlagen, Spareinlagen etc.) und den Zentralbankeinlagen des öffentlichen Sektors, und umgekehrt.

b) Eine vereinfachte Gleichgewichtsanalyse des monetären Bereichs

Die sich aus den Bilanzen ergebenden saldenmechanischen Beziehungen zwischen den einzelnen Bilanzpositionen müssen stets erfüllt sein; sie bilden deshalb die Rahmenbedingungen für unsere Analyse. Aus diesen Rahmenbedingungen wird (wie schon erwähnt) ein *Gleichgewichtsmodell zur Bestimmung von Geldmenge, Kreditmenge und Zinssatz* entwickelt, in dem neben definitorischen und saldenmechanischen Zusammenhängen institutionelle Gegebenheiten (z. B. auf

Grund von Notenbankgesetzen) berücksichtigt, Hypothesen über Verhaltensweisen der beteiligten Sektoren (z.B. der Geschäftsbanken) aufgestellt und schließlich Gleichgewichtsbedingungen eingeführt werden. Aus der *ex post-Analyse* des vorhergehenden Unterabschnitts wird so eine *ex ante-Analyse* für den monetären Bereich.

aa) Die vereinfachten Bilanzen. – Die Gleichgewichtsanalyse erfolgt zunächst unter stark vereinfachten Annahmen. Die Art der Vereinfachung wird deutlich, wenn wir die für das einführende Modell geltenden Bilanzen an den Anfang stellen.

1b. Zentralbankbilanz

Aktiva		Passiva	
Nettoauslandsforderungen der Zentralbank	*W*	Banknotenumlauf bei Nichtbanken	*C*
Nettoverschuldung des öffentlichen Sektors (Buchkredite minus Einlagen)	*Ö*	Mindestreserveeinlagen	*Z*
Kredite an Geschäftsbanken (Rediskontierte Wechsel und Lombardkredite)	*F*		

2b. Geschäftsbankenbilanz

Aktiva		Passiva	
Mindestreserveeinlagen	*Z*	Sichteinlagen der Nichtbanken .	*D*
Kredite an private inländische Nichtbanken	*K*	Zentralbankverschuldung (Rediskontierte Wechsel und Lombardverbindlichkeiten). . . .	*F*

3b. Konsolidierte Bilanz des gesamten Bankensystems

Aktiva		Passiva	
Nettoauslandsforderungen der Zentralbank	*W*	Banknotenumlauf bei Nichtbanken	*C*
Nettoverschuldung des öffentlichen Sektors bei der Zentralbank	*Ö*	Sichteinlagen der Nichtbanken	*D*
Kredite an private inländische Nichtbanken	*K*		

4b. Bilanz der inländischen Nichtbanken

Aktiva		Passiva	
Banknotenumlauf	C	Private Kreditaufnahme	K
Sichteinlagen	D	Nettoverschuldung des öffentlichen Sektors bei der Zentralbank	$Ö$
		Reinvermögen	RV_N

Diese vier Bilanzen enthalten die saldenmechanischen Zusammenhänge für den monetären Bereich einer offenen Volkswirtschaft mit den folgenden Merkmalen:

- Realvermögensbestände bei Banken und Nichtbanken werden ebenso wie das Reinvermögen des gesamten Bankensystems vernachlässigt und gleich Null gesetzt.
- Alle Zahlungen erfolgen durch Übertragung von Banknoten und (oder) Sichteinlagen.
- Der öffentliche Sektor verschuldet sich bei der Zentralbank in Form von Buchkrediten und hält seine Einlagen bei der Zentralbank.
- Nettoauslandsforderungen hält nur die Zentralbank.
- Die Geschäftsbanken gewähren Kredite an die privaten Nichtbanken und refinanzieren sich bei der Zentralbank durch Rediskontierung von Wechseln und Aufnahme von Lombardkrediten (Lombardierung), also im Wege einer Zentralbankverschuldung. Sie nehmen ferner Sichteinlagen von den privaten Nichtbanken entgegen und müssen hierfür Mindestreserven halten.
- Nichtbanken halten nur Banknoten und Sichteinlagen.

Wie die Zentralbankbilanz (1b.) erkennen läßt, entspricht die *monetäre Basis* (B) – von der Entstehungsseite her gesehen – in diesem Modell der Summe aus den Nettoauslandsforderungen bei der Zentralbank (W), der Nettoverschuldung des öffentlichen Sektors bei der Zentralbank ($Ö$) und den Krediten der Zentralbank an Geschäftsbanken (F).

Es gilt also:

$$B = W + Ö + F.$$

Die *bereinigte* Basis (B') wird in diesem Modell als Differenz aus monetärer Basis ($B = W + Ö + F$) und der Zentralbankverschuldung der Geschäftsbanken in der Form von rediskontierten Wechseln und Lombardverbindlichkeiten (F) berechnet. Es gilt also:

$$B' = W + Ö.$$

bb) Die Ausgangsgleichungen. – Unter Beachtung der durch die vereinfachten Bilanzen 2b. und 3b. gegebenen Restriktionen[68]) läßt sich das Modell des monetären Bereichs wie folgt formulieren:

1) Die Bilanz der Geschäftsbanken (2b.) und die konsolidierte Bilanz des gesamten Bankensystems (3b.) können als Gleichungen gelesen werden; sie ergeben dann folgende *Bilanzrestriktionen:*

(1) $Z + K = D + F$ (Bilanzrestriktion)

und

(2) $B' + K = C + D, \; B' > 0.$ (Bilanzrestriktion).

2) Die Geschäftsbanken sind verpflichtet, *Mindestreserven* in Höhe eines bestimmten Prozentsatzes (r) der Sichteinlagen bei der Zentralbank zu halten:

(3) $Z = rD \quad 0 < r < 1$ (Mindestreserven).

3) Die Geschäftsbanken können sich Zentralbankgeld durch *Rediskontierung* und *Lombardierung* beschaffen, und zwar zu einem als einheitlich angenommenen[69]) und von der Zentralbank fixierten Refinanzierungssatz (z), dem Diskont- bzw. Lombardsatz. Die Rediskontierung von Wechseln unterliegt dabei quantitativen Beschränkungen auf Grund der von der Zentralbank festgelegten Rediskontkontingente (Q).

---

[68]) Die aus der Bilanz 4b. resultierende Restriktion wird erst später berücksichtigt.

[69]) Tatsächlich liegt der von der Bundesbank fixierte *Diskontsatz unter dem Lombardsatz* (i.d.R. um ein bis zwei Prozentpunkte); die beiden Refinanzierungssätze werden jedoch im allgemeinen *gleichgerichtet* geändert.

4) Hinsichtlich der *Kreditvergabe* der Geschäftsbanken wird davon ausgegangen, daß ihr **Kreditangebot** (K^a) zunimmt, wenn sich die Ertragsrate für Bankkredite, also der *Sollzinssatz* (i_s), erhöht und abnimmt, wenn die Refinanzierungskosten infolge eines steigenden Diskont- bzw. Lombardsatzes größer werden (und umgekehrt). Außerdem wird angenommen, daß das Kreditangebot abnimmt, wenn die Rediskontmöglichkeiten durch Herabsetzung der Kontingente eingeschränkt werden (und umgekehrt). Schließlich ist noch zu berücksichtigen, daß den Geschäftsbanken in Form der Sichteinlagen (D) abzüglich der darauf entfallenden Mindestreserven ($Z = rD$) Mittel für Anlagezwecke zur Verfügung stehen. Da die Geschäftsbanken jedes Einlagenvolumen akzeptieren, das die Nichtbanken zu halten wünschen, können die durch den Ausdruck $D(1 - r)$ bestimmten *verfügbaren Mittel* weitgehend – zumindest kurzfristig – als exogen bestimmt angesehen werden. Sie fungieren – ähnlich wie das gegebene Anfangsvermögen bei der portfoliotheoretischen Analyse der Kassenhaltung [70]) – als eine für den Gesamtumfang des Portefeuilles maßgebliche *Skalargröße*[71]).
Es liegt nahe, zwischen dem Kreditangebot der Geschäftsbanken und den verfügbaren Mitteln einen positiven Zusammenhang zu unterstellen. Somit läßt sich folgende Beziehung formulieren.

$$K^a = K^a\,[i_s, z, Q, D(1 - r)]$$

$$\frac{\partial K^a}{\partial i_s} > 0; \frac{\partial K^a}{\partial z} < 0; \frac{\partial K^a}{\partial Q} > 0; \frac{\partial K^a}{\partial\,[D(1 - r)]} \gtrsim 0.$$

Wird zusätzlich angenommen, daß bei gegebenen Zinssätzen i_s und z sowie bei gegebenen Kontingenten Q zwischen dem Kreditangebot

---

[70]) Vgl. dazu Unterabschnitt II. 3b).

[71]) Eine **Skalargröße** ist in erster Linie für den Umfang des Portefeuilles maßgeblich, weniger oder gar nicht für seine Struktur. Siehe hierzu G. Dieckheuer, Wirkung und Wirkungsprozeß der Geldpolitik. Eine mikro- und makroökonomische Analyse. (Untersuchungen über das Spar-, Giro- und Kreditwesen, Bd. 77.) Berlin 1975. S. 158. – Vgl. auch H. Möller, Ökonometrische Untersuchung zur Bestimmung von Geldmenge, Kreditvolumen und Zinssatz in der Bundesrepublik unter besonderer Berücksichtigung zentralbankpolitischer Maßnahmen. Göttingen 1978. S. 36 ff.

und den verfügbaren Mitteln ein *proportionaler* Zusammenhang besteht, dann erhält man:

(4) $K^a = a(i_s, z, Q) \cdot [D(1 - r)]$ (Kreditangebot)

$$a \geqq 1^{72)}; \frac{\partial a}{\partial i_s} > 0; \frac{\partial a}{\partial z} < 0; \frac{\partial a}{\partial Q} > 0.$$

Die Größe a bezeichnen wir als Kreditkoeffizienten.

5) Das Kreditangebot (K^a) ist im *Gleichgewicht* gleich der Kreditnachfrage (K^n) und damit gleich der *realisierten Kreditmenge* (K).

(5), (6) $K^a = K^n = K$ (Gleichgewicht für die Kreditmenge, Definition)

(Wie noch zu zeigen sein wird, läßt sich die Kreditnachfrage (K^n) aus den übrigen Beziehungen des Modells herleiten. Sie ist also implizit in den Ausgangsgleichungen enthalten).

6) Die von den Nichtbanken entfaltete **Geldnachfrage oder Liquiditätspräferenz** (L) hängt – in Übereinstimmung mit den grundsätzlichen Ergebnissen unserer einzelwirtschaftlichen Betrachtungen[73]) – von der Höhe des nominalen Volkseinkommens (Y) und von einem Zinssatz ab, der hier durch den Sollzinssatz (i_s) repräsentiert wird (und der Wertpapierrendite entspricht).
Dabei wird unterstellt, daß die Nachfrage mit steigendem Volkseinkommen sowie sinkendem Zinssatz zunimmt und umgekehrt.

---

[72]) Aus der Bilanzrestriktion der Geschäftsbanken (1) erhält man bei Berücksichtigung von (3)

$$r D + K = D + F$$

bzw.

$$K = D (1 - r) + F.$$

Aus einem Vergleich mit (4) folgt, daß $a \geqq 1$, da $F \geqq 0$.

[73]) Vgl. Unterabschnitt II. 1b).

(7) $L = L(i_s, Y)$[74] (Geldnachfrage)

$$\frac{\partial L}{\partial i_s} < 0; \frac{\partial L}{\partial Y} > 0.$$

7) Die Geldnachfrage (L) ist im *Gleichgewicht* gleich dem Geldangebot (M^a) und damit gleich der *realisierten Geldmenge* (M).

(8), (9) $M^a = L = M$ (Gleichgewicht für die Geldmenge, Definition)

(Wie noch zu zeigen sein wird, läßt sich das Geldangebot aus den übrigen Beziehungen des Modells herleiten. Es ist also implizit in den Ausgangsgleichungen enthalten).

8) Die *Geldmenge* (M) besteht aus dem Bargeldumlauf (C) und den Sichteinlagen der Nichtbanken (D):

(10) $M = C + D$ (Definition).

9) Die Nichtbanken halten Bargeld in einem konstanten Verhältnis (k) zu den Sichteinlagen:

(11) $C = kD \quad k > 0$[75]) (Zahlungssitten).

Das Modell enthält damit an:

Daten: k

Parametern: $B', Q, Y, r, z.$

Variablen: $C, D, F, K, K^a, K^n, L, M, M^a, Z, i_s$ (*insgesamt* also 11).

Vorausgesetzt, eine Lösung existiert, dann lassen sich mit den Gleichungen (1) bis (11) alle Variablen des Modells bestimmen.

cc) Angebot und Nachfrage auf dem Markt für Geld und auf dem Kreditmarkt. – Die den monetären Bereich beschreibenden Strukturgleichungen (1) bis (11) werden im folgenden so weit zusammen-

---

[74]) Die einzelwirtschaftlichen Überlegungen zur portfolio selection legen nahe, auch das *Gesamtvermögen* der Nichtbanken als Bestimmungsfaktor der Geldnachfrage zu berücksichtigen. Aus Gründen der Vereinfachung ist hierauf verzichtet worden.

[75]) An Stelle von (11) kann zur Beschreibung der Zahlungssitten auch die Beziehung $C = cM$ $(0 < c < 1)$ benutzt werden.

gefaßt, daß sich der Markt für Geld und der Kreditmarkt jeweils durch eine Angebots- und Nachfragefunktion beschreiben lassen. Dadurch wird es möglich, die Gleichgewichtslösung für die Geldmenge sowie für die Kreditmenge anhand einfacher *graphischer Darstellungen* in einem Zinssatz/Geldmengen- bzw. Zinssatz/Kreditmengen-Diagramm anzugeben.

aaa) Um den *Markt für Geld* zu beschreiben, ist es erforderlich, die implizit in dem Gleichungssystem enthaltene *Geldangebotsfunktion* herzuleiten. Ausgangspunkt hierfür ist die Überlegung, daß das Geldangebot unter Beachtung der Bilanzrestriktion des gesamten Bankensystems (2) bestimmt wird. Diese lautet:

$$(2) \quad B' + K = C + D.$$

Die gesamte Geldmenge ($M = C + D$) resultiert also aus der Kreditgewährung (K) und der bereinigten Basis (B').

Aus Gleichung (2) wird in einem *ersten* Schritt, die Bestimmungsformel für die *Sichteinlagen* (D), also für das Giralgeld, hergeleitet. Dazu wird auf der linken Seite von (2) K durch K^a und anschließend K^a durch Beziehung (4) ersetzt; auf der rechten Seite wird entsprechend (11) für C der Ausdruck kD verwendet. Man erhält dann:

$$B' + a\,(1 - r)\,D = kD + D, \text{ wobei } a = a\,(i_s, z, Q).$$

Bei Auflösung nach D ergibt sich:

$$(12) \quad D = \frac{1}{1 + k - a\,(1 - r)}\,B'.$$

In einem *zweiten* Schritt wird D aus Gleichung (12) in die Definitionsgleichung für die Geldmenge

$$M = C + D = kD + D = (1 + k)\,D$$

eingesetzt. Mit $M = M^a$ folgt dann unmittelbar:

$$(13)\quad \boxed{\begin{array}{l} M^a = \dfrac{1 + k}{1 + k - a\,(1 - r)}\,B', \\ \text{wobei } a = a\,(i_s, z, Q). \end{array}}$$ [76]

Gleichung (13) charakterisiert die Geldangebotsseite; wir bezeichnen diese Funktion als **Geldangebotsfunktion**[77]. Sie läßt erkennen, daß das gesamte Geldangebot durch die bereinigte *Basis* (B') und den *Multiplikator*

$$\frac{1 + k}{1 + k - a\,(i_s, z, Q) \cdot (1 - r)}$$

bestimmt wird. Der Multiplikator wiederum hängt einerseits von Größen ab, die sich dem Einflußbereich der Geschäftsbanken entziehen, nämlich von den Zahlungssitten (hier: der Bargeldquote k) und den Parametern der Geldpolitik (z, Q und r); er enthält anderseits den eine Verhaltensweise beschreibenden Kreditkoeffizienten a, der von den Geschäftsbanken unter Berücksichtigung des Sollzinssatzes und des Diskont- bzw. Lombardsatzes sowie der Rediskontkontingente festgelegt wird. Da der Nenner des Multiplikators offensichtlich kleiner ist als der Zähler, muß der Multiplikator *größer als eins* sein[78]. In dem Spezialfall, daß sich die Geschäftsbanken bei

---

[76]) Wird zur Beschreibung der Zahlungssitten nicht die Beziehung (11) $C = k\,D$, sondern die Beziehung $C = c\,M$ verwendet, dann tritt an die Stelle von (13)

$$M^a = \frac{1}{1 - a\,[(1 - c)\,(1 - r)]}\,B'.$$

[77]) Zu beachten ist, daß diese Funktion unter Verwendung von $C = k\,D$, d.h. unter Berücksichtigung der Zahlungssitten der Nichtbanken, abgeleitet worden ist. Gleichung (13) wird aber unabhängig von der Geldnachfragefunktion (7) ermittelt.

[78]) Der Nenner ist *positiv*, solange $B' > 0$; denn aus der Bilanzrestriktion (2) folgt unter Berücksichtigung von (4) und (11)

$$kD + D - a(1 - r)D = B'$$

bzw.

$$1 + k - a(1 - r) = \frac{B'}{D}.$$

der Zentralbank nicht refinanzieren können ($F = 0$), wird $a = 1$, und wir erhalten den im vorhergehenden Abschnitt (III.2) abgeleiteten *Geldschöpfungsmultiplikator*

$$\frac{1 + k}{k + r}.$$

Die Darstellung des Marktes für Geld wird vollständig, wenn neben der Geldangebotsfunktion die bereits angegebene *Geldnachfragefunktion*

(7) $L = L\,(i_s, Y)$

berücksichtigt wird.

bbb) Die für den *Kreditmarkt* relevante *Kreditangebotsfunktion* läßt sich dadurch ermitteln, daß die durch (12) bestimmten Sichteinlagen (D) in die Beziehung (4) eingesetzt werden. Man erhält:

(14) $K^a = \dfrac{a\,(1 - r)}{1 + k - a\,(1 - r)}\,B'$, wobei $a = a\,(i_s, z, Q)$ [79]).

In Hinblick auf die graphische Analyse ist es sinnvoll, das Kreditangebot noch in anderer Weise herzuleiten. Ausgangspunkt dafür ist die sich aus der Bilanzrestriktion (2) ergebende Beziehung $K = M - B'$. Wird in dieser Beziehung K durch K^a und M durch M^a ersetzt, dann zeigt sich, daß für das Kreditangebot der Zusammenhang

(15) $K^a = M^a - B'$

besteht. Offenbar läßt sich die *Kreditangebotsfunktion* auch berechnen, indem von der Geldangebotsfunktion die bereinigte Basis subtrahiert wird.

Für die Ableitung der *Kreditnachfragefunktion* ist wesentlich, daß die Kreditnachfrage (K^n) unter Beachtung der Bilanzrestriktion des

---

[79]) Anders als in Beziehung (4) ist in Gleichung (14) neben dem Kreditangebot K^a als weitere Variable nur noch der Sollzinssatz i_s (über a) enthalten. Die Kreditangebotsfunktion (14) ist damit in einem Zinssatz/Kreditmengen-Diagramm darstellbar.

Nichtbankensektors (einschl. des öffentlichen Sektors) bestimmt wird. Aus der Bilanz 4b. ergibt sich (bei $C + D = M$):

$$M = K + \ddot{O} + RV_N.$$

Die Gegenüberstellung der Nichtbankenbilanz (4b.) und der Bilanz des gesamten Bankensystems (3b.) macht deutlich, daß das Reinvermögen der Nichtbanken (RV_N) den Nettoauslandsforderungen (W) entsprechen muß, d.h. $RV_N = W$. Berücksichtigt man ferner, daß $\ddot{O} + W = B'$, dann kann man mit $M = L$ und $K = K^n$ auch schreiben:

$$L = K^n + B'$$

bzw. bei Auflösung nach K^n

$$K^n = L - B'.$$

Offenbar läßt sich die *Kreditnachfragefunktion* berechnen, indem von der Geldnachfragefunktion die bereinigte Basis subtrahiert wird.

Unter Berücksichtigung von (7) ergibt sich:

(16) $K^n = L\,(i_s, Y) - B'.$

Gleichung (16) ist wie folgt zu interpretieren: Ein Teil der gesamten Geldnachfrage (L) wird durch die bereinigte Basis B' gedeckt. Der verbleibende Teil ist auf andere Quellen angewiesen, nämlich auf die Kreditgewährung der Geschäftsbanken. Wir nennen diesen Teil die Kreditnachfrage und bezeichnen (16) entsprechend als **Kreditnachfragefunktion.**

ccc) Wird die *Kreditnachfragefunktion* – anders als im vorliegenden Modell – an Stelle der Geldnachfragefunktion (7) von vornherein vorgegeben, z.B. in der Form

$$K^n = K^n(i_s, Y) \quad \frac{\partial K^n}{\partial i_s} < 0, \ \frac{\partial K^n}{\partial Y} > 0,$$

dann lassen sich auch mit dem so modifizierten Modell alle angeführten Variablen bestimmen. In diesem Fall wäre dann die *Geld-*

nachfragefunktion implizit in den Ausgangsgleichungen enthalten[80]). *Unabhängig voneinander* lassen sich eine Geldnachfrage- und eine Kreditnachfragefunktion nur aufstellen, wenn neben dem Markt für Geld und dem Kreditmarkt – über das vorliegende Modell hinausgehend – ein *weiterer Markt*, z.B. ein Markt für bereits produziertes Sachvermögen, zusätzlich in die Analyse einbezogen wird[81]).

dd) Gleichgewicht. – aaa) Wir entwickeln zunächst die *Gleichgewichtslösung für die Geldmenge*. Die Geldangebotsfunktion

$$(13) \quad M^a = \frac{1 + k}{1 + k - a(i_s, z, Q) \cdot (1 - r)} B'$$

beschreibt bei gegebener Bargeldquote (k) für vorgegebene Werte der Parameter B', z, Q und r einen positiven Zusammenhang zwischen den beiden noch enthaltenen Variablen, dem Geldangebot (M^a) und dem Sollzinssatz (i_s), wie leicht herzuleiten ist: Steigt i_s , dann wird a größer, der Nenner des Multiplikators dadurch kleiner und M^a nimmt zu. In einem i_s/M-Diagramm läßt sich die *Geldangebotsfunktion* in linearisierter Form demnach durch eine Gerade *mit positiver Steigung* darstellen (vgl. Fig. 26). Die linearisierte *Geldnachfragefunktion* (7) erscheint für ein gegebenes Volkseinkommen (Y) in der gleichen graphischen Darstellung (wegen $\frac{\partial L}{\partial i_s} < 0$) als Gerade *mit negativer Steigung* (vgl. Fig. 26). Der Schnittpunkt der beiden Kurven bestimmt den Gleichgewichtspunkt P_1 und damit die realisierte Geldmenge M_1 und den Sollzinssatz i_{s1}.

bbb) Zur Gleichgewichtslösung für die Geldmenge und den Sollzinssatz gehört eine ganz bestimmte *Gleichgewichtslösung für die Kreditmenge*. In der graphischen Darstellung wird das Gleichgewicht durch den Schnittpunkt der Kreditnachfragekurve mit der Kredit-

---

[80]) Die implizierte Geldnachfragefunktion ließe sich entsprechend der unter bbb) angegebenen Vorgehensweise ermitteln. Sie hätte die Form

$$L = K^n (i_s, Y) + B'.$$

[81]) Ein derartiges (weiterführendes) Modell findet sich im Anhang 7).

angebotskurve angegeben. Wie aus Gleichung (16) hervorgeht, erhält man die Kreditnachfragekurve, indem von den Abszissenwerten der Geldnachfragekurve ein konstanter Betrag in Höhe der berei-

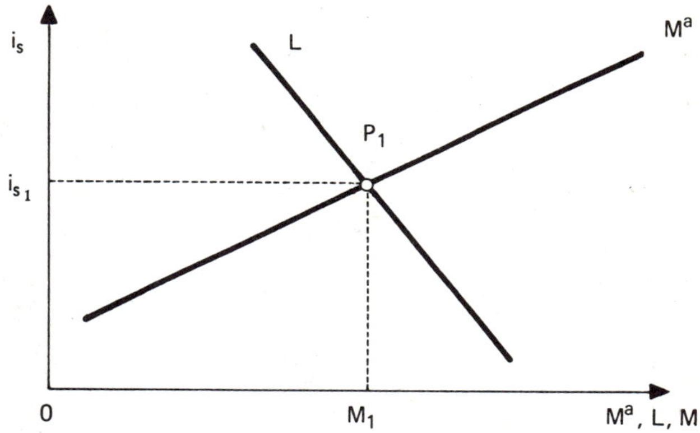

Fig. 26

nigten Basis (B') abgezogen wird (vgl. Fig. 27). Gleichung (15) zeigt, daß sich die Kreditangebotskurve ergibt, wenn von den Abszissenwerten der Geldangebotskurve ein konstanter Betrag in Höhe der bereinigten Basis abgezogen wird (vgl. Fig. 27). Demnach haben jeweils die Kurven der Kredit- und Geldnachfrage sowie die Kurven des Kredit- und Geldangebots in dieser Analyse gleiche Steigungen. Der Schnittpunkt der K^n-Kurve mit der K^a-Kurve bestimmt den Gleichgewichtspunkt P_1. Im Gleichgewicht wird die Kreditmenge K_1 und der schon durch Fig. 26 festgelegte Zinssatz i_{s1} realisiert.

ccc) Daß mit der Geldmenge M_1 neben dem Sollzinssatz i_{s1} und der Kreditmenge K_1 auch die Gleichgewichtswerte der übrigen Variablen festliegen, lassen die Gleichungen des Modells unmittelbar erkennen: Zur Geldmenge M_1 gehört wegen der aus (10) und (11) abgeleiteten Beziehung $D = \frac{1}{1+k} M$ ein bestimmter Bestand an Sichteinlagen (D_1) und damit nach Gleichung (10) ein bestimmter Bargeldumlauf (C_1). Nach Gleichung (3) sind hierauf Mindestreserven in Höhe von

$Z_1 = rD_1$ zu halten. Die Höhe der Zentralbankverschuldung der Geschäftsbanken F_1 läßt sich schließlich nach Bestimmung von K_1, D_1 und Z_1 aus der Bilanzrestriktion (1) berechnen.

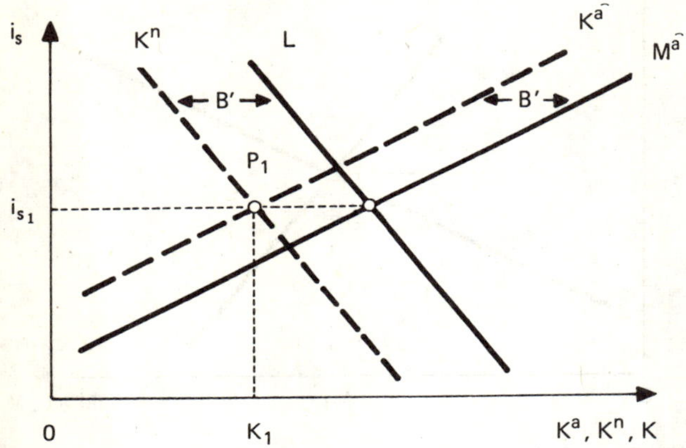

Fig. 27

ee) Parameteränderungen. – Von besonderem Interesse ist die Frage, wie sich die Variablen des Modells, vor allem die Geldmenge, aber auch der Sollzinssatz und die Kreditmenge, ändern, wenn sich *Parameteränderungen* ergeben. Zur Klärung der entsprechenden Zusammenhänge untersuchen wir zunächst Parameteränderungen, die zu einer *Verschiebung der Geldangebotskurve* führen, und anschließend Parameteränderungen, die zu einer *Verschiebung der Geldnachfragekurve* führen.

aaa) Wir betrachten als erstes den Fall, daß sich die *bereinigte Basis erhöht,* z. B. von B'_1 auf B'_2. In Fig. 26 verschiebt sich daraufhin die Geldangebotsfunktion nach rechts, in Fig. 27 verschieben sich die Kreditangebotsfunktion nach rechts[82]) und die Kreditnachfragefunktion nach links. Zunächst einmal zeigt sich, daß im neuen

[82]) Gleichung (14) zeigt unmittelbar, daß das Kreditangebot bei alternativen Sollzinssätzen mit zunehmender bereinigter Basis größer wird.

Gleichgewicht P_2 die *größere Geldmenge* M_2 bei dem *niedrigeren Sollzinssatz* i_{s2} realisiert wird (vgl. Fig. 28a).

Außerdem wird deutlich (vgl. Fig. 28b), daß die durch die Erhöhung der bereinigten Basis ausgelösten Verschiebungen der Kreditange-

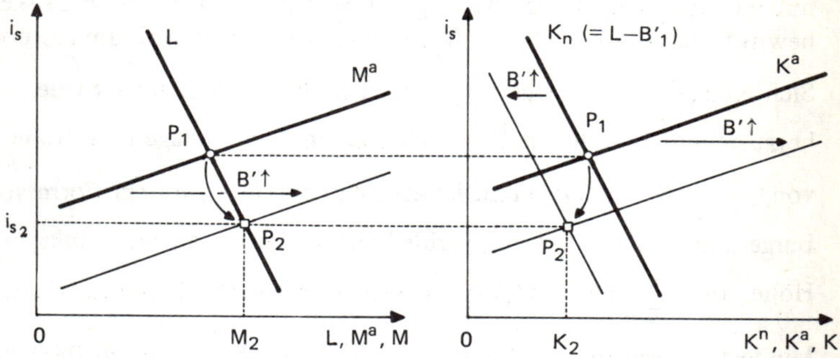

Fig. 28a Fig. 28b

bots- und Kreditnachfragekurve einander hinsichtlich der Kreditmenge *entgegenwirken.* Anders als bei der Geldmenge kann deshalb ohne genaue Kenntnis der Kreditangebots- und der Kreditnachfragekurve nicht angegeben werden, ob die Kreditmenge bei Ausweitung der bereinigten Basis zunimmt, abnimmt oder konstant bleibt[83]). Bei den in Fig. 28b angenommenen Kurvenverläufen nimmt die Kreditmenge offenbar etwas ab (siehe K_2).

Zur Interpretation dieser Ergebnisse wollen wir die hinter der komparativ-statischen Analyse stehenden *Anpassungsvorgänge* etwas genauer untersuchen. Zur Illustration wollen wir annehmen, daß die Nettoauslandsforderungen der Zentralbank zunehmen, weil Exportüberschüsse bei den Nichtbanken in Form von Devisen anfallen,

---

[83]) Wird unterstellt, daß von der Entwicklung der Geldmenge zuverlässig auf die Entwicklung gesamtwirtschaftlicher Zielgrößen geschlossen werden kann, und auf Grund der oben durchgeführten Analyse akzeptiert, daß sich die Kredit- und Geldmenge infolge einer möglichen unterschiedlichen Reaktion auf eine Veränderung der bereinigten Basis u.U. auch entgegengesetzt entwickeln, dann erscheint es problematisch, die *Kreditmenge* als *Indikator* zu verwenden.

die von den Nichtbanken an die Geschäftsbanken und von diesen weiter an die Zentralbank verkauft werden[84]). Im Zuge dieser Transaktionen erhöht sich die bereinigte Basis um $(B'_2 - B'_1)$. Um diesen Betrag steigen auch der Bestand an Zentralbankgeld bei den Geschäftsbanken sowie die Sichteinlagen der Nichtbanken (und damit die Geldmenge). Der Anstieg der Sichteinlagen der Nichtbanken bewirkt, daß das bestehende Verhältnis zwischen Bargeldumlauf und Sichteinlagen $\left(\frac{C}{D} = k\right)$ gestört wird. Um dieses Verhältnis wiederherzustellen, liquidieren die Nichtbanken Sichteinlagen in Höhe von $\frac{k}{1+k}(B'_2 - B'_1)$[85]) und lassen sich den Gegenwert in Form von Bargeld auszahlen. Auf den verbleibenden Zugang an Sichteinlagen in Höhe von $\frac{1}{1+k}(B'_2 - B'_1)$ müssen die Geschäftsbanken zusätzliche Mindestreserven in Höhe von $\frac{r}{1+k}(B'_2 - B'_1)$ halten. Nach Berücksichtigung der Barabzüge und der zusätzlichen Mindestreservebelastung steht den Geschäftsbanken somit eine Überschußreserve im Betrag von $\frac{1-r}{1+k}(B'_2 - B'_1)$, zur Verfügung, die sie zu einer verstärkten Kreditgewährung anregt. Das Kreditangebot nimmt dementsprechend – in Übereinstimmung mit den bereits aus Fig. 28b bekannten Ergebnissen – zu. Was die Kreditnachfrage anbelangt, so wissen wir aus Fig. 28b, daß sich die Kreditnachfragekurve bei einer Erhöhung der bereinigten Basis nach links verschiebt, die Kreditnachfrage also bei alternativen Sollzinssätzen zurückgeht. Der

---

[84]) Daß solche Transaktionen in der Realität in Form von Interventionen der Zentralbank auf dem Devisenmarkt abgewickelt werden, spielt für unsere Gleichgewichtsanalyse keine Rolle.

[85]) Der Zugang an Sichteinlagen beläuft sich dann im Endergebnis auf $\left(1 - \frac{k}{1+k}\right)(B'_2 - B'_1)$ bzw. auf $\frac{1}{1+k}(B'_2 - B'_1)$ und der Zugang an Bargeld auf $\frac{k}{1+k}(B'_2 - B'_1)$. Das bestehende Verhältnis von Bargeldumlauf zu Sichteinlagen $\left(\frac{C}{D} = k\right)$ wird also durch die Zugänge nicht geändert.

Grund für diesen Vorgang ist darin zu sehen, daß den Nichtbanken im Zuge der Devisenverkäufe Geld zufließt und sie deshalb weniger auf Kredite der Geschäftsbanken angewiesen sind[86]). Ein Teil der Kreditnachfrage fällt deshalb aus. Inwieweit die Linksverschiebung der Kreditnachfragekurve die Rechtsverschiebung der Kreditangebotskurve in Hinblick auf die realisierte Kreditmenge kompensiert, hängt von der Zinsempfindlichkeit des Kreditangebots und der Kreditnachfrage, d.h. von der Steigung der K^a- und der K^n-Kurve, ab. Es zeigt sich z.B., daß die Kreditmenge in jedem Fall zunimmt, wenn das Kreditangebot in bezug auf den Sollzinssatz *vollkommen unelastisch* (also völlig unempfindlich) reagiert (vgl. Fig. 29a). Umgekehrt nimmt die Kreditmenge in jedem Fall ab, wenn das Kreditangebot in bezug auf den Sollzinssatz *vollkommen elastisch* (also überaus empfindlich) reagiert (vgl. Fig. 29b). Offenbar nimmt die Kreditmenge bei einer Ausweitung der bereinigten Basis um so eher zu, je unempfindlicher die Geschäftsbanken mit ihrem Kreditangebot auf Änderungen des Sollzinssatz reagieren[87]).

Wie sich auch immer die Kreditmenge verändert, in jedem Fall bewirkt eine Ausweitung der bereinigten Basis eine Zunahme der Geldmenge und umgekehrt.

Hinsichtlich der *Zentralbankverschuldung* der Geschäftsbanken impliziert unser Modell keine eindeutige Entwicklung. Auf ein plausibel erscheinendes Anpassungsmuster wird im Rahmen des folgenden Unterabschnitts[88]) im Zusammenhang mit einigen ergänzenden dynamischen Betrachtungen kurz eingegangen.

---

[86]) Auch eine empirische Überprüfung spricht für einen negativen Zusammenhang zwischen Kreditnachfrage und bereinigter Basis. Siehe hierzu H. Möller, H.-J. Jarchow, Kreditangebot, Kreditnachfrage und exogene Geldbasis. Eine theoretische und ökonometrische Studie für die Bundesrepublik. In: Geld- und Währungspolitik in der Bundesrepublik Deutschland. (Hrsg. u. eingeleitet von W. Ehrlicher, D. B. Simmert). „Beihefte zu Kredit und Kapital", H. 7 (1982), S. 212ff., 220.

[87]) Anhand entsprechender graphischer Darstellungen läßt sich auch zeigen, daß die Kreditmenge bei gegebener Kreditangebotsfunktion um so eher abnimmt, je *unempfindlicher* die Nichtbanken mit ihrer *Kreditnachfrage* auf Änderungen des Sollzinssatzes reagieren.

[88]) Siehe unter c) ff).

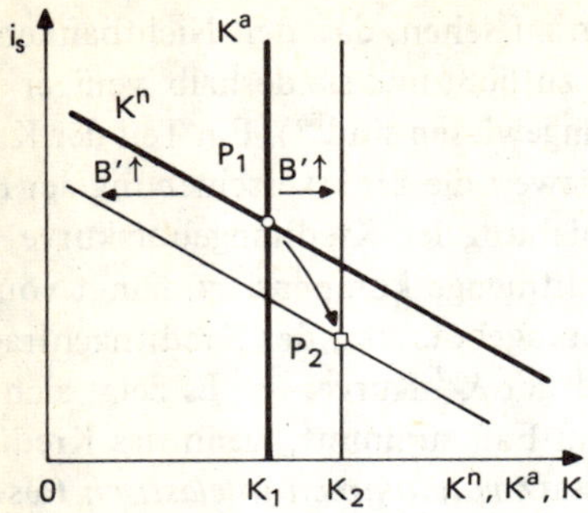

Fig. 29a

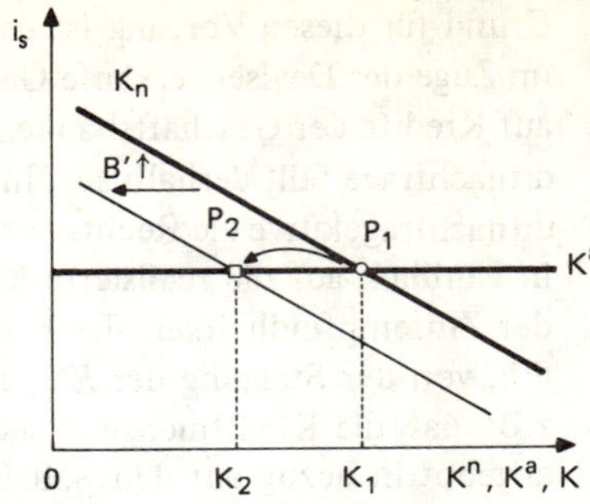

Fig. 29b

Nach Darstellung der von einer Änderung der bereinigten Basis ausgehenden Wirkungen ist noch zu untersuchen, wie die geldpolitischen Parameter *Diskont- bzw. Lombardsatz (z), Rediskontkontingente (Q)* und *Mindestreservesatz (r)* die Geld- und Kreditmenge sowie den Sollzinssatz beeinflussen. Wie aus Gleichung (13) hervorgeht, vermindert eine Senkung von z (wegen $\frac{\partial a}{\partial z} < 0$) und eine Erhöhung von Q (wegen $\frac{\partial a}{\partial Q} > 0$) den Nenner des Multiplikators; damit steigt bei alternativen Werten für den Sollzinssatz das Geldangebot. Ebenso bewirkt eine Senkung des Mindestreservesatzes eine Ausweitung des Geldangebots; denn r steht mit einem negativen Vorzeichen im Nenner des Multiplikators und wird mit einer negativen Größe multipliziert, so daß eine Verminderung von r den Nenner verkleinert.

Wie Gleichung (15) verdeutlicht, steht hinter einer Ausweitung des Geldangebots – bei konstanter bereinigter Basis (B') – eine gleich große Erhöhung des Kreditangebots. Da sich die Lage der Kreditnachfragekurve (16) ebenso wie die der Geldnachfragekurve (7) bei einer Variation von z, Q und r nicht ändert und ihre Steigungen gleich sind, lassen sich aus Fig. 30a und b unmittelbar folgende Ergebnisse ablesen:

Eine Senkung des Diskont- bzw. Lombardsatzes, eine Erhöhung der Rediskontkontingente und eine Herabsetzung des Mindestreservesatzes bewirken eine gleich große Ausweitung des Kredit- und Geld-

angebots und damit eine gleich große Zunahme der realisierten Kredit- und Geldmenge sowie eine Senkung des Sollzinssatzes.

Erfolgt eine Änderung der Parameter *z, Q* und *r* jeweils in entgegengesetzter Richtung, dann vermindern sich das Kredit- und Geld-

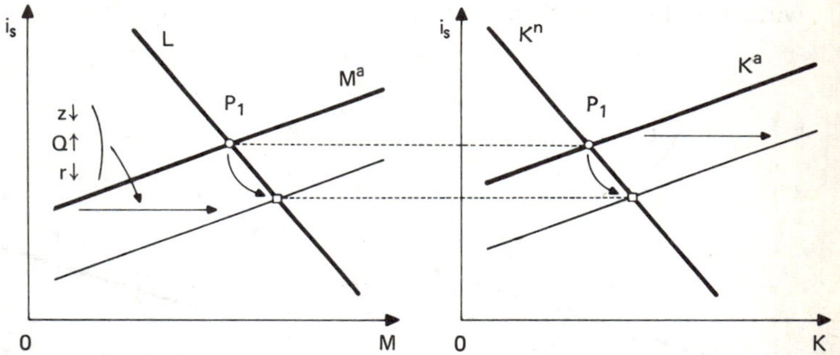

Fig. 30a Fig. 30b

angebot (die Mª-Kurve und die K^a-Kurve verschieben sich nach links), und die Kredit- und Geldmenge sinken bei steigendem Sollzinssatz um den gleichen Betrag.

bbb) Betrachten wir nun im folgenden eine Parameteränderung, die eine *Verlagerung der Geldnachfragekurve* bewirkt. Im Rahmen unserer Modellannahmen kann dieser Fall nur dadurch eintreten, daß sich das *Volkseinkommen* verändert. Erhöht sich das Volkseinkommen, dann verschiebt sich die Kurve der Geldnachfrage und mit ihr auch die Kurve der Kreditnachfrage gleichermaßen nach rechts (vgl. Fig. 31a und b[89]).

Da die Kredit- und Geldangebotskurve die gleichen Steigungen haben, wird das neue Gleichgewicht bei einer *größeren Geldmenge,* einer um den gleichen Betrag *gestiegenen Kreditmenge* und einem *höheren Sollzinssatz* realisiert. Hinter diesen aus einer komparativ-statischen Analyse gewonnenen Ergebnissen verbergen sich folgende *Anpas-*

---

[89]) Gleichung (16) zeigt, daß die Kreditnachfrage bei einem Anstieg des Volkseinkommens und unveränderter bereinigter Basis im Ausmaß der Erhöhung der Geldnachfrage zunehmen muß.

sungsvorgänge: Die zunehmende Geldnachfrage wird bei konstanter bereinigter Basis (B') dadurch befriedigt, daß die Geschäftsbanken zusätzliche Kredite bei erhöhtem Sollzinssatz gewähren. Die zunehmende Kreditgewährung schlägt sich in einer Erhöhung der Sichteinlagen der Nichtbanken nieder, über die teilweise in bar verfügt wird. Um die Bargeldabzüge und die mit den zusätzlichen Sicht-

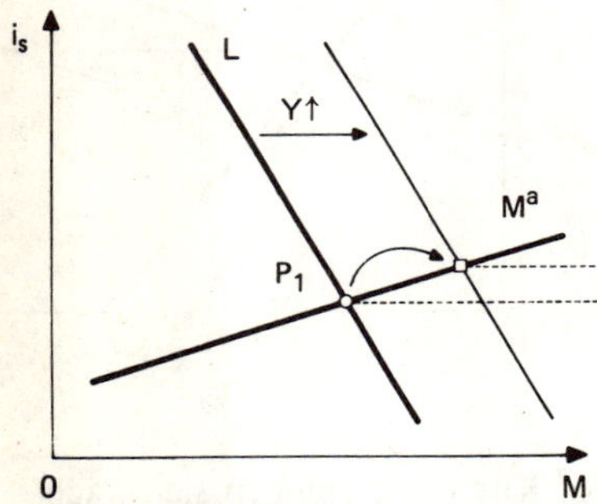

Fig. 31a

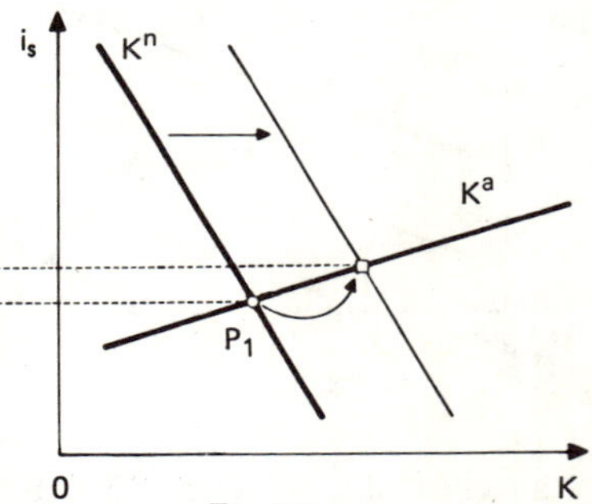

Fig. 31b

einlagen verbundenen zusätzlichen Mindestreserveverpflichtungen finanzieren zu können, erhöhen die Banken ihre Zentralbankverschuldung (durch verstärkte Rediskontierung und Lombardierung). Hierzu besteht auch insofern ein Anreiz, als sich die Ertragsaussichten bei der Kreditgewährung verbessert haben. Im Endergebnis *erhöhen* sich auf diese Weise – trotz gleichbleibender bereinigter Basis – *Kredit- und Geldmenge bei steigenden Sollzinssätzen.*

ccc) Eine Erhöhung der bereinigten Basis und ein steigendes Volkseinkommen führen also gleichermaßen zu einem Anstieg der Geldmenge. Die Kreditmenge kann bei einer Ausweitung der bereinigten Basis zunehmen, abnehmen oder konstant bleiben; bei einer Erhöhung des Volkseinkommens nimmt sie in jedem Fall zu, und zwar im Ausmaß der Geldmengenerhöhung. Ein weiterer Unterschied besteht in der Wirkung auf den Sollzinssatz: Während der Sollzinssatz bei einer Ausweitung der bereinigten Basis sinkt, steigt er bei zunehmendem Volkseinkommen. Treten die *umgekehrten Parameteränderungen* ein, also eine Senkung der bereinigten Basis bzw. eine Abnahme des Volkseinkommens, dann verschiebt sich die Mª-Kurve in Fig. 28a bzw. die L-Kurve in Fig. 31a nach links. In beiden Fällen ergibt sich eine Verminderung der Geldmenge. Die Kreditmenge kann bei einer Senkung der bereinigten Basis wieder abnehmen, zunehmen oder konstant bleiben; bei einem Rückgang des Volkseinkommens nimmt sie in jedem Falle ab, und zwar im Ausmaß der Geldmengenverminderung. Ein weiterer Unterschied besteht auch hier in der Wirkung auf den Sollzinssatz: Während der Sollzinssatz bei einer Senkung der bereinigten Basis steigt, sinkt er bei einer Abnahme des Volkseinkommens.

c) Eine erweiterte Gleichgewichtsanalyse des monetären Bereichs

Die Gleichgewichtsanalyse des vorhergehenden Unterabschnitts wird im folgenden erweitert, indem sowohl bei den Geschäftsbanken als auch bei den Nichtbanken unter ihren Aktiva eine *weitere Finanzanlage* Berücksichtigung findet, und zwar bei den Geschäftsbanken in Form von *Geldmarktpapieren* (d.h. Mobilisierungs-, Liquiditäts- und Finanzierungspapieren) und bei den Nichtbanken in Form von *anderen Einlagen* (d.h. Termin- und Spareinlagen), die neben den Sichteinlagen gehalten werden. Insbesondere die Einbeziehung der anderen Einlagen erscheint wichtig, da auf diese Weise neben der Geldmenge M im Sinne von M_1 noch ein Geldmengenkonzept in einem *weiteren* Sinne Gegenstand der Analyse wird[90]).

aa) Die Bilanzen. – Die Rahmenbedingungen für das erweiterte Modell werden durch folgende vier Bilanzen wiedergegeben:

---

[90]) Die in der westdeutschen Geldpolitik gebräuchlichen Geldmengenkonzepte sind eingehender im Unterabschnitt I. 1c) dd) behandelt worden.

1c. Zentralbankbilanz

Aktiva		Passiva	
Nettoauslandsforderungen der Zentralbank	B	Banknotenumlauf bei Nichtbanken	C
Nettoverschuldung des öffentlichen Sektors (Zentralbankkredite minus Einlagen)		Mindestreserveeinlagen	Z
./. Verbindlichkeiten aus abgegebenen Mobilisierungs- und Liquiditätspapieren			
Kredite an Geschäftsbanken (Rediskontierte Wechsel und Lombardkredite)			

2c. Geschäftsbankenbilanz

Aktiva		Passiva	
Mindestreserveeinlagen	Z	Sichteinlagen der Nichtbanken	D
Bestand an inländischen Geldmarktpapieren (Mobilisierungs- und Liquiditätspapiere sowie Finanzierungspapiere)	G	Andere Einlagen der Nichtbanken (Termin- und Spareinlagen einlagen)	T
Kredite an private inländische Nichtbanken	K	Zentralbankverschuldung (Rediskontierte Wechsel und Lombardverbindlichkeiten)	F

3c. Konsolidierte Bilanz des gesamten Bankensystems

Aktiva			Passiva	
Nettoauslandsforderungen der Zentralbank	W	B'	Banknotenumlauf bei Nichtbanken	C
Nettoverschuldung des öffentlichen Sektors bei der Zentralbank	$Ö$		Sichteinlagen der Nichtbanken	D
Finanzierungspapiere bei den Geschäftsbanken	G_F		Andere Einlagen der Nichtbanken (Termin- und Spareinlagen)	T
Kredite an private inländische Nichtbanken		K		

4c. Bilanz der inländischen Nichtbanken

Aktiva		Passiva	
Banknotenumlauf	C	Private Kreditaufnahme	K
Sichteinlagen	D	Nettoverschuldung des öffentlichen Sektors bei der Zentralbank	$Ö$
Andere Einlagen (Termin- und Spareinlagen)	T	Finanzierungspapiere bei den Geschäftsbanken	G_F
		Reinvermögen	RV_N

Die Erweiterungen gegenüber den Bilanzen des vereinfachten Modells betreffen neben der Einbeziehung von Geldmarktpapieren als Finanzanlage der Geschäftsbanken die Berücksichtigung von Termin- und Spareinlagen der Nichtbanken. Die sonstigen im Abschnitt 3b) vorgenommenen Vereinfachungen werden beibehalten.

bb) Die Ausgangsgleichungen. – aaa) Mit der Erweiterung werden gegenüber dem vereinfachten Modell folgende Modifikationen bzw. ergänzende Annahmen des Modells erforderlich:

1. *Geldmarktpapiere* werden nur zwischen Geschäftsbanken und Zentralbank gehandelt, und zwar zu einem einheitlichen, von der Zentralbank fixierten Zinssatz i_G [91]). Zu diesem Zinssatz können Geldmarktpapiere in beliebiger Menge bei der Zentralbank erworben und an sie zurückgegeben werden.

2. Die Nichtbanken orientieren sich bei der *Aufteilung ihrer gesamten Einlagen* in Termin- und Spareinlagen (T) einerseits sowie in Sichteinlagen (D) anderseits an der Höhe des Habenzinssatzes (i_h). Genauer wird angenommen, daß sie die Summe aus Termin- und

---

[91]) Diese und auch die folgende Annahme stellen *Vereinfachungen* dar. So werden Geldmarktpapiere von Währungsbehörden (wie der Bundesbank) an Geschäftsbanken auch im Wege eines Ausschreibungsverfahrens (Tenderverfahren) abgegeben. Bei diesem Verfahren ist i_G für die Währungsbehörden kein Aktionsparameter, sondern eine erwartete Größe. Aktionsparameter und damit eine vorgegebene Größe ist dann der Betrag der (im Wege einer Versteigerung) angebotenen Geldmarktpapiere.

Spareinlagen in einem durch die Größe t angegebenen Verhältnis zu den Sichteinlagen halten, wobei die Größe t mit steigendem Habenzinssatz zunimmt und umgekehrt[92]). Es besteht also folgende Beziehung:

$$T = t(i_h) \cdot D \qquad \frac{\partial t}{\partial i_h} > 0.$$

3. Der *Habenzinssatz* wird von den Geschäftsbanken in Anlehnung an die Entwicklung des Sollzinssatzes festgelegt. Zu diesem Zinssatz sind die Geschäftsbanken bereit, unbegrenzt Termin- und Spareinlagen entgegenzunehmen. Es gilt also:

$$i_h = i_h(i_s) \qquad \frac{\partial i_h}{\partial i_s} > 0.$$

4. Da der Habenzinssatz die Aufteilung der gesamten Einlagen in Termin- und Spareinlagen einerseits und Sichteinlagen anderseits beeinflußt, ist anzunehmen, daß die *Geldnachfrage* (L) nicht nur wie bisher vom Sollzinssatz (i_s) und dem nominalen Volkseinkommen (Y), sondern zusätzlich auch vom Habenzinssatz (i_h) abhängt, und zwar entsprechend folgender Beziehung:

$$L = L(i_s, i_h, Y) \qquad \frac{\partial L}{\partial i_s} < 0; \quad \frac{\partial L}{\partial i_h} < 0; \quad \frac{\partial L}{\partial Y} > 0.$$

5. Termin- und Spareinlagen sind (wie Sichteinlagen) mindestreservepflichtig. Vorerst wird zur Vereinfachung unterstellt, daß für Sichteinlagen sowie für Termin- und Spareinlagen ein *einheitlicher Mindestreservesatz* (r) fixiert wird.

6. *Das Kreditangebot der Geschäftsbanken* (K^a) hängt – entsprechend den einzelwirtschaftlichen Überlegungen zur portfolio selection[93]) – bei gegebener Risikoeinschätzung positiv von der Ertragsrate für Bank-

---

[92]) Bei dieser Hypothese wird unterstellt, daß für Termin- und Spareinlagen ein einheitlicher Habenzinssatz berechnet wird und der Habenzinssatz für Sichteinlagen gleich Null ist. Die erste Annahme bedeutet, daß Umschichtungen zwischen Termin- und Spareinlagen unberücksichtigt bleiben; die zweite Annahme hat zur Folge, daß der Habenzinssatz für Sichteinlagen als Einflußfaktor von t entfällt.

[93]) Siehe hierzu S. 89f., Fußnote 56).

kredite (i_s) und negativ vom Zinssatz für konkurrierende Geldmarktanlagen (i_G) ab. Außerdem wird wieder angenommen, daß das Kreditangebot mit sinkendem Diskont- bzw Lombardsatz (z) und steigenden Rediskontkontingenten (Q) zunimmt. Wie schon vorher wird schließlich noch ein positiver Zusammenhang zwischen dem Kreditangebot und den verfügbaren Mitteln $(D + T)(1 - r)$ unterstellt. Somit läßt sich folgende Beziehung formulieren:

$$K^a = K^a \, [i_s, i_G, z, Q, (D + T)(1 - r)].$$

Wird außerdem wieder angenommen, daß bei gegebenen Zinssätzen und Rediskontkontingenten zwischen dem Kreditangebot und den verfügbaren Mitteln ein *proportionaler* Zusammenhang besteht, dann ergibt sich:

$$K^a = a(i_s, i_G, z, Q) \cdot [(D + T)(1 - r)]$$

$$a > 0; \; \frac{\partial a}{\partial i_s} > 0; \; \frac{\partial a}{\partial i_G} < 0; \; \frac{\partial a}{\partial z} < 0; \; \frac{\partial a}{\partial Q} > 0.$$

bbb) Unter Berücksichtigung dieser Ergänzungen und der Bilanzen (2c.) und (3c.) erhält man als formales Gerüst des erweiterten Modells schließlich folgendes Gleichungssystem:

(1)	$Z + G + K = D + T + F$	(Bilanzrestriktion)
(2)	$B' + K = C + D + T$	(Bilanzrestriktion)
(3)	$Z = r(D + T)$	(Mindestreserven)
(4)	$K^a = a \cdot [(D + T)(1 - r)]$, wobei $a = a(i_s, i_G, z, Q)$	(Kreditangebot)
(5), (6)	$K^a = K^n = K$	(Gleichgewicht für die Kreditmenge, Definition)
(7)	$L = L(i_s, i_h, Y)$	(Geldnachfrage)
(8), (9)	$M^a = L = M$	(Gleichgewicht für die Geldmenge, Definition)

(10)	$M = C + D$	(Definition)
(11)	$C = kD$	(Zahlungssitten)
(12)	$T = t(i_h) \cdot D$	(Aufteilung der Einlagen)
(13)	$i_h = i_h(i_s)$	(Fixierung des Habenzinssatzes)

Das Modell enthält damit an:

Daten: k

Parametern: B', Q, Y, i_G, z, r

Variablen: $C, D, F, K, K^a, K^n, L, M^a, M, T, Z, i_s, i_h$ (*insgesamt* also 13).

Vorausgesetzt, eine Lösung existiert, dann lassen sich mit den Gleichungen (1) bis (13) alle Variablen des Modells bestimmen.

cc) Angebot und Nachfrage auf dem Markt für Geld (in einem engeren und weiteren Sinne) und auf dem Kreditmarkt. – Die den monetären Bereich des erweiterten Modells beschreibenden Strukturgleichungen werden im folgenden so weit zusammengefaßt, daß sich der Markt für Geld (in verschiedenen Abgrenzungen) und der Kreditmarkt jeweils durch eine Angebots- und Nachfragefunktion beschreiben lassen. Auf diese Weise wird wieder die graphische Analyse vorbereitet.

aaa) Um den *Markt für Geld* (im Sinne von M_1) zu beschreiben, ist es (wie im vereinfachten Modell) zunächst erforderlich, die in dem vorstehenden Modell enthaltene *Geldangebotsfunktion* herzuleiten. Wir gehen dabei wieder von der Bilanzrestriktion des gesamten Bankensystems (2) aus:

(2) $B' + K = C + D + T.$

Die gesamte Geldmenge ($M = C + D$) zuzüglich der Termin- und Spareinlagen (T) resultiert also aus der Kreditgewährung (K) und der bereinigten Basis (B').

Aus Gleichung (2) wird wieder in einem *ersten* Schritt die Bestimmungsformel für die *Sichteinlagen* (D), also für das Giralgeld, hergeleitet. Dazu wird zunächst K durch K^a und anschließend K^a durch Beziehung (4) ersetzt. Man erhält dann:

$$B' + a\,(D + T)\,(1 - r) = C + D + T.$$

Wird außerdem C entsprechend (11) durch kD sowie T entsprechend (12) durch tD ersetzt, dann ergibt sich:

$$B' + a\,(D + tD)\,(1 - r) = D + kD + tD$$

und bei Auflösung nach D:

$$(14)\quad D = \frac{1}{1 + k + t - a\,(1 + t)\,(1 - r)}\,B'.$$

In einem *zweiten* Schritt wird D aus Gleichung (14) in die Definitionsgleichung für die *Geldmenge*

$$M = C + D = kD + D = (1 + k)\,D$$

eingesetzt. Mit $M = M^a$ folgt unmittelbar:

$$M^a = \frac{1 + k}{1 + t + k - a\,(1 + t)\,(1 - r)}\,B'$$

bzw.

$$(15)\quad \boxed{M^a = \frac{1 + k}{(1 + t)\,[1 - a\,(1 - r)] + k}\,B', \quad \text{wobei} \quad t = t\,(i_h) \quad \text{und} \quad a = a\,(i_s,\, i_G,\, z,\, Q).}$$

Diese Funktion bezeichnen wir wieder als **Geldangebotsfunktion.** Wie unmittelbar zu erkennen ist, ergibt sich bei $t = 0$ als Spezialfall die im vereinfachten Modell abgeleitete Geldangebotsfunktion (13).

Die Darstellung des Marktes für Geld wird vollständig, wenn neben der Geldangebotsfunktion die bereits angegebene *Geldnachfragefunktion* in der Form

(7) $L = L\,(i_s, i_h, Y)$

berücksichtigt wird.

bbb) Mit dem *Markt für Geld in einem weiteren Sinne* findet ein Geldmengenkonzept (M^+) Berücksichtigung, das die Geldmenge weiter faßt und neben dem Bargeldumlauf und den Sichteinlagen auch die anderen Einlagen der Nichtbanken miteinbezieht[94]). Die Größe M^+ ist demnach wie folgt abgegrenzt:

(16) $M^+ = M + T.$

Zur Ermittlung der *Angebotsfunktion für* M^+ ersetzen wir T in (16) durch tD und erhalten bei $M = M^a$ sowie $M^+ = M^{a+}$

(17) $M^{a+} = M^a + tD.$

Wir ersetzen in (17) M^a entsprechend (15) und D entsprechend (14). Dann ergibt sich wegen des gleichen Nenners in (14) und (15) unmittelbar:

(18) $$M^{a+} = \frac{1 + k + t}{(1 + t)\,[1 - a\,(1 - r)] + k}\,B',$$

wobei $t = t\,(i_h)$ und $a = a\,(i_s, i_G, z, Q)$.

Der Ermittlung der *Nachfragefunktion für die Geldmenge* M^+ wird ebenfalls die durch (16) gegebene Definitionsgleichung zugrunde gelegt. Da nach Gleichung (12) $T = tD$, kann man hierfür auch schreiben:

---

[94]) Das Konzept M^+ läßt sich mit der *Geldmenge* M_3 identifizieren, wenn man der Größe T Termineinlagen mit einer Befristung bis unter vier Jahren sowie Spareinlagen mit gesetzlicher Kündigung zuordnet und andere Termin- und Spareinlagen im Modell vernachlässigt.

(19) $M^+ = M + tD.$

Da aus (10) und (11) $M = (1 + k)\, D$ folgt, ist

$$D = \frac{1}{1+k} M.$$

Wird dieser Ausdruck für D in (19) eingesetzt, dann ergibt sich:

$$M^+ = M + \frac{t}{1+k} M$$

bzw.

(20) $$M^+ = \frac{1+k+t}{1+k} M.$$

Werden in (20) M^+ durch L^+ und M durch L ersetzt, so erhält man bei Berücksichtigung von (7) als Nachfragefunktion

(21) $$L^+ = \frac{1+k+t}{1+k} L\,(i_s, i_h, Y).$$

ccc) Die für den *Kreditmarkt* relevante *Kreditangebotsfunktion* läßt sich aus der Bilanzrestriktion (2) herleiten, indem $(C + D + T)$ durch M^+ ersetzt wird. Man erhält dann

$$B' + K = M^+.$$

Wird K durch K^a und M^+ durch M^{a+} ersetzt, dann ergibt sich bei Auflösung nach K^a

(22) $K^a = M^{a+} - B'.$

Offenbar läßt sich die *Kreditangebotsfunktion* ermitteln, indem von der Angebotsfunktion für M^+ die bereinigte Basis subtrahiert wird[95]).

[95]) Analog zur vereinfachten Gleichgewichtsanalyse läßt sich die ausformulierte Kreditangebotsfunktion in folgender Weise herleiten: Gleichung (4) wird unter Berücksichtigung der Beziehung $T = t\,D$ zu

$$K^a = a\,(1 - r)\,(1 + t)\,D.$$

Bei der Ableitung der *Kreditnachfragefunktion* gehen wir (entsprechend der Vorgehensweise im vereinfachten Modell) von der Bilanzrestriktion des Nichtbankensektors aus. Wird in der Bilanz 4c. die Summe $(C + D + T)$ durch M^+ ersetzt, dann ergibt sich:

$$M^+ = K + \ddot{O} + G_F + RV_N.$$

Da das Reinvermögen des Nichtbankensektors (RV_N) wie bisher den Nettoauslandsforderungen (W) entspricht und $\ddot{O} + G_F + W = B'$, kann man mit $M^+ = L^+$ und $K = K^n$ auch schreiben

$$L^+ = K^n + B'$$

bzw.

(23) $K^n = L^+ - B'.$

dd) Gleichgewicht. – aaa) Wir betrachten zunächst den Markt für die *Geldmenge M.* Wie die Geldangebotsfunktion

(15) $M^a = \dfrac{1 + k}{(1 + t)\,[1 - a(1 - r)] + k}\, B',$

wobei $t = t(i_h)$ und $a = a(i_s, i_G, z, Q)$,

in Verbindung mit der Zinsfixierungsfunktion

(13) $i_h = i_h(i_s)$

erkennen läßt, geht von Änderungen des Sollzinssatzes i_s bei gegebener Bargeldquote (k) und vorgegebenen Werten der Parameter B', Q, r, i_G, und z ein *zweifacher Einfluß* auf das Geldangebot M^a aus, und zwar einmal über den Kreditkoeffizienten a und zum anderen über den Einlagenkoeffizienten t. Der über den *Kreditkoeffizienten a* bestehende Zusammenhang zwischen M^a und i_s ist – wie im ein-

---

Wird in diese Gleichung die Beziehung für die Sichteinlagen (14) eingesetzt, dann erhält man:

$$K^a = \frac{a(1 - r)(1 + t)}{(1 + t)\,[1 - a(1 - r)] + k}\, B',$$

wobei $t = t(i_h)$ und $a = a(i_s, i_G, z, Q)$.

fachen Modell – *positiv. Negativ* ist demgegenüber die über den *Einlagenkoeffizienten t* hergestellte Beziehung zwischen M^a und i_s; denn ein Anstieg von i_s bewirkt einen Anstieg von i_h und damit eine Zunahme von t, wodurch der Nenner des Multiplikators größer, M^a also kleiner wird (und umgekehrt). Hinter diesen beiden *gegenläufigen* Effekten von i_s auf M^a verbirgt sich folgender ökonomischer Sachverhalt: Eine Erhöhung des Sollzinssatzes, ausgelöst z.B. durch eine Zunahme der Geld- und Kreditnachfrage im Zuge einer Verstärkung der wirtschaftlichen Aktivität, stellt für die Geschäftsbanken einen Anreiz dar, ihr Kreditangebot auszuweiten. Hieraus resultiert ein *expansiver* Einfluß auf M^a. Anderseits zieht die Erhöhung des Sollzinssatzes eine Erhöhung des Habenzinssatzes nach sich, wodurch Nichtbanken veranlaßt werden, Sichteinlagen und entsprechend der Beziehung (11) $C = kD$ auch Bargeldbestände z.T. durch Termin- und Spareinlagen zu ersetzen. Aus diesem **Umschichtungseffekt** resultiert ein *kontraktiver* Einfluß auf das unter (15) angegebene Geldangebot M^a, da Geldbestände (Bargeld und Sichteinlagen) in Nicht-Geld darstellende Aktiva (Termin- und Spareinlagen) umgewandelt werden. Zwar ist dieser Vorgang auch mit einer Abnahme des Bargeldumlaufs verbunden, die – isoliert gesehen – expansiv auf das Kredit- und Geldangebot wirkt, doch wird hierdurch der *Umschichtungseffekt* in seiner kontraktiven Wirkung auf M^a lediglich abgeschwächt (nicht aber in seiner Richtung geändert). Ob nun der insgesamt kontraktive Einfluß über den Einlagenkoeffizienten (t) in seiner Wirkung auf das unter (15) angegebene Geldangebot M^a schwächer ist als der expanxive Effekt über den Kreditkoeffizienten (a), läßt sich von vornherein nicht entscheiden. Denkbar ist also, daß der durch (15) in Verbindung mit (13) hergestellte Zusammenhang zwischen M^a und i_s positiv oder auch negativ ist. Im folgenden werden wir jedoch die Möglichkeit einer negativ geneigten Geldangebotsfunktion vernachlässigen, weil hiergegen empirische Beobachtungen sprechen. Ökonometrische Untersuchungen für die Bundesrepublik machen deutlich, daß sich für die Zinselastizität des Geldangebots signifikant *positive* Werte ergeben[96]).

---

[96]) Siehe hierzu H.-J. Jarchow, H. Möller, Geldbasiskonzepte und Geldmenge (II). Zweiter Teil: Empirische Zusammenhänge. „Kredit und Kapi-

Zur Ermittlung der Gleichgewichtslösung benötigen wir neben der Geldangebotsfunktion (15) die *Geldnachfragefunktion*

(7) $L = L(i_s, i_h, Y)$.

Da unterstellt wird, daß $\frac{\partial L}{\partial i_s} < 0$ und $\frac{\partial L}{\partial i_h} < 0$, folgt

$$\frac{dL}{di_s} = \frac{\partial L}{\partial i_s} + \frac{\partial L}{\partial i_h}\frac{\partial i_h}{\partial i_s} < 0, \quad \text{da} \quad \frac{\partial i_h}{\partial i_s} > 0.$$

Die Funktion (7) beschreibt also bei gegebenem Volkseinkommen einen *negativen* Zusammenhang zwischen der Geldnachfrage L und dem Sollzinssatz i_s (vgl. Fig. 32a auf S. 176).

bbb) Zur Gleichgewichtslösung für die Geldmenge (M) und den Sollzinssatz (i_s) gehört eine ganz bestimmte *Gleichgewichtslösung für die Geldmenge in einem weiteren Sinne* (M^+) und die *Kreditmenge* (K). Für die graphische Bestimmung der entsprechenden Gleichgewichtswerte benutzen wir – neben der Geldangebots- und Geldnachfragekurve (vgl. Fig. 32a) – linearisierte Angebots- und Nachfragekurven für die Geldmenge M^+ und für die Kreditmenge (vgl. Fig. 32b und c).

Die *Angebotsfunktion für die Geldmenge* M^+

(18) $M^{a+} = \dfrac{1 + k + t}{(1 + t)\,[1 - a(1 - r)] + k}\, B'$,

wobei $t = t(i_h)$ und $a = a(i_s, i_G, z, Q)$,

beschreibt ceteris paribus einen *positiven* Zusammenhang zwischen M^{a+} und i_s, wie leicht herzuleiten ist: Der über den Kreditkoeffizienten a bestehende Zusammenhang ist aus dem gleichen Grund *positiv* wie beim Geldangebot M^a. Anders als beim Geldangebot M^a ist beim Geldangebot M^{a+} aber auch der über den Einlagenkoeffi-

---

tal", 9. Jg. (1976), S. 326ff. sowie J. Siebke, An Analysis of the German Money Supply Process: The Multiplier Approach. „Beihefte zu Kredit und Kapital", H. 1 (1972), S. 269f.

zienten t bestehende Zusammenhang zwischen M^{a+} und i_s *positiv:* So bewirkt eine Erhöhung von i_s eine Erhöhung von i_h und diese wiederum eine Zunahme von t. Wie sich nun zeigen läßt, hat die Zunahme von t ceteris paribus stets eine Erhöhung von M^{a+} zur Folge[97]). Die ökonomische Erklärung hierfür ist darin zu sehen, daß (wie schon erwähnt) bei einer Zunahme der Termin- und Spareinlagen und bei einem Rückgang der Sichteinlagen auch der *Bargeldumlauf* zurückgeht. Der hieraus resultierende expansive Einfluß[98]) auf das Kreditangebot wird in seiner Wirkung auf M^{a+} – anders als bei M^a – nicht dadurch berührt, daß Geldbestände in Termin- und Spareinlagen umgewandelt werden; denn durch derartige Umschichtungsvorgänge wird nur die Zusammensetzung, nicht aber der Umfang der Geldmenge in einem weiteren Sinne (M^+) geändert.

Betrachtet man die *Nachfragefunktion für die Geldmenge* M^+,

$$(21) \quad L^+ = \frac{1 + k + t}{1 + k} L\,(i_s, i_h, Y), \text{ wobei } t = t\,(i_h),$$

dann zeigt sich, daß zwischen L und i_s zwar ein negativer, zwischen t und i_s wegen $\partial i_h / \partial i_s > 0$ jedoch ein positiver Zusammenhang besteht. A priori kann deshalb die Möglichkeit nicht ausgeschlossen werden, daß L^+ auf i_s auch positiv reagiert. Es läßt sich jedoch ableiten, daß der Zusammenhang zwischen L^+ und i_s in jedem Fall *negativ* ist, wenn (durch den Sollzinssatz induzierte) Veränderun-

---

97) Wird der Multiplikator in Gleichung (18) nach t differenziert, dann erhält man:

$$\frac{(1 + t)\,[1 - a\,(1 - r)] + k - (1 + k + t)\,[1 - a\,(1 - r)]}{N^2}$$

bzw.

$$\frac{k - k\,[1 - a\,(1 - r)]}{N^2} > 0,$$

wobei mit N der Nenner des Multiplikators in (18) bezeichnet wird.

98) In der vorangegangenen Fußnote läßt die Ableitung des Multiplikators in (18) erkennen, daß der (expansive) Einfluß von t auf M^{a+} bei *bargeldlosem* Zahlungsverkehr, d.h. bei $k = 0$, entfällt. – Vgl. zu diesem Hinweis auch Fußnote 104, S. 181.

gen des Habenzinssatzes (i_h) ausschließlich Umschichtungen zwischen Geldbeständen einerseits und Termin- und Spareinlagen anderseits bewirken[99]). Außerdem spricht der empirische Befund – wenn auch nicht ohne gewisse Einschränkungen – dagegen, daß die Zinselastizität der Geldnachfrage in einer weiteren Abgrenzung positiv ist[100]). Wir werden jedenfalls bei den weiteren

---

[99]) Wird L^+ in (21) unter Berücksichtigung der Beziehungen (12) $t = t\,(i_h)$ und (13) $i_h = i_h\,(i_s)$ nach i_s differenziert, dann ergibt sich:

$$\text{(x)} \qquad \frac{dL^+}{di_s} = \frac{1 + k + t}{1 + k}\left(\frac{\partial L}{\partial i_s} + \frac{\partial L}{\partial i_h}\,\frac{\partial i_h}{\partial i_s}\right) + \frac{\partial t}{\partial i_h}\,\frac{\partial i_h}{\partial i_s}\,\frac{L}{1 + k}.$$

Bewirken Änderungen von i_h lediglich Umschichtungen zwischen Geldbeständen einerseits und Termin- und Spareinlagen anderseits, also keine Änderungen der Gesamtnachfrage L^+, dann müssen sich die auf Änderungen von i_h zurückgehenden Effekte in der Summe auf Null belaufen. In diesem Falle ist

$$\frac{dL^+}{di_s} = \frac{1 + k + t}{1 + k}\,\frac{\partial L}{\partial i_s} < 0.$$

[100]) In empirischen Untersuchungen gelangte man hinsichtlich der Zinselastizität der Geldnachfrage sowohl bei enger als auch bei weiter Abgrenzung der Geldmenge in den weitaus meisten Fällen zu negativen Werten (vgl. dazu M. M. G. Fase, J. B. Kuné, The Demand for Money in Thirteen European and Non-European Countries: A Tabular Survey. „Kredit und Kapital", Jg. 8 (1975), S. 410ff.). Die empirischen Ergebnisse dürften jedoch nicht unwesentlich davon abhängen, wie die Geldmenge in einem weiteren Sinne abgegrenzt wird und welcher Zinssatz Verwendung findet. Eigene, auf die Bundesrepublik bezogene Untersuchungen mit Quartalswerten für den Zeitraum I 65 bis II 77 führten bei Verwendung der Geldmenge M_3 als abhängiger sowie dem nominalen Sozialprodukt und dem Sollzinssatz als unabhängigen Variablen zwar auch zu einem negativen Wert, dieser erwies sich jedoch nicht mehr als signifikant von Null verschieden. Würde man statt M_3 das engere und deshalb mit M^+ auch nicht gleichzusetzende Geldmengenkonzept M_2 (M_1 plus Termineinlagen mit einer Befristigung bis zu vier Jahren) benutzen, dann würde auch eine schwach positive Reaktion der Geldnachfrage auf den Sollzinssatz nicht überraschen; denn bei Veränderungen des Sollzinssatzes dürfte die Anpassung des Habenzinssatzes für Spareinlagen i.a. langsamer und wohl auch schwächer sein als die Anpassung beim Habenszinssatz für Termineinlagen. Bei einer starken Zinserhöhung wäre deshalb damit zu rechnen, daß Spareinlagen durch Termineinlagen ersetzt werden, wodurch M_2 – trotz Abnahme von M_1 – möglicherweise ansteigt.

Betrachtungen von der Annahme ausgehen, daß die Nachfragekurve für Geld in einem weiteren Sinne i.a. eine *negative* Neigung aufweist. Als denkbaren Grenzfall wollen wir jedoch die Möglichkeit nicht ausschließen, daß die L^+-Kurve auch vollkommen zinsunelastisch verläuft.

Die *Kreditangebotsfunktion* läßt sich – wie schon erwähnt wurde – dadurch herleiten, daß man von den Abszissenwerten der Angebotsfunktion für M^+ die Höhe der bereinigten Basis subtrahiert (vgl. Fig. 32c)..Demzufolge besteht der gleiche *positive* Zusammenhang wie zwischen M^{a+} und i_s auch zwischen K^a und i_s (d.h. die Steigungen der beiden Kurven sind gleich).

Die *Kreditnachfragefunktion* ergibt sich – wie (23) zeigt –, indem von den Abszissenwerten der Nachfragekurve für Geld im weiteren Sinne ein konstanter Betrag in Höhe der bereinigten Basis abgezogen wird (vgl. Fig. 32c). Die K^n-Kurve und die L^+-Kurve haben demnach die gleichen Steigungen.

ccc) Ausgangspunkt bei der graphischen Ermittlung der Gleichgewichtswerte für den Sollzinssatz, die Geldmenge M, die Geldmenge M^+ und die Kreditmenge K ist die Angebots- und Nachfragekonstellation auf dem Markt für Geld (vgl. Fig. 32a). Zu beachten ist, daß die Steigung der Mª-Kurve steiler verläuft als die Steigung der M^{a+}-Kurve und die Steigung der K^a-Kurve. Hiermit wird dem Umstand Rechnung getragen, daß der von i_s ausgehende Einfluß in seiner Wirkung auf M^a durch die induzierte Veränderung von t abgeschwächt, in seiner Wirkung auf M^{a+} und K^a hingegen durch die induzierte Veränderung von t verstärkt wird. Außerdem muß die L^+-Kurve steiler verlaufen als die L-Kurve; denn aus Gleichung (21) geht hervor, daß der negative Zinseinfluß auf die Geldnachfrage L^+ – anders als bei L – durch eine zinsinduzierte Änderung des Termineinlagenquotienten t gedämpft wird und L^+ demzufolge weniger zinsempfindlich reagiert als L.

Der Schnittpunkt der Mª-Kurve mit der L-Kurve bestimmt den Gleichgewichtspunkt P_1 und damit die Geldmenge M_1 und den Sollzinssatz i_{s1} (vgl. Fig. 32a). Ist der Sollzinssatz im Gleichgewicht ermittelt, dann sind damit auch die im Gleichgewicht realisierte Geld-

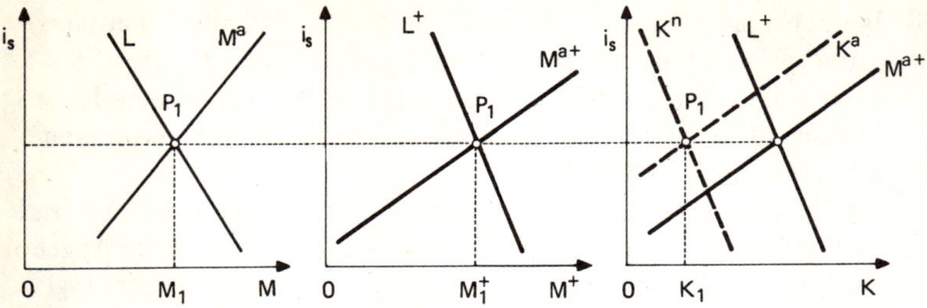

Fig. 32 (a) (b) (c)

menge in einem weiteren Sinne M_1^+ und die Kreditmenge K_1 bestimmt (vgl. Fig. 32b und 32c).

ee) Parameteränderungen. – Wir behandeln wieder zunächst Parameteränderungen, die zu einer *Verschiebung der Geldangebotskurve* führen, und danach Parameterveränderungen, die zu einer *Verschiebung der Geldnachfragekurve* führen. Im ersten Fall berücksichtigen wir allein die als Regelfall bezeichnete Angebots- und Nachfragekonstellation auf dem Markt für Geld, da der Spezialfall bei Verschiebungen der Geldangebotskurve und gegebener Geldnachfragekurve keine qualitativ anderen Ergebnisse liefert.

aaa) Aus Gleichung (15) geht hervor, daß Änderungen von B', z, Q und r in gleicher Weise auf die Lage der Geldangebotskurve einwirken wie im Rahmen der vereinfachten Gleichgewichtsanalyse, d.h. wie bei $t = 0$. Eine Erhöhung der bereinigten Basis, eine Senkung des Diskont- bzw. Lombardsatzes, eine Ausweitung der Rediskontkontingente und eine Herabsetzung des Mindestreservesatzes führen demnach über eine Rechtsverschiebung der Geldangebotskurve zu einem Anstieg der realisierten Geldmenge bei sinkendem Sollzinssatz (und umgekehrt). Mit der Änderung des Sollzinssatzes ist wegen der Beziehung $i_h = i_h(i_s)$ eine gleichgerichtete Änderung des *Habenzinssatzes* verbunden.

Welche Wirkungen von Änderungen des *Zinssatzes für Geldmarktpapiere* (i_G) ausgehen, läßt sich ebenfalls aus Gleichung (15) entnehmen. Eine Senkung von i_G vermindert wegen $\frac{\partial a}{\partial i_G} < 0$ den

Nenner des Multiplikators; damit steigt bei alternativen Werten für den Sollzinssatz das Geldangebot, und es ergibt sich – bei unveränderter Lage der Geldnachfragekurve – eine *Erhöhung der Geldmenge bei sinkendem Sollzinssatz* (und umgekehrt).

Wie aus der Gleichung (18) und den Hinweisen zur Kreditangebotsfunktion hervorgeht, lösen die behandelten Parameteränderungen Verschiebungen der M^{a+}-Kurve und der K^a-Kurve in die gleiche Richtung aus wie bei der Geldangebotskurve M^a. Eine Senkung des Diskont- bzw. Lombardsatzes oder des Zinssatzes für Geldmarktpapiere bewirkt deshalb ebenso wie eine Ausweitung der Rediskontkontingente oder eine Herabsetzung des Mindestreservesatzes eine Zunahme der Geldmenge in einem weiteren Sinne und der Kreditmenge[101]) (und umgekehrt). Eine Erhöhung der bereinigten Basis führt ebenfalls zu einer Zunahme von M^+ (und umgekehrt); die Wirkung auf die Kreditmenge ist demgegenüber (wie schon im vereinfachten Modell festgestellt) unbestimmt, da sich bei einer Änderung der bereinigten Basis nicht nur die Kreditangebotskurve verschiebt, sondern auch die Kreditnachfragekurve, und zwar in die entgegengesetzte Richtung.

bbb) Nach der Analyse von Parameteränderungen, die eine Verschiebung der Angebotskurven für M, M^+ und K auslösen, betrachten wir Parameteränderungen, die bei unveränderten Angebotskurven zu einer *Verlagerung der Nachfragekurven* führen. Wie bereits im vereinfachten Modell erwähnt, kann dieser Fall im Rahmen unseres Modells nur durch eine *Änderung des Volkseinkommens* eintreten. Erhöht sich z. B. das Volkseinkommen von Y_1 auf Y_2, dann verschieben sich die Nachfragekurven für M, M^+ und K nach rechts (vgl. Fig. 33a, b und c).

Das neue Gleichgewicht wird jeweils im Punkt P_2 bei der *größeren Geldmenge* M_2, der *größeren Geldmenge in einem weiteren Sinne*

---

[101]) In Fig. 32b und c verschieben sich die M^{a+}-Kurve und die K^a-Kurve nach rechts. – Im *Grenzfall* einer vollkommen unelastischen L^+-Kurve würde die Verschiebung der Angebotskurven keine Veränderung von M^+ (und K) bewirken.

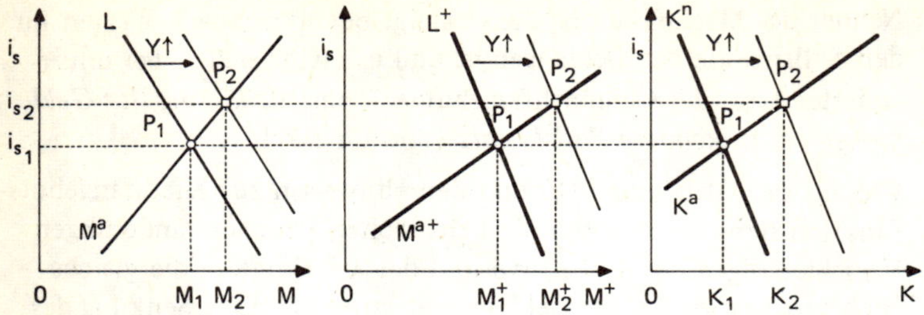

Fig. 33 (a) (b) (c)

M_2^+ und der *größeren Kreditmenge* K_2 sowie bei dem *höheren Sollzinssatz* i_{s2} realisiert (vgl. Fig. 33a, b und c). Unterschiede im Ausmaß der Zunahme von M einerseits und M^+ sowie K anderseits sind insofern zu erwarten, als die Einkommensexpansion über die Geldnachfrage eine Erhöhung des Sollzinssatzes bewirkt, die einen Anstieg des Habenzinssatzes nach sich zieht und dadurch Umschichtungen von Bargeldbeständen und Sichteinlagen in Termin- und Spareinlagen zur Folge hat. Dieser sich in einer Zunahme des Einlagenkoeffizienten t niederschlagende Vorgang bewirkt – isoliert gesehen – eine Verstärkung des expansiven Impulses auf M^+ und K (wegen der Abnahme des Bargeldumlaufs) und eine Abschwächung des expansiven Impulses auf M (wegen der Umschichtungsvorgänge)[102]).

Mit der Kredit- und Geldmengenexpansion geht – wie in der vereinfachten Gleichgewichtsanalyse – eine Zunahme der *Zentralbankverschuldung* einher, da Bargeldabzüge und zusätzliche Mindestreserveverpflichtungen zu finanzieren sind. Daneben werden Geschäftsbanken Geldmarktanlagen auflösen, d.h. *Geldmarktpapiere* an die Zentralbank zurückgeben bzw. fällige Geldmarktpapiere nicht durch neue ersetzen. Will die Zentralbank oder der öffentliche Sektor eine Abnahme des Umlaufs an Geldmarktpapieren bei den Geschäftsbanken vermeiden, dann müßte der Zinssatz für Geldmarktpapiere

---

[102]) Vgl. dazu auch die Ausführungen auf S. 171.

i_G der Entwicklung des Marktzinses i_s angepaßt und damit heraufgesetzt werden[103]).

hh) Unterschiedliche Mindestreservesätze. – aaa) Im folgenden soll untersucht werden, ob unsere Aussagen zu modifizieren sind, wenn wir die Annahme eines einheitlichen Mindestreservesatzes aufgeben und statt dessen annehmen, daß für Sichteinlagen der Mindestreservesatz r_D und für andere Einlagen (Termin- und Spareinlagen) der niedrigere Mindestreservesatz r_T gilt. Für die gesamten Mindestreserven erhält man dann:

$$Z = r_D D + r_T T,$$

$$\text{wobei} \quad r_D > r_T .$$

Bezogen auf die gesamten Einlagen $(D + T)$ ergibt sich als *durchschnittlicher Reservesatz* $\left(r' = \frac{Z}{D + T}\right)$

$$(24) \quad r' = r_D \frac{D}{D + T} + r_T \frac{T}{D + T} .$$

Wird die Beziehung (12) $T = tD$ in (24) berücksichtigt, dann ergibt sich

$$r' = r_D \frac{D}{D + tD} + r_T \frac{tD}{D + tD},$$

bzw. nach Umformulierung und Erweiterung

$$r' = r_D \frac{1}{1 + t} + r_T \frac{t}{1 + t} + \overbrace{r_T - r_T \frac{1}{1 + t} - r_T \frac{t}{1 + t}}^{= 0}$$

---

103) Der *Zentralbank* könnte in Anbetracht zunehmender wirtschaftlicher Aktivität und der damit verbundenen Gefahr steigender Preise daran gelegen sein, die Refinanzierungsmöglichkeiten der Geschäftsbanken zu verteuern. Sie würde dann auch den Diskont- und Lombardsatz heraufsetzen. Der *Staat* könnte in Hinblick auf die Finanzierung seiner laufenden Ausgaben daran interessiert sein, daß der Umlauf und Absatz an Geldmarktpapieren im Geschäftsbankensektor nicht zurückgeht.

und schließlich

$$(25)\quad r' = r_T + (r_D - r_T)\,\frac{1}{1+t},$$

$$\text{wobei}\quad r_D > r_T \quad \text{und} \quad t = t(i_h).$$

Wie nicht anders bei $r_D > r_T$ zu erwarten, *sinkt* der *durchschnittliche Mindestreservesatz* (r'), wenn der *Einlagenkoeffizient* (t) *steigt* (und umgekehrt).

bbb) Um festzustellen, welche Konsequenzen ein sich mit t verändernder (durchschnittlicher) Mindestreservesatz für das Geld- und Kreditangebot hat, ersetzen wir in der Geldangebotsfunktion (15) die Größe r durch r' aus Gleichung (25) und erhalten

$$(26)\quad M^a = \frac{1+k}{(1+t)\left\{1 - a\left[1 - \underbrace{\left(r_T + \frac{r_D - r_T}{1+t}\right)}_{=r'}\right]\right\} + k}\,B'$$

bzw.

$$(27)\quad M^a = \frac{1+k}{(1+t)\,[1 - a(1 - r_T)] + a(r_D - r_T) + k}\,B',$$

$$\text{wobei}\quad t = t(i_h) \quad \text{und} \quad a = a(i_s, i_G, z, Q).$$

Gleichung (26) macht deutlich, daß von einem Anstieg des Einlagenkoeffizienten t nicht nur ein dämpfender Effekt auf den Multiplikator ausgeht (wie in Gleichung (15)), sondern auch ein verstärkender Effekt, und zwar über eine Verringerung des durchschnittlichen Mindestreservesatzes r'. Dieser auf Veränderungen der Einlagenstruktur zurückgehende **Mindestreserveeffekt** wirkt dem Umschichtungseffekt entgegen, der aus der Verlagerung von Geldbeständen in Termin- und Spareinlagen resultiert. Der dämpfende Umschichtungseffekt wird durch den verstärkenden *Mindestreserveeffekt* aber *nicht voll kompensiert;* denn Gleichung (27) zeigt, daß auch bei unterschiedlichen Mindestreservesätzen ($r_D \neq r_T$) von einer Zunahme des Einlagenkoeffizienten letztlich ein abschwächender

Effekt auf den Multiplikator ausgeht. Entsprechend führt auch eine Senkung von t (isoliert gesehen) trotz Erhöhung des durchschnittlichen Mindestreservesatzes wegen des (verstärkenden) Umschichtungseffekts letztlich zu einem Anstieg des Geldangebotsmultiplikators.

Was schließlich das Geldangebot M^{a+} und das Kreditangebot K^a anbelangt, so läßt sich folgendes feststellen: Der (auf einen abnehmenden Bargeldumlauf zurückgehende) ohnehin expansive Einfluß einer Erhöhung von t auf M^{a+} und K^a wird noch dadurch *verstärkt*, daß mit steigendem t der durchschnittliche Mindestreservesatz r' sinkt. Entsprechend wird der (auf einen zunehmenden Bargeldumlauf zurückgehende) kontraktive Einfluß einer Abnahme von t auf M^{a+} und K^a noch dadurch verstärkt, daß mit sinkendem t der durchschnittliche Mindestreservesatz r' steigt[104]).

Es zeigt sich also, daß der vom Einlagenkoeffizienten auf M^a ausgehende (kontraktive) Impuls durch den *Mindestreserveeffekt abgeschwächt* und der auf M^{a+} und K^a ausgehende (expansive) Impuls durch den *Mindestreserveeffekt verstärkt* wird. Die bei einheitlichem Mindestreservesatz abgeleiteten Ergebnisse werden durch diesen Vorgang *nicht* im Kern berührt; denn durch Berücksichtigung des Mindestreserveeffektes wird die Richtung der Kausalzusammenhänge nicht beeinflußt, sondern lediglich das Ausmaß der Wirkungen.

ff) Einige ergänzende dynamische Betrachtungen[105]). – Die bisherige Darstellung könnte den Eindruck vermitteln, daß die durch Parameteränderungen ausgelösten Anpassungsvorgänge ohne zeitliche Verzögerung und simultan erfolgen. Tatsächlich benötigen die geschilderten Anpassungsvorgänge aber eine gewisse Zeit, und es ist anzunehmen, daß die Geschwindigkeit der Anpassung an das neue Gleichgewicht bei den einzelnen Variablen unterschiedlich ist. So könnte man z. B. vermuten, daß die Überschußreserven, die sich bei den Geschäftsbanken im Zuge der Ausweitung der bereinigten Basis an-

---

[104]) Der auf unterschiedliche Mindestreservesätze zurückgehende expansive (kontraktive) Einfluß einer Erhöhung (Senkung) von t auf M^{a+} und K wird unabhängig davon wirksam, ob bargeldloser Zahlungsverkehr vorliegt oder nicht.

[105]) Vgl. zum folgenden Absatz auch Unterabschnitt IV. 4a) cc).

sammeln, zunächst im wesentlichen zur Tilgung von Zentralbankschulden und zum Erwerb von Geldmarktpapieren genutzt und erst mit der Zeit in dem gewünschten Umfang zur Kreditgewährung und damit zur Geldschöpfung verwendet werden[106]). Umgekehrt ist bei einer Verminderung der bereinigten Basis zu erwarten, daß die hiermit verbundenen Zentralbankgeldverluste bei den Banken zunächst im wesentlichen durch Erhöhung der Zentralbankverschuldung und Auflösung von Geldmarktanlagen finanziert werden und erst im Laufe der Zeit eine Einschränkung der Kreditgewährung und damit der Geldschöpfung erfolgt. *Zentralbankverschuldung* und *Geldmarktanlagen* würden somit bei den Banken eine Art *Pufferfunktion* zwischen Änderungen ihres Zentralbankgeldbestandes und der Kreditgewährung gegenüber dem Publikum übernehmen.

Die Möglichkeit weiterer Puffereffekte wäre zu berücksichtigen, wenn man die Kredite disaggregieren und z.B. zwischen dem Erwerb von *Wertpapieren* (z.B. von Industrieobligationen) einerseits und Direktkrediten (z. B. Kontokorrentkrediten) andererseits unterscheiden würde[107]). So weist die Bundesbank verschiedentlich auf die Erfahrungstatsache hin, „daß die Banken auf eine Einschränkung ihres freien Liquiditätsspielraums zuerst und relativ rasch mit einer Drosselung ihrer Wertpapierkäufe reagieren"[108]) und erst in zweiter Linie die erforderliche Anpassung bei den Direktkrediten vornehmen[109]).

gg) Zinsabhängiges Geldangebot und die Keynessche Liquiditätspräferenztheorie. – Wir wollen die in diesem Abschnitt durchge-

---

[106]) Offenbar sprechen auch empirische Beobachtungen für diese Hypothese. Vgl. hierzu Jarchow, Möller, Geldbasiskonzepte ... (II), ..., a.a.O., S. 336f. – Möller, Jarchow, Kreditangebot, ..., a.a.O., S. 220.

[107]) Siehe hierzu z.B. die Beobachtungen von H. Müller, Die Bedeutung der time lags für die Wirksamkeit der Geld- und Kreditpolitik in der Bundesrepublik Deutschland. „Weltwirtschaftliches Archiv", Bd. 100 (1968 II), S. 276 ff. – Vgl. auch L. Hübl, Bankenliquidität und Kapitalmarktzins. (Veröffentlichungen des Instituts für Empirische Wirtschaftsforschung, Bd. 2.) Berlin 1969. S. 70. – K. Häuser, Die Geldmarktabhängigkeit des deutschen Kapitalmarktes. In: Geld- und Währungspolitik in der Bundesrepublik Deutschland. (Beihefte zu Kredit und Kapital, H. 7.) Hrsg. von W. Ehrlicher, D.B. Simmert. Berlin 1982. S. 316.

[108]) Geschäftsbericht der Deutschen Bundesbank für das Jahr 1964, S. 51.

[109]) Vgl. Geschäftsbericht der Deutschen Bundesbank für das Jahr 1965, S. 69.

führte Analyse bei endogen bestimmter Geldmenge nicht abschließen, ohne sie noch kurz vor dem Hintergrund der im ersten Abschnitt dieses Kapitels dargestellten *Keynesschen Liquiditätspräferenztheorie* betrachtet zu haben. Wir abstrahieren dabei vom Detail und konzentrieren uns nur auf folgenden Punkt:

– Im Gegensatz zu den Ergebnissen einer endogen bestimmten Geldmenge geht die Keynessche Liquiditätspräferenztheorie von einem vollkommen zinsunelastischen Geldangebot aus.

Dieser Unterschied hat zweierlei Konsequenzen:

1. Steigt die bereinigte Basis (z.B. im Zuge von Devisenzuflüssen) oder werden die Mindestreservesätze gesenkt, dann erfolgt sowohl bei vollkommen zinsunelastischem Geldangebot als auch bei zinselastischem Geldangebot eine Erhöhung der Geldmenge und eine Senkung des Zinsniveaus. Da eine Senkung des Zinsniveaus (genauer: eine Senkung des Sollzinssatzes) bei endogen bestimmter Geldmenge eine Einschränkung der von den Geschäftsbanken angebotenen Kredit- und Geldmenge induziert, dieser Effekt im Keynesschen Modell aber unberücksichtigt bleibt, ist die Geldmengenexpansion und damit die Zinssenkung im Rahmen der Liquiditätspräferenztheorie *stärker* als bei endogen bestimmter Geldmenge (und umgekehrt).

2. Ein Anstieg des Volkseinkommens führt in beiden Modellen zu einer Erhöhung des Zinsniveaus. Da die Erhöhung des Sollzinssatzes bei endogen bestimmter Geldmenge eine Erhöhung der von den Geschäftsbanken angebotenen Kredit- und Geldmenge induziert, die Geldmenge im Keynesschen Modell in diesem Fall aber konstant bleibt, fällt die Zinserhöhung im Rahmen der Liquiditätspräferenztheorie *stärker* aus als bei endogen bestimmter Geldmenge.

Zusammenfassung zu 3b) und 3c) [110]:

1. Ausgehend von der konsolidierten Bilanz des gesamten Bankensystems (einschließlich der Zentralbank) und der Bilanz des Geschäftsbankensektors wird eine Gleichgewichtsanalyse des mone-

---

[110]) Die Zusammenfassung zu 3a) findet sich auf S. 140 f.

tären Bereichs einer Volkswirtschaft durchgeführt, die u.a. die Geldmenge (M), den Soll- und den Habenzinssatz, die Geldmenge in einem weiteren Sinne (M^+ = Geldmenge plus Termin- und Spareinlagen) und die Kreditmenge als endogene Größen enthält.

2. Als Ergebnis einer komparativ-statischen Analyse findet man, daß die Geldmenge (M) und die Geldmenge in einem weiteren Sinne (M^+) sowie die Kreditmenge zunehmen und der Soll- und der Habenzinssatz sinken, wenn die Rediskontkontingente heraufgesetzt werden und wenn die Mindestreservesätze, der Diskont- bzw. Lombardsatz oder der Zinssatz für Geldmarktpapiere gesenkt werden.

3. Weiter zeigt sich, daß die Geldmenge (M) sowie die Geldmenge in einem weiteren Sinne (M^+) steigen und der Soll- und der Habenzinssatz sinken, wenn die bereinigte Basis zunimmt; die Kreditmenge kann in diesem Fall steigen, sinken oder konstant bleiben.

4. Schließlich ergibt sich noch, daß die Geldmenge (M) und die Geldmenge in einem weiteren Sinne (M^+) sowie die Kreditmenge bei steigendem Soll- und Habenzinssatz zunehmen, wenn die Geld- und die Kreditnachfrage infolge einer Erhöhung des Volkseinkommens zunehmen. Dabei erhöhen sich die Geldmenge M^+ und die Kreditmenge stärker als die Geldmenge M.

5. Ändern sich die Parameter in der entgegengesetzten Richtung, dann ergeben sich jeweils die umgekehrten Resultate.

6. Im Rahmen der unter 2. bis 5. genannten Anpassungsvorgänge geht von einer Zunahme des Einlagenkoeffizienten (Termin- plus Spareinlagen, bezogen auf die Sichteinlagen) – isoliert betrachtet – ein kontraktiver Effekt auf das Geldangebot (M^a) und ein expansiver Effekt auf das Angebot von Geld in einem weiteren Sinne (M^{a+}) sowie auf das Kreditangebot (K^a) aus (und umgekehrt). Durch Berücksichtigung unterschiedlicher Mindestreservesätze wird der vom Einlagenkoeffizienten auf M^a ausgehende Effekt abgeschwächt und der auf M^{a+} und K^a ausgehende Effekt verstärkt.

Ausgewählte Literaturangaben zum III. Kapitel

A. E. Burger, The Money Supply Process. Belmont, Cal., 1971 (zu 3).

E. M. Claassen, Grundlagen der Geldtheorie. 2., neubearb. u. erw. Aufl. Berlin, Heidelberg, New York 1980 (zu 2 und 3).

D. Duwendag u.a., Geldtheorie und Geldpolitik. Eine problemorientierte Einführung mit einem Kompendium bankstatistischer Fachbegriffe. 2., überarb. u. erw. Aufl. Köln 1977 (zu 1 und 2).

O. Issing, Einführung in die Geldtheorie. 4., überarb. Aufl. München 1981 (zu 2).

H.-J. Jarchow, H. Möller: Geldbasiskonzepte und Geldmenge (I). Erster Teil: Theoretische Zusammenhänge. „Kredit und Kapital", 9. Jg. (1976), S. 177ff., Geldbasiskonzepte und Geldmenge (II), Zweiter Teil: Empirische Zusammenhänge. „Kredit und Kapital", 9. Jg. (1976), S. 317ff. (zu 3).

H.-J. Jarchow, P. Rühmann und G. Engel, Geldmenge, Zinssatz, Bankenverhalten und Zentralbankpolitik. „Weltwirtschaftliches Archiv", Bd. 105 (1970 II), S. 304ff. (zu 3).

J. M. Keynes, The General Theory of Employment, Interest and Money. London 1936 (zu 1).

H. Möller, Ökonometrische Untersuchung zur Bestimmung von Geldmenge, Kreditvolumen und Zinssatz in der Bundesrepublik unter besonderer Berücksichtigung zentralbankpolitischer Maßnahmen. Göttingen 1978 (zu 3).

M. Neldner, Die Bestimmungsgründe des Volkswirtschaftlichen Geldangebots. Berlin, New York 1976 (zu 2 und 3).

R. Richter, U. Schlieper, W. Friedmann, Makroökonomik. Eine Einführung. Mit einem Beitrag von J. Ebel, 4., korr. u. erg. Aufl. Berlin, Heidelberg, New York 1981 (zu 1 und 3).

R. Schilcher, Geldfunktionen und Buchgeldschöpfung. Ein Beitrag zur Geldtheorie. (Wirtschaftswissenschaftliche Abhandlungen, H. 11) Berlin 1958 (zu 2).

E. Schneider, Einführung in die Wirtschaftstheorie. III. Teil. Geld, Kredit, Volkseinkommen und Beschäftigung. 11., verb. und erw. Auflage. Tübingen 1969 (zu 1 und 2).

J. Siebke, M. Willms, Theorie der Geldpolitik. Berlin, Heidelberg, New York 1974 (zu 1 und 3).

U. Westphal, Theoretische und empirische Untersuchungen zur Geldnachfrage und zum Geldangebot. (Kieler Studien, 110.) Tübingen 1970 (zu 3).

M. Willms, K.W. Riechel, Geldtheorie und Geldpolitik VII: Geldangebot. In: Handwörterbuch der Wirtschaftswissenschaft (HdWW). Zugleich Neuauflage des Handwörterbuchs der Sozialwissenschaften. 3. Bd. (1981), S. 451 ff. (zu 3).

IV. Monetärer Bereich und güterwirtschaftlicher Bereich

In den beiden vorhergehenden Abschnitten wurde gezeigt, wie sich das Gleichgewicht im monetären Bereich einer Volkswirtschaft etabliert und welche Anpassungsvorgänge bei Störungen ausgelöst werden. Dabei wurden das nominale Volkseinkommen ebenso wie seine Komponenten, das reale Sozialprodukt und das Preisniveau, als Parameter angesehen, also nicht aus dem Modell heraus erklärt. Die Erklärung der Höhe bzw. Veränderung des realen *Sozialprodukts* (und damit der *Beschäftigung* [1])) sowie des *Preisniveaus* stellt jedoch gerade ein Anliegen dar, das von großem allgemeinen Interesse ist und deshalb schon seit langem einen wichtigen Gegenstand systematischer Forschung in der Nationalökonomie bildet. Und auch in Hinblick auf die Analyse geldpolitischer Maßnahmen können wir nicht bei einer Darstellung stehenbleiben, die nur die Anpassungsvorgänge im monetären Bereich einer Volkswirtschaft beschreibt. Wir haben vielmehr zu untersuchen, wie die (z. B. durch Einsatz geldpolitischer Aktionsparameter) ausgelösten Anpassungsvorgänge im monetären Bereich auf die letztlich wirtschaftspolitisch relevanten Größen des güterwirtschaftlichen Bereichs (das reale Sozialprodukt, die Beschäftigung und das Preisniveau) weiterwirken. Dazu müssen wir die Analyse des monetären Bereichs durch eine Analyse des güterwirtschaftlichen Bereichs (einschließlich des Arbeitsmarktes) ergänzen und dabei die Verbindungslinien zwischen *monetären Impulsen,* z. B. ausgelöst durch Einsatz geldpolitischer Parameter, und den *Zielgrößen im güterwirtschaftlichen Bereich,* also den sogenannten **Transmissionsmechanismus**, aufzeigen. Zur Klärung der Zusammenhänge werden wir verschiedene Theorien heranziehen, die sich u. a. dadurch unterscheiden, daß sie Änderungen der Geldmenge unterschiedliche Wirkungen auf den güterwirtschaftlichen Bereich beimessen.

---

[1]) Die Verbindung zwischen dem realen Sozialprodukt und der Beschäftigung wird durch eine gesamtwirtschaftliche Produktionsfunktion hergestellt (vgl. dazu S. 213 f.).

1. Die Quantitätstheorie und die neoklassische Theorie

Die *Quantitätstheorie,* die schon in der ökonomischen Literatur des achtzehnten Jahrhunderts, z. B. bei Hume[2]), anzutreffen ist, bildet einen wesentlichen Bestandteil des Gebäudes der sog. *klassischen Nationalökonomie,* die Adam Smith (1723–1790), David Ricardo (1772–1823) und John Stuart Mill (1806–1873) zu ihren einflußreichen Architekten zählt. Als *neoklassisch*[3]) wollen wir eine jüngere Denkrichtung in der Nationalökonomie bezeichnen, in der die Tradition der Quantitätstheorie – wie bei L. Walras, A. Marshall, K. Wicksell und A. C. Pigou – in Form der *Kassenhaltungsgleichungen* weitergeführt und um die von L. Walras entwickelte mikroökonomisch fundierte *Totalanalyse der Gleichgewichtsbildung* auf Märkten für produzierte Güter, Dienste und Faktoren erweitert wird. Die hierbei gefundenen Ergebnisse präzisieren die wichtigsten Aussagen der Klassiker[4]).

a) Quantitätsgleichung und Quantitätstheorie

Ein wichtiges Konzept der Quantitätstheorie ist die **Umlaufgeschwindigkeit des Geldes** (V_T), die durch folgende Beziehung definiert wird:

$$(1) \quad V_T = \frac{p_T \cdot T^r}{M}.$$

Hierbei bedeuten

T^r: den Realwert aller während einer Periode gehandelten Güter einschl. Dienstleistungen (das sog. Handelsvolumen),

p_T: den dazugehörigen Durchschnittspreis und

M: (wie bisher) die Geldmenge.

---

[2]) Vgl. D. Hume, Political Discourses. 2nd ed. Edinburg 1752. S. 41ff., 82f.

[3]) Vgl. D. Patinkin, Money, Interest, and Prices. An Integration of Monetary and Value Theory. 2nd ed. New York 1966. S. 162f.

[4]) Ein makroökonomisches Modell, das die Vorstellungen der Klassiker charakterisiert, findet sich im Anhang A 4).

Die *Umlaufgeschwindigkeit des Geldes* ist also eine Beziehung zwischen dem Wert aller Gütertransaktionen, die innerhalb einer Periode durchgeführt werden, und der Geldmenge; sie gibt an, wie häufig eine Geldeinheit innerhalb einer Periode im Durchschnitt benutzt wird, um Gütertransaktionen zu finanzieren.

Aus der Definitionsgleichung für die Umlaufgeschwindigkeit des Geldes läßt sich die Fishersche **Quantitätsgleichung**[5]) herleiten:

(2) $M V_T = p_T T^r$[6]).

Diese Gleichung ist weiterhin eine *definitorische* Beziehung zwischen M, V_T, p_T und T^r. Sie enthält beispielsweise die Aussage, daß eine Vergrößerung der Geldmenge bei *konstanter* Umlaufgeschwindigkeit des Geldes und bei *konstantem* Realwert aller Gütertransaktionen von einer Erhöhung des Preisniveaus begleitet sein muß.

Wird die Quantitätsgleichung nicht auf das Volumen *aller* Gütertransaktionen, sondern nur auf Transaktionen der *gesamtwirtschaftlichen Endnachfrage* (Konsum, Investition und Außenbeitrag) bezogen, dann sind in Gleichung (2) die Größen V_T, p_T und T^r durch V, p und Y^r zu ersetzen. Man erhält so folgende Beziehung:

(3) $\boxed{M V = p Y^r}$.

Die genaue Bedeutung der Symbole ist hierbei folgende:

– Die Größe V gibt an, wie häufig eine Geldeinheit innerhalb einer Periode im Durchschnitt benutzt wird, um Beiträge zum Sozialprodukt (bzw. Volkseinkommen[7])) zu finanzieren. Man bezeich-

---

[5]) Vgl. hierzu I. Fisher, The Purchasing Power of Money. Its Determination and Relation to Credit, Interest and Crisis. New and rev. ed. New York 1922 (Reprinted 1963). S. 14ff.

[6]) Die mit der Definitionsgleichung (2) formulierte Quantitätsgleichung läßt sich modifizieren, indem z.B. wie bei Fisher (vgl. ebenda, S. 48) auf der linken Seite zwischen Zahlungen in Form von Bargeld und Zahlungen in Form von Giralgeld unterschieden wird.

[7]) Wenn wir Sozialprodukt und Volkseinkommen gleichsetzen, unterstellen wir – genaugenommen –, daß es sich beim Sozialprodukt um das Nettosozialprodukt zu Faktorkosten handelt.

net V deshalb auch als **Einkommenskreislaufgeschwindigkeit des Geldes**[8]).

- Die Größe p ist der Durchschnittspreis für alle Güter und Dienstleistungen, die im Sozialprodukt enthalten sind[9]).
- Die Größe Y^r unterscheidet sich von der Größe T^r dadurch, daß von den Güter und Dienstleistungstransaktionen nur solche berücksichtigt werden, die in die volkswirtschaftliche Endnachfrage eingehen und damit Bestandteile des Volkseinkommens sind. Die Größe Y^r berücksichtigt im Unterschied zu T^r also keine Umsätze von Vorleistungen bzw. Zwischenprodukten und ist deshalb auch *kleiner* als T^r[10]).

Mit der Gleichung (2) stimmt (3) darin überein, daß sie eine *Identitätsgleichung* ist, also eine *tautologische* Beziehung darstellt.

Aus der *Quantitätsgleichung* (3), also einer *Identitätsgleichung*, entsteht eine *Theorie*, und zwar die **Quantitätstheorie**, wenn bestimmte Annahmen hinsichtlich der in (3) enthaltenen Größen gemacht werden, die durch Erfahrungen widerlegt, also *falsifiziert* werden können[11]). Z.B. kann unterstellt werden, daß sich die Einkommenskreislaufgeschwindigkeit im Zeitablauf nicht ändert (d.h. $V = \bar{V}$) und das Geldangebot autonom (z.B. in Höhe von $\bar{M}$) fixiert ist. In diesem Fall tritt an die Stelle von (3) folgender Zusammenhang:

$$(4) \quad M\,V = p\,Y^r \text{ mit } M = \bar{M} \text{ und } V = \bar{V}.$$

Aus Gleichung (4) ergibt sich dann die *Schlußfolgerung*, daß wegen der konstanten Einkommenskreislaufgeschwindigkeit eine (autonome) Erhöhung der Geldmenge eine proportionale Zunahme des nominalen Volkseinkommens bewirkt und umgekehrt.

---

[8]) Siehe z.B. Schneider, Einführung in die Wirtschaftstheorie. III. Teil, ..., a.a.O., S. 233.

[9]) Eine Präzisierung von p erfolgt durch Gleichung (14) auf S. 196.

[10]) Vgl. hierzu M. Friedman, A Theoretical Framework for Monetary Analysis. "The Journal of Political Economy", Vol. 78 (1970), S. 198f.

[11]) Im Unterschied zu einer tautologischen Beziehung (wie der Quantitätsgleichung) läßt sich eine Theorie (wie z. B. die Quantitätstheorie) also *falsifizieren*.

b) Die Kassenhaltungstheorie

aa) Gleichgewicht zwischen Geldnachfrage und Geldangebot. – Eine abgewandelte Ausprägung erfuhr die *Quantitätstheorie* in Form der sog. **Kassenhaltungstheorie**, die insbesondere durch A. Marshall[12]) und seine Schüler bekannt wurde. In formaler Hinsicht läßt sich die *Kassenhaltungstheorie* aus der Quantitätstheorie herleiten, indem Gleichung (4) nach der Geldmenge aufgelöst und der reziproke Wert der Einkommenskreislaufgeschwindigkeit $\left(\frac{1}{V}\right)$ durch den **Kassenhaltungskoeffizienten** ***k*** (das sog. *Cambridge-k*) ersetzt wird:

$$(5) \quad \boxed{\bar{M} = k\,p\,Y^r}\,.$$

Inhaltlich ist diese Gleichung wie folgt zu interpretieren: Die *rechte* Seite enthält die Faktoren, die den Umfang der gewünschten Kassenhaltung (L) bestimmen, also die durch k charakterisierten und als gegeben angenommenen Kassenhaltungsgewohnheiten sowie das nominale Volkseinkommen ($p\,Y^r$)[13]).

Die *linke* Seite enthält das fixierte Geldangebot (M^a), das in Höhe von $\bar{M}$ bei den Nichtbanken untergebracht werden soll. Die Gleichung (5) läßt sich demzufolge als *Bedingung für das Gleichgewicht* zwischen Angebot an Geld (linke Seite von (5)) und Nachfrage nach Geld (rechte Seite von (5))[14]) auffassen.

bb) Parameteränderungen. – Während sich die Quantitätstheoretiker in erster Linie dafür interessierten, wie sich eine Änderung des exogen fixierten Geldangebots bei gegebener Einkommenskreislaufgeschwindigkeit (also bei gegebenen Zahlungsgewohnheiten) auswirkt, steht

---

[12]) Vgl. A. Marshall, Money, Credit, and Commerce. London 1929. S. 38ff., insbesondere S. 45.

[13]) Wie sich der entsprechende Zusammenhang plausibel machen läßt, ist in einzelwirtschaftlicher Hinsicht bei der Analyse der institutionell determinierten Kassenhaltung im II. Kapitel bereits dargestellt worden (vgl. S. 37ff.).

[14]) Vgl. zu dieser Interpretation: G. N. Halm, Economics of Money and Banking. Homewood, Ill., 1966. S. 74. – Friedman, A Theoretical Framework ..., a.a.O., S. 200ff.

bei der Cambridger Kassenhaltungstheorie die Frage im Vordergrund, welche Konsequenzen aus einer Änderungen der Kassenhaltungsgewohnheiten bei gegebener Geldmenge resultieren[15]). Die Antwort auf die erste Frage ist bereits im Zusammenhang mit Gleichung (4) gegeben worden. Sie läßt sich aber auch unmittelbar aus Gleichung (5) ablesen: Eine *Zunahme des exogen fixierten Geldangebots* ($M^a = \overline{M}$) bewirkt bei konstanten Kassenhaltungsgewohnheiten, d. h. bei konstanter Größe von k, eine Erhöhung des nominalen Volkseinkommens ($Y = p\,Y^r$). Umgekehrt hat eine Abnahme des Geldangebots einen Rückgang des nominalen Volkseinkommens zur Folge.

Wird der *Kassenhaltungskoeffizient k kleiner* (und bleibt die Geldmenge konstant), dann zeigt Gleichung (5), daß das nominale Volkseinkommen ($Y = p\,Y^r$) zunehmen muß. Umgekehrt dagegen muß das nominale Volkseinkommen sinken, wenn k größer wird. Eine Verminderung des Kassenhaltungskoeffizienten wirkt also in gleicher Richtung auf das nominale Volkseinkommen ein wie ein zunehmendes Geldangebot und umgekehrt.

c) Ein reduziertes Walrasianisches System für den güterwirtschaftlichen Bereich[16])

Die bisherige Darstellung der Quantitätstheorie gibt nur eine unvollständige Antwort auf die Frage, wie sich Impulse aus dem monetären Bereich auf den güterwirtschaftlichen Bereich übertragen, und zwar deshalb, weil lediglich Wirkungen auf das *nominale Volkseinkommen* aufgezeigt werden. Von Interesse ist aber vor allem, wie sich diese Wirkungen auf das *reale Sozialprodukt* (und damit auf die *Beschäftigung*) einerseits und auf das *Preisniveau* anderseits verteilen. Um hierauf eine Antwort zu erhalten, muß man die Quantitätstheorie oder Kassenhaltungstheorie um weitere Hypothesen ergänzen. Der neoklassische Ansatz bezieht zu diesem Zweck neben

---

[15]) Vgl. Halm, a.a.O., S. 74.

[16]) Vgl. hierzu B. Hansen, A Survey of General Equilibrium Systems. New York 1970. S. 31ff.

der Kassenhaltungstheorie eine *mikroökonomische totale Gleichgewichtstheorie* für die Gütermärkte (einschließlich der Märkte für Dienstleistungen) und die Faktormärkte mit in die Analyse ein.

Das von uns verwendete reduzierte[17]) Gleichgewichtsmodell für den *güterwirtschaftlichen Bereich* beschreibt die Angebots- und Nachfragefunktionen für n Güter- und Faktormärkte, die unter der Bedingung vollkommener Konkurrenz abgeleitet sind und gibt die Bedingungen an, unter denen sich Gleichgewicht auf diesen Märkten etabliert. Die Angebots- und Nachfragefunktionen gehen dabei auf einzelwirtschaftliche Entscheidungen von Haushalten und Unternehmungen zurück, die unter der Maxime der Nutzen- bzw. Gewinnmaximierung getroffen werden und unter der Restriktion erfolgen, daß die Einnahmen aus Verkäufen von Gütern und Faktoren genau so groß sind wie die Ausgaben für Käufe von Gütern und Faktoren.

Für die Angebots- und Nachfragefunktionen eines solchen **Walras-Modells**[18]) ist charakteristisch, daß Angebot und Nachfrage auf einem bestimmten Markt nicht nur vom Preis des gehandelten Gutes oder Faktors, sondern auch von den Preisen der übrigen Güter oder Faktoren abhängen. Bezeichnen wir die angebotene Menge eines bestimmten Gutes oder Faktors mit x_i^a $(i = 1, 2, \dots n)$ und den dazugehörigen Preis mit p_i, dann läßt sich demnach die *Angebotsfunktion für das i-te Gut* bzw. den i-ten Faktor wie folgt formulieren:

(6a) $$x_i^a = x_i^a(p_1, p_2, \dots, p_n) \qquad i = 1, 2, \dots, n.$$

---

[17]) Die Reduzierung des Modells besteht darin, daß wir die Angebots- und Nachfragefunktionen nicht aus den zugrunde liegenden Optimierungskalkülen der Haushalte und Unternehmungen abgeleitet haben. Wie eine solche Herleitung erfolgt, ist Gegenstand der allgemeinen Mikroökonomie (vgl. z. B. J. Schumann, Grundzüge der mikroökonomischen Theorie. 3., neubearb. u. erw. Aufl. Berlin, Heidelberg, New York 1980. S. 191ff.).

[18]) Zur Bedeutung des Beitrages von Léon Walras (1834–1910) zur generellen Gleichgewichtstheorie siehe E. Schneider, Einführung in die Wirtschaftstheorie. IV. Teil. Ausgewählte Kapitel der Geschichte der Wirtschaftstheorie. 2., durchges. Aufl., Tübingen 1965. S. 246ff.

Die Preise können – wie bei Walras – in Einheiten eines bestimmten Gutes oder Faktors gemessen werden. Dieses Gut ist dann das Standardgut oder in der Terminologie von Walras der **numéraire.** Wird z.B. das n-te Gut als numéraire gewählt, dann treten in Gleichung (6a) an die Stelle der Preise $p_i\,(i = 1, 2, \ldots, n)$ die *Austauschverhältnisse* $\frac{p_i}{p_n}$. Aus (6a) wird damit:

$$(6) \quad x_i^a = x_i^a\left(\frac{p_1}{p_n}, \frac{p_2}{p_n}, \ldots, \frac{p_{n-1}}{p_n}, 1\right) \quad i = 1, 2, \ldots, n.$$

Jedes *Austauschverhältnis* gibt dabei an, wieviel Einheiten des n-ten Gutes oder Faktors gegen eine Einheit des i-ten Gutes oder Faktors ausgetauscht werden können. Wird z.B. mit p_n der Lohnsatz pro Stunde und mit p_1 der Preis für ein Kilogramm Schweinefleisch angegeben, dann bedeutet $\frac{p_1}{p_n} = \frac{1}{2}$, daß man eine halbe Stunde arbeiten muß, um ein Kilogramm Schweinefleisch kaufen zu können. Der Produktionsfaktor Arbeit dient also in diesem Fall als numéraire.

Die nachgefragte Menge des i-ten Gutes oder Faktors (x_i^n) wird durch die gleichen Austauschverhältnisse bestimmt wie die angebotene Menge x_i^a. Die *Nachfragefunktion für das Gut i* lautet daher:

$$(7) \quad x_i^n = x_i^n\left(\frac{p_1}{p_n}, \frac{p_2}{p_n}, \ldots, \frac{p_{n-1}}{p_n}, 1\right) \quad i = 1, 2, \ldots, n.$$

Angebot und Nachfrage auf dem i-ten Markt befinden sich im *Gleichgewicht,* wenn

$$(8), (9) \quad x_i^a = x_i^n = x_i \qquad i = 1, 2, \ldots, n.$$

Besteht zwischen dem Angebot x_i^a und der Nachfrage x_i^n Gleichgewicht, dann wird die Gleichgewichtsmenge x_i realisiert. Das Modell enthält damit an:

Variablen:	x_i^a, x_i^n, x_i	$i = 1, 2, \ldots, n$, also $3n$, und
	p_i	$i = 1, 2, \ldots, n$, also n, und insgesamt: $4n$.

Den $4n$ Variablen stehen $4n$ Gleichungen gegenüber, von denen allerdings nur $4n-1$ Gleichungen *voneinander unabhängig* sind. Es läßt sich zeigen[19]), daß eine der $4n$ Gleichungen aus den übrigen ermittelt werden kann. Diese Gleichung enthält also keine Informationen, die nicht schon in den übrigen Gleichungen enthalten sind.

Da nur $4n-1$ voneinander unabhängige Gleichungen zur Verfügung stehen, können (Existenz der Lösung vorausgesetzt[20])) neben den Gleichgewichtsmengen auf allen Güter- und Faktormärkten ($3n$ Variable) *nur die $(n-1)$ Austauschverhältnisse (relativen Preise), nicht aber die absoluten Preise bestimmt werden.* Somit können

---

[19]) Wenn die Einnahmen aus Verkäufen von Gütern und Faktoren bei allen Wirtschaftseinheiten genauso groß sind wie die Ausgaben für Käufe von Gütern und Faktoren, dann muß auch das gesamte wertmäßige Angebot und die gesamte wertmäßige Nachfrage für Güter und Faktoren in der Volkswirtschaft gleich groß sein. Es gilt also das **Saysche Gesetz,** d. h.:

$$(x) \quad p_1 x_1^a + \ldots + p_{n-1} x_{n-1}^a + p_n x_n^a = p_1 x_1^n + \ldots + p_{n-1} x_{n-1}^n + p_n x_n^n.$$

Befinden sich $n-1$ Märkte im Gleichgewicht, z. B.:

$$(xx) \quad x_i^a = x_i^n \qquad i = 1, 2, \ldots, n-1,$$

dann gilt

$$p_i x_i^a = p_i x_i^n \qquad i = 1, 2, \ldots, n-1$$

und damit auch

$$(xxx) \quad p_1 x_1^a + \ldots + p_{n-1} x_{n-1}^a = p_1 x_1^n + \ldots + p_{n-1} x_{n-1}^n.$$

Aus (x) und (xxx) resultiert offensichtlich:

$$p_n x_n^a = p_n x_n^n$$

und

$$(xxxx) \quad x_n^a = x_n^n.$$

Die Gleichungen (x) und (xx) implizieren also die Gleichgewichtsbedingung für den n-ten Markt. – (Vgl. zu den abgeleiteten Zusammenhängen auch die Ausführungen über das Walras-Gesetz auf S. 318f.).

[20]) Vgl. hierzu die Hinweise von B. Hansen, a.a.O., S. 34f.

etwa die Preise der Güter und Faktoren $p_1, p_2, \ldots, p_{n-1}$ nur im Verhältnis zum Preis des n-ten Gutes, d. h. *nur als numéraire-Preise,* ausgedrückt werden.

Die bisher etwas abstrakt erscheinenden Ausführungen werden aussagekräftiger, wenn wir die n Märkte gedanklich in bestimmter Weise anordnen. Wir wollen uns dazu vorstellen, daß auf den Märkten $i = 1$ bis (sagen wir) $i = 500$ ($500 < n$) *Güter und Dienstleistungen der Endnachfrage* gehandelt werden. Hat sich auf diesen Märkten Gleichgewicht etabliert, dann sind damit auch die Komponenten des realen Sozialprodukts, nämlich $x_1, x_2, \ldots, x_{500}$, festgelegt. Die Komponenten des realen Sozialprodukts werden dabei (ebenso wie die numéraire-Preise) unabhängig von der Geldmenge bestimmt. Damit deutet sich hier bereits ein Ergebnis an, das wir bald präzisieren werden: Die Geldmenge ist *neutral* in bezug auf das reale Sozialprodukt.

Wir wollen uns weiter vorstellen, daß auf dem n-ten Markt der als homogen angenommene *Faktor Arbeit* gehandelt wird. Mit der Höhe von x_n ist deshalb auch die Beschäftigung festgelegt. Da x_n im Gleichgewicht sowohl nachgefragte als auch angebotene Arbeit darstellt, kann in dem dargestellten System *keine unfreiwillige Arbeitslosigkeit* auftreten. Jeder, der bereit ist, beim herrschenden Lohnsatz zu arbeiten, findet Arbeit. Die Höhe der Beschäftigung ist dabei – ebenso wie die Höhe der Komponenten des realen Sozialprodukts – unabhängig von der Höhe der Geldmenge.

Die bisherigen Überlegungen führen also zu dem Ergebnis, daß *die Geldmenge weder einen Einfluß auf die relativen Preise noch auf die Gleichgewichtsmengen des güterwirtschaftlichen Bereichs (und damit auf die Komponenten des realen Sozialprodukts und auf die Beschäftigung) ausübt.* Die Geldmenge überdeckt diese Größen wie ein Schleier und hat in dem dargestellten System offenbar eine untergeordnete Bedeutung. Allerdings hat sich unsere Analyse der Bestimmungsgründe von Preisen sowie von Güter- und Faktormengen bisher nur auf die neoklassische Theorie des güterwirtschaftlichen Bereichs beschränkt. Dabei wurden lediglich relative und keine absoluten in Geldeinheiten (z. B. in DM) ausgedrückten Preise ermittelt. Die Berechnung *absoluter Preise* gelingt erst durch die

Einbeziehung des monetären Bereichs und hierbei spielt die Geldmenge natürlich eine wichtige Rolle.

d) Das reduzierte Walras-Modell und die Kassenhaltungstheorie

Wie bereits ausgeführt, wird der monetäre Bereich in klassischen bzw. neoklassischen Modellen durch die Quantitätstheorie bzw. *Kassenhaltungstheorie* dargestellt. Letztere läßt sich in folgende drei Beziehungen aufspalten:

(10) $M^a = \overline{M}$ (Geldangebot),

(11) $L = k p Y^r$ (Geldnachfrage)

und

(12), (13) $M^a = L = M$ (Gleichgewichtsbedingung, Definition).

Um das reduzierte Walras-Modell für den güterwirtschaftlichen Bereich mit der Kassenhaltungstheorie verbinden zu können, müssen zusätzliche Gleichungen formuliert werden, die die *disaggregierten Größen des güterwirtschaftlichen Bereichs* und die *aggregierten Größen des monetären Bereichs* zueinander in Beziehung setzen.

Zu diesem Zweck definieren wir zunächst das (absolute) *Preisniveau des Sozialprodukts p* als einen irgendwie gewichteten Durchschnittspreis[21]) aus den Preisen $p_1, p_2, \ldots, p_{500}$, also:

(14) $p = p_1 \pi_1 + p_2 \pi_2 + \ldots + p_{500} \pi_{500}$, also:

Die Gewichte π_i $(i = 1, 2, \ldots, 500)$ müssen sich hierbei in ihrer Summe zu eins ergänzen.

---

[21]) Als Gewicht von p_i $(i = 1, 2, \ldots, 500)$ könnte man z. B. den auf x_i entfallenden Umsatzanteil am Gesamtumsatz der in die Endnachfrage eingehenden Güter benutzen. Man berechnet diesen Koeffizienten aus den entsprechenden Größen der früheren Perioden.

Wird das Preisniveau p durch den Preis eines bestimmten Gutes oder Faktors geteilt, z. B. durch den Lohnsatz p_n, dann erhält man als *relatives Preisniveau:*

$$(14a)\quad \frac{p}{p_n} = \frac{p_1}{p_n}\pi_1 + \frac{p_2}{p_n}\pi_2 + \ldots + \frac{p_{500}}{p_n}\pi_{500}.$$

Wird das in Geldeinheiten ausgedrückte *nominale Sozialprodukt*

$$(15)\quad Y = p_1 x_1 + p_2 x_2 + \ldots + p_{500} x_{500}$$

durch p_n geteilt, dann ergibt sich das *in Arbeitsstunden gemessene Sozialprodukt*[22]):

$$(15a)\quad \frac{Y}{p_n} = \frac{p_1}{p_n}x_1 + \frac{p_2}{p_n}x_2 + \ldots + \frac{p_{500}}{p_n}x_{500}.$$

Das *reale Sozialprodukt* Y^r wird schließlich als Quotient aus dem nominalen Sozialprodukt Y und dem Preisniveau p definiert[23]), also:

$$(16)\quad Y^r = \frac{Y}{p}.$$

Man berechnet Y^r, indem man (15) durch (14) oder (15a) durch (14a) dividiert.

Wenn wir neben den Gleichungen (6) bis (13) die Definitionsgleichungen (14), (15) und (16) (oder (14a), (15a) und (16)) berücksichtigen, dann enthält das Modell an

Daten: k

Parametern: $\overline{M}$

---

[22]) Die Angabe $\frac{Y}{p_n} = 1$ Million bedeutet beispielsweise, daß das Sozialprodukt einen Wert von einer Million Arbeitsstunden besitzt.

[23]) Der Unterschied zwischen dem realen Sozialprodukt und dem in Arbeitsstunden gemessenen Sozialprodukt besteht darin, daß das nominale Sozialprodukt im ersten Fall mit dem Preisniveau und im zweiten Fall mit dem Lohnsatz deflationiert wird.

Variablen:	$x_i^a, x_i^n, x_i, Y^r, Y$	$i = 1, 2, \ldots, n$, also	$3n+2$ und
	p_i, p	$i = 1, 2, \ldots, n$, also	$n+1$ und
	M^a, L, M	, also	3 und
		insgesamt	$4n+6$.

Zur Berechnung der $4n+6$ Variablen stehen aus dem Teilmodell für den güterwirtschaftlichen Bereich (Gleichungen (6) bis (9)) $4n-1$, aus dem Kassenhaltungsmodell des monetären Bereichs (Gleichungen (10) bis (13)) *vier* und aus den Definitionsgleichungen (14), (15), (16) *drei, insgesamt* also $4n-1+4+3 = 4n+6$ voneinander unabhängige Gleichungen zur Verfügung. Vorausgesetzt, eine Lösung existiert, dann lassen sich neben den Gleichgewichtsmengen auf allen Märkten jetzt auch die *absoluten Preise* aller Güter und Faktoren und damit auch das absolute Preisniveau des Sozialprodukts berechnen.

Die Struktur des neoklassischen Ansatzes dürfte nunmehr deutlich geworden sein[24]). Das gesamte System läßt sich in *zwei Teilmodelle* zerlegen:
Die Beziehungen für den *güterwirtschaftlichen Bereich* bestimmen die Gleichgewichtsmengen auf allen Güter- und Faktormärkten, also auch die *Höhe der Beschäftigung*, sowie $n-1$ *relative Preise*. Wie die Gleichungen (15a) und (14a) erkennen lassen, ist hiermit auch das in Arbeitsstunden gemessene Sozialprodukt und das relative Preisniveau bestimmt. Damit ist aber auch der Quotient aus diesen Größen, das in Gleichung (16) definierte *reale Sozialprodukt*, festgelegt. Auf alle diese Größen haben Änderungen der Geldmenge keinen Einfluß. Das ist gemeint, wenn von der **Neutralität des Geldes** gesprochen wird.

Die Beziehungen (10) bis (13), die bekanntlich den *monetären Bereich* beschreiben, dienen dazu, die *absolute Höhe aller Preise*, das *absolute Preisniveau des Sozialprodukts* und das in Geldeinheiten

---

[24]) Die folgenden Ergebnisse lassen deutlich die Parallelen zu den Ergebnissen der makroökonomischen Version des klassischen Modells im Anhang A 4), insbesondere S. 315f. erkennen.

ausgedrückte *(nominale) Sozialprodukt* festzulegen. Der *Einfluß des autonom fixierten Geldangebots* ($\overline{M}$) auf das Preisniveau des Sozialprodukts (p) und auf das nominale Sozialprodukt wird besonders deutlich, wenn die Beziehungen des monetären Bereichs auf die (bereits bekannte) Gleichung

(17) $\overline{M} = k\,p\,Y^r$

reduziert werden. Da Y^r durch die Beziehungen des güterwirtschaftlichen Bereichs bestimmt wird, führt eine *Zunahme der Geldmenge* bei gegebenen Angebots- und Nachfragefunktionen des güterwirtschaftlichen Bereichs *zu einer proportionalen Erhöhung des Preisniveaus* (und des nominalen Sozialprodukts). Umgekehrt bewirkt eine Abnahme der Geldmenge eine proportionale Senkung des Preisniveaus (und des nominalen Sozialprodukts). Dieses sind Ergebnisse, die im allgemeinen als Inhalt der **Quantitätstheorie** angesehen werden. Sie sind für die klassische und neoklassische Position wesentlich[25]).

e) Die Problematik der Preisanpassungen und die Lösung von D. Patinkin

Der Einfluß der Geldmenge auf das Preisniveau wurde oben nur im Rahmen einer komparativ-statischen Analyse der Beziehung (17) beschrieben. Die Kräfte, die die Preisanpassung auslösen und den *Anpassungspfad im Zeitablauf* bestimmen, wurden nicht aufgezeigt. Von sehr wenigen Ausnahmen abgesehen (zu den Ausnahmen gehört K. Wicksell), fehlte auch bei den Neoklassikern eine *dynamische Analyse,* die die Entwicklung des Preisniveaus vom alten zum neuen Gleichgewicht untersucht[26]). Erst eine dynamische Analyse macht aber eine Inkonsistenz des neoklassischen Modells sichtbar,

---

[25]) Die Wirkungen einer Änderung der Geldmenge konnten im Rahmen des monetären Bereichs (siehe S. 189, 191) nur in bezug auf das nominale Volkseinkommen ($p\,Y^r$) angegeben werden. Durch die Einbeziehung des güterwirtschaftlichen Bereichs können wir die entsprechenden Aussagen spezifizieren.

[26]) Vgl. Patinkin, a.a.O., S. 167f.

die innerhalb einer komparativ-statischen Analyse verdeckt bleibt und die wir im folgenden aufzeigen wollen[27]):

Die *Dynamisierung* des neoklassischen Modells erfolgt durch eine Beziehung, die Walras zugeschrieben wird und die den *zeitlichen Anpassungspfad* für einen bestimmten Preis p_i angibt. Sie lautet:

$$(18) \quad \frac{dp_i}{dt} = f(x_i^n - x_i^a),$$

wobei

$$\frac{dp_i}{dt}: \begin{cases} = 0, \text{ falls } (x_i^n - x_i^a) = 0 \\ > 0, \text{ falls } (x_i^n - x_i^a) > 0 \\ < 0, \text{ falls } (x_i^n - x_i^a) < 0. \end{cases}$$

Diese Beziehung bedeutet, daß

- die Preisänderungsrate für ein bestimmtes Gut oder einen bestimmten Faktor durch die Differenz zwischen Nachfrage und Angebot für dieses Gut oder diesen Faktor bestimmt wird,
- im Gleichgewicht, d. h. bei $(x_i^n - x_i^a) = 0$ keine Preisänderungen auftreten und
- bei einem Nachfrageüberschuß $[(x_i^n - x_i^a) > 0]$ ein Preisanstieg und bei einem Angebotsüberschuß $[(x_i^n - x_i^a) < 0]$ eine Preissenkung erfolgen.

Beziehen wir die *Preisanpassungsfunktion* (18) in die Analyse des neoklassischen Modells mit ein, dann ergibt sich folgendes Problem[28]):

- Nach Gleichung (17) muß eine Änderung der Geldmenge ($\overline{M}$) bei gegebenen Angebots- und Nachfragefunktionen des güterwirt-

---

[27]) Während sich eine *komparativ-statische Analyse* darauf beschränkt, zwei Gleichgewichtszustände miteinander zu vergleichen, untersucht eine *dynamische Analyse* außerdem den zeitlichen Anpassungspfad der Variablen zwischen dem alten und dem neuen Gleichgewichtszustand.

[28]) Vgl. hierzu und zu weiteren Problemen des dargestellten neoklassischen Ansatzes B. Hansen, a.a.O., S. 43ff.

schaftlichen Bereichs eine Änderung des Preisniveaus (p) nach sich ziehen.

– Nach Gleichung (14) kann eine Änderung des Preisniveaus (p) bei unveränderten Gewichten π_i ($i = 1, 2, \ldots, 500$) nur auftreten, wenn sich mindestens ein Preis p_i (hier: $i = 1, 2, \ldots, 500$) ändert.
– Nach Gleichung (18) ändert sich ein Preis p_i nur dann, wenn auf dem betreffenden Markt ein Nachfrage- oder Angebotsüberschuß entsteht.
– Nach den Gleichungen (6) und (7) (siehe S. 193) kann ein Nachfrage- oder Angebotsüberschuß aber nicht durch eine Änderung der Geldmenge verursacht werden, da die Geldmenge nicht in den Angebots- und Nachfragefunktionen des güterwirtschaftlichen Bereichs als Argument erscheint.

Zur Lösung dieses Problems bietet es sich an, die Geldmenge als Argument in den Angebots- und Nachfragefunktionen des güterwirtschaftlichen Bereichs zu berücksichtigen. Eine systematische Weiterentwicklung dieser Idee ist das Verdienst von D. Patinkin. Eine *zentrale Hypothese* seiner Theorie[29]) besteht darin, daß bei den privaten Wirtschaftseinheiten der *Bestand an realem finanziellen Nettovermögen* die Angebots- und Nachfragedispositionen beeinflußt. Auf welche Weise diese Hypothese zur Lösung des Preisanpassungsproblems beitragen kann, soll unter bestimmten Annahmen gezeigt werden, die dem oben dargestellten neoklassischen Modell entsprechen und auch von Patinkin in weiten Teilen seiner Analyse benutzt werden. So wird unterstellt, daß die Geldschöpfung in der betrachteten Wirtschaft ausschließlich dadurch erfolgt, daß der Staat laufende Budgetdefizite durch Kreditaufnahme bei der Zentralbank finanziert. Geld existiert damit nur in Form von *outside money*[30]): Es entsteht durch Monetisierung von Schulden

---

[29]) Siehe Patinkin, a.a.O. – Vgl. auch B. Hansen, a.a.O., S. 78ff., sowie das vereinfachte Patinkin-Modell im Anhang A 5).

[30]) Während **outside money** im Rahmen der hier betrachteten geschlossenen Volkswirtschaft auf einer Monetisierung von öffentlichen Schulden basiert, entsteht **inside money** durch Verschuldung *privater* Wirtschaftseinheiten. Ein typisches Beispiel für eine Geldschöpfung in Form von inside money

des Staates (also einer Wirtschaftseinheit *außerhalb* des privaten Sektors) und stellt eine *Nettoforderung* des privaten Sektors dar. Weiter wird angenommen, daß Geld die einzige Form ist, in der private Wirtschaftseinheiten finanzielles Vermögen besitzen. Unter diesen Annahmen repräsentiert die Geldmenge das finanzielle Nettovermögen der privaten Wirtschaftseinheiten. Sie gelangt deshalb auch als Argument in die Angebots- und Nachfragefunktionen des güterwirtschaftlichen Bereichs und bildet so die Grundlage für einen Vermögenseffekt in Form des Real-Balance-Effekts [31]). Angewendet auf die Nachfragefunktion für ein bestimmtes Gut, besagt der **Real-Balance-Effekt,** daß eine Erhöhung der realen Geldmenge (in Form von outside money) eine Erhöhung der Nachfrage nach diesem Gut auslöst (und umgekehrt). Auf diese Weise wird die reale Geldmenge zum Transmissionsriemen, der Impulse aus dem monetären Bereich im Wege eines Real-Balance-Effekts auf den güterwirtschaftlichen Bereich überträgt.

Berücksichtigen wir diesen Real-Balance-Effekt in einem neoklassischen Modell, dann läßt sich der durch eine Veränderung der Geldmenge ausgelöste Prozeß der Preisanpassung, dessen Darstellung sich im Rahmen der neoklassischen Theorie als problematisch erwies, wie folgt beschreiben: Die *Erhöhung* des autonom fixierten Geldangebots ist mit einer Zunahme der verfügbaren Geldmenge (in Form von outside money) identisch und bewirkt bei zunächst konstantem Preisniveau eine Erhöhung der realen Geldmenge $\left(\frac{\bar{M}}{p}\right)$. Hierdurch wird ein *Real-Balance-Effekt* ausgelöst, der eine Zunahme der Nachfrage nach Gütern bedeutet [32]). Möglicherweise geht auf

---

ist die Kreditgewährung der Geschäftsbanken an private Nichtbanken (siehe zu den Begriffen weiter J. G. Gurley and E. S. Shaw, Money in a Theory of Finance. Washington, D. C. 1960. S. 72f., 134ff. und Patinkin, a.a.O., S. 295).

[31]) An die Stelle des Real-Balance-Effekts tritt bei Patinkin ein **Net-Real-Financial-Asset-Effekt,** wenn das finanzielle Nettovermögen des privaten Sektors nicht nur aus Geld, sondern auch aus Staatstiteln (z. B. Staatsschuldverschreibungen) besteht (vgl. Patinkin, a.a.O., S. 288ff. – Siehe hierzu auch B. Hansen, a.a.O., S. 87ff. sowie Fußnote 35 auf S. 203f.

[32]) Dieser Zusammenhang läßt sich in *einzelwirtschaftlicher* Sicht wie folgt plausibel machen: Erhöht sich der verfügbare Kassenbestand bei einer Wirt-

Grund des Real-Balance-Effekts gleichzeitig auch das Angebot an Gütern zurück. Auf jeden Fall ist im allgemeinen zu erwarten, daß sich auf den Gütermärkten als Folge des Real-Balance-Effekts eine Überschußnachfrage einstellt[33]). Entsprechend der Walrasianischen Preisanpassungsfunktion (s. Gleichung (18)) müssen die Preise auf den Gütermärkten daraufhin steigen. Der Preisanstieg wirkt der anfänglichen Vergrößerung der *realen* Geldmenge $\left(\frac{\bar{M}}{p}\right)$ entgegen und setzt sich so lange fort, wie der Real-Balance-Effekt der anfänglichen Geldmengenerhöhung noch wirksam ist. Der Real-Balance-Effekt ist nicht mehr wirksam, wenn die *reale* Geldmenge auf Grund der Preiserhöhungen wieder auf ihr Ausgangsniveau zurückgefallen ist. Das ist genau dann der Fall, wenn *die Preise proportional zur autonomen Erhöhung der Geldmenge gestiegen sind* (sich zum Beispiel verdoppelt haben, wenn die Geldmenge verdoppelt wurde)[34]).

Bei einer Verminderung der Geldmenge erfolgen die Anpassungsvorgänge in der umgekehrten Richtung; im Endergebnis tritt hier eine zur Verminderung der Geldmenge proportionale Senkung der Preise ein. Die Einbeziehung des Real-Balance-Effekts bestätigt somit die Ergebnisse des neoklassischen Modells[35]); darüber hinaus macht sie aber auch deutlich, auf welchem Weg die Preisanpassung erfolgt.

Zusammenfassung:

1. Die Quantitätstheorie und die Kassenhaltungstheorie beschreiben bei isolierter Betrachtungsweise eine positive proportionale Bezie-

schaftseinheit, dann wird der verfügbare Kassenbestand dadurch größer als der gewünschte; die Wirtschaftseinheit wird deshalb versuchen, die überschüssige Kasse durch Käufe von Gütern abzubauen. Unter Umständen wird sie auch ihr Angebot an Arbeit einschränken.

[33]) Vgl. B. Hansen, a.a.O., S. 83. [34]) Vgl. hierzu den Anhang A 5), S. 319f.

[35]) Zu beachten ist, daß der Zusammenhang zwischen Geldmenge und Preisen neu zu überdenken ist, wenn die Nettoforderungen des privaten Sektors gegenüber dem Staat nicht nur aus Kasse, sondern auch aus *Staatstiteln* bestehen, und wenn die Geldmenge auch das für entwickelte Volkswirtschaften bedeutsamere *inside money* enthält (vgl. hierzu Patinkin, a.a.O., S. 288ff., 295ff. und B. Hansen, a.a.O., S. 87ff.). Insbesondere sind dann auch die beiden folgenden Fragen zu diskutieren: *erstens,* ob und inwieweit ein aus

hung zwischen einer autonom fixierten Geldmenge und dem nominalen Volkseinkommen.

2. Wird die Kassenhaltungstheorie durch ein (Walrasianisches) Gleichgewichtsmodell für den güterwirtschaftlichen Bereich ergänzt, dann erhält man ein neoklassisches Modell, das die Aussagen der Klassiker präzisiert und zu folgenden Aussagen gelangt:

– Die relativen Preise und die Gleichgewichtsmengen auf den Güter- und Faktormärkten und damit auch das reale Sozialprodukt und die Beschäftigung werden unabhängig von der Geldmenge bestimmt.

– Unfreiwillige Arbeitslosigkeit existiert nicht, da sich die Preise (einschl. des Geldlohnsatzes) immer so einregulieren, daß auf allen Güter- und Faktormärkten (also auch auf dem Arbeitsmarkt) Angebot und Nachfrage gleich groß sind.

– Bei gegebenen Angebots- und Nachfragefunktionen für den güterwirtschaftlichen Bereich bestimmt die Geldmenge die absoluten Preise auf allen Güter- und Faktormärkten und damit auch das absolute Preisniveau des Sozialprodukts. Eine Erhöhung der Geldmenge führt dann zu einem proportionalen Anstieg des Preisniveaus und umgekehrt.

3. Im neoklassischen Modell entsteht das Problem, auf welchem Wege bei einer Änderung der Geldmenge Preisanpassungen bewirkt werden. Die Berücksichtigung des Real-Balance-Effekts durch Patinkin führt unter bestimmten Annahmen zu einer Lö-

---

Beständen an Staatstiteln resultierender Vermögenseffekt dadurch kompensiert wird, daß private Wirtschaftseinheiten die zur Finanzierung der Zinszahlungen des Staates erforderlichen zukünftigen Steuerbelastungen antizipieren (und kapitalisieren), und *zweitens*, ob und inwieweit die Existenz von inside money auf Grund einer gewinnbringenden Geldschöpfungstätigkeit der Geschäftsbanken zu einem Vermögenseffekt führt, obwohl dem Gesamtbestand an inside money – rein buchhaltungstechnisch – gleich hohe Verbindlichkeiten innerhalb des privaten Sektors gegenüberstehen (siehe im einzelnen hierzu B. Hansen, a.a.O., S. 94ff., Claassen, a.a.O., S. 212ff., 240ff., B. P. Pesek and Th. R. Saving, Money, Wealth, and Economic Theory. New York, London 1967, sowie D. Patinkin, Money and Wealth. In: Studies in Monetary Economics. London 1972. S. 168ff.).

sung: Die reale Geldmenge (in Form des sog. outside money) erscheint bei Patinkin als Argument in den Angebots- und Nachfragefunktionen des güterwirtschaftlichen Bereichs und überträgt damit Impulse aus dem monetären Bereich auf den güterwirtschaftlichen Bereich.

2. Die Keynesianische Theorie

Die Vollbeschäftigungsthese der Klassiker wurde durch die Erfahrungen der Weltwirtschaftskrise widerlegt. Das große soziale Problem Anfang der dreißiger Jahre, die anhaltende Massenarbeitslosigkeit, konnte mit der klassischen und neoklassischen Theorie nicht in Einklang gebracht und durch sie auch nicht adäquat gelöst werden. Die Zeit für eine Erneuerung der Theorie war somit reif geworden.

Daß es gerade Keynes mit seiner im Jahre 1936 veröffentlichten *Allgemeinen Theorie*[36]) gelang, eine neue Phase in der ökonomischen Theorie einzuleiten, hat verschiedene Gründe[37]). Ein Grund ist darin zu sehen, daß Keynes die klassischen Vorstellungen im Rahmen einer neuen (oder erneuerten)Theorie einer grundlegenden Kritik unterzieht und dabei zentrale Positionen der Klassiker in Frage stellt: So sind der bei den Klassikern durch Marktkräfte bewirkte Vollbeschäftigungsautomatismus, der damit verbundene „zelebrierte Optimismus“[38]) und die implizit enthaltene Forderung des laissez-faire wesentliche Angriffspunkte der Keynesschen Kritik. Ein weiterer Grund für den Erfolg der Keynesianischen Revolution besteht aber auch darin, daß die *Allgemeine Theorie* mit der Kritik an den klassischen Vorstellungen zugleich eine Erklärung für

---

[36]) Keynes, a.a.O.

[37]) Vgl. hierzu und zum Folgenden die Kriterien, die von H. G. Johnson für den Erfolg einer Revolution ökonomischer Doktrinen in seiner Richard T. Ely Lecture genannt werden (The Keynesian Revolution and the Monetarist Counter-Revolution. "The American Economic Review", Papers and Proceedings, Vol. 61 (1971), S. 1ff.).

[38]) Vgl. Keynes, a.a.O., S. 33.

die Möglichkeit genereller Unterbeschäftigung anbietet und für diesen Fall auch eine plausibel erscheinende Therapie enthält.

Für die Beurteilung geldpolitischer Maßnahmen ist von besonderem Interesse, daß Keynes die Rolle des Geldes in den klassischen und neoklassischen Theorien nicht akzeptiert. Wie bereits aus der Darstellung seiner Liquiditätspräferenztheorie bekannt, führt er bei der Analyse der Kassenhaltung als ein neues Element gegenüber den Klassikern und Neoklassikern das *Spekulationsmotiv* ein. Er kritisiert deshalb die mit der Quantitäts- und Kassenhaltungstheorie zum Ausdruck gebrachte enge (und proportionale) Verknüpfung zwischen Geldmenge und nominalem Volkseinkommen. Hinsichtlich der Wirkungen der Geldmenge auf den güterwirtschaftlichen Bereich gelangt er zu Ergebnissen, die der Hypothese der Klassiker von der Neutralität des Geldes entgegenstehen. Aus der Sicht der Keynesianischen Analyse ergeben sich demzufolge andere und neue Aspekte für die Wirkungsweise der Geldpolitik.

a) Darstellung des Modells

Das hier analysierte Keynesianische Modell bezieht sich auf eine *geschlossene* Volkswirtschaft. Abgesehen von der Geldmengenpolitik der Zentralbank bleibt die wirtschaftliche Aktivität des Staates vorerst im Modell unberücksichtigt.

aa) Der monetäre Bereich. – Der monetäre Bereich des Keynesianischen Modells ist bereits in Form der Liquiditätspräferenztheorie von uns im einzelnen beschrieben worden. Dabei ist allerdings auf eine Aufspaltung des nominalen Sozialprodukts in die beiden Komponenten Preisniveau und reales Sozialprodukt verzichtet worden. Beide Komponenten stellen aber wirtschaftspolitische Zielgrößen dar und sind insofern für unsere weiteren Betrachtungen von Bedeutung. Bei der Einbeziehung des monetären Bereichs in das Keynesianische Gesamtmodell wollen wir deshalb das nominale Volkseinkommen $Y (= p \cdot Y^r)$ in seine beiden Komponenten aufspalten und gelangen dann zu folgender leicht modifizierter Darstellung der Keynesschen **Liquiditätspräferenztheorie:**

(1)	$M^a = \overline{M}$	(Geldangebot)
(2)	$L = p \cdot L^r(Y^r, i);\ L^r_{Y^r} > 0,\ L^r_i < 0$	(Geldnachfrage)[39]
(3), (4)	$M^a = L = M$	(Gleichgewicht, Definition)

bb) Der Gütermarkt. – Im güterwirtschaftlichen Bereich sollen zunächst die Bestimmungsgründe für **die gesamtwirtschaftliche Nachfrage,** d. h. für die beiden Aggregate *gesamtwirtschaftlicher Konsum* und *gesamtwirtschaftliche Investition,* untersucht werden.

aaa) Der wesentliche Bestimmungsgrund des *realen*[40]) *Konsums* (C^r) ist bei Keynes – anders als bei den Klassikern[41]) – das *reale Volkseinkommen*[42]). Formal ergibt sich als **Konsumfunktion:**

$$(5)\quad C^r = C^r(Y^r);\ 0 < C^r_{Y^r} < 1.$$

Materiell bedeutet dieser Zusammenhang, daß die Konsumenten mit einer Ausdehnung ihres realen Konsums reagieren, wenn das Realeinkommen zunimmt, das Nominaleinkommen z. B. stärker steigt als das Preisniveau. Umgekehrt schränken sie ihren realen Konsum ein, wenn das Realeinkommen abnimmt, das Nominaleinkommen z. B. schwächer steigt als das Preisniveau. Der reale Konsum wird

---

[39]) Diese Schreibweise impliziert, daß sich die (nominale) Geldnachfrage bei gegebenem Realeinkommen und Zinssatz proportional zum Preisniveau entwickelt.

[40]) Daß Keynes für die Ermittlung des realen Sozialprodukts und seiner Komponenten nicht den Preisindex des Sozialprodukts benutzt, sondern den Geldlohnsatz, ist für die weiteren Betrachtungen nicht wesentlich (siehe hierzu auch A. H. Hansen, a.a.O., S. 39ff.).

[41]) Bei den Klassikern ist die Ersparnis (S^r) und damit auch der Konsum ($C^r = Y^r - S^r$) vom Zinssatz abhängig (siehe hierzu auch den Anhang A 4), S. 315). – Auf eine Begründung dafür, daß bei Keynes im Unterschied zu den Klassikern mit dem realen Volkseinkommen eine Transaktionsgröße in der Konsumfunktion erscheint, wird auf S. 225 f., Fußnote 64, hingewiesen.

[42]) Vgl. Keynes, a.a.O., S. 89ff., insbesondere S. 96.

schließlich überhaupt nicht geändert, wenn das Realeinkommen konstant bleibt, das Nominaleinkommen z.B. proportional zum Preisniveau steigt. Die Konsumenten orientieren ihre Dispositionen über ihren realen Konsum also nicht am Nominaleinkommen, sondern an der Höhe des Realeinkommens. Daß sie ihre Entscheidung über eine reale Größe von der Entwicklung einer anderen realen Größe abhängig machen, bedeutet, daß sie *frei* sind von **Geldillusion.**

Neben dem Realeinkommen nennt Keynes noch eine Reihe anderer (sekundärer) Einflußfaktoren, die zwar nicht explizit in seiner Konsumfunktion erscheinen, aber die Lage der Konsumfunktion und damit den realen Konsum bei gegebenem Realeinkommen verändern können. Eine relativ große Bedeutung mißt er hierbei dem *Wert des privaten Nettovermögens* zu[43]). Steigt z.B. der Kurswert von Aktien infolge einer Senkung der Rendite von Obligationen[44]), dann können Aktienbesitzer Kursgewinne (sog. *windfall profits*) realisieren; sie fühlen sich deshalb reicher und entfalten bei gegebenem Realeinkommen eine größere Nachfrage nach Konsumgütern. Verallgemeinern wir diesen Zusammenhang, dann erfolgt eine Erhöhung der Konsumgüternachfrage, wenn der Kapitalwert des privaten Nettovermögens steigt, und eine Verminderung, wenn der Kapitalwert des privaten Nettovermögens sinkt.

bbb) Ein wesentlicher Bestimmungsfaktor der *realen Nettoinvestition* ist bei Keynes – wie bei den Klassikern[45]) – die *Höhe des Zinssatzes.* Um den entsprechenden Zusammenhang plausibel zu machen, müssen wir auf die Dispositionen der mikroökonomischen Entscheidungseinheiten zurückgehen.

Steht ein Investor vor der Entscheidung, eine Investition zu tätigen (z.B. eine Maschine zu erwerben), dann wird er zu diesem Zweck die mit der Investition verbundene Anfangsausgabe (z.B. die An-

---

[43]) Vgl. Keynes, a.a.O., S. 92ff. – Eine ausführliche Darstellung findet sich bei Leijonhufvud, a.a.O., S. 187ff.

[44]) Die Senkung der Rendite von Obligationen bewirkt im allgemeinen eine Zunahme der Nachfrage nach Aktien und damit einen Kursanstieg.

[45]) Siehe hierzu auch den Anhang A 4).

schaffungssumme für die Maschine) und die für die Zukunft erwarteten laufenden Nettoeinnahmen (laufende Einnahmen minus laufende Ausgaben ohne Abschreibungen) aus der Investition einander gegenüberstellen. Er hat dabei zu beachten, daß sich die Anfangsausgabe und die erwarteten Nettoeinnahmen auf *verschiedene* Zeitpunkte beziehen. Um diese beiden Größen dennoch vergleichbar machen zu können, wird er sie auf den gleichen Zeitpunkt beziehen und eine entsprechende Umrechnung vornehmen müssen. Dieses kann z. B. in der Weise geschehen, daß der Investor die für die Zukunft erwarteten laufenden Nettoeinnahmen auf den Kalkulationszeitpunkt abzinst und dazu einen Kalkulationszinssatz benutzt, der sich weitgehend am herrschenden Marktzinssatz für alternative Wertpapieranlagen orientiert[46]). Als Ergebnis erhält er dann den *Gegenwartswert der Nettoeinnahmen* $e(0)$. Unter der Annahme, daß der vom Investor gewählte Kalkulationszinsfuß dem Marktzinssatz i entspricht, ergibt sich für $e(0)$ folgende Beziehung:

$$e(0) = \frac{e_1}{(1+i)} + \frac{e_2}{(1+i)^2} + \ldots + \frac{e_n}{(1+i)^n}.$$

Hierbei bedeuten $e_1, e_2, \ldots, e_n$ die für die Perioden $1, 2, \ldots, n$ erwarteten Nettoeinnahmen.

Sind die erwarteten Nettoeinnahmen in den Perioden $1, 2, \ldots, n$ gleich groß (also $e_1 = e_2 = \ldots = e_n = e_i$) und geht die Laufzeit der Investition gegen unendlich ($n \to \infty$), dann wird aus dieser Beziehung[47]):

$$e(0) = \frac{e_i}{i}.$$

Ist der Gegenwartswert der erwarteten Nettoeinnahmen bestimmt, dann wird sich der Investor nach folgender *Entscheidungsregel* richten:

– Solange der Gegenwartswert der erwarteten Nettoeinnahmen aus der Investition ($e(0)$) *nicht kleiner* ist als die Anfangsausgabe in der Periode 0, lohnt sich die Investition.

[46]) Unterschiede zwischen Kalkulationszinssatz und Marktzinssatz können in einer vom Investor beanspruchten Risikoprämie begründet liegen.

[47]) Vgl. S. 60, Fußnote 24.

Nun steht ein Investor nicht nur vor der Frage, ob sich eine bestimmte Investition lohnt; er hat ferner zu entscheiden, in welchem *Umfang* Investitionen getätigt werden sollen. Auch zur Beantwortung dieser Frage können wir auf die eben abgeleitete Entscheidungsregel zurückgreifen. Offenbar ist ein Investor so lange bereit, seinen Bestand an Erzeugersachkapital (konkret: seinen Maschinenpark) zu erweitern, d.h. zusätzliche (oder marginale) Investitionen zu tätigen, wie der Gegenwartswert der erwarteten Nettoeinnahmen aus der letzten marginalen Investition (konkret: für die zuletzt installierte Maschine) die Anfangsausgabe für diese marginale Investition noch decken kann. Die Anfangsausgabe ist dabei der Preis, den die Anbieter von Investitionsgütern für die marginale Investition (konkret: für eine zusätzliche Maschine) fordern; der Gegenwartswert der Nettoeinnahmen kann entsprechend als der Preis interpretiert werden, den die Investoren höchstens zu zahlen bereit sind. Keynes nennt deshalb ersteren den *Angebotspreis (supply price)* und letzteren den *Nachfragepreis (demand price)* für Investitionsgüter[48]).

Bezeichnen wir den Angebotspreis (und damit die Anschaffungssumme für eine zusätzliche Maschine) mit dem Symbol p^a, dann erweitert ein Investor seinen Bestand an Erzeugersachkapital so lange, bis für die *marginale* Investition

$$e(0) = p^a.$$

Für die weitere Analyse sollen die bisherigen Ergebnisse mit Hilfe des internen Zinsfußes ausgedrückt werden. Der **interne Zinsfuß** (bei Keynes: *marginal efficiency of capital*[49])) ist der Zinsfuß, der den Gegenwartswert der Nettoeinnahmen und die Anschaffungssumme gleich groß macht. Der interne Zinsfuß (ρ) wird demzufolge durch folgende Gleichung bestimmt:

$$\frac{e_1}{(1+\rho)} + \frac{e_2}{(1+\rho)^2} + \ldots + \frac{e_n}{(1+\rho)^n} = p^a.$$

48) Vgl. Keynes, a.a.O., S. 135ff.
49) Vgl. ebenda.

Unterstellen wir wieder zur Vereinfachung, daß $e_1 = e_2 = \ldots = e_n = e_i$ und $n \to \infty$, dann ergibt sich:

$$\frac{e_i}{\rho} = p^a \cdot \quad \text{bzw.} \quad \rho = \frac{e_i}{p^a}.$$

Ist nun der interne Zinsfuß einer marginalen Investition *größer* als der herrschende Zinssatz i (und damit $e(0) = \frac{e_i}{i} > p^a$), dann ist eine marginale Investition *lohnend*. Ist ρ *gleich* i (und damit $e(0) = p^a$), dann ist eine marginale Investition *gerade noch lohnend*. Ist schließlich ρ *kleiner* als i (und damit $e(0) < p^a$), dann ist eine marginale Investition *nicht mehr lohnend*. Das Entscheidungskriterium für einen Investor können wir also alternativ zu $e(0) = p^a$ wie folgt ausdrücken: Ein Investor erweitert seinen Bestand an Erzeugersachkapital so lange, bis für die marginale Investition

$$\rho = i.$$

Zu vermuten ist nun, daß der interne Zinsfuß einer marginalen Investition abnimmt, je mehr *innerhalb einer Periode* investiert wird. Hierfür spricht einmal, daß der einzelne Investor mit einem Sinken der Grenzproduktivität des Kapitals (und damit mit einem Rückgang der zukünftigen Nettoeinnahmen) rechnet, wenn er seinen Bestand an Erzeugersachkapital ausdehnt. Zum anderen ist i.a. anzunehmen, daß die Anpassungskosten, die bei der Integration neuer Maschinen in die vorhandene Produktionsausrüstung entstehen (und die dem Angebotspreis p^a hinzuzurechnen sind), steigen, je mehr zusätzliche Maschinen pro Periode installiert werden[50]).

Der vermutete inverse Zusammenhang bleibt bestehen, wenn man die Beziehung zwischen dem internen Zinsfuß der marginalen Investition und den gesamten Investitionsmöglichkeiten *aller* Investoren betrachtet. Die entsprechende in Fig. 34 eingezeichnete $I^r(\rho)$-Kurve weist deshalb eine negative Neigung auf, die – aus gesamtwirtschaftlicher Sicht – noch zusätzlich durch die Überlegung ge-

---

[50]) Vgl. M. K. Evans, Macroeconomic Activity. Theory, Forecasting, and Control. An Econometric Approach. New York, Evanston, London 1969. S. 77.

stützt wird, daß bei einer allgemeinen Zunahme der Nachfrage nach Investitionsgütern i.d.R. damit zu rechnen ist, daß die Produzenten von Investitionsgütern den Angebotspreis (p^a) erhöhen und sich auch hieraus eine Abnahme des internen Zinsfußes ergibt[51]).

Um schließlich angeben zu können, in welchem Gesamtumfang Nettoinvestitionen innerhalb einer Periode durchgeführt werden, ist diejenige marginale Investition zu bestimmen, die sich gerade noch lohnt. Wie bereits abgeleitet, ist hierfür das Kriterium maßgeblich, daß der interne Zinsfuß der marginalen Investition gleich dem herrschenden Marktzinssatz (i) ist. Die Nettoinvestitionen werden also bis zu dem Punkt der $I^r(\rho)$-Kurve ausgedehnt, bei dem der interne Zinsfuß und der herrschende Marktzinssatz ($i = i_1$) gerade noch gleich groß sind (vgl. Fig. 34).

Die graphische Darstellung läßt erkennen, daß die Nettoinvestitionen des Planungszeitraums um so größer sind, je weiter die $I^r(\rho)$-Kurve vom Nullpunkt entfernt und (oder) je näher die i-Parallele an der Abszisse liegt.

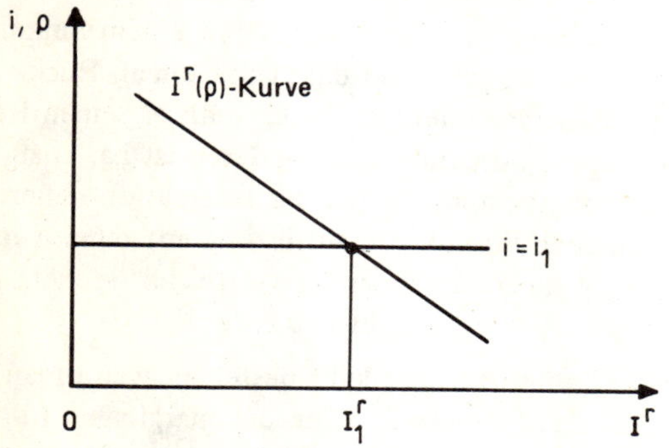

Fig. 34

Die $I^r(\rho)$-Kurve liegt um so weiter vom Nullpunkt entfernt, je höher die für die Zukunft erwarteten Nettoeinnahmen einer marginalen Investition sind. Die Nettoinvestitionen sind also bei *gegebenem* Marktzinssatz um so größer, je optimistischer die Ertragsaus-

---

51) Vgl. Keynes, a.a.O., S. 136.

sichten beurteilt werden (und umgekehrt). Die für die Zukunft erwarteten Nettoeinnahmen beeinflussen somit über die $I^r(\rho)$-Kurve die Nettoinvestitionen der Gegenwart[52]).

Die *i*-Parallele liegt um so näher an der Abszisse, je niedriger der bestehende Marktzinssatz ist. Bei gegebener Lage der $I^r(\rho)$-Kurve sind die Nettoinvestitionen im Planungszeitraum demnach um so größer, je niedriger der bestehende Marktzinssatz ist und umgekehrt. Es ist dieser Zusammenhang, der in der Keynesschen **Investitionsfunktion** beschrieben wird:

$$(6) \quad I^r = I^r(i), \; I^r_i < 0.$$

Wie oben angeführt, beeinflussen *veränderte Erwartungen* bezüglich der zukünftigen Nettoeinnahmen die Investitionstätigkeit bei gegebenem Marktzinssatz; sie bewirken damit eine *Lageverschiebung* der Investitionsfunktion.

Da sich die *gesamtwirtschaftliche reale Nachfrage* (Y^{rn}) aus dem realen Konsum (C^r) und der realen Investition (I^r) zusammensetzt, d.h.:

$$(7) \quad Y^{rn} = C^r + I^r,$$

sind ihre Einflußfaktoren durch die Argumente in der Konsumfunktion (5) und der Investitionsfunktion (6) vollständig erfaßt.

ccc) Zur Bestimmung des Gleichgewichts auf dem Gütermarkt benötigen wir neben der gesamtwirtschaftlichen Nachfrage (Y^{rn}) eine Darstellung des *gesamtwirtschaftlichen Angebots* (Y^{ra}). Ausgangspunkt ist hierbei eine **gesamtwirtschaftliche Produktionsfunk-**

---

[52]) Keynes (a.a.O., S. 145) weist ausdrücklich darauf hin, daß die $I^r(\rho)$-Kurve von grundlegender Bedeutung ist, "because it is mainly through this factor ... that the expectation of the future influences the present". An anderer Stelle (S. 141f.) macht er deutlich, daß sich *Preiserwartungen* insbesondere über die $I^r(\rho)$-Kurve auf das reale Sozialprodukt der Gegenwart auswirken: Die Erwartung steigender Preise hebt die $I^r(\rho)$-Kurve an und stimuliert so die Investitionstätigkeit; die Erwartung sinkender Preise wirkt in der entgegengesetzten Richtung.

tion, die das gesamtwirtschaftliche Angebot an Gütern der Endnachfrage (die gesamtwirtschaftliche Produktion) bei gegebenem Bestand an Erzeugersachkapital SV_0 mit der in Arbeitsstunden gemessenen gesamtwirtschaftlichen Beschäftigung (N) verknüpft[53]). Sie hat bei Keynes den von den Klassikern unterstellten Verlauf[54]):

$$(8) \quad Y^{ra} = Y^{ra}(SV_0, N); \; Y^{ra}_N > 0, \; Y^{ra}_{NN} < 0.$$

Die Produktionsfunktion (8) impliziert, daß die gesamtwirtschaftliche Produktion Y^{ra} mit zunehmender Beschäftigung steigt (d. h. $Y^{ra}_N > 0$) und die Grenzproduktivität der Arbeit abnimmt (d. h. $Y^{ra}_{NN} < 0$).

ddd) Auf dem Gütermarkt existiert *Gleichgewicht,* wenn das gesamtwirtschaftliche Angebot und die gesamtwirtschaftliche Nachfrage gleich groß sind, d. h.:

$$(9), (10) \; Y^{ra} = Y^{rn} = Y^r.$$

Im Gleichgewicht auf dem Gütermarkt sind das gesamtwirtschaftliche Angebot und die gesamtwirtschaftliche Nachfrage gleich dem *realisierten* realen Sozialprodukt Y^r.

cc) Der Arbeitsmarkt. – aaa) Die Abhängigkeit der gesamtwirtschaftlichen Produktion von der Höhe der Beschäftigung erfordert eine Untersuchung der Bestimmungsgründe für Angebot und Nachfrage auf dem *Arbeitsmarkt*. Bei der Ableitung der *Nachfragefunktion* für Arbeit knüpft Keynes an klassische Traditionen an, indem er

---

[53]) Die Annahme eines *gegebenen* Bestandes an Erzeugersachkapital muß insofern problematisch erscheinen, als *Investitionen* (also Veränderungen des Bestandes an Erzeugersachkapital) als Bestandteil der gesamtwirtschaftlichen Nachfrage explizit berücksichtigt werden. Sollen Veränderungen des Bestandes an Erzeugersachkapital in der Produktionsfunktion dennoch unberücksichtigt bleiben, dann muß man annehmen, daß die Auswirkungen der Investitionen auf die Produktion in dem Zeitraum, in dem die Investitionsgüter I^r die Nachfrageänderungen bewirken, so gering sind, daß man sie vernachlässigen kann.

[54]) Vgl. hierzu den Hinweis bei Keynes (a.a.O.,) auf S. 296. – Siehe auch A. H. Hansen, a.a.O., S. 190.

sich an der **Grenzproduktivitätstheorie** orientiert[55]). Angewendet auf die mikroökonomische Entscheidungseinheit besagt diese Theorie, daß der Einsatz eines Produktionsfaktors (z.B. von Arbeit) so lange ausgedehnt wird, bis der Wert seiner Grenzproduktivität gleich seinem Preis (z.B. dem Lohnsatz) ist[56]). Da unterstellt wird, daß die Grenzproduktivität mit steigendem Faktoreinsatz geringer wird, folgt aus dieser Entscheidungsregel, daß die Nachfrage nach einem Faktor (z.B. nach Arbeit) nur steigen kann, wenn der Quotient aus dem Faktorpreis (z.B. dem Geldlohnsatz) und dem Preis des produzierten Gutes sinkt. Überträgt man diesen Zusammenhang auf die Gesamtwirtschaft, dann ergibt sich folgende **Nachfragefunktion für Arbeit**:

$$(11) \quad N^n = N^n\left(\frac{w}{p}\right); \quad \frac{dN^n}{d\left(\frac{w}{p}\right)} < 0.$$

Hierbei bezeichnet w wieder den Geldlohnsatz und p einen Durchschnittspreis für das Sozialprodukt, also das Preisniveau.

bbb) Bei der Aufstellung von Hypothesen über das *Angebotsverhalten* auf dem Arbeitsmarkt berücksichtigen wir zwei Alternativen:

1. eine Keynesianische Arbeitsangebotsfunktion, nämlich ein mit dem Geldlohnsatz steigendes Arbeitsangebot[57]), wobei die Möglichkeit eines nach unten nicht flexiblen Geldlohnsatzes einbezogen wird[58]), und

---

[55]) Vgl. Keynes, a.a.O., S. 17f.

[56]) Es gilt also:
Preis des produzierten Gutes × Grenzproduktivität = Faktorpreis
oder
Grenzproduktivität = Faktorpreis : Preis des produzierten Gutes.

[57]) Vgl. Keynes, a.a.O., S. 296, 301.

[58]) Zur Begründung für einen nach unten nicht flexiblen Geldlohnsatz werden in der Literatur beispielsweise eine entsprechende Politik der Gewerkschaften oder gesetzliche Regelungen über Mindestlöhne angeführt. Keynes erwähnt an einigen Stellen, daß sich die Arbeiter einer Senkung des Geldlohnsatzes widersetzen werden (S. 9, 15, 303). Er weist auch darauf hin, daß Veränderungen des Geldlohnsatzes bei kleinen Änderungen der Beschäftigung

2. die von den Klassikern her bekannte Beziehung eines mit dem Reallohnsatz steigenden Arbeitsangebots bei völliger Flexibilität von Geldlohnsätzen und Preisen.

In der Analyse berücksichtigen wir somit folgende **Angebotsfunktionen für Arbeit:**

(12a) $N^a = N^a(w); \quad \frac{dN^a}{dw} > 0$

und alternativ

(12b) $N^a = N^a\left(\frac{w}{p}\right); \quad \frac{dN^a}{d\left(\frac{w}{p}\right)} > 0.$

Die Orientierung des Arbeitsangebots am Geldlohnsatz bedeutet *Geldillusion* auf seiten der Anbieter von Arbeit, die Orientierung am Reallohnsatz dagegen *Freiheit von Geldillusion.*

Auf dem Arbeitsmarkt besteht *Gleichgewicht,* wenn das Arbeitsangebot und die Arbeitsnachfrage gleich groß sind:

(13), (14) $N^a = N^n = N.$

Im Gleichgewicht auf dem Arbeitsmarkt sind Angebot und Nachfrage gleich der *realisierten* Beschäftigung N.

dd) Das gesamte Modell. – Mit der Einbeziehung des Arbeitsmarktes ist das Keynesianische Modell vollständig geworden. Es besteht somit aus folgenden Beziehungen:

(1)	$M^a = \overline{M}$	(Geldangebot)
(2)	$L = p \cdot L^r(Y^r, i)$	(Geldnachfrage)
(3), (4)	$M^a = L = M$	(Gleichgewicht, Definition)
(5)	$C^r = C^r(Y^r)$	(Konsumfunktion)

unterbleiben, weil sie nur diskontinuierlich vorgenommen werden (a.a.O., S. 301). Keynes hält aber auch größere Bewegungen des Geldlohnsatzes aus Gründen der Preisstabilität nicht für wünschenswert (a.a.O., S. 269ff.; vgl. auch S. 233, Fußnote 69).

(6)	$I^r = I^r(i)$	(Investitionsfunktion)
(7)	$Y^{rn} = C^r + I^r$	(Definition)
(8)	$Y^{ra} = Y^{ra}(N)$[59]	(Produktionsfunktion als Angebotsfunktion)
(9), (10)	$Y^{ra} = Y^{rn} = Y^r$	(Gleichgewicht, Definition)
(11)	$N^n = N^n\left(\frac{w}{p}\right)$	(Arbeitsnachfrage)
(12a)	$N^a = N^a(w)$ oder (12b) $N^a = N^a\left(\frac{w}{p}\right)$	(Arbeitsangebot)
(13), (14)	$N^n = N^a = N$	(Gleichgewicht, Definition)

Das Modell enthält damit an:

Parametern: $\bar{M}$

Variablen: $C^r, I^r, L, M^a, M, N^a, N^n, N, Y^r, Y^{ra}, Y^{rn}, i, p, w$, insgesamt also 14.

Vorausgesetzt, eine Lösung existiert, dann lassen sich die Variablen des Modells mit Hilfe der 14 Gleichungen bestimmen.

b) Vorarbeiten zur Lösung

Die *Gleichgewichtslösung* für das Keynesianische Modell (und damit die Bestimmung der oben angeführten Variablen) erfolgt mit

---

[59]) Der als gegeben angenommene Bestand an Erzeugersachkapital wird nicht mehr mit aufgeführt.

Hilfe einer *geometrischen* Darstellung. Zur Vorbereitung ist es notwendig, das Gleichungssystem teilweise zu reduzieren.

aa) Die LM^r-Kurve. – Die Gleichungen (1) bis (3) werden zu

$$(15) \quad \boxed{\frac{\bar{M}}{p} = L^r(Y^r, i)}$$

zusammengefaßt. Die Beziehung (15) gibt alle Kombinationen von p, Y^r und i an, die bei gegebenem Geldangebot $M^a = \bar{M}$ *Gleichgewicht im monetären Bereich* gewährleisten. In graphischer Darstellung ergibt sich hierfür folgendes Bild:

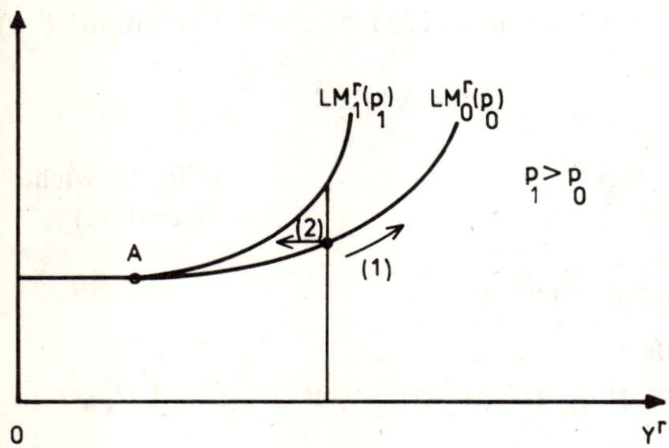

Fig. 35

Die in Fig. 35 dargestellten LM^r-Kurven sind aus Gleichung (15) hergeleitet. Sie stellen Kombinationen von Y^r und i dar, die bei alternativer Höhe der realen Geldmenge $\left(\frac{\bar{M}}{p}\right)$ jeweils Gleichgewicht im monetären Bereich herstellen. Im einzelnen werden mit den LM^r-Kurven folgende Zusammenhänge beschrieben:

– Der bei A beginnende aufsteigende Ast der $LM^r(p_0)$-Kurve besagt, daß eine *Erhöhung des realen Sozialprodukts* bei gegebener Geldmenge $\bar{M}$ und gegebenem Preisniveau p_0, also bei *gegebener* realer Geldmenge $\left(\frac{\bar{M}}{p_0}\right)$, von einem Anstieg des Zinsniveaus begleitet sein muß, wenn das Gleichgewicht im monetären Bereich weiter bestehen soll (Pfeil (1)). Der Grund hierfür liegt darin, daß eine Erhöhung des realen Sozialprodukts eine Zunahme der realen Liquiditätspräferenz für Transaktionszwecke zur Folge hat und diese bei gegebener realer Geldmenge nur befriedigt werden kann, wenn Spekulationskasse freigegeben wird. Hierzu ist aber eine *Zinserhöhung* erforderlich.

- Eine *Verminderung der Geldmenge* ($\bar{M}$) und (oder) eine Erhöhung des Preisniveaus (p_0), also eine Senkung der realen Geldmenge $\left(\frac{\bar{M}}{p_0}\right)$, wird bei gegebenem realen Sozialprodukt (Y^r) durch eine *Verschiebung* der LM^r-Kurve nach links dargestellt (Pfeil (2)). Eine Senkung von $\left(\frac{\bar{M}}{p_0}\right)$ führt demnach bei gegebenem Y^r im Bereich rechts von A zu einem Anstieg des Zinsniveaus, wenn das Gleichgewicht im monetären Bereich bestehen bleiben soll. Der Grund hierfür liegt darin, daß ein *konstantes* reales Sozialprodukt und damit eine unveränderte reale Kassenhaltung für Transaktionszwecke mit einer Senkung der gesamten realen Kassenhaltung nur vereinbar sein kann, wenn Spekulationskasse freigegeben wird. Hierzu ist aber eine *Zinserhöhung* erforderlich.

- Wird *umgekehrt* Y^r *c.p.* kleiner oder $\left(\frac{\bar{M}}{p_1}\right)$ *c.p.* größer, dann muß Spekulationskasse aufgenommen werden. Hierzu ist eine Zinssenkung erforderlich.

- Eine Änderung des Zinssatzes tritt nicht ein, wenn die Spekulationskasse bei unverändertem Zinssatz vermindert oder erhöht werden kann, die Liquiditätspräferenzkurve also in bezug auf den Zinssatz vollkommen elastisch verläuft. Der Bereich links von A auf einer LM^r-Kurve entspricht also der Keynesschen *liquidity trap*[60]).

---

[60]) Vgl. hierzu S. 107f., Fußnote 39.

bb) Die IS^r-Kurve. – Der nächste Schritt besteht darin, die Gleichungen (5), (6) und (7) unter Verwendung von (10) zu

(16) $Y^r = C^r(Y^r) + I^r(i)$

zusammenzufassen und in die (bekannte) Form

(17) $\boxed{I^r(i) = S^r(Y^r)}$

zu überführen. Hierbei bezeichnet S^r die Differenz aus dem realen Sozialprodukt und dem realen gesamtwirtschaftlichen Konsum (also $S^r = Y^r - C^r$) und damit die *reale gesamtwirtschaftliche Ersparnis.*

Die Beziehung (17) gibt (ebenso wie (16)) alle Kombinationen von Y^r und i an, die *Gleichgewicht auf dem Gütermarkt* gewährleisten. In graphischer Darstellung erhält man hierfür folgendes Bild (vgl. Fig. 36):

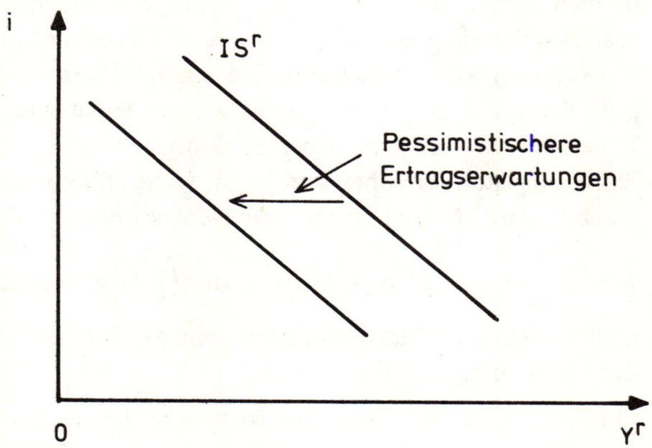

Fig. 36

Die negative Steigung der IS^r-Kurve ergibt sich aus folgendem ökonomischen Zusammenhang: *Steigt das reale Sozialprodukt* (Y^r) und damit die reale Ersparnis (S^r), dann kann das Gleichgewicht auf dem Gütermarkt nur erhalten bleiben, wenn der *Zinssatz sinkt* und dadurch ein entsprechender Anstieg der realen Investitionen induziert wird.

Verschiebungen der IS^r-Kurve treten ein, wenn sich die Erwartungen bezüglich der zukünftigen Nettoeinnahmen ändern. Beurteilen die Investoren die Ertragsaussichten z. B. pessimistischer als vorher, dann wird dieses in Fig. 36 durch eine Linksverschiebung der IS^r-Kurve dargestellt. Bei gegebenem Zinssatz muß also eine Senkung des realen Sozialprodukts eintreten, wenn Gleichgewicht auf dem Gütermarkt weiter bestehen bleiben soll. Der Grund hierfür ist folgender: Bei einer pessimistischeren Einschätzung der Ertragsaussichten investieren die Unternehmer weniger als vorher. Die geplanten realen Ersparnisse sind jetzt bei gegebenem realen Sozialprodukt größer als die geplanten realen Investitionen. Das Gleichgewicht auf dem Gütermarkt bleibt dann nur erhalten, wenn die realen Ersparnisse kleiner werden. Hierzu ist ein Rückgang des realen Sozialprodukts bei gegebenem Zinssatz erforderlich.

Werden anderseits die zukünftigen Ertragsaussichten optimistischer beurteilt, dann ergeben sich die *umgekehrten* Zusammenhänge. In Fig. 36 würde in diesem Fall eine Rechtsverschiebung der IS^r-Kurve erfolgen.

cc) Die modifizierte N^n-Kurve. – Die Vorbereitung der Lösung des gesamten Modells erfordert noch einen letzten Schritt. Die durch (11) dargestellte Arbeitsnachfragefunktion und die durch (12a) dargestellte Keynesianische Arbeitsangebotsfunktion unterscheiden sich in ihren Argumenten $\left(\text{einmal } \frac{w}{p}, \text{ einmal } w\right)$. Um sie trotzdem in einem Diagramm darstellen zu können, sind noch gewisse Vorarbeiten notwendig[61]).

Fig. 37 beschreibt die vom *Reallohnsatz* abhängige Nachfragefunktion nach Arbeit. Sie kann bei gegebenem Preisniveau mit Hilfe der Beziehung

$$\text{Geldlohnsatz} = \text{Reallohnsatz} \times \text{Preisniveau}$$

---

[61]) Im Fall der klassischen Arbeitsangebotsfunktion (12b) sind keine Vorarbeiten erforderlich, da Angebotsfunktion und Nachfragefunktion in diesem Fall die gleichen Argumente enthalten.

in eine Nachfragefunktion in Abhängigkeit vom *Geldlohnsatz* überführt werden, indem ihre Ordinatenwerte $\left(\frac{w}{p}\right)$ mit dem Preisniveau

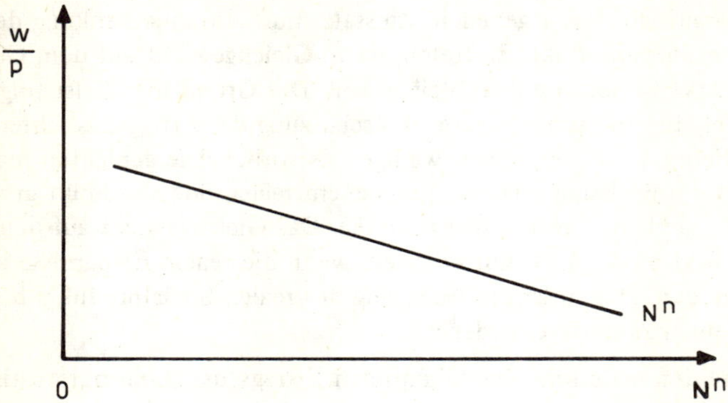

Fig. 37

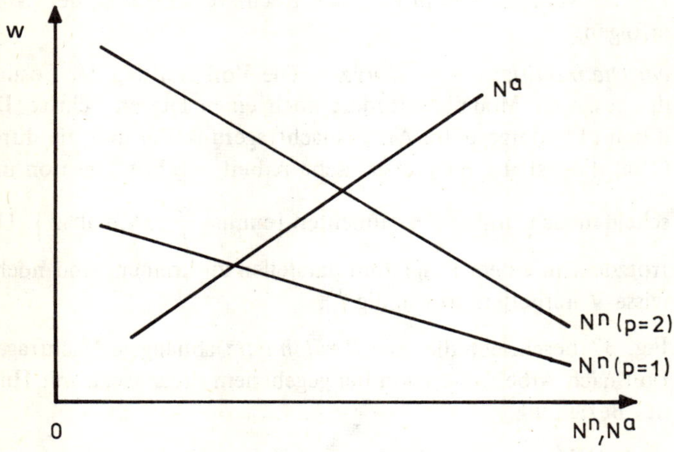

Fig. 38

multipliziert werden. Die so entstehende Kurve wird in ein neues Diagramm übertragen (Fig. 38). Ist das Preisniveau z.B. gleich eins, dann ist die Kurve der Arbeitsnachfrage in den beiden Darstellungen gleich. Ist das Preisniveau größer als eins (z. B. gleich zwei), dann liegt die Kurve der Arbeitsnachfrage in Fig. 38 oberhalb der Kurve der Arbeitsnachfrage in Fig. 37. Es wird damit deutlich, daß sich die Kurve der Arbeitsnachfrage in Fig. 38 bei steigendem Preisniveau nach oben dreht. (Eine Preissenkung wird entsprechend durch eine Drehung nach unten dargestellt).

Die Nachfragefunktion für Arbeit wird in Fig. 38 mit dem vom Geldlohnsatz abhängigen Arbeitsangebot konfrontiert. Wie in Gleichung (12a) (S. 216) angegeben, nimmt das Arbeitsangebot mit steigendem Geldlohnsatz zu.

c) Gleichgewicht und Parameteränderungen[62])

aa) Die Lösung bei einem vom Geldlohnsatz abhängigen Arbeitsangebot. – aaa) Die in Fig. 35 dargestellte $LM^r(p_0)$-Kurve (S. 218) und die in Fig. 36 dargestellte IS^r-Kurve (S. 220) übertragen wir zusammen in eine Figur 39. Es entsteht das sogenannte *Hickssche Diagramm* (Fig. 39a). Fig. 39b dient lediglich dazu, den Abszissenwert von Fig. 39a auf die Ordinate von Fig. 39c zu übertragen. Fig. 39c gibt die gesamtwirtschaftliche Produktionsfunktion entsprechend der Gleichung (8) in Verbindung mit (9), (10) wieder. Fig. 39d beschreibt schließlich die Angebots- und Nachfragekonstellation auf dem Arbeitsmarkt, und zwar mit der Keynesianischen Angebotsfunktion (12a) und unter Berücksichtigung eines nach unten nicht flexiblen Geldlohnsatzes. Die zweite Alternative (mit 12b) wird vorerst zurückgestellt.

Das Preisniveau in der Ausgangssituation sei p_0. Bei diesem Preisniveau wird auf dem Gütermarkt (und simultan im monetären Bereich) ein gesamtwirtschaftliches Gleichgewicht bei Y_0^r und i_0 reali-

---

[62]) Der Einfluß bestimmter Parameteränderungen auf Beschäftigung, Zins- und Preisniveau wird unter der Annahme eines konstanten Geldlohnsatzes algebraisch im Anhang A 6) dargestellt.

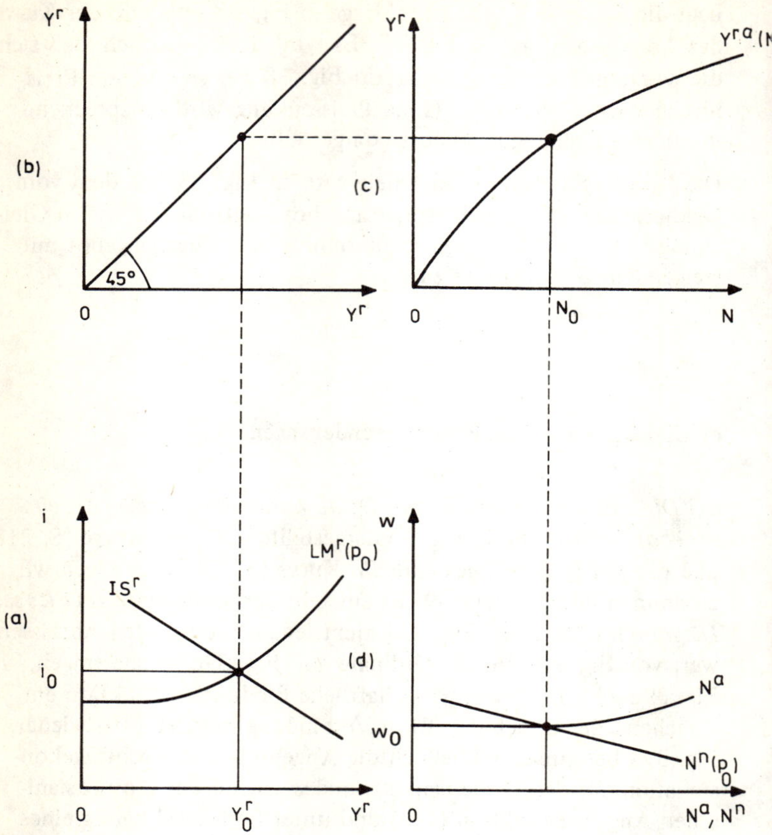

Fig. 39

siert (Fig. 39a). Zur Erstellung von Y_0^r gehört eine bestimmte Beschäftigung N_0 (Fig. 39c). Bei einem Preisniveau von p_0 fragen die Produzenten die entsprechenden Arbeitsstunden zu einem Geldlohnsatz w_0 nach. Diese Arbeitsnachfrage absorbiert also gerade die beim Geldlohnsatz w_0 insgesamt angebotenen Arbeitsstunden. Die Ausgangssituation ist also so gewählt, daß beim Preisniveau p_0 *Gleichgewicht auf dem Gütermarkt und Vollbeschäftigung* besteht.

bbb) Als nächstes wollen wir untersuchen, welche Konsequenzen aus einer *Störung* des Ausgangsgleichgewichts resultieren. Um die relevanten Anpassungsvorgänge beschreiben zu können, müssen wir zuvor unsere bisherigen, in den Gleichungen (1) bis (14) enthaltenen Annahmen um Hypothesen ergänzen, die Hinweise über die *Anpassungsgeschwindigkeit* verschiedener Variablen geben. Wir wollen deshalb folgende Hypothesen zusätzlich einführen[63]):

- Die Anpassung erfolgt im monetären Bereich schneller als im güterwirtschaftlichen Bereich. Der Zinssatz reagiert deshalb schneller als das Preisniveau und der Geldlohnsatz.
- Mengen werden schneller angepaßt als Preise. Das reale Sozialprodukt und die Beschäftigung reagieren deshalb schneller als das Preisniveau und der Geldlohnsatz.

Die zu analysierende Störung des ursprünglichen Gleichgewichts soll darin bestehen, daß die Investoren die Ertragsaussichten pessimistischer einschätzen. Die IS^r-Kurve in Fig. 39a verschiebt sich also nach links (vgl. Fig. 40). Beim bestehenden Preisniveau p_0 und Geldlohnsatz w_0 entsteht dadurch ein Angebotsüberschuß, der die Unternehmer zu einer Einschränkung der Produktion und Beschäftigung bei zunächst noch unverändertem Preisniveau veranlaßt. Für die Haushalte bedeutet dieser Vorgang, daß das tatsächlich erhaltene Realeinkommen kleiner ist als das Einkommen, mit dem sie in ihrer Planung bei dem gegebenen Preis- und Geldlohnsatzniveau gerechnet haben. Da das *realisierte* Einkommen die Konsumwünsche der Haushalte *limitiert*, müssen sie ihre effektive Nachfrage nach Konsumgütern ihrem gesunkenen Einkommen anpassen; ihre effektive Nachfrage geht also zurück[64]). Daraufhin stellen die Un-

---

[63]) Vgl hierzu die Ausführungen auf den S. 258ff., insbesondere 262ff. – Siehe hierzu auch Leijonhufvud, a.a.O., S. 49ff. .

[64]) Mit diesem Hinweis auf die Verknüpfung zwischen den Nachfragedispositionen der Haushalte und dem bei zunächst noch unverändertem Preis- und Geldlohnsatzniveau realisierbaren Arbeitsangebot (und damit dem realisierbaren Realeinkommen) wird Bezug auf einige wichtige Überlegungen von R. Clower genommen (und zwar auf die von ihm eingeführte duale Entscheidungshypothese). – Seiner Analyse kommt für die Keynesianische Theorie auch insofern eine besondere Bedeutung zu, als sie (fundiert durch einen einzel-

ternehmer in der Konsumgüterindustrie fest, daß sich ihre Absatzerwartungen nicht erfüllt haben. Sie revidieren ihre Produktionspläne nach unten und leiten so eine neue (kontraktiv wirkende) Multiplikatorrunde ein. Neben diesem kontraktiven Impuls resultiert aus den sinkenden Realeinkommen aber auch ein expansiver Impuls, und zwar aus dem monetären Bereich: Infolge des Einkommensrückgangs verringert sich die (reale) Liquiditätspräferenz für Transaktionszwecke, und es tritt eine Zinssenkung ein, die zu Investitionen anregt und so den Kontraktionsprozeß dämpft. Als Fazit dieser Vorgänge wird schließlich vorübergehend der Punkt A auf der $LM_0^r(p_0)$-Kurve realisiert.

Mit der Zeit reagieren die Unternehmer auf den Ausfall an gesamtwirtschaftlicher Nachfrage auch mit den Preisen, und zwar wegen der bei sinkender Beschäftigung steigenden Grenzproduktivität mit einer Senkung. Hierdurch wird eine Rechtsverschiebung der LM^r-Kurve ausgelöst, da die Preissenkungen bei unveränderter nominaler Geldmenge eine Zunahme der realen Geldmenge implizieren. Es kommt demzufolge zu einer *weiteren* Zinssenkung, die weitere Investitionen induziert und den Kontraktionsprozeß auf diese Weise noch einmal dämpft. Im Endergebnis ergibt sich auf dem Gütermarkt (und simultan im monetären Bereich) ein neues Gleichgewicht bei P_1 mit dem *kleineren realen Sozialprodukt* Y_1^r und dem *niedrigeren Preisniveau* p_1[65]).

---

wirtschaftlichen Optimierungskalkül) eine Erklärung dafür bietet, daß in der Keynesianischen Konsumfunktion – anders als in den klassischen Nachfragefunktionen – eine *Transaktionsgröße,* nämlich das *reale Volkseinkommen,* als unabhängige Variable erscheint. Einzelheiten zu den Überlegungen Clowers siehe R. Clower, The Keynesian Counterrevolution: A Theoretical Appraisal. In: The Theory of Interest Rates. Proceedings of a Conference held by the International Economic Association. (Ed. by F. H. Hahn and F. P. R. Brechling). London, New York 1965. S. 103ff., insbesondere S. 118ff. – Vgl. auch Leijonhufvud, a.a.O., S. 55ff. – Richter, Schlieper, Friedmann, a.a.O., S. 348ff. – G. Engel, Die Einbeziehung des monetären Bereichs in makroökonomische Modelle. Ein Beitrag zur Diskussion über den Transmissionsmechanismus monetärer Impulse. Göttinger Dissertation 1973. S. 133ff.

[65]) Die durch die *Preissenkung* ausgelöste Rechtsverschiebung der LM^r-Kurve kann nicht so stark sein, daß das ursprüngliche Gleichgewichtseinkommen Y_0^r wieder erreicht wird und Y^r damit letztlich *unverändert* bleibt. Das Mo-

Die Veränderungen der gesamtwirtschaftlichen Produktion sind entsprechend der gesamtwirtschaftlichen Produktionsfunktion von Änderungen der Beschäftigung begleitet. So entspricht dem

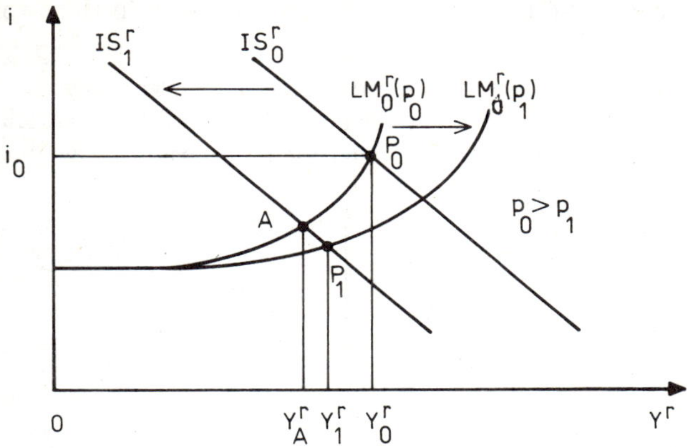

Fig. 40

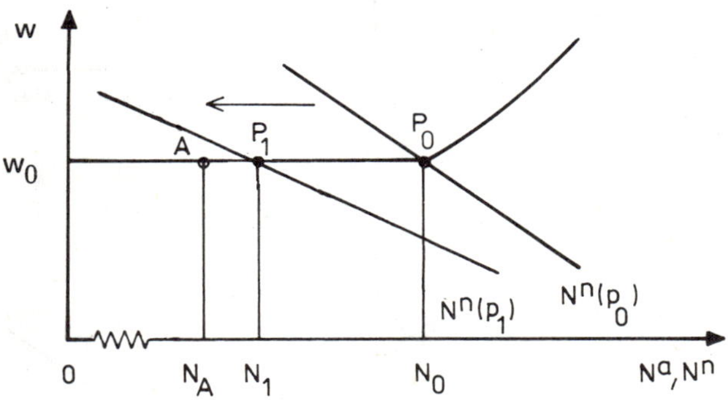

Fig. 41

temporären Rückgang des realen Sozialprodukts auf Y_A^r ein temporärer Rückgang der Beschäftigung auf N_A (vgl. Fig. 41).

---

dell impliziert nämlich, daß sich Preisniveau und reales Sozialprodukt bei Störungen im Hicksschen Diagramm stets in *gleicher* Richtung entwickeln: Sinkt das reale Sozialprodukt, dann sinkt das Preisniveau, weil die Grenzproduktivität zunimmt und der Geldlohnsatz konstant bleibt. Steigt das reale Sozialprodukt, dann steigt das Preisniveau, weil die Grenzproduktivität abnimmt und der Geldlohnsatz konstant bleibt oder sich erhöht.

Das endgültige Gleichgewicht auf dem Arbeitsmarkt, das auch die verzögerte Preisanpassung berücksichtigt, wird durch den Punkt P_1 angegeben. Die hierbei realisierte Beschäftigung N_1 entspricht dem realen Sozialprodukt Y_1^r und bedeutet *Arbeitslosigkeit* in Höhe von N_0N_1 (vgl. Fig. 41).

bb) Die Lösung bei einem vom Reallohnsatz abhängigen Arbeitsangebot. – aaa) Die Erfahrung steigender Preise dürfte tendenziell bewirken, daß die Anbieter von Arbeit die Geldillusion verlieren.

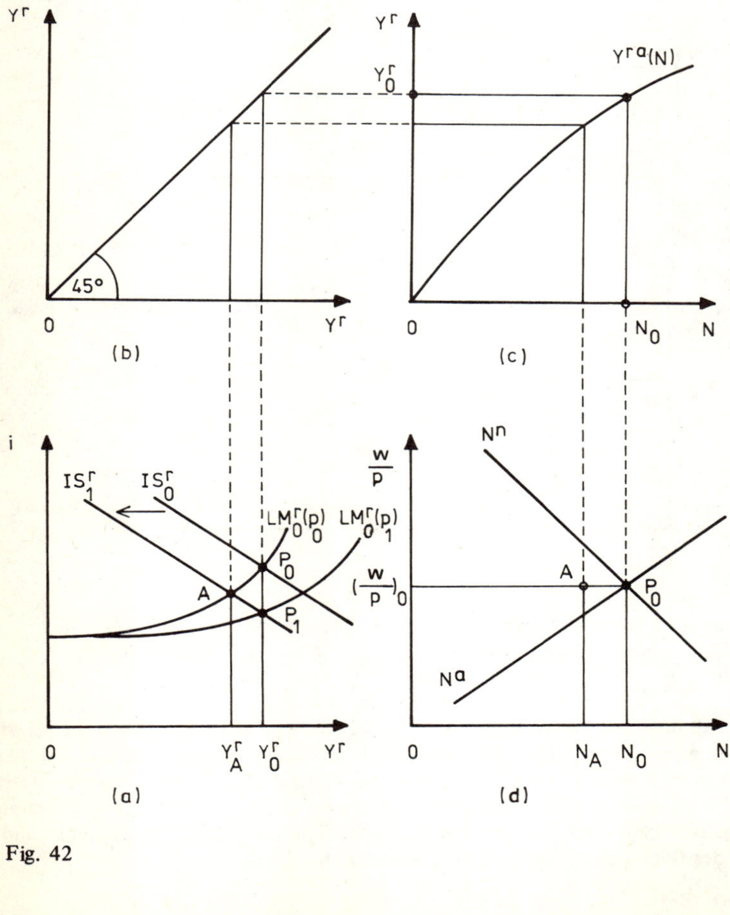

Fig. 42

Aus diesem Grund – aber auch um deutlich zu machen, daß ein nach unten unbeweglicher Geldlohnsatz nicht die einzige Möglichkeit bietet, Unterbeschäftigung zu erklären – ersetzen wir die bisher benutzte Keynesianische Arbeitsangebotsfunktion durch die von den Klassikern her bekannte Beziehung eines vom Reallohnsatz abhängigen Arbeitsangebots bei völliger Flexibilität von Geldlohnsätzen und Preisen. An die Stelle der Beziehung (12a) tritt in der so modifizierten Keynesianischen Analyse also die Beziehung (12b) und an die Stelle von Fig. 39d die Fig. 42d.

Bei einem Reallohnsatz $\left(\frac{w}{p}\right)_0$ wird eine Arbeitsmenge in Höhe von N_0 angeboten, die von den Unternehmungen auch in der gleichen Höhe nachgefragt wird. P_0 bezeichnet also die Vollbeschäftigungssituation (vgl. Fig. 42d).

Fig. 42 legt die Vermutung nahe, daß Angebot und Nachfrage auf dem Arbeitsmarkt stets zu einem Reallohnsatz führen, bei dem Vollbeschäftigung vorliegt. Eine solche Vermutung setzt allerdings voraus, daß dem der Vollbeschäftigung N_0 entsprechenden Gesamtangebot an Gütern Y_0^r (vgl. Fig. 42c) stets eine gleich hohe gesamtwirtschaftliche Nachfrage gegenübersteht. Für die Klassiker war die Übereinstimmung von Angebot und Nachfrage auf Gütermärkten entsprechend dem *Sayschen Gesetz* immer gewährleistet [66]). Die Keynesianische Analyse stellt diese zentrale These der Klassiker in Frage und gelangt zu dem Ergebnis, daß Situationen eintreten können, in denen die gesamtwirtschaftliche Nachfrage *nicht* ausreicht, um das gesamtwirtschaftliche Angebot bei Vollbeschäftigung aufzunehmen. Es ist u. a. das Anliegen der folgenden Analyse, solche Situationen herauszuarbeiten.

bbb) Die Ausgangssituation unserer Betrachtungen ist so gewählt, daß bei einem Preisniveau p_0 Gleichgewicht auf dem Gütermarkt (bei P_0) mit Vollbeschäftigung einhergeht (vgl. Fig. 42a und 42d). Diese Situation soll jetzt wieder dadurch gestört werden, daß sich die IS^r-Kurve nach links verschiebt (z. B., weil die zukünftigen Er-

[66]) Es gab allerdings auch Ausnahmen unter den Klassikern, z. B. den von Keynes bewunderten R. Malthus (vgl. L. R. Klein, The Keynesian Revolution. 2nd ed. London. Melbourne 1968. S. 44).

tragsaussichten für Investitionen pessimistischer beurteilt werden). Die gesamtwirtschaftliche Nachfrage geht also zurück, und es entsteht ein Angebotsüberschuß. Wie schon einmal dargestellt (S. 225f.) wird hierdurch ein Kontraktionsprozeß ausgelöst, der bei zunächst noch unveränderten Preisen zu einem temporären Gleichgewicht auf dem Gütermarkt bei A führt (vgl. Fig. 42a). Das reale Sozialprodukt sinkt also auf Y_A^r. Die hierbei realisierte Beschäftigung N_A entspricht dem realen Sozialprodukt Y_A^r und bedeutet *Arbeitslosigkeit* in Höhe von $N_0 N_A$.

Die dem Punkt A entsprechende Situation auf dem Güter- und Arbeitsmarkt kann nicht bestehen bleiben: Die Unternehmer holen die Preissenkung nach; auf dem Arbeitsmarkt kommt es auf Grund der Arbeitslosigkeit mit der Zeit zu einer Senkung des Geldlohnsatzes. Die Senkung des Geldlohnsatzes stellt für die Unternehmer einen Anreiz dar, ihr Angebot an Gütern zu erhöhen, wodurch der Druck auf das Preisniveau noch verstärkt wird.

Wie bereits bekannt, löst die Preissenkung im monetären Bereich aber *Gegenreaktionen* aus: Die Preissenkung bedeutet eine Erhöhung der realen Geldmenge, führt deshalb zu einer Senkung des Zinssatzes und induziert auf diese Weise Investitionen, d. h. eine zusätzliche Nachfrage. Die durch eine Senkung des Zinssatzes bewirkte Nachfragestimulierung setzt sich so lange fort, wie noch Preissenkungen erfolgen; Preissenkungen werden aber so lange eintreten, wie noch Arbeitslosigkeit und damit eine Tendenz zur Senkung des Geldlohnsatzes besteht. Die gesamtwirtschaftliche Nachfrage wird deshalb so lange expandieren, bis sie ein Niveau erreicht hat, das ausreicht, die der Vollbeschäftigung N_0 entsprechende Produktion Y_0^r aufzunehmen. Im Endergebnis wird also die Ausgangssituation mit Gleichgewicht auf dem Gütermarkt und mit *Vollbeschäftigung* hergestellt, allerdings bei einem *niedrigeren Preis- und Zinsniveau* (vgl. P_1 in Fig. 42a).

ccc) Die automatische Wiederherstellung des gestörten Vollbeschäftigungszustandes braucht aber nicht in jedem Fall einzutreten. Die Gründe, derentwegen eine selbsttätige Rückkehr zur Vollbeschäftigung ausbleibt, sollen an den beiden folgenden Diagrammen erläutert werden (vgl. Fig. 43 und 44):

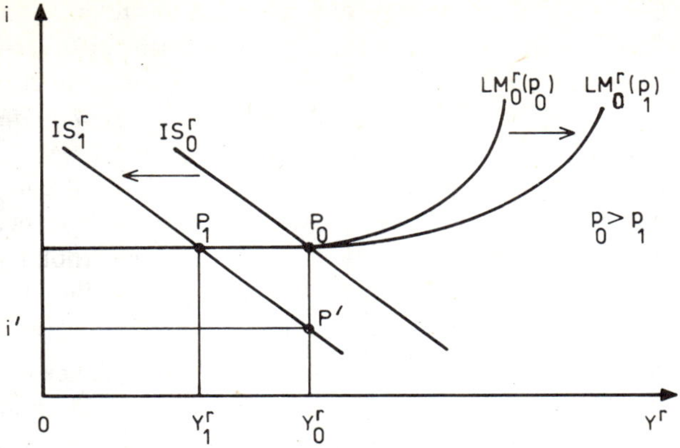

Fig. 43

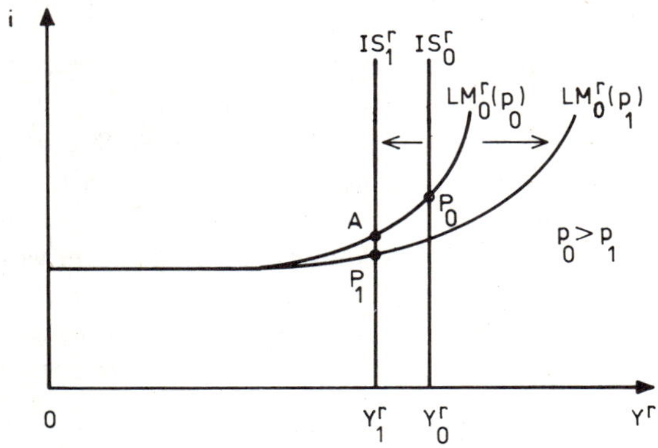

Fig. 44

Beide Darstellungen gehen wieder von einer Abnahme der Investitionstätigkeit, d.h. von einer Linksverschiebung der IS^r-Kurve aus. Auch hier kommt es im Laufe des Kontraktionsprozesses zu einer verzögert einsetzenden Preissenkung, die eine Zunahme der realen Geldmenge bedeutet und eine Rechtsverschiebung der LM^r-Kurve bewirkt. Im Unterschied zu den vorhergehenden Darstellungen führt dieser Vorgang aber zu keiner Erhöhung der Investitionstätigkeit.

Im *ersten* Fall (vgl. Fig. 43) liegt der Grund hierfür darin, daß zur Wiederherstellung des Vollbeschäftigungseinkommens (Y_0^r) eine Zinssenkung (nämlich auf i') notwendig wäre, die nicht eintreten kann. Der zur Realisierung des Vollbeschäftigungseinkommens erforderliche Zinssatz liegt unter dem Marktzinssatz, der für gerade noch realisierbar gehalten wird, also unter dem Zinssatz, der der *liquidity trap* entspricht[67]). Im *zweiten* Fall (vgl. Fig. 44) tritt zwar eine Zinssenkung ein (auf ein P_1 entsprechendes Niveau), die Zinssenkung induziert aber keine Investitionen, weil die Investoren in bezug auf den Zinssatz *vollkommen unelastisch* reagieren. Eine Erhöhung der realen gesamtwirtschaftlichen Nachfrage über ein dem Punkt P_1 entsprechendes Niveau erfolgt also nicht selbsttätig.

Auch auf dem Arbeitsmarkt entsteht zunächst eine bereits bekannte Situation: Der Rückgang der gesamtwirtschaftlichen Produktion (von Y_0^r auf Y_1^r) verursacht *Arbeitslosigkeit* und löst damit eine Tendenz zur Senkung des Geldlohnsatzes aus. Wie im vorhergehenden Fall regt die Senkung des Geldlohnsatzes zu einer Ausweitung des gesamtwirtschaftlichen Angebots an. Wegen der begrenzten gesamtwirtschaftlichen Nachfrage (vgl. P_1 in Fig. 43 und 44) resultiert hieraus jedoch in diesem Fall keine Erhöhung des realen Sozialprodukts[68]). Es treten nur Preissenkungen ein, die auf eine Erhöhung des Reallohnsatzes hinauslaufen und damit bewirken, daß das Angebot an Arbeit zunimmt und der Geldlohnsatz infolgedessen weiter fällt. Hieraus resultiert dann wieder eine Angebotsausweitung, die zu einer Preissenkung führt, und das Spiel beginnt von neuem. Im Endergebnis ergibt sich eine *deflatorische Lohnsatz-Preis-Spirale,*

---

[67]) Für Leijonhufvud (a.a.O., S. 341) ist ein im Vergleich zum erforderlichen Zinssatz zu hoher (langfristiger) Marktzinssatz das „grundlegende Trauma“ von Keynes.

[68]) Mit der Ausweitung des Güterangebots ist nur vorübergehend eine Erhöhung des realen Sozialprodukts verbunden, da bei einer marginalen Konsumquote *unter eins* und *unveränderter* Höhe der Investitionen eine Nachfragelücke entsteht, die sich in einer unbeabsichtigten Lagerbestandserhöhung niederschlägt. Diese wird erst abgebaut, wenn die gesamtwirtschaftliche Produktion wieder eingeschränkt wird und das reale Sozialprodukt auf das P_1 entsprechende Niveau zurückfällt (vgl. zu dieser Argumentation auch Th. F. Dernburg, D. M. McDougall, Lehrbuch der Makroökonomischen Theorie. Die Messung, Analyse und Kontrolle der gesamtwirtschaftlichen Aktivität. 3., neubearb. deutsche Aufl. nach der 5. amerik. Aufl. übersetzt. Stuttgart 1981. S. 166ff.). – Siehe hierzu auch schon Keynes, a.a.O., S. 261.

die die wirtschaftliche Funktionsfähigkeit des Systems gefährdet[69]) und die Vollbeschäftigung nicht herbeiführen kann[70]).

cc) Zusammenfassende Betrachtung. – Wir haben gesehen, daß die Keynesianische Analyse die Existenz von Unterbeschäftigungssituationen erklären kann und dafür drei verschiedene Gründe liefert:

1. einen nach unten nicht flexiblen Geldlohnsatz,
2. eine nach unten begrenzte Senkung des Marktzinssatzes und
3. vollkommen zinsunelastische Investitionen.

Während die Ursache der Unterbeschäftigung im ersten Fall auf dem Arbeitsmarkt zu suchen ist, liegt sie im zweiten im monetären Bereich und im dritten in den Bedingungen des Gütermarktes. In den beiden letzten Fällen wirken sich die Ursachen in einer Begrenzung der gesamtwirtschaftlichen Nachfrage aus, die das reale Sozialprodukt limitiert und auf das Beschäftigungsniveau weiterwirkt.

---

[69]) Aus der Sicht von Keynes wird die wirtschaftliche Funktionsfähigkeit des Systems durch eine deflatorische Lohnsatz-Preis-Spirale aus verschiedenen Gründen gefährdet: 1. Es treten sozial nicht vertretbare Einkommensumverteilungsvorgänge auf (Keynes, a.a.O., S. 268). 2. Die Kalkulationsbasis der Unternehmer wird unsicher (ebenda, S. 269). 3. Preissenkungen lösen pessimistische Preiserwartungen aus und verstärken so durch eine abnehmende Investitionstätigkeit den Deflationsprozeß (vgl. Fußnote 52, S. 213). 4. Preisschwankungen bedeuten, daß Geld seine wesentliche Eigenschaft verliert, nämlich die Stabilität seiner Kaufkraft (vgl. A. H. Hansen, a.a.O., S. 164). – Ein stabiles Niveau der Geldlohnsätze ist deshalb bei Keynes auch mehr als eine Annahme oder deskriptive Aussage; es ist auch eine wirtschaftspolitische Empfehlung (vgl. Keynes, a.a.O., S. 270. – Leijonhufvud, a.a.O., S. 332).

[70]) Zur Vervollständigung sei darauf hingewiesen, daß dieses Ergebnis von Pigou kritisiert wurde, und zwar mit Hilfe eines Konzepts, das später in der Theorie von Patinkin eine Rolle spielte: Pigou wies darauf hin, daß die im Zuge des deflatorischen Prozesses eintretende Senkung des Preisniveaus eine Erhöhung der realen Kassenbestände bedeutet und hierdurch eine Erhöhung des Konsums ausgelöst wird. Auch wenn keine Investitionen induziert werden, soll hierdurch schließlich wieder eine der Vollbeschäftigung entsprechende gesamtwirtschaftliche Nachfrage realisiert werden können. Selbst wenn dieser **Pigoueffekt** tatsächlich die Vollbeschäftigung wiederherstellen sollte, bliebe aber die wichtige Frage offen, ob dieses in einer vertretbaren Zeit geschieht.

d) Wirtschaftspolitische Maßnahmen

aa) Geld- und fiskalpolitische Mittel. – Die vorhergehenden Überlegungen haben deutlich gemacht, daß die gesamtwirtschaftliche Nachfrage u. U. nicht ausreicht, um Vollbeschäftigung zu gewährleisten. Es liegt deshalb nahe, durch *wirtschaftspolitische Mittel* auf die gesamtwirtschaftliche Nachfrage einzuwirken. Wir werden zeigen, daß auf diese Weise eine Wiederherstellung der Vollbeschäftigung ermöglicht und (oder) beschleunigt werden kann. Neben einer Veränderung der Geldmenge (Geldpolitik) beziehen wir zum Zwecke des Vergleichs auch fiskalpolitische Maßnahmen in die Überlegungen ein. Wir erweitern deshalb den Modellansatz und berücksichtigen als Aktionsparameter der *Fiskalpolitik* die (realen) Staatsausgaben (G^r) als Summe von öffentlichen Investitionen (I^r_{st}) und öffentlichem Konsum (C^r_{st}) sowie den Steuersatz (τ). Die Einbeziehung dieser Größen bedingt eine Modifizierung der für die Ableitung der IS^r-Kurve benutzten Gleichgewichtsbedingung (17). An ihre Stelle tritt jetzt die Bedingung

$$I^r(i) + I^r_{st} = S^r(Y^r - \tau Y^r) + \tau Y^r - C^r_{st}.$$

Die linke Seite enthält die gesamten Nettoinvestitionen, die rechte die *private* Ersparnis in Abhängigkeit vom verfügbaren Einkommen und die *staatliche* Ersparnis als Differenz zwischen Steuereinnahmen und öffentlichem Konsum. Werden I^r_{st} und C^r_{st} zu G^r zusammengefaßt, dann erhält man:

$$\text{(17a)} \qquad I^r(i) + G^r = S^r(Y^r - \tau Y^r) + \tau Y^r.$$

Gleichung (17a) macht deutlich, daß Gleichgewicht auf dem Gütermarkt bei gegebenem Zinssatz im Falle einer Staatsausgabensenkung nur erhalten bleiben kann, wenn das reale Sozialprodukt abnimmt und dadurch auch die rechte Seite von (17a) kleiner wird. In Fig. 45 führt eine Staatsausgabensenkung deshalb zu einer *Linksverschiebung* der IS^r-Kurve[71]). Aus entsprechenden Überlegungen erfolgt

---

[71]) Eine Linksverschiebung der IS^r-Kurve würde sich auch ergeben, wenn der *Steuersatz* τ erhöht würde. Die Begründung hierfür liegt darin, daß die rechte

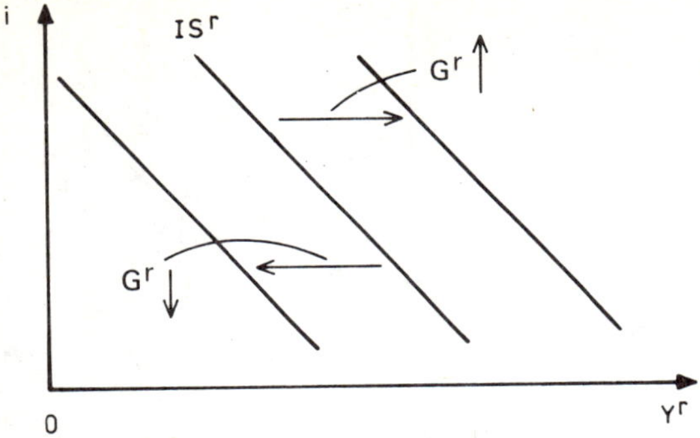

Fig. 45

bei einer Staatsausgabenerhöhung umgekehrt eine *Rechtsverschiebung* der IS^r-Kurve.

bb) Expansive Maßnahmen. – aaa) Bei der Analyse wirtschaftspolitischer Maßnahmen wollen wir zunächst von folgender Situation ausgehen: In der Ausgangslage herrscht bei P_0 Gleichgewicht auf dem Gütermarkt (vgl. Fig. 46a bzw. 46b). Daneben existiert *Arbeitslosigkeit*, und zwar wegen eines nach unten nicht flexiblen Geldlohnsatzes[72]). Die Arbeitslosigkeit kann beseitigt werden, wenn es gelingt, das reale Sozialprodukt auf das der Vollbeschäftigung entsprechende Niveau Y_1^r (= Y_ν^r) zu erhöhen. Das angestrebte Ziel läßt sich erreichen, indem man die (nominale) *Geldmenge* vergrößert (vgl. Fig. 46a) oder *der Staatsausgaben* bei konstanter Geldmenge erhöht (vgl. Fig. 46b). Im ersten Fall verschiebt sich die LM^r-Kurve nach rechts, im zweiten erfolgt – wie bekannt – eine Rechtsverschiebung der IS^r-Kurve (siehe dazu die durchgezogenen Pfeile). In beiden Fällen wird die hieraus resultierende expansive Wirkung auf das reale Sozialprodukt durch einen induzierten Preisanstieg, der eine Abnahme der realen Geldmenge bedeutet und sich in den Fig. 46a und 46b in einer Linksverschiebung der LM^r-Kurve niederschlägt, teilweise kompensiert (siehe dazu die gepunkteten Pfeile).

Seite von (17a) bei einer Anhebung des Steuersatzes (um $d\tau$) größer wird, und zwar um

$$\left(1 - \frac{dS^r}{dY_\nu^r}\right) Y^r d\tau, \text{ wobei } Y_\nu^r = Y^r - \tau Y^r,$$

so daß bei gegebenem Zinssatz das Gleichgewichtseinkommen sinken muß.

72) Vgl. zu dieser Ausgangslage die Ausführungen auf S. 227f.

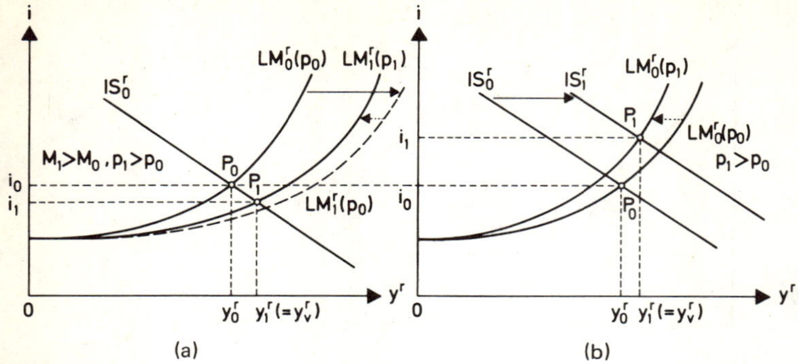

Fig. 46

Im einzelnen läßt sich der **Transmissionsmechanismus** zwischen einer (z. B. durch Wertpapierankäufe der Zentralbank bewirkten) Geldmengenerhöhung einerseits und der Erhöhung des realen Sozialprodukts anderseits durch folgende Anpassungsvorgänge beschreiben:

– Nichtbanken werden durch einen sinkenden Zinssatz (bzw. steigende Wertpapierkurse) veranlaßt, die zusätzliche Geldmenge aufzunehmen (und dafür Wertpapiere herzugeben).
– Der sinkende Zinssatz regt zu Investitionen an. Investoren sind bereit, für Investitionsgüter mehr zu bezahlen. Die steigende Nachfrage und die damit verbundene Möglichkeit zu Preiserhöhungen veranlassen die Investitionsgüterindustrie, ihre Produktion auszuweiten.
– Die Mehrproduktion in der Investitionsgüterindustrie schafft zusätzliche Einkommen, die zu einer Erhöhung der Nachfrage nach Konsumgütern führen und die Produktion in der Konsumgüterindustrie stimulieren. Hierdurch werden wieder Einkommen geschaffen, die in einer neuen Multiplikatorrunde wiederum die Nachfrage nach Konsumgütern erhöhen usw.
– Die Erhöhung der gesamtwirtschaftlichen Produktion führt zu einer Abnahme der Grenzproduktivität der Arbeit und ist deshalb bei konstantem Geldlohnsatz von einem Anstieg des Preisniveaus begleitet.

– Die Steigerung der Realeinkommen führt zu einer erhöhten Liquiditätspräferenz für Transaktionszwecke und bewirkt zusammen mit der aus dem Preisanstieg resultierenden Abnahme der realen Geldmenge einen induzierten Zinsanstieg. Auf diese Weise ergibt sich eine Abschwächung der primären Investitionserhöhung. Der induzierte Zinsanstieg wirkt also auf den güterwirtschaftlichen Bereich zurück und löst insofern einen *feedback-Effekt* (Rückkoppelungseffekt) aus. Die Folge ist die oben schon erwähnte Dämpfung des Expansionsprozesses.

Im Endergebnis führt der Expansionsprozeß, der *zunächst* die Investitionsgüterindustrie und erst *danach* die Konsumgüterindustrie erfaßt, zu einer *Vergrößerung des realen Sozialprodukts, der Beschäftigung und des Preisniveaus*[73]). Abweichend von den Vorstellungen der Klassiker ist eine Erhöhung der Geldmenge also *nicht neutral* in bezug auf den güterwirtschaftlichen Bereich [74]).

Wird der Expansionsprozeß nicht durch eine Erhöhung der Geldmenge, sondern durch eine Vergrößerung der Staatsausgaben bei konstanter Geldmenge bewirkt, dann ist der Transmissionsmechanismus weitgehend ähnlich. Der Unterschied in den Wirkungen wird aus den Fig. 46a und 46b deutlich: Es zeigt sich, daß das Zinsniveau bei Einsatz der Geldpolitik im neuen Gleichgewicht gesunken und bei Einsatz der Fiskalpolitik gestiegen ist (siehe P_1 in Fig. 46a und Fig. 46b).

---

[73]) Vgl. hierzu auch den Anhang A 6) sowie Fußnote 65 von S. 226f.

[74]) Wesentlich für dieses Ergebnis ist die Verwendung der Keynesianischen Arbeitsangebotsfunktion (12a) auf S. 216. Würde man die darin implizierte Annahme der *Geldillusion* bezüglich des Arbeitsangebots aufgeben und (entsprechend den Vorstellungen der Klassiker) völlige Flexibilität von Geldlohnsätzen und Preisen sowie ein vom Reallohnsatz abhängiges Arbeitsangebot unterstellen, dann würde die durch eine Erhöhung der (nominalen) Geldmenge bewirkte *Rechtsverschiebung* der LM^r-Kurve durch eine gleich große, auf induzierte Preiserhöhungen zurückgehende *Linksverschiebung* der LM^r-Kurve vollständig kompensiert. Im Endergebnis würde sich wie bei den Klassikern nur eine der Geldmengenerhöhung proportionale Erhöhung des Preisniveaus ergeben, aber *keine* Veränderung der Beschäftigung, des realen Sozialprodukts und des Zinsniveaus.

bbb) Wesentlichere *Unterschiede* in der Effektivität von Geld- und Fiskalpolitik im Rahmen einer Keynesianischen Analyse treten hervor, wenn wir eine andere Ausgangssituation betrachten (vgl. Fig. 47a und b). Die Fig. 47a und b unterscheiden sich von den Fig. 46a und b dadurch, daß zur Erreichung der Vollbeschäftigung (bei $Y_1^r (= Y_v^r)$) ein Zinssatz erforderlich ist (nämlich i_1), der unter dem noch realisierbaren Zinssatz $\bar{i}$ liegt. Die geometrische Darstellung läßt unmittelbar erkennen, daß in diesem Fall das Vollbeschäftigungseinkommen (Y_1^r) nur durch eine Erhöhung der Staatsausgaben (also durch fiskalpolitische Mittel), *nicht* aber durch eine Ausdehnung der Geldmenge erreicht werden kann[75]). Die Vergrößerung der Geldmenge erhöht das reale Sozialprodukt nur unzureichend, nämlich höchstens bis auf Y_A^r (vgl. Fig. 47a).

(a)

(b)

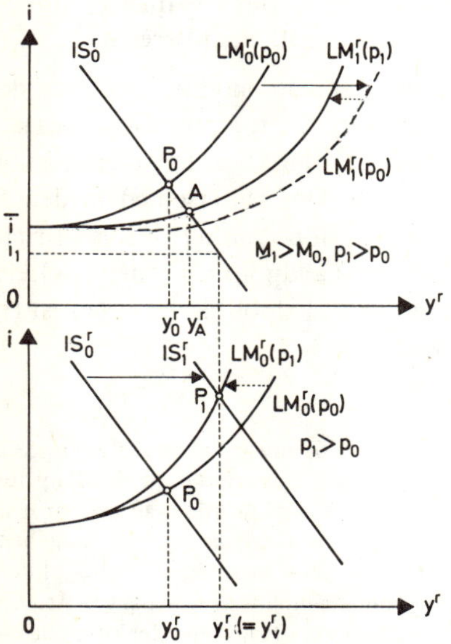

Fig. 47

[75]) Keynes hat vermutlich diese Situation vor Augen, wenn er den Einsatz öffentlicher Investitionen als konjunkturpolitisches Mittel erörtert (a.a.O., S. 378): "... it seems unlikely that the influence of banking policy on the rate of interest will be sufficient by itself to determine an optimum rate of

ccc) An den Aussagen über die Effektivität der Geldpolitik im Rahmen einer Keynesianischen Analyse ändert sich grundsätzlich nichts, wenn völlig flexible Geldlohnsätze und ein vom *Reallohnsatz* abhängiges Arbeitsangebot angenommen werden[76]). Ist die Ausgangslage so, daß das Vollbeschäftigungseinkommen durch abnehmende Investitionen auf ein geringeres Niveau zurückfällt, dann können – wie bereits dargestellt – im Zuge des *deflatorischen* Prozesses zwei Konsequenzen eintreten:

1. Die durch sinkende Preise bewirkte Zunahme der realen Geldmenge induziert zinsabhängige Investitionen und führt so mit der Zeit zur Vollbeschäftigung zurück oder

2. die durch die Erhöhung der realen Geldmenge bewirkte Zinssenkung reicht nicht aus, um ein zur Erreichung des Vollbeschäftigungseinkommens notwendiges Investitionsvolumen zu induzieren. Die Folge ist die bereits beschriebene deflatorische Lohnsatz-Preisspirale.

Im *ersten* Fall sind sowohl geld- als auch fiskalpolitische Mittel geeignet, die Wiederherstellung der Vollbeschäftigung zu beschleunigen. Im *zweiten* Fall wird eine Erhöhung der (nominalen) Geldmenge ebensowenig ausrichten können wie die im Zuge des Deflationsprozesses sinkenden Preise; denn in der Wirkung auf die reale Geldmenge besteht zwischen beiden Vorgängen kein Unterschied[77]). Als Mittel der Vollbeschäftigungspolitik kommen in diesem Fall lediglich fiskalpolitische Maßnahmen in Frage. So läßt sich die durch

---

investment (ein zur Herstellung der Vollbeschäftigung erforderliches Investitionsniveau. H.-J. J.). I conceive, therefore, that a somewhat comprehensive socialisation of investment will prove the only means of securing an approximation to full employment ...". – Der Vollständigkeit halber sei darauf hingewiesen, daß umgekehrt geldpolitische Mittel wirksam und fiskalpolitische Mittel unwirksam bleiben, wenn die Ausgangssituation im vollkommen unelastischen Bereich der LM^r-Kurve liegt. Man nennt diesen Bereich häufig auch den *klassischen* Bereich.

[76]) Vgl. S. 228ff.

[77]) Eine Erhöhung der nominalen Geldmenge und eine Senkung des Preisniveaus vergrößern gleichermaßen die reale Geldmenge und bewirken damit eine Rechtsverschiebung der LM^r-Kurve.

eine abnehmende Investitionstätigkeit bewirkte Lücke in der gesamtwirtschaftlichen Nachfrage z.B. durch eine Erhöhung der Staatsausgaben wieder auffüllen.

cc) Kontraktive Maßnahmen. – In den bisherigen Betrachtungen haben wir uns auf Unterbeschäftigungssituationen konzentriert und deshalb nur expansiv wirkende Maßnahmen der Geld- und Fiskalpolitik untersucht. Das Gegenstück hierzu bildet eine Volkswirtschaft, in der das verfügbare Potential an Arbeitskräften nahezu ausgeschöpft ist und die Beschäftigung nur um den Preis beträchtlicher Lohnsatzsteigerungen und abnehmender Grenzproduktivität ausgedehnt werden kann. Kommt es in dieser Situation zu einer Vergrößerung der gesamtwirtschaftlichen Nachfrage (z. B., weil die zukünftigen Ertragsaussichten von den Investoren optimistischer beurteilt werden), dann kann zur Vermeidung eines unerwünschten Expansionsprozesses mit Preissteigerungen eine *kontraktive* Geld- bzw. Fiskalpolitik (d.h. eine Senkung der Geldmenge bzw. eine Einschränkung der Staatsausgaben[78]) bei konstanter Geldmenge erforderlich werden.

Betrachten wir zur Illustration einmal den Fall, daß das reale Sozialprodukt infolge zunehmender Investitionstätigkeit das Niveau Y_0^r erreicht hat und zur Verbesserung der Leistungsbilanz auf das Niveau Y_1^r zurückgeführt werden soll (s. Fig. 48a und b)[79]). Offenbar kann dieses Ziel sowohl durch eine Verminderung der (nominalen) *Geldmenge* (s. Fig. 48a) als auch durch eine Einschränkung der Staatsausgaben bei konstanter Geldmenge (s. Fig. 48b) erreicht werden. Im ersten Fall verschiebt sich die LM^r-Kurve nach

---

[78]) Eine Einschränkung der Staatsausgaben kann sich allerdings u.U. als problematisch erweisen. Mit einer anderen fiskalpolitischen Maßnahme (wie einer Steuererhöhung) lassen sich im Rahmen einer Preisstabilisierungspolitik aber ähnliche Ergebnisse erzielen.

[79]) Zu unterstellen ist eine Keynesianische Arbeitsangebotsfunktion; denn bei einer klassischen Arbeitsangebotsfunktion würde eine autonome Veränderung der Investitionen wie auch der Geldmenge im Endergebnis zu *keiner* Änderung des realen Sozialprodukts führen (vgl. S. 228ff. und S. 237, Fußnote 74).

links, im zweiten erfolgt – wie bekannt – eine Linksverschiebung der IS^r-Kurve (siehe dazu die durchgezogenen Pfeile). In beiden Fällen wird die hieraus resultierende kontraktive Wirkung auf das reale Sozialprodukt durch eine induzierte Preissenkung, die eine Erhöhung der realen Geldmenge bedeutet und sich in den Fig. 48a und 48b in einer Rechtsverschiebung der LM^r-Kurve auswirkt, teilweise kompensiert (siehe dazu die gepunkteten Pfeile).

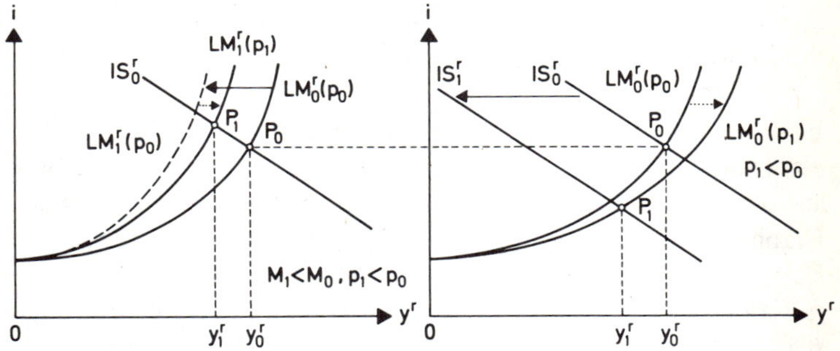

Fig. 48 (a) (b)

Im *Unterschied* zu einer expansiven Geldpolitik, die eine Ausdehnung der gesamtwirtschaftlichen Nachfrage bewirken soll, wird mit einer entsprechend starken Verminderung der Geldmenge das angestrebte Ziel, die Einschränkung der gesamtwirtschaftlichen Nachfrage, immer erreicht, vorausgesetzt, die Investoren reagieren elastisch auf Zinsänderungen. Der Grund für diese Asymmetrie in der Wirkungsweise einer expansiven und kontraktiven Geldpolitik liegt darin, daß Zinssenkungen nach unten limitiert sind, Zinserhöhungen nach oben aber nicht[80]).

Reagieren die Investoren *vollkommen unelastisch* auf Zinsänderungen (und damit auch auf Zinserhöhungen), dann versagt eine kontraktive Geldpolitik im Rahmen eines Keynesianischen Systems ebenso wie eine expansive Geldpolitik. In diesem Spezialfall kann

[80]) Diese Asymmetrie läßt sich auch dadurch beschreiben, daß eine Erhöhung der Geldmenge schließlich in die *liquidity trap* hineinführt, eine Verminderung der Geldmenge aber schließlich aus der *liquidity trap* herausführt.

die gesamtwirtschaftliche Nachfrage nur durch kontraktiv wirkende Maßnahmen der Fiskalpolitik eingeschränkt werden. In den *anderen* Fällen wirkt eine Verminderung der Geldmenge aber in die gleiche Richtung wie eine Einschränkung der Staatsausgaben: Sie führt zu einer *Senkung des realen Sozialprodukts, der Beschäftigung und des Preisniveaus.*

e) Das Keynesianische Modell in Form einer makroökonomischen Nachfrage- und Angebotsfunktion

Erfolgen Parameteränderungen, z.B. auf Grund wirtschaftspolitischer Maßnahmen, dann lassen sich die hiervon ausgehenden Wirkungen auf das reale Sozialprodukt und das Preisniveau in einer einzigen Graphik aufzeigen, wenn man – ausgehend von schon verwendeten Darstellungen – eine *makroökonomische Nachfrage-* und *Angebotsfunktion* herleitet und diese in einem Diagramm mit dem Preisniveau an der Ordinatenachse und dem realen Sozialprodukt an der Abzissenachse abbildet.

aa) Nachfragefunktion. – Die **makroökonomische Nachfragefunktion** erfaßt die Komponenten der Nachfrageseite sowohl auf dem Güter- als auch auf dem Geldmarkt. Genauer wird bei ihrer Ableitung gefragt, wie sich das durch Gleichgewicht auf dem Güter- und Geldmarkt bestimmte reale Sozialprodukt verändert, wenn das Preisniveau alternative Werte annimmt und die nominale Geldmenge, die Staatsausgaben sowie andere Parameter der Nachfrageseite gegeben sind. Die Beantwortung dieser Frage kann an Hand des Hicksschen Diagramms vorgenommen werden, wobei ein normaler Verlauf der LM^r-Kurve und der IS^r-Kurve angenommen wird (vgl. Fig. 49a). Wie in Fig. 49a dargestellt, ist eine Erhöhung des Preisniveaus (z.B. von p_0 auf p_1) wegen der damit verbundenen Abnahme der realen Geldmenge mit einer Senkung des (im Gleichgewicht nachgefragten) realen Sozialprodukts verbunden (z.B. von Y_0^r auf Y_1^r). Die Bewegung des Gleichgewichtspunktes von P_0 nach P_1 bestimmt die Lage der Punkte S_0 und S_1 in Fig. 49b und damit die *negative* Steigung der makroökonomischen Nachfragekurve NY^r (kurz: *Nachfrage-*

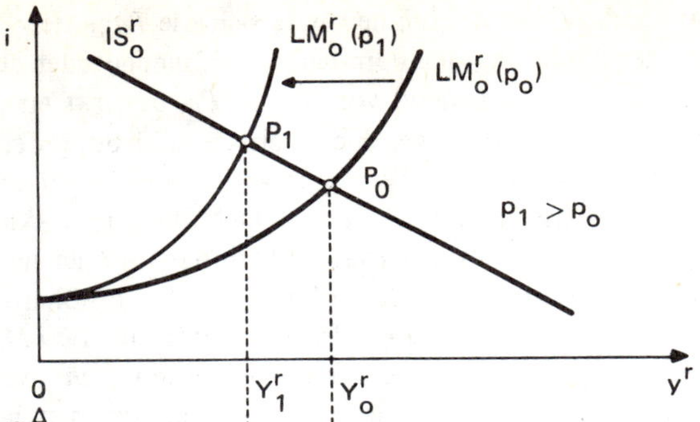

Fig. 49a

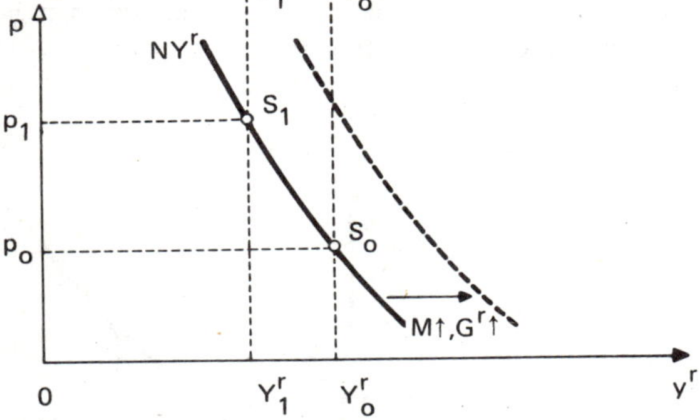

Fig. 49b

kurve)[81]). Die ökonomische Begründung für die negative Steigung ist darin zu sehen, daß ein höheres Preisniveau bei konstanter nominaler Geldmenge eine niedrigere reale Geldmenge impliziert, wodurch das Zinsniveau steigt und sich als Folge davon eine Abnahme der Investitionen ergibt und damit auch des (nachgefragten) realen Sozialprodukts.

---

[81]) Die Steigung der Nachfragekurve läßt sich formal aus den Gleichungen (1) und (2) des Anhangs A6) durch totale Differentiation nach einigen Umformungen wie folgt bestimmen:

$$\frac{dp}{dY^r} = \frac{\frac{\partial L^r}{\partial Y^r} + \frac{\partial L^r}{\partial i} \; \frac{\partial S^r}{\partial Y^r} \Big/ \frac{\partial I^r}{\partial i}}{-\frac{M}{p^2}} < 0.$$

Vgl. hierzu auch T. Havrilesky, A Comment on 'The Use of the Aggregate Demand Curve'. "The Journal of Economic Literature", Vol. 13 (1975), S. 472f.

Aus Fig. 49a läßt sich weiter entnehmen, wie sich die *Lage* der NY^r-Kurve bei einer Änderung der nominalen Geldmenge oder der Staatsausgaben verändert. Ausgehend vom Punkt P_0, bewirkt eine Erhöhung der nominalen Geldmenge eine Rechtsverschiebung der *LM^r-Kurve* und eine Erhöhung der Staatsausgaben (ebenso wie eine Senkung des Steuersatzes) eine Rechtsverschiebung der *IS^r-Kurve.* Bei gegebenem Preisniveau würde sich deshalb das im Gleichgewicht nachgefragte reale Sozialprodukt in beiden Fällen erhöhen. Daraus folgt bei den unterstellten *normalen* Verläufen für die LM^r-Kurve und IS^r-Kurve, daß sich die Nachfragekurve nach *rechts* verschiebt, wenn eine *Erhöhung* der Geldmenge oder der Staatsausgaben erfolgt (wie auch in Fig. 49b angedeutet).

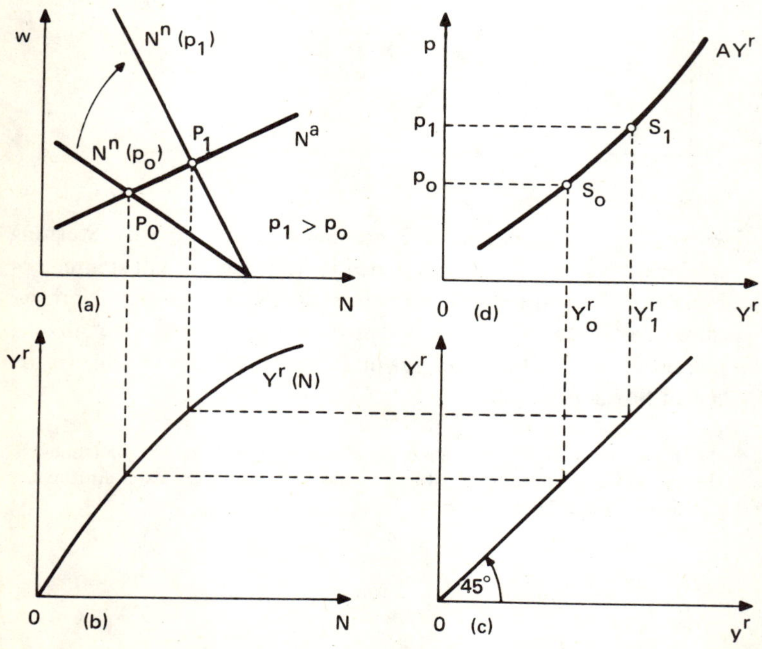

Fig. 50

bb) *Angebotsfunktion.* – Die **makroökonomische Angebotsfunktion** erfaßt die Komponenten der Angebotsseite und berücksichtigt die Konstellation auf dem Arbeitsmarkt sowie die gesamtwirtschaftliche Produktionsfunktion. Zu ihrer Ableitung wird von dem in Fig. 38 (auf S. 222) verwendeten Arbeitsmarktdiagramm ausgegangen und damit ein vom Geldlohnsatz abhängiges Arbeitsangebot unterstellt[82]). Wie aus Fig. 50 zu ersehen ist, geht eine Erhöhung des Preisniveaus (z.B. von p_0 auf p_1) wegen der dadurch bewirkten Rechtsdrehung der Nachfragekurve für Arbeit mit einem Anstieg der Beschäftigung einher, die wegen der in Fig. 50b dargestellten Produktionsfunktion mit einer Zunahme des (produzierten und angebotenen) Sozialprodukts (z.B. von Y_0^r auf Y_1^r) verbunden ist. Die Bewegung des Gleichgewichtspunktes von P_0 nach P_1 bestimmt die Lage der Punkte S_0 und S_1 in Fig. 50d und damit die *positive* Steigung der makroökonomischen Angebotskurve AY^r (kurz: Angebotskurve)[83]).

cc) *Gleichgewicht und Parameteränderungen.* – Das gesamtwirtschaftliche Gleichgewicht wird durch den Schnittpunkt der Nachfrage- und Angebotskurve bestimmt (z.B. bei P_0 in Fig. 51).

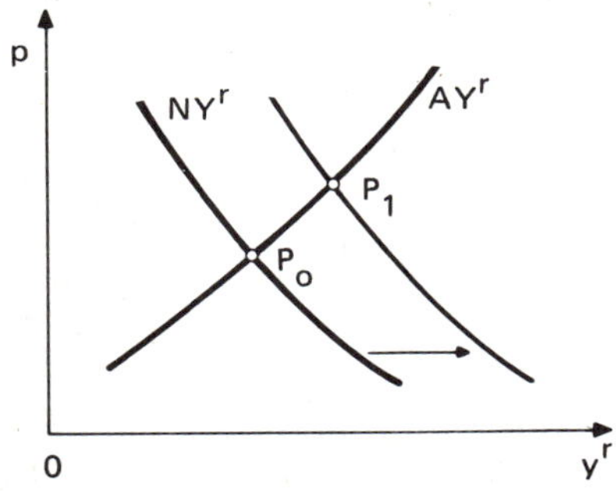

Fig. 51

[82]) Die Möglichkeit eines nach unten nicht flexiblen Geldlohnsatzes wird im folgenden vernachlässigt, da die Angebotskurve auch in diesem Fall eine positive Neigung aufweisen würde.

[83]) Die Angebotskurve würde *senkrecht* zur Y^r-Achse verlaufen, wenn man ein vom *Reallohnsatz* abhängiges Arbeitsangebot bei flexiblen Geldlohnsätzen und Preisen annehmen würde; denn in diesem Fall gehört zum Gleichgewicht auf dem Arbeitsmarkt stets eine ganz bestimmte Höhe der Beschäftigung und damit auch – unabhängig vom Preisniveau – eine ganz bestimmte Höhe des realen Sozialprodukts.

Erfolgt eine Erhöhung der (nominalen) *Geldmenge* oder der *Staatsausgaben* (bzw. eine Senkung des *Steuersatzes*), dann verschiebt sich die Nachfragekurve nach rechts. Die damit einhergehende Verlagerung des Gleichgewichtspunktes von P_0 nach P_1 bringt ein aus dem Unterabschnitt d) bb) bereits bekanntes Ergebnis zum Ausdruck: Das *reale Sozialprodukt* und das *Preisniveau* steigen[84]). Die unterschiedlichen Wirkungen geld- und fiskalpolitischer Maßnahmen auf den *Zinssatz* (bei expansiver Geldpolitik eine Zinssenkung und bei expansiver Fiskalpolitik eine Zinserhöhung) werden dagegen in Fig. 51 nicht sichtbar; denn der Zinssatz wurde in den Darstellungen dieses Abschnitts – anders als in den Abschnitten c) und d) – aus der Analyse eliminiert.

Zusammenfassung:

1. In der Keynesianischen Theorie ist Gleichgewicht auf dem Gütermarkt nicht immer zwangsläufig mit Vollbeschäftigung verbunden. Der Anpassungsprozeß kann blockiert werden, wenn
   a) die Geldlohnsätze nach unten nicht flexibel sind oder
   b) die Investoren vollkommen zinsunelastisch reagieren oder die Liquiditätspräferenzkurve für spkulative Zwecke vollkommen elastisch verläuft.
2. Wird von einer Keynesianischen Arbeitsangebotsfunktion ausgegangen (und damit Geldillusion auf seiten der Anbieter von Arbeit unterstellt), dann bewirkt eine Änderung der Geldmenge eine gleichgerichtete Änderung des realen Sozialprodukts, der Beschäftigung und des Preisniveaus, vorausgesetzt, die unter 1b) angegebene Situation liegt nicht vor. Die Geldmenge ist also unter diesen Prämissen in bezug auf den güterwirtschaftlichen Bereich nicht neutral.

---

[84]) Eine Veränderung des realen Sozialprodukts würde sich (erwartungsgemäß) nicht ergeben, wenn man ein vom *Reallohnsatz* abhängiges Arbeitsangebot bei flexiblen Geldlohnsätzen und Preisen annehmen würde; denn in diesem Fall wäre die Angebotskurve eine Senkrechte im p/Y^r-Diagramm. (Vgl. die vorhergehende Fußnote).

3. Liegt die unter 1b) angegebene Situation vor, dann bleibt eine Änderung der Geldmenge ohne Wirkung auf das reale Sozialprodukt, die Beschäftigung und das Preisniveau.
4. Wird eine Gleichgewichtsposition im Bereich der liquidity trap, d. h. im vollkommen elastischen Bereich der Liquiditätspräferenzkurve, realisiert (und eine Keynesianische Arbeitsangebotsfunktion unterstellt), dann führt eine entsprechend starke Reduktion der Geldmenge schließlich aus der liquidity trap heraus und verringert bei zinselastischen Investitionen das reale Sozialprodukt, die Beschäftigung und das Preisniveau; im Falle einer Erhöhung der Geldmenge gelingt dieses nicht. Insofern ist die Effektivität einer Geldmengenpolitik offenbar in kontraktiver und expansiver Richtung unterschiedlich.
5. Ist eine Unterbeschäftigungssituation gegeben und liegt das zur Realisierung des Vollbeschäftigungseinkommens erforderliche Zinsniveau unter dem der liquidity trap entsprechenden (also gerade noch realisierbaren) Zinsniveau, dann kann das Vollbeschäftigungseinkommen durch eine Erhöhung der Geldmenge nicht erreicht werden. Dieses hat Keynes veranlaßt, für die Durchführung öffentlicher Investitionen als Mittel der Beschäftigungspolitik zu plädieren.

3. Der Transmissionsmechanismus der relativen Preise

Bei dem Transmissionsmechanismus der relativen Preise handelt es sich um eine Auffassung, die davon ausgeht, daß eine geldpolitische Maßnahme, z.B. eine Senkung des Mindestreservesatzes, für eine Wirtschaftseinheit die Störung einer vorher als optimal angesehenen Vermögenszusammensetzung bedeutet. Auf die Störung reagieren Wirtschaftseinheiten mit Anpassungsmaßnahmen, die das *Finanzvermögen*, das *Sachvermögen* und die *Verbindlichkeiten* betreffen und auch die *Produktion neuer Güter* mit einbeziehen. An der Entwicklung einer entsprechenden theoretischen Konzeption waren seit Anfang der sechziger Jahre in besonderem Maße Milton Friedman, Karl Brunner und Allan H. Meltzer, aber auch James Tobin beteiligt[85]); übernommen wurden dabei Bestandteile der *neoklassischen* Theorie, der Theorie von Don Patinkin und der Theorie von Keynes.

a) Die Bilanzpositionen

Wir beginnen die Beschreibung des **Transmissionsmechanismus der relativen Preise** mit einer Darstellung der für unsere Analyse relevanten Bilanzpositionen, und zwar für Geschäftsbanken und Nichtbanken:

1. Geschäftsbanken

Aktiva	Passiva
Mindestreserven	Sichteinlagen von Nichtbanken
Geldmarktpapiere	Zentralbankverschuldung
Staatsobligationen	Reinvermögen
Kredite an Nichtbanken	

2. Nichtbanken

Aktiva	Passiva
Sichteinlagen	Bankverbindlichkeiten
Staatsobligationen	Reinvermögen
Aktien	
Sachvermögen (einschl. dauerhafte Konsumgüter)	

---

[85]) Vgl. Friedman and Schwartz, a.a.O., S. 60f. – M. Friedman and D. Meiselman, The Relative Stability of Monetary Velocity and the Investment Multiplier in the United States, 1897–1958. In: Stabilization Policies. Commission on Money and Credit. Prentic Hall, Englewood Cliffs, N.J., 1963, S. 218ff. – K. Brunner and A. H. Meltzer, The Place of Financial Intermediaries in the Transmission of Monetary Policy. "The American Economic Review", Vol. 53 (1963), Papers and Proceedings, S. 372ff. – K. Brunner, Eine Neuformulierung der Quantitätstheorie des Geldes. Die Theorie der relativen Preise, des Geldes, des Outputs und der Beschäftigung. „Kredit und Kapital", Vol. 3 (1970), S. 1ff. – J. Tobin and W. C. Brainard, Financial Intermediaries and the Effectiveness of Monetary Controls. "The American Economic Review", Vol. 53 (1963), Papers and Proceedings, S. 383ff. – J. Tobin, A General Equilibrium Approach to Monetary Theory. "Journal of Money, Credit and Banking", Vol. 1 (1969), S. 15ff.

Im folgenden soll an einem Beispiel[86]) erläutert werden, wie Geschäftsbanken und Nichtbanken mit den Bilanzpositionen reagieren und darüber hinaus über den Erwerb neuproduzierter Güter disponieren, wenn sich die verfügbaren Mittel[87]), das gesamte Vermögen und die mit den einzelnen Bilanzpositionen verbundenen Erträge oder Aufwendungen verändern. Es handelt sich also im Prinzip um Überlegungen, die durch die Theorie der *portfolio selection* vorbereitet sind[88]).

b) Der Anpassungsprozeß

Der Anpassungsprozeß soll dadurch ausgelöst werden, daß die Zentralbank die Mindestreservesätze senkt und sich demzufolge die verfügbaren Mittel der Geschäftsbanken erhöhen. Die daraus resultierenden *Anpassungsvorgänge*[89]) werden in einer bestimmten Aufeinanderfolge wiedergegeben, ohne daß damit ein strikter zeitlicher Ablauf festgelegt und ein zeitliches Nebeneinander von Anpassungsvorgängen ausgeschlossen werden soll[90]):

1. Die durch die Mindestreservesatzsenkung entstandene Überschußkasse hat zur Folge, daß die tatsächliche Bilanzstruktur nicht mehr der von den Banken gewünschten Bilanzstruktur entspricht. Sie verwenden deshalb die durch die Mindestreservesatzsenkung freiwerdenden Mittel unverzüglich zum Abbau ihrer *Zentralbankverschuldung* und zum Erwerb von *Geldmarktpapieren.* Außerdem versuchen sie sehr bald, ihren Bestand an *Staatsobligationen* aufzustocken, so daß auch dieser Anpassungsvorgang noch der Phase 1 zugerechnet werden

---

[86]) Ein formalisierter Ansatz findet sich im Anhang A 7).

[87]) Die verfügbaren Mittel haben nur eine Bedeutung für die Geschäftsbanken; sie nehmen zu, wenn die Mindestreserven gesenkt werden, und umgekehrt.

[88]) Die Darstellung der *portfolio selection* auf den S. 64ff. bezieht sich allerdings nur auf Bestandteile der Aktivseite und dabei auch nur auf finanzielles Vermögen.

[89]) Vgl. hierzu Brunner, Eine Neuformulierung ..., a.a.O., S. 8ff.

[90]) Zum Zeitablauf der Anpassungsvorgänge vgl. die Hinweise im Unterabschnitt 4a) (S. 260ff.).

soll. Die Erhöhung der Nachfrage nach Obligationen bedeutet bei unverändertem Angebot, daß der Kurs bzw. Preis von Obligationen steigt oder – was auf das gleiche hinausläuft – ihre Rendite abnimmt. Die Kurssteigerung der Obligationen ist der Grund dafür, daß Nichtbanken Obligationen an die Geschäftsbanken verkaufen. Sie gelangen auf diese Weise in den Besitz von Geld in Form von Sichteinlagen. Damit steigt die *Geldmenge.*

2. Der anfängliche Abbau der Zentralbankverschuldung, die Erhöhung der Bestände an Geldmarktpapieren und Obligationen sowie die Kurssteigerungen bei Obligationen (bzw. die Senkung ihrer Rendite) veranlassen die Geschäftsbanken, ihr *Angebot an Krediten* auszudehnen. Zur Finanzierung der Barabzüge und der zusätzlichen Mindestreserveverpflichtungen erhöhen sie dabei wieder etwas die Zentralbankverschuldung und liquidieren einen Teil der in Phase 1 aufgestockten Wertpapierbestände.

Die Nichtbanken verwenden einen Teil der ihnen in Phase 1 zugeflossenen Erlöse aus Obligationen zur *Tilgung von Bankverbindlichkeiten.* Die Erhöhung des Kreditangebots und die einer Abnahme der Kreditnachfrage gleichzusetzende Tilgung von Bankverbindlichkeiten bewirken eine Senkung des Sollzinssatzes.

3. Gegenüber der Ausgangssituation ist nicht nur der Sollzinssatz für Kredite, sondern auch die Rendite von Obligationen gesunken bzw. ihr Kurs (Preis) hat sich erhöht. Die Nichtbanken werden hierdurch veranlaßt, bereits *vorhandenes Sachvermögen,* das im Preis noch nicht gestiegen und deshalb relativ billig ist, vermehrt nachzufragen.

Hierbei kann es sich konkret um den Erwerb von Aktien handeln und damit um den Erwerb von Miteigentum an bestehenden Unternehmungen oder beispielsweise um den Kauf eines Hauses, eines Gebrauchtwagens usw. Finanziert werden diese Transaktionen mit einem weiteren Teil der den Nichtbanken in Phase 1 zugeflossenen Erlöse aus Verkäufen von Obligationen. Die Erhöhung der Nachfrage nach bereits vorhandenem Sachvermögen führt zu einem Anstieg der entsprechenden Preise (u. a. also auch zu einer Erhöhung der Aktienkurse bzw. zu einer Senkung ihrer Rendite, einer Erhöhung der Gebrauchtwagenpreise usw.).

4. Der Preisanstieg bei bereits vorhandenem Sachvermögen bedeutet, daß dieses im Verhältnis zu neuproduziertem Sachvermögen relativ teuer wird. Bei zunächst noch unveränderten Angebotspreisen tritt deshalb eine Stimulierung der Nachfrage für *neuproduziertes Sachvermögen* (maschinelle Anlagen, Häuser sowie dauerhafte Konsumgüter wie PKWs, Waschmaschinen etc.) ein. Die Stimulierung der Nachfrage nach neuproduziertem Sachvermögen hat in den entsprechenden Branchen eine Belebung von Produktion und Beschäftigung zur Folge und bewirkt auch hier einen Preisanstieg[91]), der zudem von einer Erhöhung der Lohnsätze begleitet ist.

5. Der Preisanstieg beim vorhandenen und neu produzierten Sachvermögen führt dazu, daß statt des Sachvermögens selbst die noch relativ billigen *Leistungen bzw. Produkte des Sachvermögens* vermehrt nachgefragt werden. Man verzichtet z. B. auf das Eigenheim und mietet eine Wohnung. Man kauft keinen PKW, sondern benutzt öffentliche Verkehrsmittel oder ein Taxi. Man läßt sich keinen Swimmingpool bauen, sondern geht ins städtische Freibad usw. Die auf diese Weise eintretende Erhöhung der Nachfrage nach Leistungen von Sachvermögensbeständen führt in den betroffenen Branchen zu einer Anregung der Produktion und zu Preissteigerungen (z.B. zu einer Mieterhöhung).

6. Der Preisanstieg bei dauerhaften Konsumgütern und bei den substitutiven Leistungen von Sachvermögensbeständen führt zusammen mit der Erhöhung der Geldlohnsätze schließlich auch zu einer Nachfrageerhöhung und Produktionsausweitung bei solchen Konsumgütern, die bisher noch nicht vom Expansionsprozeß erfaßt worden waren. Auch bei diesen Gütern treten dann Preissteigerungen auf.

7. Der Anstieg der Kurse von Staatsobligationen und Aktien sowie die Preiserhöhungen beim bereits vorhandenen Sachkapital bedeuten

---

[91]) Das Ausmaß des Preisanstiegs hängt von der Auslastung der Kapazitäten und vom Grad der Beschäftigung der Arbeitskräfte in den betreffenden Branchen ab.

einen *Wertzuwachs für das private Nettovermögen.* Hieraus resultiert eine Verstärkung der Nachfrage nach Gütern und Dienstleistungen.

8. Die Steigerung der wirtschaftlichen Aktivität veranlaßt die Investoren, ihre *Ertragserwartungen* nach oben zu revidieren und ihre Nachfrage nach Sachvermögen zu verstärken.

9. Die in den Phasen 4 bis 8 geschilderten Anpassungsvorgänge bedeuten eine verstärkte Nachfrage der Nichtbanken nach neuproduzierten Gütern und nach Dienstleistungen. Hierdurch entsteht ein Expansionsprozeß, der zu einer Erhöhung der Nachfrage nach Bankkrediten führt und einen *Anstieg des Sollzinssatzes* bewirkt.

Der Anstieg des Sollzinssatzes ist der Grund dafür, daß die Geschäftsbanken bereit sind, die zunehmende Kreditnachfrage zu befriedigen. Im Gegenzug weiten sie jetzt ihre Zentralbankverschuldung aus, bauen ihre Geldmarktanlagen ab und verkaufen Obligationen. Sie bewirken damit einen Kursrückgang der Obligationen bzw. eine *Erhöhung ihrer Rendite.*

10. Die sich im Zuge des Expansionsprozesses einstellende Erhöhung des Sollzinssatzes und der Rendite von Obligationen wirkt der anfänglichen Stimulierung der gesamtwirtschaftlichen Güternachfrage und dem hierdurch eingeleiteten Expansionsprozeß entgegen. Der Wiederanstieg von Sollzins und Obligationenrendite wirkt also auf den güterwirtschaftlichen Bereich zurück und löst insofern einen *feedback-Effekt* (Rückkoppelungs-Effekt) aus.

11. Ein *feedback-Effekt* wird auch dadurch ausgelöst, daß im Zuge des Expansionsprozesses eine allgemeine, die neuproduzierten Güter-erfassende Erhöhung der Preise eintritt, die eine Abnahme des realen Nettovermögens bedeutet und demzufolge einen kontraktiven Einfluß auf die Nachfrage der Nichtbanken ausübt.

Die durch einen monetären Impuls ausgelösten Anpassungsvorgänge im monetären und güterwirtschaftlichen Bereich sind nur für den Fall einer expansiv wirkenden Störung (Senkung der Mindestreservesätze) dargestellt worden. Auf eine Beschreibung eines gegenläufigen Prozesses (ausgelöst durch eine Erhöhung der Mindestreservesätze) wollen wir verzichten, da die Anpassungsvorgänge jeweils nur in der entgegengesetzten Richtung erfolgen.

c) Ergebnisse des Anpassungsprozesses

Der oben dargestellte *Transmissionsmechanismus* erscheint als eine Kette von Wechselwirkungen zwischen Geld, sonstigem finanziellen Vermögen, Sachvermögen und Verbindlichkeiten sowie zwischen diesen Bestandsgrößen und der Neuproduktion von Investitions- und Konsumgütern[92]). Die Anpassungsvorgänge sind dabei im wesentlichen Begleiterscheinungen von *Vermögens-* und *Substitutionseffekten.* So ist die Nachfragestimulierung, soweit sie durch den Wertzuwachs bei Obligationen, Aktien und bestehendem Sachvermögen ausgelöst wird (vgl. Phase 7), die Folge eines Vermögenseffektes. Substitutionseffekte werden im monetären Bereich z.B. wirksam, wenn die Banken durch eine Erhöhung des Sollzinssatzes (als Folge steigender Kreditnachfrage) veranlaßt werden, ihre Kreditgewährung auszudehnen und ihren Bestand an Obligationen zu verringern (vgl. Phase 9). Substitutionseffekte, die auf den güterwirtschaftlichen Bereich einwirken, sind in unserem Beispiel in den Phasen 3, 4, 5 und 6 ausführlicher dargestellt worden.

Substitutions- und Vermögenseffekte der geschilderten Art sind also die entscheidenden Mechanismen, die eine Ausbreitung der primären Störung (vgl. Phase 1) auf den gesamten monetären Bereich bewirken und die die Impulse aus dem monetären Bereich auf den güterwirtschaftlichen Bereich übertragen und dadurch schließlich Änderungen der gesamtwirtschaftlichen Produktion, der Beschäftigung und des Preisniveaus herbeiführen. Der Anpassungsprozeß kann dabei vorübergehend noch durch eine Revision der Erwartungen akzentuiert werden (vgl. Phase 8). Mit der Zeit kommt es aber zu einer Gegenentwicklung, und zwar dadurch, daß im Falle einer Expansion beispielsweise die zunächst sinkenden Wertpapierrenditen

---

[92]) Vgl. K. Brunner, The "Monetarist Revolution" in Monetary Theory. „Weltwirtschaftliches Archiv", Bd. 105 (1970 II), S. 7.

und Sollzinssätze im Laufe des Expansionsprozesses wieder ansteigen (vgl. die Phasen 9 und 10) und das reale Nettovermögen des privaten Sektors infolge der Preissteigerungen abnimmt (vgl. Phase 11). Im Falle eines Kontraktionsprozesses laufen diese *feedback-Effekte* in der entgegengesetzten Richtung ab. In jedem Fall wirken sie wie ein eingebauter Stabilisator.

Betrachtet man die Ergebnisse des oben geschilderten Transmissionsmechanismus abschließend auf dem Hintergrund der *Keynesianischen* Analyse, dann sollen bei einem Vergleich folgende beiden Punkte hervorgehoben werden:

1. Auch im Rahmen einer Keynesianischen Analyse führt eine geldpolitische Maßnahme, die eine Veränderung der Geldmenge bewirkt, i.d. R. zu einer gleichgerichteten Änderung des realen Sozialprodukts, der Beschäftigung und des Preisniveaus. Die Nahtstelle zwischen monetärem Bereich und güterwirtschaftlichem Bereich sind dabei *zinsabhängige Investitionen*. Erst *nachdem* es in der Investitionsgüterindustrie zu einer Veränderung der Produktion gekommen ist, breitet sich der monetäre Impuls via Einkommensmultiplikator auch auf die Konsumgüterindustrie aus.

Anders als im Rahmen einer Keynesianischen Analyse[93]) ist die Reaktion der Investitionsgüterindustrie bei dem oben dargestellten Transmissionsmechanismus *keine* notwendige Voraussetzung für die Übertragung eines monetären Impulses auf den güterwirtschaftlichen Bereich. Denn auch die Nachfrage nach Konsumgütern reagiert unmittelbar auf monetäre Impulse, und zwar sowohl im Wege eines Vermögenseffektes (vgl. Phase 7) als auch im Wege eines Substitutionseffektes (vgl. Phasen 3 und 4).

2. Auch im Rahmen der Keynesianischen Analyse stellen sich im Laufe des Anpassungsprozesses gegenläufige *feedback-Effekte* ein: Führt beispielsweise eine Vergrößerung der Geldmenge zu einer Zinssenkung und resultiert hieraus über zunehmende (zinsinduzierte)

---

[93]) Im Rahmen einer Keynesianischen Analyse bleibt eine Änderung der Geldmenge ohne Wirkung auf den güterwirtschaftlichen Bereich, wenn die Investoren *vollkommen unelastisch* auf den Zinssatz reagieren (und die auf S. 208 erwähnten Vermögenseffekte weiter unberücksichtigt bleiben).

Investitionen eine Erhöhung des Volkseinkommens, dann steigt die Liquiditätspräferenz für Transaktionskasse und es erfolgt ein Zinsanstieg. Hierdurch wird die anfängliche Erhöhung des realen Sozialprodukts, der Beschäftigung und des Preisniveaus gedämpft, allerdings nicht voll kompensiert[94]).

Inwieweit eine zunächst eintretende Expansion (oder Kontraktion) des realen Sozialprodukts und der Beschäftigung im Rahmen des oben geschilderten Transmissionsmechanismus der relativen Preise durch feedback-Effekte schließlich wieder kompensiert werden kann, ist eine Frage, die auf Grund der verbalen Schilderung der Anpassungsvorgänge nicht eindeutig beantwortet werden kann und deshalb zunächst offenbleibt. Auf jeden Fall ergibt sich – auch im Endergebnis – aus einem expansiv wirkenden Impuls (z. B. einer Mindestreservesenkung) eine Tendenz zur Preiserhöhung und aus einem kontraktiv wirkenden Impuls (z. B. einer Mindestreserveerhöhung) eine Tendenz zur Preissenkung.

Zusammenfassung:

1. Im Rahmen einer Theorie der relativen Preise bewirkt eine geldpolitische Maßnahme die Störung einer vorher als optimal angesehenen Vermögenszusammensetzung.
2. Änderungen relativer Zinssätze bzw. relativer Preise bewirken Substitutions- und Vermögenseffekte, die das Finanzvermögen, das Sachvermögen und die Verbindlichkeiten von Wirtschaftseinheiten erfassen und auch auf die Neuproduktion von Konsum- und Investitionsgütern weiterwirken. Auf diese Weise löst ein die Geldmenge erhöhender, monetärer Impuls eine Zunahme des realen Sozialprodukts, der Beschäftigung sowie des Preisniveaus aus (und umgekehrt). Anders als in der Keynesianischen

[94]) Vgl. hierzu Anhang A 6). – Feedback-Effekte führen allerdings auch in einem Keynesianischen Modell zur ursprünglichen Beschäftigung zurück, wenn (entsprechend den Vorstellungen der Klassiker) völlige Flexibilität von Preisen und Löhnen sowie ein vom Reallohnsatz abhängiges Angebot an Arbeit unterstellt werden. Vgl. hierzu S. 237, Fußnote 74.

Analyse braucht ein Expansionsprozeß (bzw. ein Kontraktionsprozeß) dabei nicht in der Weise abzulaufen, daß zunächst die Investitionsgüterindustrie und erst danach die Konsumgüterindustrie erfaßt wird.

3. Im weiteren Verlauf eines Expansionsprozesses steigen die Wertpapierrendite und der Sollzinssatz wieder an. Zusammen mit einer Abnahme des realen Nettovermögens (als Folge der Preiserhöhungen) resultiert hieraus eine der anfänglichen Expansion entgegengerichtete Entwicklung (und damit ein feedback-Effekt). Im Fall eines monetären Impulses, der die Geldmenge vermindert, erfolgen diese Anpassungsvorgänge in der umgekehrten Richtung.
4. Im Endergebnis führt ein die Geldmenge erhöhender, monetärer Impuls zu einem Preisanstieg (und umgekehrt). Ob die anfängliche Expansion (bzw. Kontraktion) des realen Sozialprodukts und der Beschäftigung durch feedback-Effekte nur gedämpft wird (wie im Rahmen einer Keynesianischen Analyse) oder auch schließlich voll kompensiert werden kann, ist eine Frage, die zunächst noch offenbleibt.

4. Zur monetaristischen Position

Wie bereits ausgeführt, war die Massenarbeitslosigkeit der dreißiger Jahre das große soziale Problem, an dessen Erklärung die klassische Theorie scheiterte und das die Keynesianische Analyse des Volkseinkommens und der Beschäftigung in den Vordergrund wirtschaftswissenschaftlicher Diskussionen rückte. In der Nachkriegszeit gewann dagegen ein anderes soziales Problem zunehmend an Bedeutung: die Entwicklung inflationärer Prozesse, die nicht selten von Schwankungen der gesamtwirtschaftlichen Produktion und der Beschäftigung begleitet waren.

Das Problem der *Inflation* tritt in der *Allgemeinen Theorie* von Keynes weit hinter dem Problem der Unterbeschäftigung zurück; es spielt aber eine wesentliche Rolle bei den insbesondere durch

Friedman und Brunner geprägten Überlegungen der **Monetaristen**[95]). Die Verbreitung monetaristischer Ideen, die sich nicht zuletzt unter dem Eindruck der amerikanischen Inflationserfahrungen der sechziger Jahre verstärkte, hängt aber auch damit zusammen, daß die Keynessche Theorie in häufig überpointierter und auch zu wenig differenzierender Betrachtungsweise als eine Lehre verstanden wird, nach der Geldmengenänderungen hinsichtlich des Volkseinkommens, der Beschäftigung und des Preisniveaus wenig wirksam, wenn nicht sogar unwirksam sind[96]). Auf dem Hintergrund einer solchen mit der Keynesschen Lehre in Verbindung gebrachten „*money does not matter*"-These wird die Position der Monetaristen, wonach die *Geldmenge eine zentrale Einflußgröße* für die wirtschaftliche Aktivität darstellt, zur Antithese und tritt deshalb besonders deutlich hervor.

Was das Problem der Unterbeschäftigung von Produktionsfaktoren, insbesondere also das Problem der *Arbeitslosigkeit*, anbelangt, so bieten die Monetaristen hierfür eine neue Erklärung an. Sie begründen Situationen der Unterbeschäftigung mit den Kosten der Informationsgewinnung *(Informationskosten)* und den Kosten der Anpassung an veränderte wirtschaftliche Bedingungen *(Anpassungskosten)*.

Mit der Behandlung der monetaristischen Position verfolgen wir das Ziel, wesentliche Charakteristika des Monetarismus[97]) herauszustellen. Monetaristische Vorstellungen mögen in gewisser Hinsicht durch ein bestimmtes ordnungspolitisches Vorverständnis[98]) mitgeprägt sein und beruhen z.T. auch auf Annahmen über empirische Detail-

---

[95]) Vgl. hierzu und zu dem folgenden Satz Johnson, a.a.O., S. 7f.

[96]) So z.B. Friedman (A Theoretical Framework ..., a.a.O., S. 210). – Auch L. S. Ritter weist darauf hin, daß einige moderne Quantitätstheoretiker an solchen Interpretationen nicht unschuldig sind (The Role of Money in Keynesian Theory. In: Banking and Monetary Studies. Ed. by D. Carson. Homewood, Ill., 1963. S. 134).

[97]) Siehe hierzu vor allem K. Brunner, The "Monetarist Revolution" ..., a.a.O., S. 1ff. – Vgl. auch T. Mayer, Die Struktur des Monetarismus. „Beihefte zu Kredit und Kapital", H. 4 (1978), S. 9ff.

[98]) Vgl. hierzu H. Frisch, Die neue Inflationstheorie. Göttingen 1980. S. 82.

zusammenhänge. Die zentralen, geldpolitisch relevanten Thesen der Monetaristen lassen sich aber auch aus einer modelltheoretischen Betrachtung gesamtwirtschaftlicher Zusammenhänge herleiten. Um jedoch zu vermeiden, daß die mehr verbalen Ausführungen zur monetaristischen Position durch eine längere Modellbetrachtung unterbrochen werden, wird diese zunächst zurückgestellt und erst im Zusammenhang mit einer geschlossenen theoretischen Analyse im folgenden Abschnitt nachgeholt.

a) Die Berücksichtigung von Informations- und Anpassungskosten

Wesentliches Merkmal der monetaristischen Position ist der im vorhergehenden Abschnitt dargestellte *Transmissionsmechanismus der relativen Preise*, der durch Berücksichtigung von **Informations- und Anpassungskosten**[99]) eine wichtige Erweiterung erfährt.

aa) Informations- und Anpassungskosten. – Informationskosten entstehen durch die Beschaffung, Aufbereitung und Verarbeitung von *Informationen.* Benötigt man z. B. Informationen über die Absatzchancen bestimmter Güter (z. B. Ferienappartements) und vergibt man zu diesem Zweck einen Marktforschungsauftrag, dann entstehen Kosten. Ebenso entstehen Kosten, wenn man sich Informationen über die Verdienstmöglichkeiten in bestimmten Berufen verschaffen will und zu diesem Zweck in Zeitungen inseriert. Kosten entstehen aber auch, wenn man während der Informationsgewinnung auf jeden Einkommenserwerb verzichtet, sich also auf die Tätigkeit der Informationsgewinnung spezialisiert. Die entgangenen Verdienste sind dann (ggf. unter Abzug von Arbeitslosenunterstützung) den Informationskosten zuzurechnen.

---

[99]) Vgl. hierzu A. A. Alchian and W. R. Allen, University Economics. 2nd ed. Belmont, Calif., 1967. S. 496ff. – A. A. Alchian, Information Costs, Pricing, and Resource Unemployment. In: E. S. Phelps et al. Microeconomic Foundations of Employment and Inflation Theory. New York 1970. S. 27ff. – Brunner, Eine Neuformulierung ..., a.a.O., S. 7ff. und 22ff.

Auch aus der *Anpassung* an veränderte wirtschaftliche Gegebenheiten resultieren Kosten. Werden z. B. Obligationen in Aktien umgetauscht, weil mit einer Erhöhung der Aktienkurse gerechnet wird, dann fallen Kosten in Form von Maklerprovisionen, Telefongebühren etc. an. Will man in Erwartung besserer Verdienstmöglichkeiten seinen Arbeitsplatz wechseln, dann wird man in Rechnung stellen, daß der Umzug, die neue Wohnung und andere Umstände Kosten verursachen.

bb) Kosten und Erlöse von Informationen. – Für die meisten der folgenden Aussagen ist es nicht wesentlich, ob Anpassungskosten in die Überlegungen einbezogen werden oder nicht. Zur Vereinfachung werden wir uns deshalb bei den weiteren Überlegungen auf die Informationsbeschaffung konzentrieren. Für unsere Folgerungen spielen dabei bestimmte Annahmen über die Entwicklung der Kosten und (erwarteten) Erlöse der Informationsbeschaffung eine Rolle, nämlich[100]):

– Informationen ermöglichen eine Erhöhung der Erlöse. Der (erwartete) Mehrerlös oder der Grenzerlös einer Information nimmt dabei mit zunehmendem Umfang der Informationsgewinnung (Marktforschung) ab[101]).

– Mit der Informationsgewinnung sind Kosten verbunden. Die Kosten sind um so höher, je mehr Informationen erworben werden. Die Mehrkosten oder Grenzkosten einer Information werden dabei nicht kleiner, sondern eher größer, wenn der Umfang der Informationsgewinnung steigt.

– Die mit der Informationsgewinnung verbundenen Kosten sind um so höher, je schneller ein bestimmter Informationsstand erreicht werden soll. Die (auf die Zeit bezogenen) Mehrkosten oder Grenzkosten werden dabei nicht kleiner, sondern eher größer, wenn der Zeitaufwand, mit dem ein bestimmter Informationsstand erreicht werden soll, verringert wird, die Geschwindigkeit der Informationsgewinnung also zunimmt.

---

[100]) Vgl. Brunner, Eine Neuformulierung ..., a.a.O., S. 7f. und 22ff.

[101]) Um den Grenzerlös mit den Grenzkosten einer Information vergleichen zu können, muß der Grenzerlös als Gegenwartswert berechnet werden.

Schließlich dürfte man auch in vielen Fällen davon ausgehen können, daß es sich für eine Wirtschaftseinheit lohnt, während der Zeit der Informationsgewinnung auf Tätigkeiten, die der Einkommenserzielung dienen, zu verzichten und sich stattdessen auf die Informationsgewinnung zu spezialisieren. In diesen Fällen sind die Kosten, die mit der Beschaffung einer bestimmten Menge an Informationen anfallen, auch unter Berücksichtigung des nicht durch die Arbeitslosenunterstützung gedeckten Verdienstausfalls geringer als in dem Fall, wo die Informationsbeschaffung *neben* einer beruflichen Tätigkeit erfolgt[102]).
Wie im folgenden zu zeigen sein wird, ergeben sich aus den Annahmen über die Entwicklung von Erlös und Kosten der Informationsgewinnung wichtige Folgerungen. Diese bestehen ganz allgemein darin, daß es sich i. d. R. als sinnvoll erweist, die Informationsgewinnung bis zu einem bestimmten Informationsstand zu betreiben und hierfür – unter Zurückstellung von Entscheidungen – eine bestimmte Zeit aufzuwenden. Die Entscheidung, die bezüglich der Informationsgewinnung gefällt wird, ist also eine zweifache: Sie betrifft einmal den *Umfang* der Informationen, zum anderen den hierfür veranschlagten *Zeitaufwand* und damit die Dauer der Informationsbeschaffung.

cc) Informationskosten und Anpassungsprozeß: – aaa) Mit Hilfe des Konzepts der Informationskosten (teilweise auch unter Berücksichtigung von Anpassungskosten) soll zunächst erläutert werden, weshalb Anpassungsvorgänge bei den verschiedenen Bilanzpositionen im Fall einer Störung des Portfolio-Gleichgewichts mit unterschiedlicher Geschwindigkeit erfolgen. Ein Beispiel hierfür ist der bereits bekannte Vorgang, daß die Geschäftsbanken bei einer Zunahme der frei verfügbaren Mittel zunächst *Liquiditätsdispositionen* vornehmen, d.h. ihre Zentralbankverschuldung abbauen und Geldmarktpapiere[103]) kaufen, und die Kreditvergabe an Nichtbanken erst mit der Zeit intensivieren. Eine solche Verhaltensweise dürfte zum einen darauf zurückzuführen sein, daß Liquiditätsdispositionen in Hinblick auf

---

[102]) Vgl. Alchian and Allen, a.a.O., S. 497. – Alchian, a.a.O., S. 29.
[103]) Käufe von *Obligationen* spielen eine ähnliche Rolle.

die Konditionen wesentlich einfacher zu überblicken sind als Rendite und Risiko bei einer Kreditvergabe. Der aus der Differenz von Grenzerlös und Grenzkosten gebildete *Grenzgewinn einer Information* (vgl. hierzu die beiden ersten Annahmen) wird deshalb bei Ausdehnung der Marktforschung im Fall der Liquiditätsdispositionen schneller sinken als bei der Kreditvergabe. Da die Marktforschung demzufolge bei Liquiditätsdispositionen eher in den Bereich negativer Grenzgewinne (also in den Bereich abnehmender Gewinne) führt als bei der Kreditvergabe, ist es sinnvoll, die Marktforschung im ersten Fall *eher* (d.h. mit einem geringeren Umfang an Informationen) zu beenden als im zweiten.

Zum anderen ist zu berücksichtigen, daß die Informationsgewinnung hinsichtlich Rendite und Risiko bei Liquiditätsdispositionen u.U. beschleunigt werden kann, ohne daß dadurch beträchtliche Mehrkosten anfallen. Demgegenüber ist zu erwarten, daß Mehrkosten relativ stärker ins Gewicht fallen, wenn die für eine bestimmte Kreditmenge erforderlichen Informationen über kreditwillige und kreditwürdige Kunden sehr schnell beschafft werden sollen. Die Grenzkosten in bezug auf die Geschwindigkeit der Informationsgewinnung dürften deshalb bei der Kreditvergabe größer sein als bei Liquiditätsdispositionen. Deshalb lohnt es sich vermutlich, bei der Kreditvergabe *mehr Zeit* auf die Informationsgewinnung zu verwenden als bei Liquiditätsdispositionen.

Aus der Überlegung, daß die Informationsgewinnung bei Liquiditätsdispositionen früher abgeschlossen wird als im Falle der Kreditvergabe, ergibt sich, daß die Anpassung im ersten Fall *schneller* erfolgen kann als im zweiten. Noch nicht erklärt ist damit allerdings, weshalb Liquiditätsdispositionen im Anpassungsprozeß eine *Pufferfunktion*[104]) übernehmen oder konkreter, weshalb Zentralbankverschuldung und Geldmarktanlagen beispielsweise bei einer Senkung des Mindestreservesatzes zunächst über das endgültig optimale Ausmaß hinaus angepaßt und dann mit der Zeit, nämlich im Zuge der Ausweitung der Kreditgewährung, wieder auf das letztlich gewünschte Niveau zurückgeführt werden. Die Erklärung hierfür besteht offenbar darin, daß die für die

---

[104]) Vgl. hierzu S. 182.

Kreditgewährung in Aussicht genommenen Beträge bis zu ihrer Verwendung nicht in Form von Barreserven gehalten, sondern (zwischenzeitlich) zum Abbau der Zentralbankverschuldung und für eine Anlage in Geldmarktpapieren genutzt werden. Anzunehmen ist dabei, daß die hierdurch bedingten Anpassungskosten *kleiner* sind als die (zwischenzeitlich) anfallenden Erträge aus den Liquiditätsdispositionen.

bbb) Ähnlich wie bei Liquiditätsdispositionen und Kreditvergabe läßt sich mit Hilfe des Konzeptes der Informationskosten auch plausibel machen, weshalb bei Portfolio-Ungleichgewichten im allgemeinen Anpassungen beim *Finanzvermögen* schneller erfolgen als beim *Sachvermögen*: Der Grenzgewinn einer Information dürfte im Fall des Finanzvermögens (Beispiel: Spareinlagen) i.d.R. *eher* negativ werden als im Fall des Sachvermögens (Beispiel: Eigenheim). Hinzu kommt, daß die Grenzkosten in bezug auf die Geschwindigkeit der Informationsgewinnung beim Sachvermögen i.d.R. größer sind als beim Finanzvermögen und daß es deshalb bei Dispositionen über das Sachvermögen lohnender wird, *länger* auf Informationen zu warten als beim Finanzvermögen.

ccc) Das Konzept der Informationskosten liefert schließlich auch eine Erklärung dafür, daß Mengenreaktionen häufig den Preisreaktionen vorangehen und dadurch Unterbeschäftigung von Produktionsfaktoren entsteht. Betrachten wir dazu einen beschäftigungslosen Arbeiter, der eine Stellung sucht[105]). Er wird im allgemeinen sofort eine Stellung finden, wenn er bereit ist, einen hinreichend niedrigen Lohnsatz zu akzeptieren. Vermutlich wird er sich aber zunächst darum bemühen, die Situation auf dem Arbeitsmarkt zu erforschen, d.h. Informationen über potentielle Arbeitgeber, gezahlte Löhne und sonstige Arbeitsbedingungen zu erhalten. Die Informationsbeschaffung kostet ihn einerseits Zeit und Geld (z.B. für Inserate), verschafft ihm anderseits aber auch Kenntnis über bessere Verdienstmöglichkeiten. In seinem Kalkül wird er deswegen sowohl die Kosten

---

[105]) Vgl. hierzu z.B. Brunner, Eine Neuformulierung ..., a.a.O., S. 25ff. – Ein weiteres illustratives Beispiel ist der Hauseigentümer, der seine Mieter verloren hat und dessen Wohnungen zunächst leerbleiben, weil erst Informationen über zahlungskräftige Mieter eingeholt werden sollen (vgl. Alchian and Allen, a.a.O., S. 500).

als auch die (im Mittel erwarteten) Erlöse der Informationsbeschaffung berücksichtigen. Seine optimale Entscheidung wird dabei dadurch bestimmt, daß es sich für ihn so lange lohnt, Informationen zu sammeln, bis der (erwartete) Grenzerlös einer Information (d.h. der Gegenwartswert der Verbesserung des Lohnangebots)[106]) die Grenzkosten einer Information nicht mehr übersteigt. Der entsprechende Informationsstand kann je nach Geschwindigkeit der Informationsgewinnung in unterschiedlicher Zeit erreicht werden. Bei der Entscheidung über die Geschwindigkeit der Informationsgewinnung wird zu berücksichtigen sein, daß bei einer Erhöhung zwar einerseits Einkommen schneller verfügbar wird, anderseits aber auch die Kosten einer bestimmten Informationsmenge ansteigen. Auf jeden Fall wird ein wirtschaftlicher Kalkül im allgemeinen zu dem Ergebnis führen, daß es bei Berücksichtigung von Erlösen und Kosten der Informationsbeschaffung wirtschaftlich sinnvoll ist, nicht sofort das erstbeste Lohnangebot anzunehmen, sondern das Arbeitsangebot zunächst einmal zurückzuhalten, um in der Zwischenzeit Informationen über bessere Verdienstmöglichkeiten einzuholen. Dieses Ergebnis kommt allein dadurch zustande, daß die Informationsbeschaffung Kosten verursacht und die Kosten bei einer beschleunigten Informationsbeschaffung in bestimmter Weise zunehmen. Eine gewisse Zeit der Beschäftigungslosigkeit kann deshalb als Resultat eines individuellen Optimierungskalküls angesehen werden.

Nehmen wir nun für die weiteren Überlegungen an, daß der Arbeiter mit einem bestimmten, von ihm als lohnenswert erachteten Aufwand für die Informationsbeschaffung eine Stellung gefunden hat, aber nach einiger Zeit aufgrund einer Produktionseinschränkung von seinem Arbeitgeber entlassen wird. Vermutlich wird er zuerst versuchen, eine neue Stellung zu annähernd ähnlichen Bedingungen wie bisher zu finden, und dafür wieder eine bestimmte (nämlich die optimale) Suchzeit aufwenden. Möglicherweise wird er im Zuge der Informationsgewinnung aber feststellen, daß es ihm – entgegen seinen ursprünglichen Erwartungen – nicht gelingt, nach einer bestimmten Zeit eine Stellung zu den bisherigen Bedingungen, insbe-

[106]) Siehe hierzu S. 259, Fußnote 101.

sondere mit der bisherigen Entlohnung, zu finden. Der Grund hierfür kann darin bestehen, daß seine speziellen Arbeitsleistungen infolge von Strukturveränderungen in der Nachfrage nach Gütern oder infolge neuer arbeitssparender Produktionsverfahren weniger nachgefragt werden. Wenn wir die Möglichkeit einer Umschulung auf einen anderen Beruf vernachlässigen[107]), dann wird der beschäftigungslose Arbeiter in dieser Situation schließlich seine Erwartungen bezüglich der Lohnofferten revidieren und bereit sein, Arbeit auch zu einem niedrigeren Lohnsatz zu akzeptieren. In diesem Fall hat er seine Lohnforderungen, also seinen Angebots*preis*, mit einer durch die Informationsbeschaffung bedingten zeitlichen *Verzögerung* und erst *nach* einer vorübergehenden Einschränkung der geleisteten Arbeits*menge* angepaßt.

Unter Umständen muß der Arbeiter aber feststellen, daß es ihm trotz Revision seiner Erwartungen und reduzierter Lohnvorstellungen nicht gelingt, Beschäftigung zu finden. In diesem Fall liegt eine Situation vor, die nicht mehr (wie oben) als *strukturelle* Arbeitslosigkeit anzusehen ist, sondern eine *konjunkturelle* Arbeitslosigkeit darstellt. Die Arbeitslosigkeit resultiert in diesem Fall daraus, daß die *gesamtwirtschaftliche* Güternachfrage ständig zurückgeht, die Nachfrage nach Arbeitskräften dadurch *generell* immer geringer wird und daß der beschäftigungslose Arbeiter sein *Erwartungsniveau* bezüglich des als realisierbar angesehenen Lohnsatzes *langsamer* nach unten anpaßt, als das *tatsächlich* realisierbare Lohnsatzniveau sinkt. Das Fortbestehen der Arbeitslosigkeit erklärt sich jetzt offenbar daraus, daß die Verbreitung und Beschaffung von Informationen sowie ihre Umsetzung in Erwartungen und Lohnvorstellungen im Vergleich zur tatsächlichen Entwicklung auf dem Arbeitsmarkt nicht schnell genug erfolgen[108]).

---

[107]) Dieses ist eine Möglichkeit, bei der *Anpassungskosten* eine besondere Rolle spielen.

[108]) Im Prinzip besteht eine Situation wie bei einem Aktienbesitzer, der Wertpapiere verkaufen möchte, seinen Angebotspreis nach unten limitiert und feststellt, daß die tatsächlichen Kurse immer wieder niedriger sind als sein sukzessive nach unten korrigiertes Limit. Offenbar verändern sich seine Kursvorstellungen in Anbetracht der tatsächlichen Entwicklung der Kurse nicht schnell genug.

Die obigen Ausführungen zeigen, in welcher Weise aus der Sicht der Monetaristen Unterbeschäftigung von Produktionsfaktoren, also auch Arbeitslosigkeit, auftreten kann. Mit ihrer Analyse haben die Monetaristen ein Problem aufgegriffen, das bekanntlich in der klassischen Theorie als nicht relevant angesehen wurde, aber im Rahmen der Keynesianischen Analyse eine besondere Rolle spielt. Von den Keynesianern unterscheiden sich die Monetaristen bei der Behandlung des Unterbeschäftigungsproblems durch die Art ihrer Begründung. Die Keynesianer erklären Unterbeschäftigungssituationen mit einem nach unten starren Geldlohnsatz (z.B. als Folge der Lohnpolitik von Gewerkschaften), mit vollkommen zinsunelastischen Investitionen oder mit einer vollkommen elastischen Liquiditätspräferenz für spekulative Zwecke. Die Monetaristen zeigen, weshalb eine zur Beseitigung der Arbeitslosigkeit erforderliche sofortige Lohnsatzsenkung in vielen Fällen ausbleibt; sie erklären die Verzögerung bei der Anpassung mit Lohnstarrheiten, die aus einer rationalen, die Kosten der Information und Anpassung berücksichtigenden Verhaltensweise der Wirtschaftseinheiten resultieren.

b) Die Rolle erwarteter Preisänderungen bei der Zinsbildung

Neben der Einbeziehung von Informations- und Anpassungskosten ist der im vorhergehenden Abschnitt dargestellte Transmissionsmechanismus aus der Sicht der Monetaristen auch noch dadurch zu ergänzen, daß bei der Zinsbildung die **erwartete Preisänderungsrate** zu berücksichtigen ist.

Die erwartete Preisänderungsrate, die bereits bei Friedman in seiner Neukonzipierung der Quantitätstheorie als Argument der Geldnachfrage in Erscheinung tritt[109]), vorher aber schon als Einflußfaktor des Zinsniveaus von Irving Fisher herausgestellt worden ist[110]), bildet gegenüber der Zinsbestimmung im Rahmen der

---

[109]) Vgl. M. Friedman, The Quantity Theory of Money – A Restatement. In: Studies in the Quantity Theory of Money. (Ed. by M. Friedman). Chicago 1956. S. 6ff.

[110]) Vgl. I. Fisher, The Theory of Interest. New York 1930. S. 36ff. und die dort angegebenen Hinweise auf frühere Werke.

Keynesianischen Analyse ein neues Element. In der Keynesianischen Analyse lassen sich (wie bekannt) bei einer Änderung der Geldmenge (z. B. einer Erhöhung) folgende für die Zinsbildung relevante Vorgänge unterscheiden:

- Die Erhöhung der Geldmenge bewirkt bei gegebener Liquiditätspräferenzfunktion und gegebenem Volkseinkommen eine Senkung des Zinssatzes *(Liquiditätseffekt).*
- Der hierdurch ausgelöste Expansionsprozeß bewirkt über steigende Realeinkommen einen Zinsanstieg *(Einkommenseffekt).*
- Der Zinsanstieg wird noch dadurch verstärkt, daß Preiserhöhungen eintreten und damit die reale Geldmenge abnimmt *(Preiseffekt).*

Die durch den Einkommens- und Preiseffekt induzierte *Umkehrung* in der Entwicklung des Zinssatzes (also das Wiederansteigen des Zinssatzes) kann die primäre Änderung des Zinssatzes (also die Zinssenkung) im Rahmen einer Keynesianischen Analyse nicht kompensieren. Eine Geldmengenänderung führt also unter den Bedingungen eines komparativ-statischen Keynes-Modells im Endergebnis stets zu einer *gegenläufigen* Zinsänderung[111]).

Dieses Ergebnis ist zu modifizieren, wenn durch die Änderung der Geldmenge ein *Preiserwartungseffekt* ausgelöst wird. Dieser kann z. B. im Falle einer Geldmengenerhöhung daraus resultieren, daß als Folge der Geldmengenexpansion Preissteigerungen auftreten und die tatsächlichen Preisänderungen bei den Wirtschaftseinheiten die Erwartung auslösen, daß sich der Preisanstieg in der Zukunft fortsetzt.

Die Erwartung steigender Preise wird Kreditgeber (z.B. auch Käufer von Wertpapieren) veranlassen, zur Kompensation erwarteter Kaufkraftverluste bei dem investierten Betrag und den Zinserträgen höhere Zinsen als im Fall konstanter Preise zu verlangen[112]). Um-

---

[111]) Vgl. hierzu Anhang A 6). – Siehe aber auch S. 237, Fußnote 74.

[112]) Fordert ein Kreditgeber z.B. bei konstanten Preisen einen Zinssatz von $i^r = 0{,}1$ p. a. und will er neben diesem Zinssatz bei einer für die Laufzeit des Kredits erwarteten Preissteigerungsrate von $\pi^* = 0{,}05$ p. a. Kaufkraftverluste sowohl bei dem investierten Betrag als auch bei den Zinserträgen kom-

gekehrt werden Kreditnehmer (z. B. auch Verkäufer von Wertpapieren) bereit sein, einen höheren Zinssatz als bei konstanten Preisen zu vereinbaren, da sie bei Erwerb von Sachvermögen von den erwarteten Preissteigerungen profitieren oder anders argumentiert, da der Rückzahlungsbetrag einschließlich des Zinsaufwandes, ausgedrückt in *realen* Größen, durch Preissteigerungen geringer wird. Berücksichtigen Kreditgeber und Kreditnehmer die erwartete Preissteigerungsrate $\pi^* = \left(\frac{dp}{dt}\frac{1}{p}\right)^*$ in vollem Umfang und gehen sie dabei von gleichen Erwartungen aus, dann ergibt sich für den auf dem Markt notierten Zinssatz i folgende Bestimmungsgleichung:

(1) $i = i^r + \pi^* + \pi^* i^r.$

Die Größe i wird dabei als **nominaler Zinssatz** bezeichnet. Die Größe i^r gibt den bei konstanten Preisen geforderten Zinssatz an, den sog. **realen Zinssatz.** Der zweite Summand auf der rechten Seite von (1) stellt die Kompensation für den Kaufkraftverlust der Darlehnssumme und der dritte Summand die Kompensation für den Kaufkraftverlust der Verzinsung dar.

Wird der Einfluß einer erwarteten Preisänderungsrate bei der Zinsbildung berücksichtigt, dann tritt z. B. im Zuge eines Expansionsprozesses nach einer anfänglichen (durch den Liquiditätseffekt bewirkten) Zinssenkung eine Zinserhöhung ein, die über das durch den Einkommens- und Preiseffekt bedingte Ausmaß hinausgeht. Hierbei wird es sich allerdings nur um eine *vorübergehende* Erscheinung handeln, wenn die Geldmenge keine fortwährende Erhöhung erfährt. In diesem Fall wird sich nämlich das Preisniveau mit der Zeit auf einem höheren Niveau stabilisieren, so daß die erwartete Preisänderungsrate auf *Null* zurückfällt und dadurch wieder eine Zinssenkung ausgelöst wird. Ein *nachhaltiger*, über den Keynesschen Liquiditäts-, Einkommens- und Preiseffekt hinausgehender Einfluß auf das Zinsniveau wird nur wirksam, wenn im Zuge einer *ständig wachsenden* Geldmenge ein anhaltender Preisanstieg erfolgt, der fortwährend zu einer *erwarteten positiven Preisänderungsrate*

---

pensieren, dann muß er einen Zinssatz von $i = 0{,}1 + 0{,}05 + 0{,}05 \cdot 0{,}1 = 0{,}155$ p. a., also von 15,5 v. H. p. a., verlangen.

führt. In diesem Fall dürfte es den Vorstellungen der Monetaristen entsprechen[113]), davon auszugehen, daß der Zinssatz bei der Geldmengenexpansion – entgegen den Ergebnissen einer Keynesianischen Analyse – nach einem anfänglichen Rückgang über das ursprüngliche Niveau hinaus ansteigt und sich damit im Endergebnis in der *gleichen* Richtung verändert wie die Geldmenge.

c) Empirisch und wirtschaftspolitisch relevante Hypothesen der Monetaristen

Ausgehend vom Transmissionsmechanismus der relativen Preise gelangen die Monetaristen zu einer Reihe von Hypothesen, die besonders unter dem Gesichtspunkt empirischer Arbeiten und wirtschaftspolitischer Empfehlungen von Bedeutung sind[114]). Die *erste* Hypothese, die erwähnt werden soll, läßt sich wie folgt beschreiben:

– Aussagen über hochaggregierte Größen wie das reale Sozialprodukt, die gesamtwirtschaftliche Beschäftigung und das Preisniveau sind möglich, ohne daß dazu sehr detaillierte Betrachtungen über einzelne Märkte (wie den Markt für Spareinlagen, Termineinlagen, Obligationen, Aktien, Gebrauchtwagen etc.) angestellt werden müssen.

Die Monetaristen stehen deshalb umfangreichen, sehr ins Detail gehenden ökonometrischen Untersuchungen kritisch gegenüber und bevorzugen weniger aufwendige Modelle mit nur wenigen hochaggregierten Variablen[115]).

Die *zweite* Hypothese befaßt sich mit der Frage, in welcher Weise der private und öffentliche Sektor den Wirtschaftsablauf beeinflussen. Sie dürfte durch ein gewisses ordnungspolitisches Vorverständnis mitgeprägt sein und lautet:

---

[113]) Vgl. D. I. Fand, A Monetarist Model of the Monetary Process. "The Journal of Finance", Vol. 25 (1970), S. 282. – Siehe auch Brunner, The "Monetarist Revolution" ..., a.a.O., S. 14.

[114]) Vgl. hierzu im einzelnen Brunner, The "Monetarist Revolution" ..., a.a.O., S. 5ff.

[115]) Vgl. auch Johnson, a.a.O., S. 9 und Teigen, a.a.O., S. 260.

– Die wesentlichen Ursachen für die Auslösung von Schwankungen der wirtschaftlichen Aktivität liegen nicht im privaten Sektor der Volkswirtschaft. Anpassungsvorgänge im privaten Sektor der Volkswirtschaft wirken auch nicht destabilisierend, sondern vielmehr stabilisierend auf exogen ausgelöste Expansions- und Kontraktionsprozesse ein[116]). Störungen im Wirtschaftsablauf werden demgegenüber im wesentlichen durch Maßnahmen des öffentlichen Sektors (wie z. B. durch eine Änderung geldpolitischer Aktionsparameter oder neue Steuer- oder Ausgabenprogramme) verursacht.

Diese Hypothese über die auslösenden Ursachen von Schwankungen der wirtschaftlichen Aktivität steht im Gegensatz zu der Meinung von Keynes[117]), wonach Konjunkturbewegungen in erster Linie auf exogene Schwankungen der Investitionsfunktion[118]) zurückzuführen sind. Was die stabilisierende Wirkung des privaten Sektors anbelangt, so sind entsprechende Vorgänge auch aus der Keynesschen Theorie bekannt. Man denke z. B. an den feedback-Effekt, der einen Expansionsprozeß dadurch dämpft, daß eine Erhöhung des Volkseinkommens im monetären Bereich einen Zinsanstieg induziert.

Die *dritte* Hypothese nennt den wichtigsten Bestimmungsfaktor für die Schwankungen der wirtschaftlichen Aktivität und ist unter dem Gesichtspunkt der Konjunkturbeeinflussung von besonderem Interesse. Sie lautet:

– Schwankungen der wirtschaftlichen Aktivität werden im wesentlichen durch monetäre Impulse bestimmt. Demgegenüber sind fiskalpolitische Maßnahmen, soweit sie mit keiner Änderung der Geldmenge verbunden sind, in ihrer Wirkung relativ schwach und unzuverlässig.

---

[116]) Brunner (The "Monetarist Revolution" ..., a.a.O., S. 6) schreibt z.B. "The private sector absorbs shocks and transforms them into a stabilization motion".

[117]) Vgl. Keynes, a.a.O., S. 313.

[118]) Schwankungen der Investitionsfunktion resultieren vor allem aus veränderten Erwartungen bezüglich der zukünftigen Erträge (vgl. A. H. Hansen, a.a.O., S. 208. – Vgl. dazu auch S. 212f.).

Die dritte Hypothese wird durch die *drei* folgenden Aussagen präzisiert:

1. Stoßkraft und Stoßrichtung monetärer Impulse werden durch Änderungen der Geldmenge angezeigt. Änderungen der Geldmenge werden maßgeblich durch Änderungen der monetären Basis beeinflußt. Die Träger der Geldpolitik beherrschen die monetäre Basis[119]).

2. Die absolute Höhe der Wachstumsrate der Geldmenge ist von geringem Einfluß auf die Beschäftigung und die Entwicklung des realen Sozialprodukts[120]), aber von dominierendem Einfluß auf die Inflationsrate. Je höher die Wachstumsrate der Geldmenge, desto größer ist die Inflationsrate (und umgekehrt).

3. Wird die Wachstumsrate der Geldmenge angehoben (vermindert), dann ergibt sich für die Beschäftigung und die Entwicklung des realen Sozialprodukts nur vorübergehend ein expansiver (kontraktiver) Impuls; die Inflationsrate wird demgegenüber dauerhaft erhöht (gesenkt). Erst wenn die Wachstumsrate der Geldmenge fortlaufend erhöht wird, die Geldmengenexpansion also eine Beschleunigung (Akzeleration) erfährt, kann die Beschäftigung und die Entwicklung des realen Sozialprodukts nachhaltig angeregt werden, allerdings um den Preis einer andauernden Inflationserhöhung (**Akzelerationshypothese**)[121]).

Die erste Aussage erklärt, weshalb die Monetaristen die *monetäre Basis* als *Indikator* ansehen, also als eine Größe, an der sich die Einwirkung geldpolitischer Maßnahmen auf wirtschaftspolitische Zielgrößen abschätzen läßt[122]). Sie macht gleichzeitig deutlich, weshalb

---

[119]) Vgl. hierzu und zu den beiden vorhergehenden Sätzen K. Brunner, The Role of Money and Monetary Policy. "Federal Reserve Bank of St. Louis Review", Vol. 50, No. 7 (1968), S. 9, 24.

[120]) In einer *wachsenden* Wirtschaft geht es genauer um einen Einfluß auf die *Wachstumsrate* des realen Sozialprodukts, in einer *stationären* Wirtschaft um einen Einfluß auf das *Niveau* des realen Sozialprodukts.

[121]) Vgl. M. Friedman. Price Theory. Chicago 1976. S. 227. – V. Argy, The Postwar International Money Crises – an Analysis. London 1981. S. 137f.

[122]) Vgl. S. 132f. – Die Betrachtungen des vorhergehenden Unterabschnitts (S. 265ff.) machen zudem deutlich, weshalb die Verwendung des *Zinssatzes* als

das *Geldangebot* aus der Sicht der Monetaristen als eine weitgehend durch die Zentralbank bestimmte und damit *weitgehend exogene Größe* erscheint[123]).

Die beiden letzten Aussagen werden theoretisch im folgenden Abschnitt untermauert. Sie verdienen nicht zuletzt deshalb besondere Aufmerksamkeit, weil sie u.U. Entwicklungen erklären, die etwa seit Mitte der sechziger Jahre verstärkt in den Vordergrund des Interesses gerückt sind und die sich in Hinblick auf wirtschaftspolitische Ziele als sehr problematisch erwiesen haben. Es handelt sich hierbei um inflationäre Prozesse, die von Schwankungen der Produktion und Beschäftigung begleitet sind. Akzeptiert man die zweite und dritte Aussage, dann kann man solche Situationen damit erklären, daß ein hohes durchschnittliches Wachstum der Geldmenge mit starken Beschleunigungen und Verlangsamungen der Geldmengenexpansion einhergeht[124]).

d) Wirtschaftspolitische Empfehlungen

Wie im vorhergehenden Abschnitt dargelegt, unterscheiden sich die Keynesianische Theorie und die monetaristischen Vorstellungen bereits in der Diagnose der Ursachen von Schwankungen der wirtschaftlichen Aktivität. Es liegt deshalb nahe, daß zur Stabilisierung auch unterschiedliche Therapien empfohlen werden: In Keynesianischer Betrachtungsweise machen Fluktuationen der Investitionsfunktion und die daraus resultierenden Schwankungen der Produktion, Beschäftigung und des Preisniveaus ausgleichende Maßnahmen durch die Geld- und Fiskalpolitik notwendig. Demgegenüber

---

Indikator problematisch sein könnte: Betreibt die Zentralbank eine Geldmengenexpansion, dann ist damit zunächst eine Zinssenkung verbunden. Von irgendeinem Zeitpunkt an tritt aber eine Zinserhöhung ein, die u. U. stärker ist als die vorangegangene Zinssenkung. Die Geldmengenexpansion ist also nicht mit einer eindeutigen Entwicklung des Zinssatzes verknüpft. Das gleiche gilt auch für den Fall einer Reduktion der Geldmenge.

[123]) Vgl. hierzu auch Fand, a.a.O., S. 280. – Siehe auch Brunner, The "Monetarist Revolution" ..., a.a.O., S. 19.

[124]) Vgl. Brunner, The "Monetarist Revolution" ..., a.a.O., S. 13.

erscheint eine solche kompensierende Stabilisierungspolitik aus der Sicht der Monetaristen *nicht* erforderlich, da nach ihrer Auffassung die entscheidenden Ursachen von Schwankungen der wirtschaftlichen Aktivität nicht im privaten Sektor der Volkswirtschaft zu suchen sind. Die Monetaristen nehmen vielmehr den Standpunkt ein, daß sich die Träger der Wirtschaftspolitik heftiger ad hoc-Interventionen enthalten und eine von abrupten Eingriffen freie „Verstetigung" ihrer konjunkturpolitischen Maßnahmen anstreben sollten. Anders als in der Keynesianischen Theorie wird dabei der Fiskalpolitik als Stabilisierungsinstrument, wenn überhaupt, dann nur noch eine untergeordnete Rolle zugeteilt[125]). Was die Geldpolitik anbelangt, so wird – insbesondere von Friedman – für die Realisierung einer *konstanten* Wachstumsrate der Geldmenge plädiert[126]). Unter Berücksichtigung der Wachstumsrate des realen Sozialprodukts läßt sich auf diese Weise ein annähernd stabiles Preisniveau ansteuern[127]). Außerdem können so die aus einer Beschleunigung oder Verlangsamung der Geldmengenexpansion resultierenden Schwankungen der Wachstumsrate des realen Sozialprodukts und der Beschäftigung vermieden werden. Gegen geldpolitische ad hoc-Interventionen spricht aus der Sicht Friedmans schließlich auch, daß sich die Wirkungen der Zentralbankpolitik im güterwirtschaftlichen Bereich erst mit einer *zeitlichen Verzögerung* (also mit einem *time lag*)[128]) einstellen und die Länge des time lag von Zeit zu Zeit schwankt und

---

[125]) Vgl. Fand, a.a.O., S. 285ff. – M. Friedman, A Monetary and Fiscal Framework for Economic Stability. "The American Economic Review", Vol. 38 (1948), S. 248f. – Brunner stellt fest, "that fiscal policy is an unreliable and tenous mode of achieving economic stabilization" (The "Monetarist Revolution" ..., a.a.O., S. 21).

[126]) Vgl. M. Friedman, The Role of Monetary Policy. "The American Economic Review", Vol. 58 (1968), S. 16.

[127]) Um ein annähernd stabiles Preisniveau zu realisieren, muß man die Geldmenge nach Friedman mit einer Wachstumsrate ausdehnen, die in etwa der Wachstumsrate des realen Sozialprodukts entspricht oder geringfügig größer ist (siehe: Statement on Monetary Theory and Policy. In: Readings in Money ..., a.a.O., S. 84f.). Die zur Stabilerhaltung des Preisniveaus erforderliche Wachstumsrate der Geldmenge veranschlagt Friedman auf 3 bis 5 v. H. (Ders., The Role of Monetary Policy, a.a.O., S. 16).

[128]) Zum Problem der time lags vgl. Band II, Abschnitt IV. 2a).

demzufolge schwer vorherzusehen ist. Die Existenz von time lags kann deshalb dazu führen, daß geldpolitische Maßnahmen zu spät vorgenommen werden und die Wirkungen im Zeitpunkt ihres Auftretens u. U. unerwünscht sind.

Zusammenfassung:

1. Wesentliches Merkmal der monetaristischen Position ist der im letzten Abschnitt dargestellte Transmissionsmechanismus der relativen Preise. Eine wichtige Ergänzung besteht dabei in der Berücksichtigung von Informations- und Anpassungskosten, mit deren Hilfe u. a. Unterbeschäftigung von Produktionsfaktoren und damit auch Arbeitslosigkeit erklärt werden.

2. Was die Zinsbildung anbelangt, so besteht ein wichtiger Beitrag der Monetaristen in der Berücksichtigung von erwarteten Preisänderungen. Die Monetaristen unterscheiden deshalb zwischen dem realen und dem nominalen Zinssatz. Der reale Zinssatz bildet sich heraus, wenn mit gleichbleibenden Preisen gerechnet wird. Der nominale Zinssatz ist der reale Zinssatz zuzüglich eines Prozentsatzes, der durch die erwartete Preisänderungsrate bestimmt wird.

3. Nach Meinung der Monetaristen liegen die wesentlichen Ursachen für die Auslösung von Schwankungen der wirtschaftlichen Aktivität nicht im privaten Bereich der Wirtschaft. Anpassungsvorgänge im privaten Bereich wirken auch nicht destabilisierend, sondern vielmehr stabilisierend auf Expansions- und Kontraktionsprozesse ein. Störungen im Wirtschaftsablauf resultieren demgegenüber in erster Linie aus Vorgängen im öffentlichen Sektor.

4. Schwankungen der gesamtwirtschaftlichen Aktivität werden im wesentlichen durch monetäre Impulse verursacht; demgegenüber sind fiskalpolitische Maßnahmen (soweit sie mit keiner Änderung der Geldmenge verbunden sind) in ihrer Wirkung relativ schwach und unzuverlässig.

5. Stoßkraft und Stoßrichtung monetärer Impulse werden durch Änderungen der Geldmenge angezeigt. Änderungen der Geld-

menge werden wiederum maßgeblich durch Änderungen der von den Trägern der Geldpolitik beherrschten monetären Basis beeinflußt.

6. Die absolute Höhe der Wachstumsrate der Geldmenge ist von geringem Einfluß auf die Beschäftigung und die Entwicklung des realen Sozialprodukts, aber von dominierendem Einfluß auf die Inflationsrate. Je höher die Wachstumsrate der Geldmenge, desto größer ist die Inflationsrate (und umgekehrt).
7. Wird die Wachstumsrate der Geldmenge angehoben (vermindert), dann ergibt sich für die Beschäftigung und die Entwicklung des realen Sozialprodukts nur vorübergehend ein expansiver (kontraktiver) Impuls; die Inflationsrate wird demgegenüber dauerhaft erhöht (gesenkt). Erst wenn die Wachstumsrate der Geldmenge fortlaufend erhöht wird, kann die Beschäftigung und die Entwicklung des realen Sozialprodukts nachhaltig angeregt werden, allerdings um den Preis einer andauernden Inflationsbeschleunigung (monetaristische Akzelerationshypothese).
8. Geht ein hohes durchschnittliches Wachstum der Geldmenge mit starken Beschleunigungen und Verlangsamungen des Geldmengenwachstums einher, dann folgt aus den Punkten 6 und 7, daß inflationäre Prozesse erzeugt werden, die von Schwankungen der gesamtwirtschaftlichen Produktion und Beschäftigung begleitet sind.
9. In Hinblick auf das Ziel eines weitgehend stabilen Preisniveaus und der Vermeidung größerer Schwankungen der gesamtwirtschaftlichen Produktion und Beschäftigung plädieren die Monetaristen für eine weitgehend gleichbleibende (an der Wachstumsrate des realen Sozialprodukts orientierte) Wachstumsrate der Geldmenge.

5. Geldmengenwachstum, realwirtschaftliche Effekte und Inflation bei alternativen Erwartungen

a) Vorbemerkungen

Die theoretischen und empirischen Untersuchungen *inflationärer Prozesse* brachten es mit sich, daß die Rolle der Erwartungen, insbesondere der *Inflationserwartungen*, zunehmend in makroökonomischen Modellen Berücksichtigung fand. Es erscheint zweckmäßig, auf diese, z.T. neuere Entwicklung, an der die *Monetaristen* wesentlichen Anteil haben, in einem gesonderten Abschnitt näher einzugehen. Dabei soll inhaltlich die für die Geldpolitik wichtige Frage im Vordergrund stehen, wie Änderungen des Geldmengenwachstums auf die Unterbeschäftigung, das reale Sozialprodukt und die Inflationsrate einwirken. Es wird sich zeigen, daß die Beantwortung dieser Frage auch eine theoretische Begründung für wichtige *monetaristische Thesen* enthält.

Die Darstellung erfolgt anhand eines makroökonomischen *Angebots-Nachfrage-Modells*, mit dem methodisch und z.T. auch inhaltlich an eine Betrachtung angeknüpft wird, mit der die Keynesianische Theorie durch eine makroökonomische Angebots- und Nachfragefunktion in einem p/Y^r-Diagramm zusammengefaßt wurde[129]). Wichtige Unterschiede bestehen jedoch in folgender Hinsicht: *Erstens* wird nun davon ausgegangen, daß die Zentralbank nicht die absolute Höhe der nominalen Geldmenge, sondern ihre Wachstumsrate $\frac{\Delta M}{M}$ [130])

---

[129]) Siehe Unterabschnitt IV. 2e).

[130]) Ausführlicher geschrieben und präziser ist

$$\frac{\Delta M}{M} = \frac{M - M_{-1}}{M_{-1}},$$

wobei sich M auf die laufende und M_{-1} auf die vorhergehende Periode beziehen. – Werden anstelle diskreter (endlicher) Änderungen *infinitesimale* Änderungen betrachtet, dann lautet die Wachstumsrate:

$$m = \frac{dM}{dt} \quad \frac{1}{M}.$$

festlegt. Diese Annahme führt dazu, daß auch die übrigen nominalen Größen, nämlich Preise und Geldlohnsätze, als *Wachstumsraten* auszudrücken sind. Da wir keine real wachsende Volkswirtschaft zugrunde legen, wird demgegenüber bei realen Größen, wie dem realen Sozialprodukt, weiterhin nur ihr Niveau betrachtet. *Zweitens* werden gegenüber der Keynesianischen Theorie bestimmte *Verhaltensweisen* von Marktteilnehmern geändert. So wird hinsichtlich des Arbeitsmarktes nicht mehr Mengenanpasserverhalten unterstellt, sondern davon ausgegangen, daß der Lohnsatz bzw. seine Wachstumsrate im Rahmen von Lohnverhandlungen bestimmt wird. Ferner wird angenommen, daß auch die Anbieter auf dem Gütermarkt keine Mengenanpasser sind, sondern die Preise im Wege einer Zuschlagskalkulation festlegen, sich also als Preisfixierer verhalten. *Drittens* wird schließlich mit der Berücksichtigung von *Inflationserwartungen* gegenüber dem Keynesianischen Modell ein neues Element explizit in die Analyse einbezogen. Da diesem Aspekt im Rahmen der zu behandelnden Anpassungsprozesse eine wichtige Rolle zukommt, erscheint es zweckmäßig, dem Angebots-Nachfrage-Modell eine etwas eingehendere Darstellung der Erwartungsbildung bezüglich der Inflationsrate voranzustellen.

b) Erwartungsbildung

Hinsichtlich der Erwartungsbildung unterscheidet man in der Literatur insbesondere drei Formen, nämlich *extrapolative, adaptive* und *rationale* Erwartungen[131]). Auf diese Hypothesen wird im folgenden eingegangen.

aa) Extrapolative Erwartungen. – Die **extrapolative Erwartungshypothese** geht von der Vorstellung aus, daß die inflationäre Entwicklung der Vergangenheit auf die Zukunft extrapoliert wird. In einer sehr einfachen Variante läßt sich diese Hypothese wie folgt formalisieren:

---

[131]) Vgl. z.B. Claassen, Grundlagen ..., a.a.O., S. 298ff. – W. Fuhrmann, J. Rohwedder, Makroökonomik. Zur Theorie interdependenter Märkte. München, Wien 1983. S. 273ff.

(1) $\pi_t^* = \pi_{t-1} + a\,(\pi_{t-1} - \pi_{t-2}) \qquad a \geqq 0$[132]).

Nach dieser Erwartungsfunktion wird der für die laufende Periode erwarteten Inflationsrate (π_t^*) die tatsächliche Inflationsrate der letzten Periode (π_{t-1}) zugrunde gelegt, wobei diese erhöht (vermindert) wird, wenn die Inflationsrate von der vorletzten bis zur letzten Periode gestiegen (gesunken) ist. Auf diese Weise wird bei der Abschätzung von π^* die Entwicklung von π in der Vergangenheit berücksichtigt (und extrapoliert). Für den *Spezialfall* $a = 0$ erhält man aus (1) die einfachste Form einer extrapolativen Erwartungshypothese, nämlich $\pi_t^* = \pi_{t-1}$.

bb) Adaptive Erwartungen. – Hinter der **adaptiven Erwartungshypothese** steht die Ansicht, daß die Wirtschaftssubjekte aus früheren Fehlern bei der Einschätzung der zukünftigen Entwicklung lernen[133]). Präzisiert und angewendet auf die erwartete Inflationsrate, läßt sich diese Hypothese wie folgt formulieren:

(2) $\pi_t^* = \pi_{t-1}^* + b\,(\pi_{t-1} - \pi_{t-1}^*) \qquad 0 < b \leqq 1.$

Diese Beziehung besagt, daß die Wirtschaftssubjekte die erwartete Inflationsrate der letzten Periode nach oben (unten) korrigieren, wenn die tatsächliche Inflationsrate in der letzten Periode höher (niedriger) als die (damals) erwartete Inflationsrate ausgefallen ist. Die Korrektur erfolgt dabei proportional zum Erwartungsfehler ($\pi_{t-1} - \pi_{t-1}^*$). Für den *Spezialfall* $b = 1$ ergibt sich aus (2) – wie

---

[132]) Eine extrapolative Erwartungshypothese in der Form

$$\pi_t^* = \theta_1 \pi_{t-1} + \theta_2 \pi_{t-2} + \ldots + \theta_n \pi_{t-n}, \text{ wobei } 0 < \theta_i < 1$$

$$\text{und } \sum_{i=1}^{n} \theta_i = 1,$$

findet sich schon bei I. Fisher (The Theory of Interest, a.a.O., S. 419f.). Hinsichtlich der Gewichte θ_i unterstellt Fisher eine *arithmetisch* abnehmende Reihe.

[133]) Die adaptive Erwartungshypothese geht zurück auf P. Cagan, The Monetary Dynamics of Hyperinflation. In: Studies in the Quantity of Money. (Ed. by M. Friedman). Chicago 1956. S. 37.

bei der extrapolativen Erwartungshypothese – auch als einfachste Form einer adaptiven Erwartungshypothese die Annahme $\pi^* = \pi_{t-1}$. Ferner läßt sich zeigen, daß die adaptive Erwartungsfunktion durch eine extrapolative Erwartungsfunktion angenähert werden kann, und zwar um so besser, je weiter die bei der Formulierung der extrapolativen Erwartungshypothese herangezogenen Perioden in die Vergangenheit zurückreichen[134]).

cc) Rationale Erwartungen. – Mit der **rationalen Erwartungshypothese**[135]) wird ganz allgemein unterstellt, daß die Wirtschaftssubjekte sämtliche in der Planungsperiode vorhandenen Informationen für die Prognose ökonomischer Größen wie der Inflationsrate ausnutzen. Genauer entspricht die erwartete Inflationsrate π_t^* dem Erwartungswert (E) der Inflationsrate π_t, der sich aus der in der Planungsperiode $t - 1$ vorhandenen, für die Inflationserklärung relevanten Informationsmenge J_{t-1} bestimmen läßt, d.h.:

(3) $\pi_t^* = E\,(\pi_t / J_{t-1})$.

Auf die Modellanalyse übertragen, besagt die Annahme rationaler Erwartungen, daß die erwartete Inflationsrate dem sich aus dem benutzten Modell ergebenden Prognosewert (Erwartungswert) für die Inflationsrate gleichzusetzen ist[136]). Eine entsprechend dieser Hypothese vorgenommene Erwartungsbildung setzt zweierlei voraus, nämlich *erstens* daß die Bestimmungsfunktion für die Inflationsrate bekannt ist und *zweitens* daß hinreichende Informationen über die in ihr enthaltenen exogenen Variablen vorliegen[137]). Auf die Geld-

---

[134]) Vgl. hierzu die Ableitungen bei Frisch, a.a.O., auf S. 177.

[135]) Die rationale Erwartungshypothese geht zurück auf J. F. Muth, Rational Expectations and the Theory of Price Movements. "Econometrica", Vol. 29 (1961), S. 315ff. – Vgl. zur rationalen Erwartungshypothese auch die Ausführungen von Frisch, a.a.O., S. 179ff., und die dort angegebene Literatur.

[136]) "... expectations, ..., are essentially the same as the predictions of the relevant economic theory" (Muth, a.a.O., S. 316).

[137]) Präziser formuliert muß man a) die Beziehung kennen, die die Inflationsrate in Abhängigkeit von exogenen Variablen darstellt, also die *reduzierte Form*, und b) die Wahrscheinlichkeitsverteilung bzw. Bestimmungsfunktion der exogenen Variablen.

politik angewendet, impliziert die zweite Voraussetzung, daß Regeln existieren, die das Geldmengenwachstum bestimmen, und daß diese bekannt sind. Derartige Regeln können darin bestehen, daß für die Wachstumsrate der Geldmenge Zielwerte festgelegt und angekündigt werden oder daß die Zentralbank in eindeutiger, erkennbarer Weise auf bestimmte ökonomisch bedeutsame Größen (wie die Unterbeschäftigung) reagiert.

Im *ersten* Fall wird das Geldmengenwachstum wie folgt bestimmt:

$$(4) \quad m_t = \bar{m}_t + u_t.$$

Dabei bezeichnet m_t die tatsächliche Wachstumsrate der Geldmenge, $\bar{m}_t$ die angekündigte Wachstumsrate der Geldmenge, und u_t erfaßt Zufallseinflüsse, die Abweichungen des Geldmengenwachstums von der systematischen Komponente (hier: $\bar{m}_t$) darstellen (und auch Ergebnis einer bewußten geldpolitischen Entscheidung sein können). Im *zweiten* Fall liegt eine **geldpolitische Reaktionsfunktion** oder **Rückkoppelungsregel** (feedback control rule) vor, z.B. in folgender (einfachen) Form:

$$(5) \quad m_t = c_0 + c_1 (U_{t-1} - \bar{U}_{t-1}) + u'_t \qquad c_0, c_1 > 0.$$

In dieser Beziehung bezeichnet u'_t wieder eine nicht vorhersehbare Zufallsvariable. Gleichung (5) besagt, daß die Zentralbank mit einer Expansion des Geldmengenwachstums reagiert, wenn die Unterbeschäftigung (U) über ein als normal anzusehendes Ausmaß ($\bar{U}$)[138]) ansteigt, und das Geldmengenwachstum verringert, wenn die Unterbeschäftigung unter die normale Unterbeschäftigung absinkt.

c) Angebots-Nachfrage-Modell

Das folgende Modell[139]) beschreibt die Nachfrage- und Angebotsseite einer Volkswirtschaft jeweils durch eine makroökonomische

---

138) Zum Begriff der normalen Unterbeschäftigung siehe genauer Unterabschnitt c) bb).

139) Siehe hierzu insbesondere die Darstellung bei R. Dornbusch, S. Fischer, Macroeconomics. 2nd ed. Auckland 1981. S. 428ff., oder bei Claassen, Grund-

Funktion, die in Hinblick auf eine graphische Analyse in einem Diagramm mit der Inflationsrate (π) an der Ordinaten- und dem realen Sozialprodukt (Y^r) an der Abszissenachse abgebildet werden. Die entsprechende Darstellung bildet dann die Grundlage für eine Untersuchung der Wirkungen, die von einer veränderten Wachstumsrate der (nominalen) Geldmenge ausgehen.

aa) Nachfrageseite. – Die zu formulierende (makroökonomische) Nachfragefunktion basiert auf der im Abschnitt IV. 2 ausführlich dargestellten *Keynesianischen Theorie* und erfaßt die Bestimmungsgründe des realen Sozialprodukts, gesehen von der Nachfrageseite. Wie aus dem Hicksschen Diagramm bekannt, führt eine Veränderung der *realen Geldmenge* $\left(\frac{M}{p}\right)$, ausgedrückt durch eine Verschiebung der LM^r-Kurve, bei gegebenen fiskalpolitischen Aktionsparametern und sonstigen exogenen Einflußgrößen der gesamtwirtschaftlichen Nachfrage, d.h. bei unveränderter IS^r-Kurve, i.d.R. zu einer *gleichgerichteten* Veränderung des *realen Sozialprodukts* (Y^r). Es besteht also offenbar folgender Zusammenhang:

(6) $Y^r = f\left(\frac{M}{p}\right)$, wobei $dY^r / d\frac{M}{p} > 0$[140]).

Bevor Beziehung (6) in einer bestimmten expliziten Form als Nachfragefunktion Verwendung findet, sollte deutlich gemacht werden, daß dieser Ansatz insofern eine *Vereinfachung* darstellt, als die erwartete Inflationsrate vernachlässigt wird. Anzunehmen ist nämlich, daß die erwartete Inflationsrate (π^*) die Nachfrageseite des makroökonomischen Modells beeinflußt, und zwar sowohl über die *Investitionsfunktion* als auch über die *Geldnachfragefunktion.* So ist bei $\pi^* \neq 0$ zu beachten, daß nicht der nominale Zinssatz (i), son-

---

lagen ..., a.a.O., S. 305ff. – Eine Variante zu dieser auch als *„monetaristisches Modell"* bezeichneten Analyse findet sich bei J. Vanderkamp, Inflation: A Simple Friedman Theory with a Phillips Twist. "Journal of Monetary Economics", Vol. 1 (1975), S. 117ff. – Siehe hierzu auch Frisch, a.a.O., S. 103ff., und G. Steinmann, Inflationstheorie. Paderborn 1979. S. 173ff.

[140]) Gleichung (6) ist formal als reduzierte Form des aus den Gleichungen (15) und (17) des Abschnitts IV.2 bestimmten realen Sozialprodukts anzusehen.

dern der (erwartete) *reale Zinssatz* (i^r*) die relevante Einflußgröße für die (realen) Investitionen (I^r) darstellt.

$$(7) \quad I^r = I^r(i^{r*}), \text{ wobei } i^{r*} = i - \pi^* \text{ und } \frac{dI^r}{di^{r*}} < 0.$$

Hinsichtlich der Geldnachfrage ist zu bedenken, daß die Geldhaltung bei $\pi^* > 0$ mit Alternativkosten verbunden ist; denn bei Anlage in Sachvermögen würden sich permanente Steigerungen des Nominalwerts ergeben. Die Geldnachfrage wird deshalb mit steigenden Werten für die erwartete Inflationsrate abnehmen, so daß die Keynesianische Geldnachfragefunktion wie folgt zu erweitern wäre:

$$(8) \quad L = pL^r\,(Y^r, i, \pi^*), \text{ wobei } \frac{\partial L^r}{\partial \pi^*} < 0^{141}).$$

Die in den Gleichungen (7) und (8) zum Ausdruck gebrachten Einflußwege der erwarteten Inflationsrate π^* auf die Nachfrageseite werden aus Gründen der Vereinfachung *vernachlässigt.* Gleichung (6)wird somit unverändert übernommen[142]) und für die Zwecke der weiteren Analyse in folgender *expliziten Form* geschrieben:

$$(9) \quad Y^r = \gamma ln\left(\frac{M}{p}\right) \quad \gamma > 0.$$

---

[141]) Siehe hierzu auch die Ausführungen von Richter, Schlieper, Friedmann (a.a.O.) auf S. 372ff. – Vgl. auch Friedman, The Quantity Theory of Money, a.a.O., S. 6ff.

[142]) Würde man π^* als Einflußgröße von I^r und L berücksichtigen, dann wäre Gleichung (6) wie folgt zu modifizieren:

$$Y^r = g\left(\frac{M}{p}, \pi^*\right), \text{ wobei } \frac{\partial Y^r}{\partial \pi^*} > 0.$$

Der positive Zusammenhang zwischen Y^r und π^* läßt sich wie folgt erklären: Steigende Werte von π^* bewirken a) daß bei gegebenem nominalen Zinssatz der (erwartete) reale Zinssatz i^{r*} abnimmt und b) daß die Geldnachfrage eingeschränkt wird, woraus – isoliert gesehen – eine Senkung des nominalen Zinssatzes i resultiert. Beide Effekte wirken über steigende Investitionen expansiv auf Y^r.

Gleichung (9) bringt zum Ausdruck, daß das reale Sozialprodukt (gesehen von der Nachfrageseite) steigt, wenn die reale Geldmenge zunimmt. Darüber hinaus impliziert die gewählte Form der Gleichung, daß sich die *Zunahme* des realen Sozialprodukts *abschwächt*, je mehr die reale Geldmenge ausgedehnt wird[143]).

Gleichung (9) läßt sich wie folgt umformen:

$$Y^r = \gamma(\ln M - \ln p)$$

bzw. für die Vorperiode

$$Y^r_{-1} = \gamma(\ln M_{-1} - \ln p_{-1}).$$

Wird diese Gleichung von der vorhergehenden abgezogen, dann ergibt sich:

$$Y^r - Y^r_{-1} = \gamma[(\ln M - \ln M_{-1}) - (\ln p - \ln p_{-1})].$$

Da sich für kleinere Änderungen Differenzen von Logarithmen durch Wachstumsraten annähern lassen, kann man hierfür auch (näherungsweise) schreiben:

$$Y^r - Y^r_{-1} = \gamma(m - \pi),$$

wobei $m = \frac{\Delta M}{M}$ und $\pi = \frac{\Delta p}{p}$.

Hieraus folgt schließlich bei Auflösung nach Y^r:

$$(10) \quad Y^r = Y^r_{-1} + \gamma\,(m - \pi) \qquad \textit{(Nachfragefunktion).}$$

Gleichung (10) beschreibt für eine gegebene Höhe des realen Sozialprodukts in der Vorperiode Y^r_{-1} und eine gegebene Wachstumsrate der nominalen Geldmenge m eine *negative* Abhängigkeit des *realen Sozialprodukts* von der *herrschenden Inflationsrate* – gesehen von der Nachfrageseite. Die entsprechende Beziehung wird als (makroökonomische) **Nachfragefunktion** bezeichnet; sie besagt, daß das (nachgefragte) reale Sozialprodukt der laufenden Periode (Y^r) dem Sozialprodukt der vorhergehenden Periode (Y^r_{-1}) entspricht, zuzüg-

---

[143]) Wie sich aus dem Hicksschen Diagramm herleiten läßt, liegt ein derartiger Zusammenhang nahe, wenn der für Keynesianische Modelle typische Verlauf der LM^r-Kurve unterstellt wird (siehe z.B. Fig. 49a auf S. 243).

lich eines Betrages, der auf das Wachstum der realen Geldmenge zurückgeht.

bb) Angebotsseite. – Wie schon erwähnt, wird die Angebotsseite auf dem Gütermarkt dadurch charakterisiert, daß die Unternehmer die Preise im Wege einer Zuschlagskalkulation festsetzen. Da die Basis der Kalkulation die Lohnstückkosten sein sollen, ist zuvor – in einem *ersten* Schritt – auf die Bestimmung des Lohnsatzes (bzw. seiner Wachstumsrate) einzugehen. In weiteren Schritten erfolgt dann die Ermittlung des Angebotspreises (bzw. seiner Wachstumsrate).

aaa) Ausgangspunkt für die Herleitung einer Bestimmungsfunktion für die Steigerungsrate des Geldlohnsatzes $\left(\frac{\Delta w}{w}\right)$, kurz **Lohngleichung,** ist die Vorstellung, daß die *Beschäftigungslage* auf dem Arbeitsmarkt maßgeblich dafür ist, ob und inwieweit Arbeitnehmer Lohnvorstellungen im Rahmen von Lohnverhandlungen durchsetzen können. Genauer wird von einem Zusammenhang ausgegangen, wie er einer linearisierten Version der sog. **Phillips-Kurve**[144]) entspricht:

(11) $\frac{\Delta w}{w} = \alpha(\bar{U} - U); \alpha > 0$[145]).

---

[144]) Die Phillips-Kurve geht auf eine empirische Untersuchung von A.W. Phillips zurück, in der er eine inverse, nicht-lineare Beziehung zwischen der Geldlohnsatzänderungsrate und der Arbeitslosenquote für das Vereinigte Königreich ermittelte (The Relation between Unemployment and the Rate of Change of Money Wage Rates in the United Kingdom, 1861–1957. "Economica", Vol. 25 (1958), S. 283ff.). – Zur traditionellen Interpretation der Phillips-Kurve siehe R. G. Lipsey, The Relation between Unemployment and the Rate of Change of Money Wage Rates in the United Kingdom, 1862–1957: A Further Analysis. "Economica", Vol 27 (1960), S. 1ff. – Vgl. hierzu auch Claassen, Grundlagen . . ., a.a.O., S. 281ff.

[145]) Wird die Möglichkeit *wachsender Arbeitsproduktivität* berücksichtigt, dann kann es auch bei einer der natürlichen Arbeitslosenquote entsprechenden Unterbeschäftigung zu Lohnsatzsteigerungen kommen. Die Phillips-Kurve wäre dann wie folgt zu modifizieren:

$$\frac{\Delta w}{w} = \alpha(\overline{U} - U) + \epsilon\rho; \quad \epsilon > 0,$$

wobei ρ die Zuwachsrate der Arbeitsproduktivität bezeichnet. Vgl. hierzu Claassen, Grundlagen . . ., a.a.O., S. 284.

In dieser Beziehung gibt U die herrschende **Arbeitslosenquote** an. Sie ist definiert als das Verhältnis aus der Zahl der Arbeitslosen und der Gesamtzahl der abhängigen Erwerbspersonen (E), wobei die Zahl der Arbeitslosen als Differenz zwischen der Gesamtzahl aller abhängigen Erwerbspersonen und der Zahl der abhängig Beschäftigten (N) bestimmt wird. Damit ist

$$(12) \quad U = \frac{E - N}{E}.$$

Das Symbol $\overline{U}$ in (11) bezeichnet die sog. **normale** oder **natürliche Arbeitslosenquote**[146]). Sie ist *nicht konjunkturell* bedingt, sondern geht auf *friktionelle* oder *strukturelle* Arbeitslosigkeit zurück. *Friktionelle* Arbeitslosigkeit entsteht im Zusammenhang mit Fluktuationen der Arbeitskräfte und ist dadurch bedingt, daß wegen unvollkommener Markttransparenz i.d.R. eine gewisse Zeit verstreicht, bis wieder ein passender Arbeitsplatz gefunden wird. *Strukturelle* Arbeitslosigkeit äußert sich darin, daß zwar Arbeitskräfte gesucht werden, Arbeitslose den entsprechenden Bedarf aber wegen fehlender beruflicher Qualifikation oder mangelnder räumlicher Mobilität nicht befriedigen können. Diese Form der Arbeitslosigkeit hängt eng zusammen mit den ständigen Strukturwandlungen einer wachsenden Volkswirtschaft (insbesondere Änderungen der Nachfrage- und Produktionsstruktur).

Inhaltlich besagt Beziehung (11), daß die Arbeitnehmer eine Erhöhung des Geldlohnsatzes (also eine positive Steigerungsrate $\frac{\Delta w}{w}$) verlangen und auch durchsetzen, wenn die herrschende Arbeitslosenquote unter der normalen liegt. Als Lohngleichung erscheint diese der traditionellen Phillips-Kurve entsprechende Beziehung insofern unvollständig, als *Preisänderungen* unberücksichtigt bleiben. Es ist nämlich anzunehmen, daß die Arbeitnehmerseite bei ihren Lohnforderungen nicht nur die herrschende Beschäftigungslage berücksichtigt, sondern außerdem für einen inflationsbedingten Kaufkraftschwund ihrer Nominallöhne einen Ausgleich fordert. Da die Arbeitnehmer die tatsächliche In-

---

[146]) Vgl. hierzu Friedman, The Role . . ., a.a.O., S. 8f.

flationsrate für die Laufzeit der Lohnvereinbarungen noch nicht kennen, legen sie ihren Forderungen die von ihnen *erwartete Inflationsrate* zugrunde. An die Stelle von Gleichung (11) tritt dann als *Lohngleichung* folgende *erweiterte* Phillips-Kurve:

(13) $\frac{\Delta w}{w} = \pi^* + \alpha(\bar{U} - U)$[147]),

wobei π^* die erwartete Inflations- bzw. Preissteigerungsrate bezeichnet.

bbb) Gleichung (13) wird im folgenden dazu verwendet, den von den Unternehmern festgelegten Angebotspreis (bzw. seine Wachstumsrate) zu bestimmen. Dazu wird – in einem *zweiten* Schritt – unterstellt, daß die Anbieter auf dem Gütermarkt ihre Preise (p) im Wege einer Zuschlagskalkulation mit den Lohnstückkosten (wN/Y^r) als Basis für den Gewinnzuschlag (g) festsetzen. In diesem Fall gilt

(14) $p = (1 + g)\, w\, \frac{N}{Y^r}.$

Unter der Annahme eines konstanten Gewinnzuschlages (g) und unveränderter (durchschnittlicher) Arbeitsproduktivität Y^r/N folgt hieraus:

(15) $\frac{\Delta p}{p}\ (= \pi) = \frac{\Delta w}{w}$ [148]).

Gleichung (15) impliziert, daß der *tatsächliche* Reallohnsatz konstant bleibt[149]). Wird $\frac{\Delta w}{w}$ aus der Beziehung (13) in Gleichung (15) eingesetzt, dann ergibt sich:

---

[147]) Kann die Arbeitnehmerseite einen Lohnausgleich für die erwartete Inflationsrate nur teilweise durchsetzen, dann ist in Gleichung (13) π^* durch $\lambda\pi^*$ mit $0 < \lambda < 1$ zu ersetzen. Zu den Implikationen dieser Modifikation siehe Claassen, Grundlagen . . ., a.a.O., S. 294 ff.

[148]) Für endliche Änderungen von p und w folgt wie aus (14)

$$\Delta p = (1 + g)\, \frac{N}{Y^r}\, \Delta w.$$

Werden die beiden Seiten dieser Gleichung durch p bzw. $(1 + g)\, w \frac{N}{Y^r}\ (= p)$ geteilt, dann ergibt sich die Beziehung (15).

[149]) Aus der Definitionsgleichung für die tatsächliche Änderung des Reallohnsatzes (Δw_r)

(16) $\pi = \pi^* + \alpha(\bar{U} - U)$.

Diese Beziehung wird auch als *um Erwartungen erweiterte* **Phillips-Kurve** bezeichnet[150]).

ccc) Die Beziehung (16) soll in einem letzten Schritt so umgeformt werden, daß sie anstelle der Arbeitslosenquoten U bzw. $\bar{U}$ entsprechende Größen für das *reale Sozialprodukt* (Y^r) enthält. Die so modifizierte Beziehung (16) läßt sich dann nämlich zusammen mit der makroökonomischen Nachfragefunktion in einem π/Y^r-Diagramm darstellen. Für die Umformung wird auf die Definition der ***Arbeitslosenquote***

(12) $U = \dfrac{E - N}{E}$

zurückgegriffen. Wird diese Definition auf die normale Arbeitslosenquote $\bar{U}$ übertragen, dann erhält man

$$\bar{U} = \frac{E - \bar{N}}{E},$$

$$\Delta\left(\frac{w}{p}\right) = \frac{w}{p} - \frac{w_{-1}}{p_{-1}}$$

ergibt sich nach einigen Umformungen

$$\frac{\Delta w^r}{w^r_{-1}} = \frac{p_{-1}}{p}\left(\frac{\Delta w}{w_{-1}} - \frac{\Delta p}{p_{-1}}\right)$$

bzw.

(x) $\dfrac{\Delta w^r}{w^r_{-1}} = \dfrac{1}{1+\pi}\left(\dfrac{\Delta w}{w_{-1}} - \pi\right)$;

denn $\pi = \dfrac{p}{p_{-1}} - 1$ bzw. $1 + \pi = \dfrac{p}{p_{-1}}$.

Aus Gleichung (x) folgt, daß bei gleichen Werten für $\dfrac{\Delta w}{w}$ und π die Wachstumsrate $\dfrac{\Delta w^r}{w^r_{-1}} = 0$ ist, d.h. der Reallohnsatz ändert sich nicht.

150) In einem π/U-Diagramm wird diese Beziehung für alternative Werte von π^* ($\neq \pi$) durch eine Schar negativ geneigter Kurven, sog. **kurzfristige Phillips-Kurven,** dargestellt; für $\pi^* = \pi$ (d.h. bei korrekten Erwartungen) erhält man eine durch $U = \bar{U}$ bestimmte Senkrechte, die sog. **langfristige Phillips-Kurve.**

wobei $\overline{N}$ die der normalen Arbeitslosenquote entsprechende normale Beschäftigung angibt. Als Differenz zwischen $\overline{U}$ und U ergibt sich dann

$$(17)\quad \overline{U} - U = \frac{N - \overline{N}}{E}.$$

Unterstellt man weiter – im Einklang mit der schon verwendeten Annahme einer konstanten durchschnittlichen Arbeitsproduktivität, aber abweichend vom Keynesianischen Modell – entsprechend einer vereinfachten gesamtwirtschaftlichen *Produktionsfunktion* einen proportionalen Zusammenhang zwischen realem Sozialprodukt und Beschäftigung, dann erhält man

$$Y^r = \beta' N \text{ und } \overline{Y}^r = \beta' \overline{N},$$

wobei $\overline{Y}^r$ das bei normaler Beschäftigung $\overline{N}$ realisierbare **potentielle Sozialprodukt** darstellt. Unter Berücksichtigung dieser beiden produktionstechnischen Zusammenhänge läßt sich die Gleichung (17) zur Beziehung

$$\overline{U} - U = \frac{1}{\beta'} \; \frac{Y^r - \overline{Y}^r}{E}$$

bzw. zu

$$(18)\quad \overline{U} - U = \beta(Y^r - \overline{Y}^r) \text{ mit } \beta = \frac{1}{\beta' E}$$

umformen. Wie man sieht, impliziert Gleichung (18) einen *inversen* Zusammenhang zwischen Unterbeschäftigung (U) und realem Sozialprodukt (Y^r). Der in Gleichung (18) ausgedrückte Zusammenhang entspricht weitgehend dem sog. **Okunschen Gesetz**, das als empirische Faustformel anzusehen ist[151]).

---

[151]) Nach A. M. Okun (The Political Economy of Prosperity. Washington, D.C., 1970. S. 136) besteht folgender Zusammenhang:

$$U = \overline{U} + b \; \frac{\overline{Y}^r - Y^r}{\overline{Y}^r}.$$

Die von ihm für die USA durchgeführten *empirischen Untersuchungen* ergaben, daß eine Erhöhung der Arbeitslosenquote um einen Prozentpunkt mit einer Einbuße an potentiellem realen Sozialprodukt in Höhe von etwas weniger als 3 v.H. verbunden ist.

Wird die durch (18) bestimmte Differenz ($\overline{U} - U$) in Gleichung (16) eingesetzt, dann erhält man als Bestimmungsfunktion für die Inflationsrate (π), kurz: *Preisgleichung*, folgende Beziehung:

(19) $\pi = \pi^* + \alpha\beta\,(Y^r - \overline{Y}^r)$ (*Preisgleichung*).

Gleichung (19) beschreibt bei gegebenen Werten für die erwartete Inflationsrate π^* und das potentielle reale Sozialprodukt $\overline{Y}^r$ eine *positive* Abhängigkeit der herrschenden *Inflationsrate* π von dem tatsächlichen *realen Sozialprodukt* Y^r – gesehen von der Angebotsseite. Die kurz als **Preisgleichung** bezeichnete Beziehung läßt erkennen, daß die herrschende Inflationsrate (π) im vorliegenden Modell durch *zwei* Faktoren bestimmt wird, die beide über die Lohnsatzsteigerungsrate (entsprechend der Beziehung (15)) auf π einwirken. Zum einen ergibt sich ein inflationärer Impuls, wenn das tatsächliche (reale) Sozialprodukt über das potentionelle hinausgeht ($Y^r - \overline{Y}^r > 0$) und damit die tatsächliche Unterbeschäftigung unter die normale fällt; zum anderen führt die Erwartung einer positiven Inflationsrate ($\pi^* > 0$) zur Inflation, weil Arbeitnehmer hierfür einen Lohnausgleich durchsetzen und die Unternehmer die Lohnsteigerung auf die Preise überwälzen.

d) Wirkungen einer geänderten Geldmengenwachstumsrate

Im folgenden soll an Hand einer Graphik untersucht werden, wie geldpolitische Maßnahmen, die auf eine Änderung der Wachstumsrate der Geldmenge hinauslaufen, das reale Sozialprodukt und die Inflationsrate im Zeitablauf beeinflussen. Die verwendete Graphik (Fig. 52) enthält die Nachfragefunktion (10) als negativ geneigte *Nachfragekurve* mit den Lageparametern Y^r_{-1} und m sowie die Preisgleichung (19) als positiv geneigte *Preiskurve* mit den Lageparametern π^* und $\overline{Y}^r$. Hinsichtlich der *erwarteten Inflationsrate* (π^*) wird mit $\pi^*_t = \pi_{t-1}$ bzw. $\pi^* = \pi_{-1}$ zunächst der einfachste Fall extrapolativer bzw. adaptiver Erwartungen zugrunde gelegt (unter *bb*)); diese Annahme wird danach durch die rationale Erwartungshypothese ersetzt (unter *cc*)).

aa) Stationäres Gleichgewicht. – Ausgangspunkt der Analyse ist in jedem Fall ein **stationäres (langfristiges) Gleichgewicht**, d.h.:

- Das reale Sozialprodukt ändert sich nicht ($Y^r = Y^r_{-1}$); dieses impliziert wegen der Nachfragefunktion (10), daß die herrschende Inflationsrate auf dem Niveau der Wachstumsrate der nominalen Geldmenge liegt ($\pi = m$).
- Die tatsächliche Inflationsrate entspricht der erwarteten ($\pi = \pi^*$); dieses impliziert wegen der Preisgleichung (19), daß das tatsächliche und das potentielle reale Sozialprodukt gleich sind ($Y^r = \overline{Y}^r$).

Bei dieser Konstellation bleibt die *reale Geldmenge* (M^r) *unverändert;* denn ihre Wachstumsrate ist gleich Null, da die Wachstumsraten für die nominale Geldmenge (m) und für die Preise (π) im langfristigen Gleichgewicht übereinstimmen[152]. Ferner ist auch der (von den Arbeitnehmern) *erwartete Reallohnsatz* (w^{r*}) *konstant;* denn seine Wachstumsrate ist gleich Null, da die Steigerungsrate für den Geldlohnsatz $\left(\frac{\Delta w}{w}\right)$ wegen Gleichung (15) stets der herrschenden Inflationsrate (π) entspricht und diese im langfristigen Gleichgewicht gleich der erwarteten Inflationsrate (π^*) ist[153].

---

[152]) Die Änderungsrate der realen Geldmenge $\left(\frac{\Delta M^r}{M^r}\right)$ ergibt sich, wenn in Gleichung (x) aus Fußnote 150 an die Stelle von $\frac{\Delta w}{w_{-1}}$ die Wachstumsrate der (nominalen) Geldmenge $\frac{\Delta M}{M} = m$ gesetzt wird. Man erhält dann:

$$\text{(xx)} \qquad \frac{\Delta M^r}{M^r_{-1}} = \frac{1}{1+\pi}\,(m - \pi).$$

Aus Gleichung (xx) folgt, daß bei gleichen Werten für m und π die Wachstumsrate $\frac{\Delta M^r}{M^r_{-1}} = 0$ ist, d.h. die reale Geldmenge (M^r) ändert sich nicht.

[153]) Die erwartete Änderungsrate des Reallohnsatzes $\left(\frac{\Delta w^{r*}}{w^r_{-1}}\right)$ ergibt sich, wenn in Gleichung (x) aus Fußnote 150 an die Stelle von π die erwartete Inflationsrate π^* gesetzt wird. Man erhält dann:

$$\text{(xxx)} \quad \frac{\Delta w^{r*}}{w^r_{-1}} = \frac{1}{1+\pi^*}\left(\frac{\Delta w}{w_{-1}} - \pi^*\right).$$

Aus Gleichung (xxx) folgt, daß bei gleichen Werten für $\frac{\Delta w}{w_{-1}}$ und π^* die Wachstumsrate $\frac{\Delta w^{r*}}{w^r_{-1}} = 0$ ist, d.h. der erwartete Reallohnsatz (w^{r*}) ändert sich nicht.

Eine dem *langfristigen Gleichgewicht* entsprechende Ausgangslage für die Periode Null wird in Fig. 52 durch den Schnittpunkt der Preisgleichung A_0 und der Nachfragekurve N_0 beschrieben (siehe Punkt A). Dabei wird zur Veranschaulichung angenommen, daß sich die Wachstumsrate der (nominalen) Geldmenge m und damit auch die herrschende Inflationsrate π auf 4 v.H. belaufen.

bb) Extrapolative bzw. adaptive Erwartungen. – aaa) Wird die Wachstumsrate der Geldmenge (m) im Zuge einer *expansiven Geldpolitik* heraufgesetzt, z.B. von 4 auf 6 v.H., dann erfolgt eine Parallelverschiebung der *Nachfragekurve* nach *rechts*. Die Lage der neuen Nachfragekurve (N_1) wird dadurch bestimmt, daß Z ein Punkt dieser Kurve ist; denn die Nachfragefunktion (10) zeigt, daß $Y^r = Y^r_{-1}$ (und damit im vorliegenden Fall $Y^r = \bar{Y}^r$), wenn $\pi = m$ (= 6 v.H.) gesetzt wird. Die Preisgleichung wird zunächst in ihrer Lage nicht berührt, da die Erwartung über die Inflationsrate noch unverändert ist.
Das *neue* (temporäre) *Gleichgewicht* liegt bei B und macht deutlich, daß sich das reale Sozialprodukt und die Inflationsrate erhöht haben. Ausgelöst wird diese Anpassung durch die nachfragestimulierende Wirkung der gestiegenen realen Geldmenge[154]), die die Anbieter zu einer Ausweitung ihrer Produktion veranlaßt ($Y^r > \bar{Y}^r$). Auf Grund der damit einhergehenden Verbesserung der Beschäftigungslage ($N > \bar{N}$ bzw. $U < \bar{U}$) können die Arbeitnehmer eine Erhöhung der Lohnsatzsteigerungsrate durchsetzen, die jedoch wegen der Zuschlagskalkulation der Anbieter entsprechend Beziehung (15) in gleichem Ausmaß zu einem Anstieg der Inflationsrate führt. Obwohl sich somit der Reallohnsatz tatsächlich nicht geändert hat, sehen die Arbeitnehmer in der über 4 v.H. hinausgehenden Geldlohnsatzsteigerungsrate eine zu erwartende *Erhöhung* des Reallohnsatzes[155]), da sie in ihren

[154]) Nach Gleichung (xx) in Fußnote 152 steigt die reale Geldmenge; da $\frac{\Delta M^r}{M^r_{-1}} > 0$, wenn $m > \pi$. Aus Fig. 52 wird deutlich, daß die Inflationsrate π nach der Störung nicht um 2 Prozentpunkte (wie die Wachstumsrate der nominalen Geldmenge m), sondern um weniger gestiegen ist.

[155]) Nach Gleichung (xxx) in Fußnote 153 erhöht sich der erwartete Reallohnsatz, da $\frac{\Delta w^{r*}}{w^r_{-1}} > 0$, wenn die (der Inflationsrate entsprechende) Steigerungsrate des Geldlohnsatzes gegenüber dem Ausgangsniveau (von 4 v.H.)

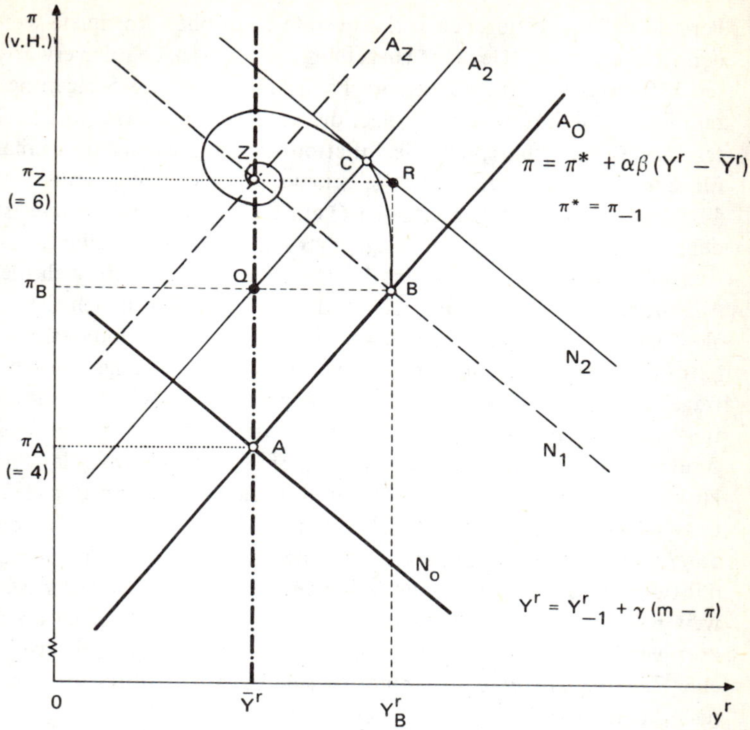

Fig. 52

Erwartungen entsprechend der Hypothese $\pi^* = \pi_{-1}$ vorerst noch mit einer unveränderten Inflationsrate von 4 v.H. rechnen.

Die in der ersten Periode eingetretenen Erhöhungen der Inflationsrate und des realen Sozialprodukts bewirken, daß sich der Anpassungsprozeß über Verschiebungen der Preis- und Nachfragekurve in der zweiten Periode fortsetzt. Die *Preiskurve* verschiebt sich parallel nach *oben*, weil die Inflationserwartungen infolge der in der ersten

---

größer wird und die erwartete Inflationsrate zunächst noch unverändert bleibt.

Periode auf π_B gestiegenen Inflationsrate nach oben korrigiert werden (auf $\pi^* = \pi_B$). Genauer ausgeführt hat der Anstieg der erwarteten Inflationsrate π^* eine entsprechende Erhöhung der Steigerungsrate des Geldlohnsatzes zur Folge, die auf der Angebotsseite des Gütermarktes dazu führt, daß die Inflationsrate π in gleichem Ausmaß für jedes Y^r angehoben wird. Die genaue Lage der neuen Preiskurve (A_2) wird dadurch bestimmt, daß Q ein Punkt auf dieser Kurve ist; denn die Preisgleichung (19) zeigt, daß sich für $Y^r = \bar{Y}^r$ eine Inflationsrate von $\pi = \pi^*$ ($= \pi_B$) ergibt. Gleichzeitig verschiebt sich die *Nachfragekurve* erneut nach *rechts*, doch nunmehr weil sich das reale Sozialprodukt in der (vorausgegangenen) ersten Periode erhöht hatte (Y^r_{-1} entspricht in der zweiten Periode Y^r_B). Die neue Nachfragekurve N_2 muß den Punkt R durchlaufen; denn aus der Nachfragefunktion geht hervor, daß $Y^r = Y^r_{-1}$ ($= Y^r_B$), wenn $\pi = m$ (=6) gesetzt wird. Der Schnittpunkt der Nachfragekurve N_2 mit der Preiskurve A_2 bestimmt das neue temporäre Gleichgewicht im Punkt C. Gegenüber dem Punkt B hat sich offenbar – wie in einer Phase der *Stagflation* – die Inflationsrate bei abnehmendem realen Sozialprodukt erhöht. In der dritten Periode verschiebt sich die *Preiskurve* weiter nach *oben,* weil die Inflationserwartungen weiter nach oben korrigiert werden; gleichzeitig ergibt sich für die *Nachfragekurve* eine *Rückverschiebung*, also eine Verschiebung nach links, da das reale Sozialprodukt in der Vorperiode gesunken ist.

Eine genauere Betrachtung der dritten Periode und weiterer Anpassungsrunden wollen wir uns ersparen; festzuhalten bleibt nur folgendes: Der genaue Zeitpfad des Anpassungsprozesses hängt von den Steigungen der Preiskurve und der Nachfragekurve ab (und damit von den Koeffizienten α, β und γ)[156]). Möglich ist es, daß auch nach der ersten Periode noch weitere Erhöhungen des realen Sozialprodukts eintreten. In jedem Fall ergibt sich im Rahmen des betrach-

[156]) Jede Veränderung von α und β sowie jede Veränderung der sich hinter γ verbergenden Verhaltenskoeffizienten bewirken also, daß sich die zeitliche Verteilung der geldpolitischen Effekte auf das reale Sozialprodukt und die Inflationsrate verändert. Insofern spricht einiges für die *Friedmansche These,* wonach die *time lags,* mit denen Beschäftigung, Sozialprodukt und Inflationsrate auf geldpolitische Maßnahmen reagieren, *schwanken.*

teten Modells jedoch, daß eine Rückbewegung zum langfristigen Gleichgewicht einsetzt, und zwar auf einem Zeitpfad, wie er in Fig. 52 durch die zu Z hinführende Schleife dargestellt wird[157]). Im *langfristigen Gleichgewicht* bei Z entspricht das tatsächliche reale Sozialprodukt wieder dem potentiellen, und die Inflationsrate ist wieder identisch mit der (auf 6 v.H. erhöhten) Wachstumsrate der nominalen Geldmenge. *Zusammenfassend* läßt sich somit feststellen,

- daß eine Anhebung der Wachstumsrate der Geldmenge – der *monetaristischen Position* entsprechend – nur vorübergehend das reale Sozialprodukt und die Beschäftigung, aber dauerhaft die Inflationsrate erhöht und
- daß in bestimmten Phasen des Anpassungsprozesses gleichzeitig die Inflationsrate steigt und das reale Sozialprodukt abnimmt (also Stagflation vorliegt).

Darüber hinaus wird deutlich,

- daß die Inflationsrate vor Erreichen ihres langfristigen Gleichgewichtswerts *über* dieses Niveau hinaus ansteigt, also eine sog. **überschießende Reaktion** („*overshooting*") eintritt[158]).

bbb) Besteht nun die Absicht, das reale Sozialprodukt mit Hilfe der Geldpolitik längerfristig über dem potentiellen (realen) Sozialprodukt ($\overline{Y}^r$) zu halten, um auf diese Weise die Unterbeschäftigung nachhaltig unter das normale Niveau ($\overline{U}$) zu senken, dann muß die Wachstumsrate der (nominalen) Geldmenge nicht einmalig, sondern *laufend* heraufgesetzt werden. Durch die fortwährende Erhöhung von m wird die Nachfragekurve ständig weiter nach rechts verschoben. Infolgedessen können alle Schnittpunkte mit den sich im Zuge der steigen-

---

[157]) Im Anhang A8) wird nachgewiesen, daß sich die Inflationsrate (und damit auch das reale Sozialprodukt) in gedämpften Schwingungen auf eine Gleichgewichtslage zubewegt.

[158]) Daß sich eine *überschießende Reaktion* einstellen muß, zeigt auch folgende Überlegung: Die reale Geldmenge ist im neuen langfristigen Gleichgewicht wieder genau so groß wie im Ausgangsgleichgewicht; denn nach Gleichung (9) gehört zum gleichen realen Sozialprodukt die gleiche reale Geldmenge. Da die reale Geldmenge zunächst wegen $m\ (= 6) > \pi$ steigt, muß sie in einer späteren Phase wieder sinken, d.h. es gilt dann: $\pi > m\ (= 6)$.

den Inflationserwartungen nach oben verschiebenden Preiskurven rechts von $\bar{Y}^r$ liegen[159]). Die hiermit verbundene dauerhafte Verminderung der Unterbeschäftigung unter das normale (oder natürliche) Niveau durch ständige Erhöhung der Wachstumsrate der Geldmenge hat allerdings ihren Preis: Er besteht in einer fortwährenden *Beschleunigung der inflationären Entwicklung*[160]). Somit läßt sich zusammenfassend feststellen,

– daß entsprechend der *monetaristischen Akzelerationshypothese* eine nachhaltige Erhöhung von Sozialprodukt und Beschäftigung über das normale Niveau nur bei fortwährender Beschleunigung (Akzeleration) des Preisanstiegs möglich erscheint.

ccc) Nicht weniger bedeutsam als der bisher behandelte Fall einer Erhöhung des Geldmengenwachstums ist der Versuch, durch eine *Senkung* der Wachstumsrate der (nominalen) Geldmenge, also durch *kontraktive Geldpolitik,* zu einer Verminderung der Inflationsrate zu gelangen. In der graphischen Analyse des Angebots-Nachfrage-Modells führt eine Senkung der Geldmengenwachstumsrate, z.B. von 4 auf 2 v.H., zu einer *Linksverschiebung* der *Nachfragekurve* (vgl. Fig. 53). Das neue (temporäre) Gleichgewicht stellt sich in der ersten Periode (nach der Störung) im Schnittpunkt *B* der verschobenen Nachfragekurve (N_1) und der Preis-Kurve (A_0) ein, und zwar bei einer niedrigeren Inflationsrate und einem niedrigeren realen Sozialprodukt. Die auslösende Ursache hierfür ist die nachfragedämpfende Wirkung der gesunkenen realen Geldmenge[161]).

[159]) Auf Dauer gesehen, ist allerdings mit der Möglichkeit zu rechnen, daß auch die Erwartungsbildung über die Inflationsrate beschleunigt revidiert wird und die erwartete Inflationsrate die tatsächliche einholt. Tritt dieser Fall ein, dann ist eine Verminderung der Unterbeschäftigung unter das normale Niveau nicht mehr möglich. Vgl. hierzu auch Argy, a.a.O., S. 137.

[160]) Nicht zuletzt deshalb werden zur Verringerung der Unterbeschäftigung häufig *arbeitsmarktpolitische* Maßnahmen vorgeschlagen, z.B. Maßnahmen zur Verbesserung der Transparenz des Arbeitsmarktes sowie zur Förderung einer größeren räumlichen und beruflichen Mobilität der Arbeitskräfte. Maßnahmen dieser Art verringern das Ausmaß der auf friktioneller und struktureller Arbeitslosigkeit beruhenden normalen Unterbeschäftigung.

[161]) Die reale Geldmenge muß gegenüber der Ausgangslage abgenommen haben, da die Inflationsrate π offensichtlich nicht um 2 v.H. (wie die Wachstumsrate der nominalen Geldmenge), sondern um weniger gesunken ist.

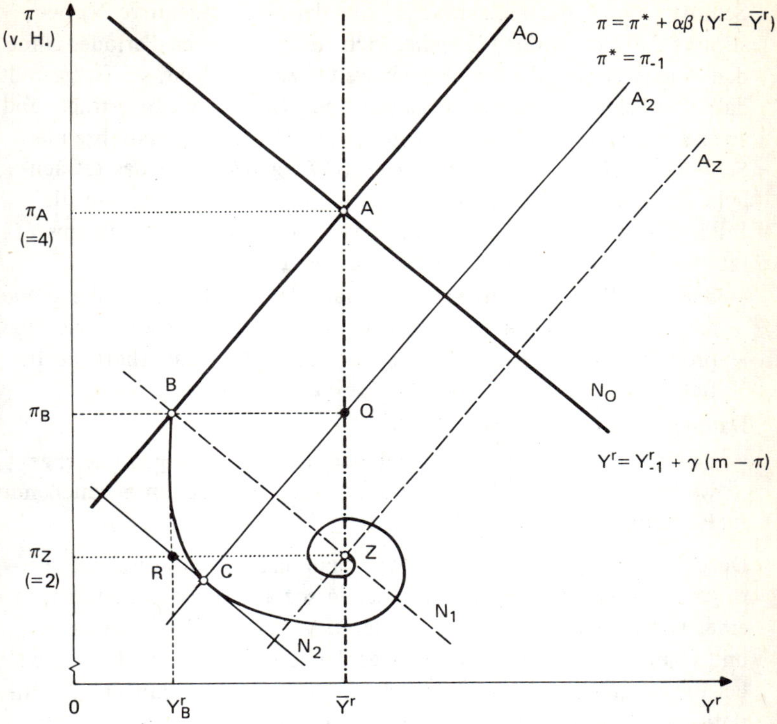

Fig. 53

Der in der ersten Phase eingetretene Rückgang der Inflationsrate und des realen Sozialprodukts bewirkt über Verschiebungen der Preis- und Nachfragekurve weitere Anpassungen. Dabei verschiebt sich die *Preiskurve* (parallel) nach *unten,* weil die Inflationserwartungen infolge der in der ersten Periode gesunkenen Inflationsrate nach unten korrigiert werden, und die *Nachfragekurve* verschiebt sich (parallel) nach *links*, weil sich das reale Sozialprodukt in der ersten Periode gegenüber der Ausgangslage vermindert hat[162]). Der

---

[162]) Die genaue Lage von A_2 und N_2 wird wieder durch folgende Überlegung bestimmt: Q ist ein Punkt auf A_2; denn aus der Preisgleichung (19) geht her-

Schnittpunkt C der Preiskurve A_2 mit der Nachfragekurve N_2 bestimmt das (temporäre) Gleichgewicht in der zweiten Periode. Ohne den Anpassungspfad im einzelnen weiter zu verfolgen, sei festgestellt, daß eine Rückkehr zu einem langfristigen Gleichgewicht erfolgt, und zwar auf einem Zeitpfad, wie ihn in Fig. 53 die zu Z hinführende Schleife beschreibt. Im *langfristigen Gleichgewicht* hat das tatsächliche reale Sozialprodukt wieder das potentielle erreicht, und die Inflationsrate entspricht der (auf 2 v.H. gesunkenen) Wachstumsrate der Geldmenge. Somit ergibt sich als Fazit,

– daß eine Senkung der Wachstumsrate der Geldmenge – der *monetaristischen Position* entsprechend – vorübergehend das reale Sozialprodukt und die Beschäftigung verringert, aber dauerhaft die Inflationsrate senkt.

Darüber hinaus zeigt sich,

– daß die Inflationsrate vor Erreichen ihres langfristigen Gleichgewichts *unter* dieses Niveau absinkt, also eine sog. **unterschießende Reaktion** („*undershooting*") eintritt[163]).

Durch eine kontraktive Geldpolitik kann also die Inflationsrate verringert werden; die damit verbundenen sozialen Kosten bestehen in einer vorübergehenden Zunahme der Unterbeschäftigung. Ausmaß und Dauer des temporären Anstiegs der Arbeitslosigkeit dürften dabei um so größer sein, je länger die Verzögerung ist, mit der die Inflationserwartungen an die tatsächliche Entwicklung angepaßt werden (je mehr also die Inflationserwartungen verhärtet sind)[164]) und je

vor, daß sich für $Y^r = \overline{Y}^r$ die Inflationsrate $\pi = \pi^*$ $(= \pi_B)$ ergibt. R ist ein Punkt auf N_2; denn aus der Nachfragefunktion geht hervor, daß $Y^r = Y^r_{-1}$ $(= Y^r_B)$, wenn $\pi = m$ (= 2) gesetzt wird.

[163]) Daß sich eine *unterschießende Reaktion* einstellen muß, ergibt sich auch aus folgender Überlegung: Wie schon erwähnt, muß die reale Geldmenge im neuen Gleichgewicht wieder genau so groß sein wie im Ausgangsgleichgewicht. Da die reale Geldmenge zunächst wegen m $(= 2) < \pi$ sinkt, muß sie in einer späteren Phase wieder steigen, d.h. es muß dann gelten $\pi < m$ (= 2).

[164]) Beträgt beispielsweise die Verzögerung zwischen erwarteter und tatsächlicher Inflationsrate nicht eine, sondern zwei Perioden, dann bestimmt in Fig. 53 nicht Punkt C das temporäre Gleichgewicht in der zweiten Periode, sondern der Schnittpunkt von N_2 mit A_0. Wie man sieht, erstreckt sich der Rückgang des Sozialprodukts und damit der Beschäftigung jetzt auf zwei Perioden und fällt stärker aus.

rascher ein deutlicher Erfolg bei der Inflationsbekämpfung durch eine entsprechend starke Senkung des Geldmengenwachstums erreicht werden soll.

cc) Rationale Erwartungen. – aaa) Die Analyse bei rationalen Erwartungen erfolgt zunächst im Rahmen eines *deterministischen* Modells, d.h.: Anders als in einem *stochastischen* Modell existieren keine Zufallseinflüsse. Zwischen den Variablen des Modells bestehen demzufolge nur exakte Zusammenhänge. In diesem auch als **vollkommene Voraussicht** bezeichneten Fall wird die Inflationsrate stets korrekt antizipiert, d.h. es gilt:

(20) $\pi^* = \pi.$

Nach Preisgleichung (19) impliziert dieses Ergebnis

(21) $Y^r = \overline{Y}^r.$

Das reale Sozialprodukt (Y^r) muß also auf dem Niveau des potentiellen Sozialprodukts ($\overline{Y}^r$) verharren, und zwar unabhängig davon, wie sich die Wachstumsrate der Geldmenge entwickelt. Damit ist stets $Y^r = Y^r_{-1}$; dieses setzt aber wegen der Nachfragefunktion (10) voraus, daß

(22) $\pi = m.$

Die Inflationsrate (π) muß also stets der nominalen Geldmengenwachstumsrate (m) entsprechen. Somit ergibt sich für den Fall *vollkommener Voraussicht* als *Fazit,*

– daß eine Änderung der Wachstumsrate der Geldmenge das reale Sozialprodukt (und damit auch die Beschäftigung) *nicht* beeinflußt, die Inflationsrate jedoch unmittelbar und in vollem Ausmaß der Erhöhung (Senkung) der Wachstumsrate der Geldmenge ansteigt (sinkt)[165].

---

[165]) "... any predictable change in the rate of monetary growth has 100 percent of its effect on inflation *even in the short run*, and zero percent of its effect on unemployment." (R. J. Gordon, Recent Developments in the Theory of Inflation and Unemployment. "Journal of Monetary Economics", Vol. 2 (1976), S. 201).

Dieses Ergebnis bedeutet, daß *Neutralität* des Geldmengenwachstums hinsichtlich des güterwirtschaftlichen Bereichs schon auf kurze Sicht vorliegt (und nicht erst im langfristigen Gleichgewicht wie bei extrapolativen bzw. adaptiven Erwartungen). Ökonomisch läßt sich dieses Ergebnis wie folgt erklären: Da die Arbeitnehmer sämtliche ökonomischen Zusammenhänge übersehen, kennen sie auch das Preissetzungsverhalten der Unternehmer (vgl. Gleichung (15)); sie gehen deshalb in ihren Erwartungen davon aus, daß sie über ihre Forderungen nach Geldlohnsatzsteigerungen den Reallohnsatz nicht ändern können[166]). Ein unveränderter erwarteter Reallohnsatz ist aber nach der Lohngleichung (13) nur dann mit den Lohnvorstellungen der Arbeitnehmer vereinbar, wenn die Unterbeschäftigung auf dem normalen Niveau verharrt und das tatsächliche reale Sozialprodukt damit dem potentionellen entspricht. Hinsichtlich der Erfüllung dieser Bedingung wissen die Arbeitnehmer, daß die reale gesamtwirtschaftliche Nachfrage bei erhöhter Wachstumsrate der nominalen Geldmenge (m) nur dann auf dem stationären Ausgangsniveau ($Y^r = Y^r_{-1} = \overline{Y}^r$) gehalten wird, wenn die Inflationsrate π im Ausmaß der Erhöhung der Geldmengenwachstumsrate steigt und sich die reale Geldmenge demzufolge nicht ändert (vgl. Gleichung (10)). Sie gehen deshalb bei ihren Lohnforderungen von einer erwarteten Inflationsrate in Höhe der gestiegenen Geldmengenwachstumsrate sowie von einem unveränderten realen Sozialprodukt in Höhe des potentiellen realen Sozialprodukts aus und fordern eine Geldlohnsatzsteigerungsrate, die der gestiegenen Geldmengenwachstumsrate entspricht. Diese wird von den Unternehmern akzeptiert und sofort auf die Inflationsrate überwälzt. Damit erfüllen sich die Inflationserwartungen der Arbeitnehmer, und das reale Sozialprodukt sowie die Beschäftigung verharren auf dem Ausgangsniveau des langfristigen Gleichgewichts.

bbb) Im folgenden bleibt zu untersuchen, ob die bisherigen Ergebnisse bestehen bleiben, wenn ein *stochastisches* Modell mit rationalen Erwartungen zugrunde gelegt wird. Insbesondere ist zu prüfen, ob bei diesem Ansatz Abweichungen zwischen *erwarteter* und *tatsächlicher*

---

[166]) Der Reallohnsatz ändert sich nicht, wenn Preise und Geldlohnsätze (wie nach Gleichung (15)) mit der gleichen Rate wachsen.

Inflationsrate auftreten können und wodurch diese ggf. bestimmt sind. Treten nämlich derartige Abweichungen auf, dann impliziert die Preisgleichung (19), daß sich das reale Sozialprodukt Y^r – anders als bei vollkommener Voraussicht – vom potentiellen Sozialprodukt $\bar{Y}^r$ unterscheidet.

Wie bereits erwähnt, rechnen die Wirtschaftssubjekte bei rationalen Erwartungen mit einer (erwarteten) Inflationsrate (π_t^*), die dem Erwartungswert für die sich aus dem Modell ergebende Inflationsrate π_t entspricht, d.h. $\pi_t^* = E(\pi_t)$. Um die Inflationsrate π_t ermitteln zu können, müssen die Regeln bekannt sein, die das Geldmengenwachstum bestimmen. Unterstellt wird im folgenden die bereits angeführte Gleichung

$$(4) \quad m_t = \bar{m}_t + u_t.$$

Ausgangspunkt für die Ermittlung der Inflationsrate in der laufenden Periode (π_t) ist die Überlegung, daß π_t als endogene Variable durch sämtliche unabhängigen Größen festgelegt wird, d.h. durch die systematische Komponente des Geldmengenwachstums $\bar{m}_t$, das reale Sozialprodukt der Vorperiode Y_{t-1}^r, das potentielle Sozialprodukt $\bar{Y}^r$, durch die Zufallsvariable u_t sowie durch die Zufallsvariablen v_t bzw. w_t, die zufällige Schwankungen der Nachfragefunktion bzw. Preisgleichung erfassen. Da sämtliche Gleichungen des betrachteten Modells linear sind, muß die Bestimmungsfunktion für π_t ebenfalls linear sein, z.B. in der *allgemeinen* Form:

$$(23) \quad \pi_t = \mu_1 \bar{m} + \mu_2 Y_{t-1}^r + \mu_3 \bar{Y}^r + \mu_4 u_t + \mu_5 v_t + \mu_6 w_t.$$

Wie sich zeigen läßt[167]), gilt *speziell* für das vorliegende Modell:

$$\mu_1 = 1, \;\; \mu_2 = -\mu_3 = \frac{1}{\gamma}, \;\; \mu_4 = \frac{\alpha' \gamma}{1 + \alpha'\gamma}, \;\; \mu_5 = \frac{\alpha'}{1 + \alpha'\gamma},$$

$$\mu_6 = \frac{1}{1 + \alpha'\gamma}, \text{ wobei } \alpha' = \alpha'\beta.$$

167) Zur Ableitung siehe genauer Anhang A9). – Vgl. zur Vorgehensweise auch M. J. M. Neumann, Stabilisierungspolitik bei rationalen Erwartungen. „Wirtschaftswissenschaftliches Studium“, 10. Jg. (1981), H. 3, S. 112ff., R. Pohl, Theorie der Inflation. Grundzüge der monetären Makroökonomik. München 1981. S. 125ff.

Wird hinsichtlich der Zufallsvariablen u_t, v_t und w_t ein Erwartungswert von Null angenommen, dann geht aus (23) hervor, daß der Erwartungswert für die Inflationsrate durch folgende Gleichung bestimmt wird:

$$(24)\quad \pi_t^* = \mu_1 \bar{m} + \mu_2 Y_{t-1}^r + \mu_3 \bar{Y}^r.$$

Wird (24) von (23) subtrahiert, dann ergibt sich:

$$(25)\quad \pi_t - \pi_t^* = \mu_4 u_t + \mu_5 v_t + \mu_6 w_t.$$

Offenbar bestehen Abweichungen zwischen erwarteter und tatsächlicher Inflationsrate – allerdings nur auf Grund von Zufallseinflüssen[168]). Die Konsequenzen dieses Ergebnisses werden deutlich, wenn in (25) die *Preisgleichung* (19) berücksichtigt wird. Diese läßt sich bei Zeitindizierung und ergänzt um die Zufallsvariable w_t wie folgt formulieren:

$$(26)\quad \pi_t = \pi_t^* + \alpha'(Y_t^r - \bar{Y}^r) + w_t.$$

Wird (26) in (25) eingesetzt, dann erhält man:

$$\alpha'(Y_t^r - \bar{Y}^r) + w_t = \mu_4 u_t + \mu_5 v_t + \mu_6 w_t$$

bzw.

$$(27)\quad Y_t^r = \bar{Y}^r + \frac{1}{\alpha'} (\mu_4 u_t + \mu_5 v_t + \mu_6 w_t - w_t).$$

Werden μ_4, μ_5 und μ_6 entsprechend den oben gemachten Angaben ersetzt, dann ergibt sich schließlich nach Umformung:

$$(28)\quad Y_t^r = \bar{Y}^r + \frac{1}{1 + \alpha'\gamma} (\gamma u_t + v_t - \gamma w_t).$$

Die Beziehungen (27) und (28) machen gleichermaßen deutlich, daß das reale Sozialprodukt (und damit auch die Beschäftigung) nur durch (unvorhergesehene) *Zufallseinflüsse* verändert wird, seien

---

[168]) Sind die Zufallsvariablen u_t, v_t und w_t gleich Null, dann ist $\pi_t = \pi_t^*$ (wie bei vollkommener Voraussicht).

sie nun monetärer Natur (wie u_t) oder realwirtschaftlicher Natur (wie v_t und w_t). Diese Aussage gilt unabhängig davon, ob die Zentralbank ein Geldmengenziel festlegt (wie mit (4) unterstellt) oder eine antizyklische Konjunkturpolitik über eine Rückkoppelungsregel betreibt (wie durch (5) beschrieben[169]). Jede systematische, an Regeln orientierte Geldpolitik bleibt demnach bei rationalen Erwartungen ohne *realwirtschaftliche Wirkungen*; sie wird von den Wirtschaftssubjekten bezüglich der Inflationseffekte vollständig antizipiert und führt (wie auch (23) zeigt) lediglich zu einer dem Geldmengenwachstum proportionalen (sofortigen) Änderung der Inflationsrate[170]). Offenbar kann die Zentralbank nur durch *unvorhergesehene* (sich in der Zufallsvariablen u_t ausdrückende) Geldmengenänderungen das reale Sozialprodukt und die Beschäftigung beeinflussen. Die Frage ist dann allerdings, ob es der Zentralbank mit einer geldpolitischen Strategie, die in erster Linie darauf angelegt ist, die Wirtschaftssubjekte zu überraschen, tatsächlich gelingt, ihre stabilitätspolitischen Ziele zu erreichen[171]).

ccc) Aus der bisherigen Analyse hat sich ergeben, daß eine systematisch betriebene Geldpolitik bei *extrapolativen* bzw. *adaptiven* Erwartungen vorübergehend das reale Sozialprodukt und die Beschäftigung beeinflußt, diese Möglichkeit bei *rationalen* Erwartungen jedoch nicht besteht und statt dessen nur Preiseffekte vorgezogen werden. Die Erklärung hierfür liegt letztlich darin, daß die Geldpolitik im ersten Fall für eine gewisse Zeit Abweichungen zwischen *tatsächlicher* und *erwarteter* Inflationsrate herbeiführt, ihr dieses im zweiten Fall aber nicht gelingt. Die unterschiedlichen Konsequenzen für die Geldpolitik legen die Frage nahe, ob *realistischerweise* eher extrapolative bzw. adaptive oder rationale Erwartungen

---

[169]) Würde man bei den Ableitungen nicht von Gleichung (4), sondern von (5) ausgehen, dann würde sich bei gleicher Vorgehensweise letztlich eine Beziehung ergeben, die mit (27) übereinstimmt (abgesehen davon, daß u_t durch u'_t zu ersetzen wäre).

[170]) Siehe auch M. J. M. Neumann, Rationale Erwartungen in Makromodellen. Ein kritischer Überblick. „Zeitschrift für Wirtschafts- und Sozialwissenschaften", 99. Jg. (1979), S. 379.

[171]) Zur Problematik dieser Strategie vgl. ebenda, S. 383f., 391f.

anzunehmen sind. Ohne auf diese Frage näher eingehen zu wollen[172]), sei hierzu nur auf folgendes hingewiesen. Die rationale Erwartungshypothese unterstellt mit der genauen Kenntnis des relevanten Modells und der Zentralbankstrategie einen Informationsstand, der wohl nur als „idealisierende" Annahme angesehen werden kann. Und selbst wenn es gelingen sollte, einen derartig umfassenden Informationsstand zu erreichen, bleibt die Frage, ob sich der mit der Beschaffung und Verarbeitung der erforderlichen Informationen verbundene Aufwand für ein Wirtschaftssubjekt überhaupt lohnt. *Anderseits* erscheint es aber auch wenig plausibel, daß Inflationserwartungen ausschließlich auf Inflationserfahrungen in der Vergangenheit basieren; denn bei der Erstellung von Prognosen werden aus der Theorie bekannte Zusammenhänge nutzbar gemacht. Zu vermuten ist deshalb, daß für die Erwartungsbildung der Gesamtheit der Wirtschaftssubjekte sowohl Elemente der extrapolativen bzw. adaptiven als auch der rationalen Erwartungshypothese eine Rolle spielen. Demnach könnte man mit geldpolitischen Maßnahmen kurzfristig auch das reale Sozialprodukt und die Beschäftigung beeinflussen. Die Chancen hierfür vermindern sich allerdings in dem Ausmaß, in dem Inflationserwartungen – auf Grund verbesserter Kenntnisse über ökonomische Zusammenhänge – vermehrt nach dem Rationalprinzip gebildet werden.

Zusammenfassung

1. Hinsichtlich der Erwartungsbildung sind verschiedene Hypothesen möglich:
   a) Die Entwicklung in der Vergangenheit wird auf die Zukunft extrapoliert (extrapolative Erwartungen),
   b) frühere Fehler bei der Einschätzung der zukünftigen Entwicklung werden korrigiert (adaptive Erwartungen) und
   c) sämtliche Informationen, die in der Planungsperiode für die Prognose verfügbar sind, werden verwertet (rationale Erwartungen).

[172]) Vgl. hierzu z.B. Steinmann, a.a.O., S. 87f.

2. Aus der Analyse des makroökonomischen Angebots-Nachfrage-Modells ergeben sich für extrapolative bzw. adaptive Erwartungen – in Übereinstimmung mit der monetaristischen Position – folgende Konsequenzen für die Geldpolitik:

   – Eine Anhebung der Wachstumsrate der Geldmenge erhöht nur vorübergehend das reale Sozialprodukt und die Beschäftigung, aber dauerhaft die Inflationsrate. Dabei nimmt die Inflationsrate in bestimmten Phasen des Anpassungsprozesses bei sinkendem realen Sozialprodukt zu (Stagflation) und steigt vor Erreichen ihres langfristigen Gleichgewichtswertes vorübergehend über dieses Niveau hinaus („überschießende Reaktion").

   – Soll die Unterbeschäftigung durch fortlaufende Erhöhung der Wachstumsrate der Geldmenge nachhaltig unter ihr normales Niveau (also unter die natürliche Arbeitslosenquote) gesenkt werden, dann ist mit einer fortwährenden Beschleunigung der inflationären Entwicklung zu rechnen (Akzelerationshypothese).

   – Soll eine hohe Inflationsrate durch Senkung der Geldmengenwachstumsrate vermindert werden, dann tritt eine vorübergehende Abnahme des realen Sozialprodukts und der Beschäftigung ein. Dabei fällt die Inflationsrate vor Erreichen ihres langfristigen Gleichgewichtswertes vorübergehend unter dieses Niveau („unterschießende Reaktion").

3. Für den Fall rationaler Erwartungen führt das Angebots-Nachfrage-Modell zu dem Ergebnis, daß Beschäftigung und reales Sozialprodukt nur durch Zufallseinflüsse verändert werden. Eine systematisch betriebene Geldpolitik (z.B. durch Festlegung auf eine Rückkoppelungsregel) bleibt deshalb ohne realwirtschaftliche Effekte; ihre Wirkungen erschöpfen sich in einer vorgezogenen (sofortigen) Veränderung der Inflationsrate.

Ausgewählte Literaturangaben zum IV. Kapitel

A. A. Alchian and W. R. Allen, University Economics. 2nd ed. Belmont, Calif., 1967 (zu **4**).

G. Ackley, Macroeconomic Theory. New York 1961 (zu **1** und **2**).

K. Brunner, Eine Neuformulierung der Quantitätstheorie des Geldes. Die Theorie der relativen Preise, des Geldes, des Outputs und der Beschäftigung. „Kredit und Kapital", Vol. 3 (1970), S. 1ff. (zu 3 und 4).

–, The "Monetarist Revolution" in Monetary Theory. „Weltwirtschaftliches Archiv", Bd. 105 (1970 II), S. 1ff. (zu 4).

–, Hat der Monetarismus versagt? „Kredit und Kapital", Vol. 17 (1984), S. 18ff. (zu 4).

E. M. Claassen, Grundlagen der makroökonomischen Theorie. München 1980 (zu 2 und 5).

R. Dornbusch, S. Fischer, Macroeconomics. 2nd ed. Auckland 1981 (zu 4 und 5).

D. Duwendag u.a., Geldtheorie und Geldpolitik. Eine problemorientierte Einführung mit einem Kompendium bankstatistischer Fachbegriffe. 2., überarb. u. erw. Aufl. Köln 1977 (zu 3).

G. Engel, Die Einbeziehung des monetären Bereichs in makroökonomische Modelle. Ein Beitrag zur Diskussion über den Transmissionsmechanismus monetärer Impulse. Göttinger Dissertation 1973 (zu 3 und 4).

H. Frisch, Die neue Inflationstheorie. Göttingen 1980 (zu 4 und 5).

A. H. Hansen, A Guide to Keynes. New York, Toronto, London 1953 (zu 2).

B. Hansen, A Survey of General Equilibrium Systems. New York 1970 (zu 1 und 2).

P. Kalmbach (Hrsg.), Der neue Monetarismus. München 1973 (zu 4).

J. M. Keynes, The General Theory of Employment, Interest, and Money. London 1936 (zu 2).

L. R. Klein, The Keynesian Revolution. 2nd ed. London, Melbourne 1968 (zu 2).

A. Leijonhufvud, On Keynesian Economics and the Economics of Keynes. A Study in Monetary Theory. New York, London, Toronto 1968 (zu 2). (Deutsche Übersetzung: Über Keynes und den Keynesianismus. Eine Studie zur monetären Theorie. Hrsg. und mit einem Vorwort v. G. Gäfgen. Köln 1973).

M. Neumann, Theoretische Volkswirtschaftslehre I. Makroökonomische Theorie: Beschäftigung, Inflation und Zahlungsbilanz. 2., völlig neubearb. Aufl. München 1984 (zu 5).

J. Niehans, The Theory of Money. Baltimore, London 1978 (zu 2 und 5).

D. Patinkin, Money, Interest, and Prices. An Integration of Monetary and Value Theory. 2nd ed. New York 1966 (zu 1).

R. Pohl, Der Transmissionsmechanismus der Geldpolitik. „Jahrbücher für Nationalökonomie und Statistik", Bd. 190 (1975/76), S. 1ff. (zu 3).

R. Richter, U. Schlieper, W. Friedmann, Makroökonomik. Eine Einführung. Mit einem Beitrag von J. Ebel. 4., korr. u. erg. Aufl. Berlin, Heidelberg, New York 1981.

D. Robert, Makroökonomische Konzeptionen im Meinungsstreit. Zur Auseinandersetzung zwischen Monetaristen und Fiskalisten. (Schriften zur Monetären Ökonomie, hrsg. v. D. Duwendag.) Baden-Baden 1978 (zu **4**).

J. Siebke, M. Willms, Theorie der Geldpolitik. Berlin, Heidelberg, New York 1974 (zu **1**, **2**, **3** und **4**).

R. L. Teigen, The Demand for and Supply of Money. In: Readings in Money, National Income, and Stabilization Policy. (Ed. by R. L. Teigen). 4th. ed. Homewood, Ill., 1978. S. 54ff. (zu **1** und **2**).

A. Woll: Allgemeine Volkswirtschaftslehre. 7., völlig überarb. und erg. Aufl. München 1981 (zu **2**).

Anhänge

A 1) Zum Kreditschöpfungspotential bei ausschließlich bargeldlosem Zahlungsverkehr

Untersucht wird das Kreditschöpfungspotential eines aus n Geschäftsbanken bestehenden Bankensystems bei ausschließlich *bargeldlosem* Zahlungsverkehr. Wir bezeichnen

mit $\dot{U}_0^i$ die in der Ausgangslage bei der i-ten Bank vorhandene Überschußreserve,

mit ΔK_t^i die in der t-ten Periode von der i-ten Bank zusätzlich gewährten Kredite und

mit m_{ij} den Anteil des Kreditbetrages, der von Kunden der i-ten Bank an Kunden der j-ten Bank überwiesen wird [1]), wobei

$$\sum_{j=1}^{n} m_{ij} = 1 \qquad\qquad i = 1, 2, \ldots, n.$$

In den einzelnen Perioden ($t = 1, 2, \ldots$) des multiplen Kreditschöpfungsprozesses können maximal folgende zusätzliche Kreditbeträge (ΔK_t) von dem Geschäftsbankensystem zur Verfügung gestellt werden:

Periode 1:

$$\Delta K_1 = \dot{U}_0^1 + \dot{U}_0^2 + \ldots + \dot{U}_0^n = \dot{U}_0.$$

Periode 2:

$$\begin{aligned}
\Delta K_2 = \quad & (m_{11}\Delta K_1^1 + m_{21}\Delta K_1^2 + \ldots + m_{n1}\Delta K_1^n)(1-r) \\
& + (m_{12}\Delta K_1^1 + m_{22}\Delta K_1^2 + \ldots + m_{n2}\Delta K_1^n)(1-r) \\
& + \ldots \\
& + (m_{1n}\Delta K_1^1 + m_{2n}\Delta K_1^2 + \ldots + m_{nn}\Delta K_1^n)(1-r) \\
\hline
& = (\Delta K_1^1 + \Delta K_1^2 + \ldots + \Delta K_1^n)(1-r) \\
& = \Delta K_1 \, (1-r) = \dot{U}_0(1-r).
\end{aligned}$$

---

[1]) m_{ii} ist der interne Verrechnungsfaktor.

(Die erste Zeile gibt die Überschußreserve und damit den zusätzlichen Kreditbetrag der Bank 1 in der Periode 2 an, die zweite Zeile gibt entsprechend den zusätzlichen Kreditbetrag der Bank 2 in der Periode 2 an usw.).

Periode 3:

$$\begin{aligned}
\Delta K_3 = \; & (m_{11}\Delta K_2^1 + m_{21}\Delta K_2^2 + \ldots + m_{n1}\Delta K_2^n)(1-r) \\
& + (m_{12}\Delta K_2^1 + m_{22}\Delta K_2^2 + \ldots + m_{n2}\Delta K_2^n)(1-r) \\
& + \ldots \\
& + (m_{1n}\Delta K_2^1 + m_{2n}\Delta K_2^2 + \ldots + m_{nn}\Delta K_2^n)(1-r) \\
\hline
& = (\Delta K_2^1 + \Delta K_2^2 + \ldots + \Delta K_2^n)(1-r) \\
& = \Delta K_2 \; (1-r) = \ddot{U}_0(1-r)^2.
\end{aligned}$$

Für die weiteren Perioden läßt sich das Kreditschöpfungspotential des Bankensystems offenbar nach folgender Formel bestimmen:

$$\Delta K_t = \ddot{U}_0(1-r)^{t-1}.$$

Das Kreditschöpfungspotential, das auf der Grundlage der ursprünglich vorhandenen Überschußreserven $\sum_{i=1}^{n} \ddot{U}_0^i = \ddot{U}_0$ von allen Banken im Verlauf des multiplen Kreditschöpfungsprozesses insgesamt zur Verfügung gestellt werden kann, ergibt sich aus der Summenformel für eine geometrische Reihe:

$$\sum_{t=1}^{\infty} \Delta K_t = \Delta K = \ddot{U}_0 + (1-r)\,\ddot{U}_0 + (1-r)^2\,\ddot{U}_0 + \ldots = \frac{1}{r}\,\ddot{U}_0.$$

Wir erhalten also wieder das auf den Seiten 109 ff. abgeleitete Ergebni

A 2) Zu homogenen Nutzenfunktionen

Bei einer Bewegung auf der Indifferenzkurve $u(\lambda e, \lambda s)$ bleibt das Nutzenniveau erhalten, also:

$$du = \frac{\partial u}{\partial(\lambda e)} \frac{\partial(\lambda e)}{\partial e} de + \frac{\partial u}{\partial(\lambda s)} \frac{\partial(\lambda s)}{\partial s} ds = 0$$

Hieraus folgt:

$$(1) \quad \frac{de}{ds} = -\frac{\dfrac{\partial u}{\partial(\lambda s)}}{\dfrac{\partial u}{\partial(\lambda e)}}.$$

Wird

$$u(\lambda e, \lambda s) = \lambda^r \cdot u(e, s)$$

nach e differenziert, dann ergibt sich:

$$\frac{\partial u}{\partial(\lambda e)} \lambda = \lambda^r \cdot \frac{\partial u}{\partial e}$$

bzw. nach Division durch λ:

$$(2) \quad \frac{\partial u}{\partial(\lambda e)} = \lambda^{r-1} \cdot \frac{\partial u}{\partial e}.$$

Entsprechend erhält man bei Differentiation nach s:

$$(3) \quad \frac{\partial u}{\partial(\lambda s)} = \lambda^{r-1} \cdot \frac{\partial u}{\partial s}.$$

Werden (2) und (3) in (1) eingesetzt, dann ergibt sich:

$$(4) \quad \frac{de}{ds} = -\frac{\dfrac{\partial u}{\partial s}}{\dfrac{\partial u}{\partial e}}.$$

Wie auf S. 74, Fußnote 38), gezeigt worden ist, erhält man diesen Ausdruck, wenn eine Bewegung auf der Indifferenzkurve $u(e, s)$ untersucht wird. Also ist die Grenzrate $\frac{de}{ds}$ (und damit die Steigung der Indifferenzkurven) bei $(e; s)$ und $(\lambda e; \lambda s)$ gleich; sie ist also in jedem beliebigen Schnittpunkt, den eine vom Ursprung einer Indifferenzkurvenebene ausgehende Gerade mit dem Indifferenzkurvensystem bildet, gleich.

A 3) Effiziente Kombinationen für ein Drei-Aktiva-Modell

Zu Beginn des Planungszeitraums soll ein Kassenbestand in Höhe von $\bar{l}_s$ zur Verfügung stehen. Neben einer Kassenhaltung kommen als Anlagemöglichkeiten die Wertpapiere 1 und 2 in Betracht. Gegeben sind folgende Größen:

e_1 bzw. e_2 (d. h. der erwartete Erlös einer in dem Wertpapier 1 bzw. 2 angelegten Geldeinheit) und

s_1 bzw. s_2 (d. h. das Risiko einer in dem Wertpapier 1 bzw. 2 angelegten Geldeinheit).

Hierbei soll gelten:

$$e_2 > e_1 > 1 \text{ und } s_2 > s_1 > 0.$$

Ferner wird zur Vereinfachung angenommen, daß sich die Erlöse aus den beiden Wertpapieren unabhängig voneinander entwickeln. Der Korrelationskoeffizient zwischen den bei beiden Wertpapieren als möglich angesehenen Erlösen ist deshalb gleich Null.

Ausgangspunkt für die Ermittlung der effizienten Kombinationen bilden die Bestimmungsgleichungen für den Erlös und das Risiko des gesamten Portefeuilles sowie die Budgetrestriktion. Bezeichnen wir die in dem Wertpapier 1 bzw. 2 investierten Geldbeträge mit q_1 bzw. q_2, dann ergeben sich hierfür:

$$(1) \quad e = l_s + e_1 q_1 + e_2 q_2,$$

$$(2) \quad s = \sqrt{s_1^2 q_1^2 + s_2^2 q_2^2}$$ [2])

sowie

$$(3) \quad \bar{l}_s = l_s + q_1 + q_2.$$

---

[2]) Ist der Korrelationskoeffizient zwischen den bei beiden Wertpapieren als möglich angesehenen Erlösen (r_{12}) verschieden von Null, dann gilt:

$$s = \sqrt{s_1^2 q_1^2 + 2 r_{12} s_1 s_2 q_1 q_2 + s_2^2 q_2^2}.$$

Wird (3) nach l_s aufgelöst und l_s in (1) eingesetzt, dann ergibt sich:

(4) $e = \bar{l}_s + (e_1 - 1)\, q_1 + (e_2 - 1)\, q_2.$

Für die weitere Analyse benötigen wir die Konzepte der Isoerlöskurve und der Isorisikokurve [3]). Die *Isoerlöskurve* wird durch Gleichung (4) bestimmt und beschreibt alle Kombinationen von q_1 und q_2, die zum gleichen Erlös führen. Die *Isorisikokurve* wird durch Gleichung (2) bestimmt und beschreibt alle Kombinationen von q_1 und q_2, die zum gleichen Risiko führen.

Wie Gleichung (4) erkennen läßt, wird die *Isoerlöskurve* durch eine Gerade mit den Achsenabschnitten

$$\bar{q}_1 = \frac{e - \bar{l}_s}{e_1 - 1} \quad \text{und} \quad \bar{q}_2 = \frac{e - \bar{l}_s}{e_2 - 1}$$

und der Steigung

(5) $$\frac{dq_1}{dq_2} = -\frac{e_2 - 1}{e_1 - 1}$$

dargestellt. Für alternative, sich jeweils um einen konstanten Betrag unterscheidende Werte von e erhält man eine Schar von Parallelen, die die Achsenabschnitte und damit jede durch den Ursprung gehende Gerade in gleichen Abständen voneinander schneiden (vgl. Fig. 54)[4]).

Wie Gleichung (2) erkennen läßt, wird die *Isorisikokurve* durch eine Ellipse mit den Achsenabschnitten

$$\bar{q}_1 = \frac{s}{s_1} \quad \text{und} \quad \bar{q}_2 = \frac{s}{s_2}$$

---

[3]) Vgl. Markowitz, Portfolio Selection, "The Journal of Finance", a.a.O., S. 84.

[4]) Aus (4) ergibt sich:

$$q_1 = \frac{e - \bar{l}_s}{e_1 - 1} - \frac{e_2 - 1}{e_1 - 1}\, q_2.$$

und der Steigung

$$(6) \quad \frac{dq_1}{dq_2} = -\frac{s_2^2 q_2}{s_1^2 q_1}$$

dargestellt [5]). Für alternative, sich jeweils um einen bestimmten Betrag unterscheidende Werte von s erhält man eine Schar von Ellip-

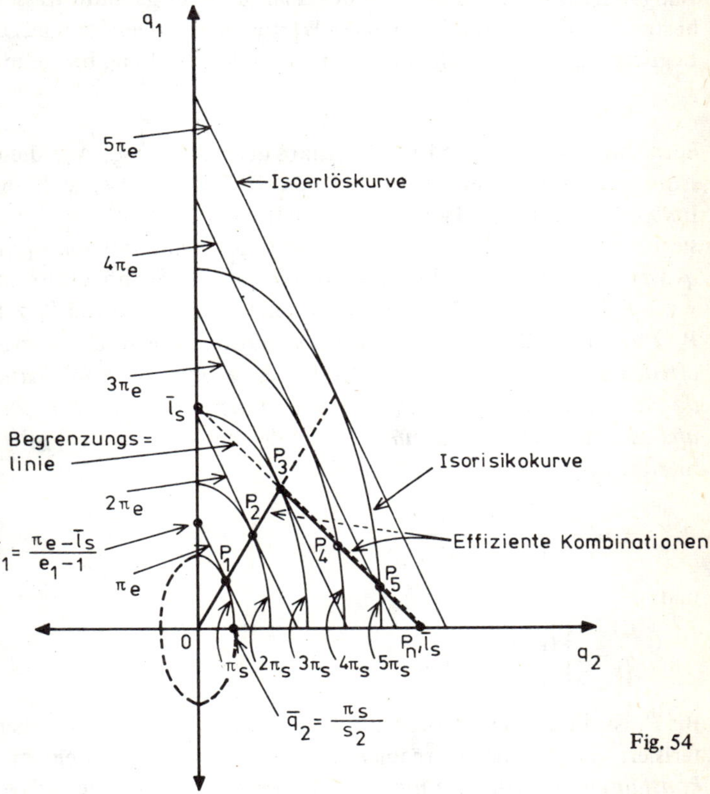

Fig. 54

[5]) Implizite Differentiation von (2) liefert bei konstantem s

$$2s_1^2\, q_1\, dq_1 + 2s_2^2\, q_2\, dq_2 = 0$$

und

$$\frac{dq_1}{dq_2} = -\frac{s_2^2 q_2}{s_1^2 q_1}.$$

sen, die jede durch den Ursprung gehende Gerade in gleichen Abständen voneinander schneiden[6]) (vgl. Fig. 54).

Begrenzt wird das Feld der möglichen Kombinationen von q_1 und q_2 durch die beiden Achsen und die gestrichelt gezeichnete Begrenzungslinie. Der Verlauf der *Begrenzungslinie* ergibt sich aus der Budgetrestriktion, und zwar für den Fall, daß der gesamte Kassenbestand für den Ankauf der beiden Wertpapiere verwendet wird. Die Begrenzungslinie wird damit durch folgende Gleichung bestimmt:

$$\bar{l}_s = q_1 + q_2.$$

Betrachten wir in Fig. 54 die Isorisikokurve mit $s = \pi_s$. Auf dieser Isorisikolinie wird der maximale Erlös erreicht, wenn P_1, d. h. der Berührungspunkt der Isorisikokurve mit einer Isoerlöskurve, realisiert wird. P_1 repräsentiert eine *effiziente Kombination* von q_1 und q_2. Den dazugehörigen Erlös bezeichnen wir mit π_e. Für höhere Werte von s, z.B. für $s = 2\pi_s$, liegt die effiziente Kombination rechts von P_1, z.B. bei P_2. Der dazugehörige Erlös ist $e = 2\pi_e$. *Offenbar wird die Kurve effizienter Kombinationen im Bereich der möglichen Kombinationen durch den geometrischen Ort der Berührungspunkte der Isoerlös- und Isorisikokurven bestimmt.* Nach Gleichung (5) und (6) gilt hierfür:

$$-\frac{e_2 - 1}{e_1 - 1} = -\frac{s_2^2 q_2}{s_1^2 q_1}$$

und

$$q_1 = \frac{s_2^2 (e_1 - 1)}{s_1^2 (e_2 - 1)} q_2.$$

Bis P_3 ist die Kurve effizienter Kombinationen also dadurch charakterisiert, daß für die Wertpapiere 1 und 2 Geldbeträge in einem *konstanten* Verhältnis aufgewendet werden, solange die Erlös- und Risikoparameter der beiden Wertpapiere unverändert bleiben. Ändern sich die Parameter, dann ändert sich das Verhältnis von

---

[6]) Diese Eigenschaft beruht darauf, daß s in Gleichung (2) homogen vom Grade eins in bezug auf q_1 und q_2 ist.

q_1 zu q_2. Erhöht sich z.B. e_1 oder sinkt e_2, dann steigt q_1 relativ zu q_2, und umgekehrt.

Im Punkte P_3 wird der Kassenbestand gleich Null und das Portefeuille besteht nur noch aus den Wertpapieren 1 und 2. Eine Erhöhung des Erlöses über das dem Punkt P_3 entsprechende Niveau hinaus ist nur noch möglich, indem man das erlösschwächere Wertpapier 1 durch das erlösstärkere Wertpapier 2 ersetzt. Die Kurve effizienter Kombinationen wird deshalb von P_3 beginnend durch das Teilstück P_3P_n der Begrenzungslinie dargestellt. Die gesamte Kurve effizienter Kombinationen wird damit durch den Linienzug OP_3P_n angegeben.

Was schließlich die Beziehung zwischen Erlös und Risiko auf der Kurve effizienter Kombinationen anbelangt, so läßt sich hierzu folgendes feststellen: Ist das Risiko gleich Null, dann enthält das Portefeuille keine Wertpapiere, sondern ausschließlich Kasse; der Erlös ist in diesem Fall:

$$(7) \quad e(s = 0) = \bar{l}_s.$$

Werden Wertpapiere gehalten, dann entsteht ein Risiko. Fig. 54 zeigt dabei, daß sich Risiko und Erlös im Bereich OP_3 der Kurve effizienter Kombinationen *proportional* zueinander verändern. Für Werte von $s = 0$ bis $s < 3\,\pi_s$, also Portefeuilles *mit Kasse*, gilt demnach eine Beziehung folgender Art:

$$(8) \quad e = \bar{l}_s + \omega s, \quad \omega > 0.$$

Fig. 54 läßt weiter erkennen, daß der Erlös nur noch *unterproportional* mit dem Risiko zunimmt, wenn $s > 3\,\pi_s$, das Portefeuille also *keine* Kasse mehr enthält: Steigt das Risiko z. B. von $3\,\pi_s$ auf $4\,\pi_s$, dann erhöht sich der Erlös nicht mehr von $3\,\pi_e$ auf $4\,\pi_e$, sondern um einen kleineren Betrag (vgl. Punkt P_4 in Fig. 54). Die Erhöhung des Erlöses geht weiter zurück, wenn das Risiko von $4\,\pi_s$ auf $5\,\pi_s$ ansteigt. Die Größe ω aus Gleichung (8) ist also nicht mehr konstant (wie bei Portefeuilles mit Kasse), sondern nimmt für Portefeuilles ohne Kasse mit steigendem Risiko ab.

A 4) Eine makroökonomische Version des klassischen Modells [7])

Wie das neoklassische Modell, so soll auch das klassische Makromodell in einen monetären und einen güterwirtschaftlichen Bereich aufgeteilt werden:

Monetärer Bereich:

Der monetäre Bereich wird durch die *Quantitätstheorie* und damit durch ein in Höhe von $\overline{M}$ autonom fixiertes Geldangebot sowie durch eine konstante Einkommenskreislaufgeschwindigkeit V charakterisiert:

(1) $\overline{M}\,V = p\,Y^r$ [8]). (Quantitätstheorie)

Güterwirtschaftlicher Bereich:

Der güterwirtschaftliche Bereich enthält den *Kapitalmarkt*, den *Arbeitsmarkt* und eine *gesamtwirtschaftliche Produktionsfunktion.* Auf dem Kapitalmarkt werden Wertpapiere zur Finanzierung von Nettoinvestitionen (I^r) angeboten und zur Anlage von Ersparnissen (S^r) nachgefragt, und zwar jeweils in Abhängigkeit vom Zinssatz i. Auf dem Arbeitsmarkt werden Arbeitsstunden in Abhängigkeit vom Reallohnsatz $\left(\frac{w}{p}\right)$ angeboten und nachgefragt.

---

[7]) Vgl. G. Ackley, Macroeconomic Theory. New York 1961. S. 105ff. und 399ff. – E. E. Hagen, The Classical Theory of the Level of Output and Employment. In: Readings in Macroeconomics. (Ed. by M. G. Mueller). New York 1966. S. 3ff.

[8]) Die in Gleichung (1) dargestellte Quantitätstheorie ist eine reduzierte Gleichung des folgenden Gleichungssystems:

(x) $M^a = \overline{M}$

(xx) $L = \frac{1}{V} p\, Y^r$

(xxx) $M^a = L$.

Die Zusammenhänge lassen sich wie folgt formalisieren:

(2) $S^r = S^r(i); \frac{dS^r}{di} > 0$ (Nachfrage nach Wertpapieren = gewünschte Ersparnisse)

(3) $I^r = I^r(i); \frac{dI^r}{di} < 0$ (Angebot an Wertpapieren = gewünschte Nettoinvestitionen)

(4) $S^r = I^r$ (Gleichgewichtsbedingung)

(5) $N^a = N^a\left(\frac{w}{p}\right); \frac{dN^a}{d\left(\frac{w}{p}\right)} > 0$ (Angebot an Arbeit)

(6) $N^n = N^n\left(\frac{w}{p}\right); \frac{dN^n}{d\left(\frac{w}{p}\right)} < 0$ (Nachfrage nach Arbeit)

(7), (8) $N^a = N^n = N$ (Gleichgewichtsbedingung, Definition)

(9) $Y^r = Y^r(N); \frac{dY^r}{dN} > 0; \frac{d^2Y^r}{dN^2} < 0$ (Gesamtwirtschaftliche Produktionsfunktion)

(10) $Y^r = C^r + I^r$ (Definition)

Das Modell enthält an:

Daten: V

Parametern: $\overline{M}$

Variablen: $C^r, I^r, N^a, N^n, N, S^r, Y^r, i, p, w$; *insgesamt* 10.

Vorausgesetzt, eine Lösung existiert, dann lassen sich mit den Gleichungen (1) bis (10) alle Variablen des Modells bestimmen.

Die Gleichungen des Arbeitsmarktes (5) bis (8) bestimmen den Reallohnsatz $\left(\frac{w}{p}\right)$ (also ein Preisverhältnis), die Beschäftigung N

und zusammen mit (9) das reale Sozialprodukt Y^r. Aus den Gleichungen für den Kapitalmarkt (2) bis (4) ergibt sich der Zinssatz *i*, die realen Ersparnisse S^r und die realen Investitionen I^r. Da das reale Sozialprodukt (in einer geschlossenen Volkswirtschaft) als Summe aus realem Konsum und realer Investition (bzw. realer Ersparnis) definiert ist (vgl. Gleichung (10)), ist auch der reale Konsum und damit die Verwendung des realen Sozialprodukts bestimmt.

Der Reallohnsatz, der Zinssatz, die Beschäftigung sowie das reale Sozialprodukt und seine Verwendung werden also allein aus den Beziehungen des güterwirtschaftlichen Bereichs, also *unabhängig* von der Höhe der Geldmenge, ermittelt[9]). Die Geldmenge bestimmt nach Gleichung (1) bei gegebenen Angebots- und Nachfragefunktionen auf dem Kapital- und Arbeitsmarkt und gegebener gesamtwirtschaftlicher Produktionsfunktion die *Höhe des absoluten Preisniveaus* (p)[9]).

A 5) Ein vereinfachtes Patinkin-Modell[10])

Die Vereinfachung des Modells besteht darin, daß das Vermögen der privaten Wirtschaftseinheiten ausschließlich aus Zentralbankgeld, also aus outside-money, bestehen soll[11]).

Monetärer Bereich:

Das nominale Geldangebot (M^a) entspricht der in der Volkswirtschaft vorhandenen Geldmenge $\overline{M}$, d.h.:

(1) $M^a = \overline{M}$.

---

[9]) Vgl. hierzu die Ergebnisse des neoklassischen Modells im Hauptteil, S. 198f.

[10]) Das Modell entspricht der Darstellung bei B. Hansen, a.a.O., S. 78ff.

[11]) Ein erweitertes mikroökonomisches Modell findet sich bei B. Hansen, a.a.O., S. 87ff. – Patinkin entwickelt die vollständige, makroökonomische Version seines Modells in den Kapiteln IX bis XII seines Buches (a.a.O., S. 199ff.).

Dem Geldangebot steht folgende Geldnachfragefunktion gegenüber:

(2) $$L = p \cdot \left(\frac{p_1}{p}, \frac{p_2}{p}, \ldots, \frac{p_n}{p}, \frac{\bar{M}}{p}\right),$$

wobei

(3) $$p = p_1\pi_1 + p_2\pi_2 + \ldots + p_n\pi_n \text{ mit } \pi_1 + \pi_2 + \ldots + \pi_n = 1.$$

Gleichung (2) enthält neben den Preisverhältnissen $\frac{p_i}{p}$ $(i = 1, 2, \ldots, n)$ die reale Geldmenge $\frac{\bar{M}}{p}$ als Argument. Die reale Geldmenge $\left(\frac{\bar{M}}{p}\right)$ läßt sich als das $(n+1)$-te Gut, das den Preis p hat, interpretieren. Die Preisverhältnisse $\frac{p_i}{p}$ erscheinen dann als numéraire-Preise mit der realen Geldmenge als Standardgut. *Materiell* beinhaltet Gleichung (2), daß sich die Nachfrage nach realen Geldbeständen $\left(\frac{L}{p}\right)$ nicht verändert, wenn die Preise $p_1, p_2, \ldots, p_n$ (und damit auch das Preisniveau p) und die Geldmenge $\bar{M}$ um ein beliebiges, jeweils gleich großes Vielfaches ihrer Ausgangsgröße erhöht werden. Die Nachfrage nach realen Geldbeständen ist also *homogen vom Grade Null* in den Preisen $p_1, p_2, \ldots, p_n$ (und damit in p) sowie in der Geldmenge $\bar{M}$.

Stimmen Geldangebot und Geldnachfrage überein, dann wird die (Gleichgewichts-) Geldmenge M realisiert, d. h.:

(4), (5) $M^a = L = M$[12]).

Güterwirtschaftlicher Bereich:

Der güterwirtschaftliche Bereich wird durch n Angebots- und Nachfragefunktionen für Güter und Faktoren charakterisiert, die die gleichen Argumente enthalten wie die Geldnachfragefunktion, also:

(6) $$x_i^a = x_i^a\left(\frac{p_1}{p}, \frac{p_2}{p}, \ldots, \frac{p_n}{p}, \frac{\bar{M}}{p}\right) \qquad i = 1, 2, \ldots, n$$

und

[12]) Unter der speziellen Annahme, daß das Geldangebot und die in der Volkswirtschaft (in der Ausgangslage) vorhandene Geldmenge gleich sind (siehe Beziehung (1)), müssen auch die (Gleichgewichts-) Geldmenge (M) und die in der Volkswirtschaft vorhandene Geldmenge ($\bar{M}$) gleich sein.

(7) $x_i^n = x_i^n\left(\frac{p_1}{p}, \frac{p_2}{p}, \ldots, \frac{p_n}{p}, \frac{\bar{M}}{p}\right)$ $\qquad i = 1, 2, \ldots, n.$

Im Unterschied zur neoklassischen Theorie enthalten die Angebots- und Nachfragefunktionen für Güter und Faktoren also auch die reale Geldmenge als Argument[13]).

Im Gleichgewicht gilt:

(8), (9) $x_i^a = x_i^n = x_i$ $\qquad i = 1, 2, \ldots, n.$

Im Gleichgewicht sind x_i^a und x_i^n gleich den realisierten Mengen x_i. Das Modell enthält an

Parametern: $\bar{M}$

Variablen: $M^a, L, M, p,$ also 4, und

$x_i^a, x_i^n, x_i, p_i \quad (i = 1, 2, \ldots, n),$ also $4n$,

insgesamt $4n + 4$.

Zur Verfügung stehen 5 Gleichungen aus dem monetären Bereich (die Gleichungen (1) bis (5)) und $4n$ Gleichungen aus dem güterwirtschaftlichen Bereich, insgesamt also $4n + 5$. Die Gleichungen sind aber nicht unabhängig voneinander; denn es läßt sich mit Hilfe des Walras-Gesetzes zeigen, daß eine von ihnen aus den übrigen hergeleitet werden kann: Das **Walras-Gesetz**[14]) ergibt sich aus den *aggregierten Budgetrestriktionen* aller Wirtschaftseinheiten und besagt im vorliegenden Fall, daß die Summe aus dem Geldangebot (d.h. hier: aus der in der Volkswirtschaft vorhandenen Geldmenge)

---

[13]) Die Preisverhältnisse $\frac{p_i}{p}$ $(i = 1, 2, \ldots, n)$ stellen gegenüber den Preisverhältnissen $\frac{p_i}{p_n}$ $(i = 1, 2, \ldots, n-1)$, wie sie aus den Angebots- und Nachfragefunktionen der neoklassischen Theorie bekannt sind (vgl. Gleichungen (6) und (7), S. 193) *keine* neuen Argumente dar. Um dieses zu sehen, braucht man nur

$\frac{p_i}{p}$ mit $\frac{1}{p_n}$

zu erweitern und p dabei durch den in Gleichung (3) angegebenen Zusammenhang zu ersetzen.

[14]) Das *Saysche Gesetz* ist ein Spezialfall des *Walras-Gesetzes* (vgl. hierzu S. 194, Fußnote 19, und B. Hansen, a.a.O., S. 27, 32 und 46f.).

und dem gesamten wertmäßigen Angebot an Gütern und Faktoren gleich der Summe aus der Geldnachfrage und der gesamten wertmäßigen Nachfrage nach Gütern und Faktoren sein muß, d. h.:

$$(10)\quad M^a + \sum_{i=1}^{n} p_i x_i^a = L + \sum_{i=1}^{n} p_i x_i^n$$ [15]).

Befinden sich die n Güter- und Faktormärkte im Gleichgewicht, d. h.:

$$x_i^a = x_i^n \qquad i = 1, 2, \ldots, n,$$

dann ist auch

$$(11)\quad \sum_{i=1}^{n} p_i x_i^a = \sum_{i=1}^{n} p_i x_i^n .$$

Zusammen mit (10) folgt hieraus:

$$M^a = L.$$

Es zeigt sich also, daß Gleichgewicht auf n Güter- und Faktormärkten Gleichgewicht zwischen Geldangebot und Geldnachfrage impliziert.

Es stehen somit nur $4n+4$ unabhängige Gleichungen zur Verfügung. Vorausgesetzt, eine Lösung existiert, dann lassen sich hiermit die $4n+4$ Variablen des Modells bestimmen.

Von Interesse ist die Frage, wie sich eine *Veränderung der Geldmenge* auf die Variablen des Modells auswirkt, d. h. hier: welche Gleichgewichtswerte die Variablen annehmen, wenn für die in der Volkswirtschaft vorhandene Geldmenge alternative Werte angenom-

[15]) Wird Gleichung (10) unter Verwendung von Beziehung (1) in folgender Form geschreiben:

$$\sum_{i=1}^{n} p_i x_i^a - \sum_{i=1}^{n} p_i x_i^n = L - \bar{M},$$

dann zeigt sich, daß stets das Überschußangebot an Gütern und Faktoren und die für den Planunsgzeitraum gewünschte Änderung der Geldmenge gleich sein müssen.

men werden. Eine Antwort hierauf gibt folgende komparativ-statische Betrachtung:

Angenommen, $\hat{p}_1, \hat{p}_2, \ldots, \hat{p}_n$ und $\hat{p}$ seien eine Lösung des Modells, wenn $M^a = \overline{M}$. Wird M^a auf $\lambda\overline{M}$ ($\lambda > 1$) erhöht, z. B. verdoppelt (d. h. $\lambda = 2$), dann geben $2\hat{p}_1, 2\hat{p}_2, \ldots, 2\hat{p}_n$ und $2\hat{p}$ bei unveränderten Werten von x_i^a, x_i^n und x_i ($i = 1, 2, \ldots, n$) eine neue Lösung an, wie man durch Einsetzen dieser Werte in die Gleichungen des Modells erkennen kann. Bei einer Erhöhung der Geldmenge auf $\lambda\overline{M}$ kommt es also zu einer *proportionalen* Erhöhung aller Preise (und damit auch des Preisniveaus für das Sozialprodukt p), und zwar bei unveränderten Preisverhältnissen $\left(\frac{p_i}{p}\right)$ und unveränderten Gleichgewichtsmengen x_i. Wir erhalten also die aus der neoklassischen Theorie bekannten Ergebnisse.

A 6) Ein Keynesianisches Modell

Das Keynesianische Modell soll unter der Annahme eines konstanten Geldlohnsatzes dargestellt werden, d. h.:

$$w = w_0$$

Monetärer Bereich:

Die Gleichungen (1) bis (3) auf S. 207 werden zu folgender Beziehung zusammengefaßt:

$$(1) \quad \frac{\overline{M}}{p} = L^r(Y^r, i).$$

Gütermarkt:

Für die Darstellung des Gütermarktes wird die Gleichung (17a) von S. 234 übernommen. Wird dabei vereinfachend $\tau = 0$ gesetzt, dann ergibt sich:

$$(2) \quad I^r(i) + G^r = S^r(Y^r).$$

Arbeitsmarkt:

Die Gleichungen (11) und (13), (14) auf S. 215f. werden unter Berücksichtigung von $w = w_0$ zu folgender Beziehung zusammengefaßt:

$$(3) \quad N = N^n \left(\frac{w_0}{p}\right).$$

Mit Hilfe der Beziehung (8) und unter Berücksichtigung der Gleichungen (9) und (10) auf S. 214 wird Y^r aus den vorstehenden Gleichungen (1) und (2) eliminiert. Man erhält dann folgendes Gleichungssystem:

$$(1a) \quad \frac{\overline{M}}{p} = L^r \, [Y^{ra}(N), i],$$

$$(2a) \quad I^r(i) + G^r = S^r \, [Y^{ra}(N)],$$

$$(3) \quad N = N^n \left(\frac{w_0}{p}\right).$$

Das so zusammengefaßte Keynesianische Modell enthält an

Daten: w_0

Parametern: $G^r, \overline{M}$

Variablen: N, i, p[16]).

Vorausgesetzt, eine Lösung existiert, dann lassen sich mit den Gleichungen (1a), (2a) und (3) alle Variablen des Modells bestimmen.

Um die Wirkungen einer Änderung der Parameter G^r und $\overline{M}$ auf die Variablen N, i und p komparativ-statisch analysieren zu können, werden die Größen N, i und p sowie G^r und $\overline{M}$ simultan geändert. Bei totaler Differentiation der Gleichungen (1a), (2a) und (3) erhält man ein Gleichungssystem, das bei entsprechender Anordnung auf der *linken* Seite die Änderungen der Variablen und auf der *rechten* Seite die Änderungen der Parameter enthält:

$$(4) \quad -\frac{\partial L^r}{\partial Y^{ra}} \frac{\partial Y^{ra}}{\partial N} dN - \frac{\partial L^r}{\partial i} di \qquad - \frac{\overline{M}}{p^2} dp = -\frac{1}{p} d\overline{M}$$

---

[16]) Die Produktionsfunktion (8) auf S. 214 impliziert, daß sich das *reale Sozialprodukt* stets in der gleichen Richtung ändert wie die Beschäftigung.

$$(5)\quad -\frac{\partial S^r}{\partial Y^{ra}}\frac{\partial Y^{ra}}{\partial N}\,dN + \frac{\partial I^r}{\partial i}\,di \qquad = -dG^r$$

$$(6)\quad dN \qquad + \frac{\partial N^n}{\partial\left(\frac{w_0}{p}\right)}\frac{w_0}{p^2}\,dp = 0$$

oder in Matrixform:

$$(7)\quad \begin{bmatrix} -\frac{\partial L^r}{\partial Y^{ra}}\frac{\partial Y^{ra}}{\partial N} & -\frac{\partial L^r}{\partial i} & -\frac{\overline{M}}{p^2} \\ -\frac{\partial S^r}{\partial Y^{ra}}\frac{\partial Y^{ra}}{\partial N} & +\frac{\partial I^r}{\partial i} & 0 \\ +1 & 0 & X \end{bmatrix} \begin{bmatrix} dN \\ di \\ dp \end{bmatrix} = \begin{bmatrix} -\frac{1}{p}\,d\overline{M} \\ -dG^r \\ 0 \end{bmatrix},$$

wobei

$$X = \frac{\partial N^n}{\partial\left(\frac{w_0}{p}\right)}\frac{w_0}{p^2}.$$

Wird die Determinante der Koeffizienten auf der linken Seite von (7) mit H bezeichnet, dann ergibt sich folgende Lösung:

$$(8)\quad dN = \frac{-\frac{1}{p}\frac{\partial I^r}{\partial i}X\,d\overline{M} - \frac{\partial L^r}{\partial i}X\,dG^r}{H},$$

$$(9)\quad di = \frac{-\frac{1}{p}\frac{\partial S^r}{\partial Y^{ra}}\frac{\partial Y^{ra}}{\partial N}X\,d\overline{M} - \left(-\frac{\partial L^r}{\partial Y^{ra}}\frac{\partial Y^{ra}}{\partial N}X + \frac{\overline{M}}{p^2}\right)dG^r}{H}$$

und

$$(10)\quad dp = \frac{\frac{1}{p}\frac{\partial I^r}{\partial i}d\overline{M} + \frac{\partial L^r}{\partial i}\,dG^r}{H},$$

wobei

$$H = \frac{\overline{M}}{p^2}\frac{\partial I^r}{\partial i} + X\left(-\frac{\partial L^r}{\partial Y^{ra}}\frac{\partial Y^{ra}}{\partial N}\frac{\partial I^r}{\partial i} - \frac{\partial L^r}{\partial i}\frac{\partial S^r}{\partial Y^{ra}}\cdot\frac{\partial Y^{ra}}{\partial N}\right).$$

Da

$$\frac{\partial N^n}{\partial\left(\frac{w_0}{p}\right)} < 0, \frac{\partial I^r}{\partial i} < 0, \frac{\partial L^r}{\partial i} < 0, \frac{\partial S^r}{\partial Y^{ra}} > 0, \frac{\partial Y^{ra}}{\partial N} > 0, \frac{\partial L^r}{\partial Y^{ra}} > 0$$

und damit

$$X < 0, \quad H < 0, \quad \text{sind}$$

$$\left.\frac{dN}{d\overline{M}}\right|_{dG^r = 0} > 0^{17)}; \quad \left.\frac{dN}{dG^r}\right|_{d\bar{M} = 0} > 0; \quad \left.\frac{di}{d\overline{M}}\right|_{dG^r = 0} < 0;$$

$$\left.\frac{di}{dG^r}\right|_{d\bar{M} = 0} > 0; \quad \left.\frac{dp}{d\overline{M}}\right|_{dG^r = 0} > 0; \quad \left.\frac{dp}{dG^r}\right|_{d\bar{M} = 0} > 0.$$

Die Gleichungen (8) und (10) lassen erkennen, daß $\frac{dN}{d\overline{M}} = 0$ und $\frac{dp}{d\overline{M}} = 0$, wenn $\frac{\partial I^r}{\partial i} = 0$ und (oder) $\frac{\partial L^r}{\partial i} \to -\infty$. Eine Änderung der Geldmenge bleibt in diesen Fällen also ohne Wirkung auf Beschäftigung und Preisniveau.

A 7) Ein Modell für den monetären Bereich unter Einbeziehung eines Marktes für vorhandenes Sachvermögen[18])

Bilanzen:

Im dargestellten Modell werden die Sektoren Geschäftsbanken, Zentralbank, Nichtbanken und Staat im Rahmen einer geschlossenen

---

[17]) Die Schreibweise $\left.\frac{dN}{d\overline{M}}\right|_{dG^r = 0}$ ... bedeutet: $\frac{dN}{d\overline{M}}$ bei $dG^r = 0$ ...

[18]) Vgl. zu den folgenden Ausführungen K. Brunner, A Diagrammatic Exposition of the Money Supply Process. „Schweizerische Zeitschrift für

Volkswirtschaft berücksichtigt, und zwar mit folgenden vereinfachten Bilanzen:

Geschäftsbanken

Mindestreserven . . Z	Sichteinlagen . . D
Geldmarktpapiere . . . G	
Kredite . . . K	

Zentralbank

Kredite an Staat (einschl. Geldmarktpapiere) . . . B	Mindestreserven . . Z

Private Nichtbanken

Sichteinlagen . . . D	Kredite . . K
(nominales) Sachvermögen. . $P' \cdot (SV)$	Reinvermögen . . RV_N

Staat

	Staatsverschuldung ... B' (= B + G)
	Reinvermögen (negativ)

Gleichungssystem:

Das Modell enthält drei Märkte, nämlich den Markt für Geld, den Kreditmarkt und den Markt für vorhandenes Sachvermögen bzw. für Ansprüche auf vorhandenes Sachvermögen (z.B. Aktien). Auf diesen Märkten werden simultan der Zinssatz (i_s) und der Preis (P') für vorhandenes (d.h. bereits produziertes) Sachvermögen ($SV = \overline{SV}$) bestimmt. Anders als die im III. Kapitel durchgeführte Analyse werden im vorliegenden Modell die Geld- und Kreditnachfragefunktion *unabhängig* voneinander aufgestellt. Diese Vorgehensweise wird dadurch möglich, daß das Modell gegenüber der Analyse im III. Kapitel um einen Markt erweitert wird. Die nicht explizit formulierte Nachfragefunktion für vorhandenes Sachvermögen wird demgegenüber durch die Gleichungen des vorliegenden Modells impliziert[19]):

Volkswirtschaft und Statistik", 109. Jg. (1973), S. 481ff. – Siehe auch J. Tobin, A General Equilibrium Approach to Monetary Theory. "Journal of Money, Credit, and Banking", Vol. 1 (1969), S. 15ff.

[19]) Eine von den übrigen Gleichungen unabhängige Nachfragefunktion für vorhandenes Sachvermögen ließe sich aufstellen, wenn das Modell auf vier Märkte ausgedehnt würde.

Die Zusammenhänge lassen sich im einzelnen wie folgt formalisieren:

(1) $Z + G + K = D$ (Bilanzrestriktion)

(2) $B' + K = D$ (Bilanzrestriktion)[20]

(3) $D + P' \cdot (SV) = K + RV_N$ (Bilanzrestriktion)

(4) $Z = rD$ (Mindestreserven)

(5) $K^a = a(i_s, i_G) \cdot [D(1 - r)]$, (Kreditangebot)
wobei i_G den Zinssatz für Geldmarktpapiere bezeichnet,
$a_s > 0$, $a_G < 0$[21].

(6) $K^n = K^n(i_s, P', Y)$, (Kreditnachfrage)
wobei K^n_s, $K^n_{P'} < 0$[22]; $K^n_Y > 0$

(7), (8) $K^a = K^n = K$ (Gleichgewicht für die Kreditmenge, Definition)

(9) $L = L(i_s, P', Y)$, (Geldnachfrage)
wobei $L_s < 0$; L_Y, $L_{P'} > 0$[23]

(10), (11) $M^a = L = M$ (Gleichgewicht für die Geldmenge, Definition)

---

[20]) Gleichung (2) ergibt sich aus der konsolidierten Bilanz von Geschäftsbanken und Zentralbank, wobei $B' = B + G$.

[21]) a_s bedeutet: a, differenziert nach i_s. Entsprechend bedeutet a_G : a, differenziert nach i_G.

[22]) Hinter der Annahme $\frac{\partial K^n}{\partial P'}$ $(= K^n_{P'}) < 0$ steht die Vorstellung, daß die Nachfrage nach Krediten abnimmt, wenn die Anschaffung von vorhandenem Sachvermögen (oder z.B. von Aktien) teurer, also weniger lohnend wird (und umgekehrt).

[23]) Hinter der Annahme $\frac{\partial L}{\partial P'}$ $(= L_{P'}) > 0$ steht die Vorstellung, daß die Nachfrage nach Geldbeständen zunimmt, wenn ein anderes Aktivum – wie z.B. vorhandenes Sachvermögen – teurer wird (und umgekehrt).

(12) $M = D$	(Definition)
(13) $SV^a = \overline{SV}$	(Angebot an Sachvermögen)
(14), (15) $SV^n = SV^a = SV$	(Gleichgewicht auf dem Markt für vorhandenes Sachvermögen, Definition)

Das Modell enthält damit an:

Daten: $\overline{SV}$

Parametern: B', Y, i_G, r

Variablen: $D, K, K^a, K^n, L, M^a, M, G, SV, SV^a, SV^n, RV_N, Z, i_s, P'$ (insgesamt 15).

Vorausgesetzt eine Lösung existiert, dann lassen sich mit den Gleichungen (1) bis (15) alle Variablen des Modells bestimmen.

Bestimmung des Gleichgewichts:

Im folgenden werden die Gleichgewichtsbedingungen für den *Markt für Geld* und den *Kreditmarkt* hergeleitet:

Aus Gleichung (2) ergibt sich unter Berücksichtigung von (12) für $M = M^a$ und $K = K^a$:

(16) $M^a = B' + K^a$.

Wird das in Gleichung (5) angegebene Kreditangebot in (16) eingesetzt, dann erhält man für $D = M$ und $M = M^a$:

$$M^a = aM^a(1 - r) + B'$$

bzw.

$$(17)\quad M^a = \frac{1}{1 - a(1 - r)} B',$$

wobei $a = a(i_s, i_G)$.

Die durch die Gleichungen (16) und (17) implizierte Kreditangebotsfunktion läßt sich ermitteln, indem die bereinigte Basis B' von dem durch (17) bestimmten Geldangebot M^a subtrahiert wird.

Man erhält:

$$(18) \quad K^a = \frac{a(1-r)}{1-a(1-r)} B'.$$

Das Gleichgewicht auf dem Markt für Geld und dem Kreditmarkt wird dann durch die beiden folgenden Bedingungen bestimmt:

$$(19) \quad \frac{B'}{1-a(1-r)} - L(i_s, P', Y) = 0 \qquad (ML\text{-Funktion})$$

und

$$(20) \quad \frac{a(1-r)B'}{1-a(1-r)} - K^n(i_s, P', Y) = 0, \qquad (KK\text{-Funktion})$$

wobei

$$a = a(i_s, i_G)^{24}).$$

Vorausgesetzt eine Lösung existiert, dann lassen sich die beiden Variablen i_s und P' mit Hilfe der Gleichungen (19) und (20) bestimmen.

Eine graphische Darstellung der *Gleichgewichtslösung* ist möglich, wenn die Steigung der *ML*-Funktion und der *KK*-Funktion ermittelt wird. Wir bilden dazu das totale Differential für beide Funktionen, wobei wir die Parameteränderungen gleich Null setzen:

$$(19a) \quad \frac{a_s(1-r)B'}{[1-a(1-r)]^2} d i_s - L_s \, d i_s - L_{P'} \, dP' = 0$$

---

[24]) Die *ML*-Funktion (*KK*-Funktion) beschreibt alle Kombinationen von i_s und P', die Gleichgewicht auf dem Markt für Geld (Kreditmarkt) gewährleisten. In ihrer formalen Aussage ähneln diese Funktionen den aus dem Hicks'schen Diagramm bekannten *IS*- und *LM*-Kurven.

und

$$(20a)\quad \frac{[1-a(1-r)]\,a_s(1-r)+a(1-r)^2\,a_s}{[1-a(1-r)]^2}\,B'di_s - K_s^n\,di_s - K_{P'}^n\,dP' = 0.$$

Wird zur Abkürzung der Ausdruck

$$(21)\quad A = \frac{a_s(1-r)}{[1-a(1-r)]^2}\,B' > 0$$

eingeführt, dann ergibt sich als Steigung für die *ML-Funktion*

$$\frac{di_s}{dP'} = \frac{L_{P'}}{A - L_s} > 0$$

und für die *KK-Funktion*

$$\frac{di_s}{dP'} = \frac{K_{P'}^n}{A - K_s^n} < 0.$$

Ausgehend von der *ML*-Funktion und der *KK*-Funktion lassen sich nunmehr die Gleichgewichtswerte für den Sollzinssatz und den Preis für vorhandenes Sachvermögen graphisch wie folgt ermitteln:

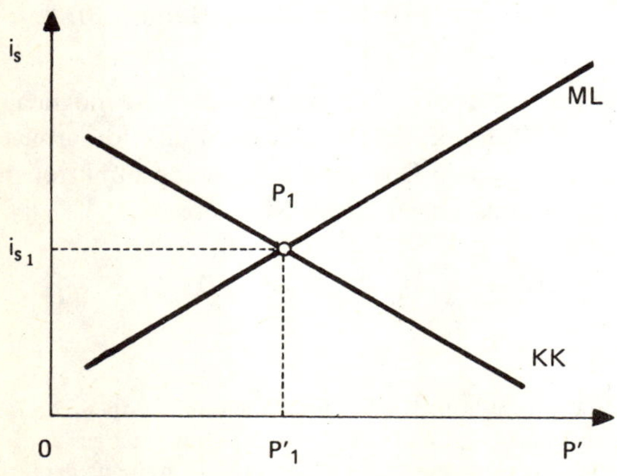

Fig. 55

Der Schnittpunkt der *ML*-Kurve und der *KK*-Kurve bestimmt den Gleichgewichtspunkt P_1 und damit die Gleichgewichtswerte i_{s1} und P'_1.

Parameteränderungen:

Um die Wirkungen von Parameteränderungen auf die Variablen i_s und P' komparativ-statisch analysieren zu können, müßten die Parameter B', Y, i_G und r sowie die Variablen i_s und P' in den Gleichungen (19) und (20) simultan geändert werden. Wir wollen uns jedoch darauf beschränken, allein die Wirkungen einer veränderten bereinigten Basis auf i_s und P' zu untersuchen und bilden deshalb das totale Differential von (19) und (20) unter der Annahme $dY = di_G = dr = 0$. Berücksichtigen wir dabei die Ableitungen unter (19a) und (20a) sowie die unter (21) angegebene Abkürzung, dann erhalten wir:

$$(A - L_s)\, di_s - L_{P'}\, dP' = -\frac{1}{1 - a(1 - r)}\, dB'$$

und

$$(A - K_s^n)\, di_s - K_{P'}^n\, dP' = -\frac{a(1 - r)}{1 - a(1 - r)} dB'$$

oder in Matrixform:

$$(22)\quad \begin{bmatrix} A - L_s & -L_{P'} \\ A - K_s^n & -K_{P'}^n \end{bmatrix} \begin{bmatrix} di_s \\ dP' \end{bmatrix} = \begin{bmatrix} -\dfrac{1}{1 - a(1 - r)} dB' \\ -\dfrac{a(1 - r)}{1 - a(1 - r)} dB' \end{bmatrix}.$$

Schreiben wir für den auf der rechten Seite von (22) angegebenen Geldangebots- bzw. Kreditangebotsmultiplikator m_M bzw. m_K, dann ergibt sich folgende Lösung:

$$(23)\quad \frac{di_s}{dB'} = \frac{m_M K_{P'}^n - m_K L_{P'}}{H}$$

und

$$(24)\quad \frac{dP'}{dB'} = \frac{-m_K(A-L_s) + m_M(A-K_s^n)}{H},$$

wobei

$$H = -(A-L_s)K_{P'}^n + (A-K_s^n)L_{P'}.$$

Da $K_{P'}^n < 0, \quad L_{P'} > 0, \quad L_s < 0, \quad K_s^n < 0$

und damit

$$H > 0,$$

ist $\frac{di_s}{dB'} < 0.$

Der Differentialquotient $\frac{dP'}{dB'}$, ist positiv, wenn

$$m_M(A-K_s^n) > m_K(A-L_s),$$

bzw. wegen $m_M = \frac{M}{B'}$ und $m_K = \frac{K}{B'}$,

wenn

$$(25)\quad (A-K_s^n)M > (A-L_s)K$$

bzw.

$$(26)\quad (A-K_s^n)\frac{i_s}{K} > (A-L_s)\frac{i_s}{M}.$$

Da der unter (21) angegebene Ausdruck A gleich $\frac{\partial K^a}{\partial i_s}$ und gleich $\frac{\partial M^a}{\partial i_s}$ ist, läßt sich die Bedingung (26) für $K^n = K^a = K$ und $M^a = L = M$ auch mit Hilfe von Zinselastizitäten ausdrücken, und zwar wie folgt:

$$(27)\quad \frac{\partial K^a}{\partial i_s}\frac{i_s}{K^a} - \frac{\partial K^n}{\partial i_s}\frac{i_s}{K^n} > \frac{\partial M^a}{\partial i_s}\frac{i_s}{M^a} - \frac{\partial L}{\partial i_s}\frac{i_s}{L}.$$

Die Bedingung lautet also, daß die Differenz zwischen Angebots- und Nachfrageelastizitäten auf dem Kreditmarkt größer sein muß als auf dem Markt für Geld. Diese Bedingung[25]) wird als *Annahme*[26]) eingeführt. Wie schon ausgeführt, gilt dann

$$\frac{dP'}{dB'} > 0.$$

Eine *graphische Darstellung* der Ergebnisse ist wieder mit Hilfe der *ML*-Kurve und der *KK*-Kurve möglich (vgl. Fig. 56). Ausgangspunkt ist dabei die Überlegung, daß z.B. im Fall einer Erhöhung der bereinigten Basis eine *Rechtsverschiebung* der *ML*-Kurve und eine *Linksverschiebung* der *KK*-Kurve eintreten. Der Grund für derartige Verschiebungen läßt sich aus den Gleichungen (19) und (20) ablesen: Bei einer Erhöhung der bereinigten Basis (B') würde das Gleichgewicht für gegebene Zinssätze (i_s) auf dem Markt für Geld nur erhalten bleiben, wenn P' steigt, und auf dem Kreditmarkt nur erhalten bleiben, wenn P' sinkt.

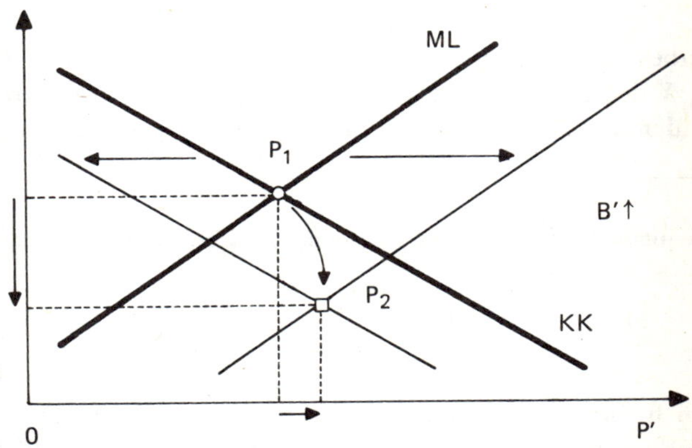

Fig. 56

[25]) Vgl. hierzu auch die Annahme von Brunner, A Diagrammatic ..., a.a.O., auf S. 496.

[26]) Wie sich aus (17) und (18) herleiten läßt, gilt in jedem Fall

$$\frac{\partial K^a}{\partial i_s}\frac{i_s}{K^a} > \frac{\partial M^a}{\partial i_s}\frac{i_s}{M^a} > 0.$$

Fig. 56 zeigt, daß eine *Erhöhung der bereinigten Basis* eine *Senkung des Zinssatzes* i_s und eine *Erhöhung des Preises für vorhandenes Realkapital* P' zur Folge hat[27]). Mit diesen Vorgängen ist eine *Erhöhung der Geldmenge* verbunden, wie aus Gleichung (9) zusammen mit (11) hervorgeht[28]).

Zur Wirkungsweise der Geldpolitik:

Das vorliegende Modell macht deutlich, wie der Einsatz eines geldpolitischen Aktionsparameters (hier: der bereinigten Basis) – über den monetären Bereich i.e.S. hinausgehend – eine Anpassung des *Preises für vorhandenes Sachvermögen* (P') auslöst. Verbunden ist hiermit eine gegenläufige Veränderung der Rendite auf vorhandenes Sachvermögen (i_K), denn zwischen i_K und P' besteht folgender Zusammenhang:

$$(28) \quad i_K = \frac{P}{P'} \cdot \frac{X}{SV}.$$

Hierbei bezeichnet P das Preisniveau der laufend produzierten Güter, X den realen Nettoertrag auf vorhandenes Sachvermögen und SV den Bestand an vorhandenem Sachvermögen. Gleichung (28)

Eine hinreichende (aber nicht notwendige) Bedingung für die Erfüllung der Ungleichung (27) ist dann:

$$\left| \frac{\partial K^n}{\partial i_s} \, \frac{i_s}{K^n} \right| \geqq \left| \frac{\partial L}{\partial i_s} \frac{i_s}{L} \right|.$$

Nach Brunner ist auf Grund empirischer Evidenz zu vermuten, daß diese Bedingung in der Realität erfüllt ist (siehe K. Brunner, Zwei alternative Theorien des Geldangebotsprozesses: Geldmarkt- versus Kreditmarkttheorie. In: Geldtheorie. (Hrsg. von K. Brunner, H. G. Monissen, M. J. M. Neumann). Köln 1974. S. 132.

[27]) Fig. 56 ist so gezeichnet, daß die Annahme (25) bzw. (27) erfüllt ist.

[28]) Eine eindeutige Aussage darüber, wie sich die *Kreditmenge* mit der bereinigten Basis ändert, ist nicht möglich, wie die Gleichung (6) zusammen mit (8) erkennen läßt.

zeigt, daß die Rendite i_K bei gegebenem Preisniveau für laufend produzierte Güter und gegebener (realer) Nettodurchschnittsproduktivität $\frac{X}{SV}$ sinkt, wenn P' steigt, und umgekehrt.

Wird nun durch eine Ausweitung der bereinigten Basis eine Erhöhung des Preises und damit eine Senkung der Rendite für vorhandenes Sachvermögen ausgelöst, dann wird *vorhandenes Sachvermögen* gegenüber *neuproduziertem Sachvermögen* vergleichsweise teurer bzw. unter Renditegesichtspunkten vergleichsweise ungünstig und es entsteht so ein Anreiz, neuproduziertes Sachvermögen verstärkt nachzufragen. Hinzu kommt, daß ein expansiver Impuls auf die gesamtwirtschaftliche Nachfrage auch insofern ausgelöst wird, als die Preiserhöhung beim vorhandenen Sachvermögen und (oder) die Kurserhöhung bei Aktien einen *Wertzuwachs* für das private Nettovermögen bedeuten. *Substitutions- und Vermögenseffekte* bewirken also im vorliegenden Modell, daß der monetäre Impuls – ausgelöst durch eine geldpolitische Maßnahme – auf den güterwirtschaftlichen Bereich übertragen wird.

A8) Ein Angebots-Nachfrage-Modell bei adaptiven Erwartungen[29])

Basis des Modells sind die *Nachfragefunktion* (10) und die *Preisgleichung* (19) aus dem Abschnitt IV.5. Mit dem Index t als Periodenbezeichnung lassen sich diese Gleichungen wie folgt formulieren:

(1) $Y_t^r = Y_{t-1}^r + \gamma(m_t - \pi_t); \quad \gamma > 0$ (*Nachfragefunktion*)

(2) $\pi_t = \pi_t^* + \alpha\,\beta(Y_t^r - \overline{Y}^r); \quad \alpha, \beta > 0$ (*Preisgleichung*),

wobei *adaptive* (bzw. extrapolative) *Erwartungen* in der Form

$$\pi_t^* = \pi_{t-1}$$

vorliegen.

---

[29]) Es handelt sich um eine Formalisierung des vereinfachten Modells von Dornbusch, Fischer (a.a.O., S. 428ff.). Die Vereinfachung besteht darin, daß der Einfluß der erwarteten Inflationsrate auf die Nachfrageseite vernachlässigt wird.

Aus Gleichung (2) ergibt sich bei Berücksichtigung von $\pi_t^* = \pi_{t-1}$

(2a) $Y_t^r = \overline{Y}^r + \frac{1}{\alpha\beta}(\pi_t - \pi_{t-1})$

und nach Rückdatierung um eine Periode:

(2b) $Y_{t-1}^r = \overline{Y}^r + \frac{1}{\alpha\beta}(\pi_{t-1} - \pi_{t-2})$.

Wird (2b) in die Nachfragefunktion (1) eingesetzt und werden die so umgeformte Nachfragefunktion und die Beziehung (2a) gleichgesetzt, dann erhält man:

$$\overline{Y}^r + \frac{1}{\alpha\beta}(\pi_{t-1} - \pi_{t-2}) + \gamma\,(m_t - \pi_t)$$

$$= \overline{Y}^r + \frac{1}{\alpha\beta}(\pi_t - \pi_{t-1}).$$

Diese Beziehung läßt sich zu folgender nicht homogenen Differenzengleichung zweiter Ordnung umformen:

(3) $\pi_t + a_1 \pi_{t-1} + a_2 \pi_{t-2} + b = 0,$

$$\text{wobei } a_1 = \frac{-2}{1+\alpha\beta\gamma}, \quad a_2 = \frac{1}{1+\alpha\beta\gamma}, \quad b = \frac{-\alpha\beta\gamma}{1+\alpha\beta\gamma}\, m_t.$$

Als *stationäre Gleichgewichtslösung* π (= $\pi_t = \pi_{t-1} = \pi_{t-2}$) ergibt sich:

$$\pi = \frac{-b}{1 + a_1 + a_2} = m_t.$$

Daß sich die Inflationsrate im Zeitablauf auf diesen Gleichgewichtswert in *gedämpften Schwingungen* zubewegt, läßt sich aus der zu (3) gehörenden *charakteristischen Gleichung* herleiten.

Sie lautet:

$$Q^2 + a_1 Q + a_2 = 0.$$

Als Wurzeln dieser quadratischen Gleichung erhält man:

$$Q_{1/2} = -\frac{a_1}{2} \pm \frac{1}{2}\sqrt{a_1^2 - 4a_2}\,.$$

Die Wurzeln $Q_{1/2}$ sind konjugiert-komplexe Zahlen;

$$\text{denn } a_1^2 - 4a_2 = \frac{4 - 4\,(1 + \alpha\beta\gamma)}{(1 + \alpha\beta\gamma)^2} < 0.$$

Die Entwicklung von π_t im Zeitablauf vollzieht sich deshalb in *Schwingungen*[30]).

Die Schwingungen sind *gedämpft* (das System ist also *stabil*), weil die sog. **Schur-Kriterien**[31]) erfüllt werden. Diese lauten im vorliegenden Fall:

$$1 - a_2 > 0; \quad 1 + a_1 + a_2 > 0; \quad 1 - a_1 + a_2 > 0.$$

Diese Bedingungen werden erfüllt; denn

$$1 - a_2 = \frac{1 + \alpha\beta\gamma - 1}{1 + \alpha\beta\gamma} > 0,$$

$$1 + a_1 + a_2 = \frac{1 + \alpha\beta\gamma - 2 + 1}{1 + \alpha\beta\gamma} > 0,$$

$$1 - a_1 + a_2 = \frac{1 + \alpha\beta\gamma + 2 + 1}{1 + \alpha\beta\gamma} > 0.$$

A9) Ein Angebots-Nachfrage-Modell bei rationalen Erwartungen

Basis des Modells sind die *Nachfragefunktion* (10) und die *Preisgleichung* (19) sowie die *Bestimmungsgleichung für das Geldmengen-*

---

[30]) Zur Lösung von Differenzengleichungen im Fall von komplexen Wurzeln der charakteristischen Gleichung siehe Richter, Schlieper, Friedmann a.a.O., S. 656ff.

[31]) Vgl. ebenda, S. 669ff.

wachstum (4) aus dem Abschnitt IV. 5. Mit dem Index t als Periodenbezeichnung lassen sich diese Gleichungen wie folgt formulieren:

(1) $Y_t^r = Y_{t-1}^r + \gamma(m_t - \pi_t) + v_t; \quad \gamma > 0$ (*Nachfragefunktion*)

(2) $\pi_t = \pi_t^* + \alpha\beta(Y_t^r - \overline{Y}^r) + w_t; \quad \alpha, \beta > 0$ (*Preisgleichung*)

(3) $m_t = \overline{m}_t + u_t,$ (*Geldmengenwachstum*),

wobei u_t, v_t und w_t normalverteilte Zufallsvariable mit einem Erwartungswert von Null darstellen.

Wird (1) unter Berücksichtigung von (3) in (2) eingesetzt, dann ergibt sich:

$$\pi_t = \pi_t^* + \alpha' [Y_{t-1}^r + \gamma(\overline{m}_t + u_t - \pi_t) + v_t - \overline{Y}^r] + w_t,$$

wobei $\alpha' = \alpha\beta$.

Aufgelöst nach π_t erhält man:

(4) $$\pi_t = \frac{1}{1 + \alpha'\gamma} [\pi_t^* + \alpha'(Y_{t-1}^r + \gamma\overline{m}_t + \gamma u_t + v_t - \overline{Y}^r) + w_t].$$

Bei *rationalen Erwartungen* entspricht π_t^* dem Erwartungswert von π_t, d.h.

$$\pi_t^* = E(\pi_t / J_{t-1}),$$

wobei J die für die Inflationserklärung relevante Informationsmenge bezeichnet. Wird dieser Erwartungswert auf der rechten Seite von (4) für π_t^* eingesetzt und anschließend der Erwartungswert für die gesamte Gleichung (4) gebildet, dann ergibt sich[32]):

$$E(\pi_t) = \pi_t^* = \frac{1}{1 + \alpha'\gamma} [\pi_t^* + \alpha'(Y_{t-1}^r + \gamma\overline{m}_t - \overline{Y}^r)].$$

Aufgelöst nach π_t^* erhält man:

(5) $$\pi_t^* = \frac{1}{\gamma} (Y_{t-1}^r + \gamma\overline{m}_t - \overline{Y}^r).$$

---

[32]) Hierbei ist für die rechte Seite zu beachten, daß $E\,[E(\pi_t)] = E(\pi_t) = \pi_t^*$.

Wird π_t^* entsprechend (5) in (4) ersetzt, dann folgt:

$$\pi_t = \frac{1}{1+\alpha'\gamma}\left[\left(\frac{1}{\gamma}+\alpha'\right)\left(Y_{t-1}^r - \overline{Y}^r + \gamma\overline{m}_t\right) + \alpha'(\gamma u_t + v_t) + w_t\right]$$

bzw.

$$\pi_t = \frac{1}{1+\alpha'\gamma}\left[\frac{1+\alpha'\gamma}{\gamma}\left(Y_{t-1}^r - \overline{Y}^r\right) + (1+\alpha'\gamma)\,\overline{m}_t + \alpha'(\gamma u_t + v_t) + w_t\right]$$

bzw.

$$\pi_t = \mu_1\overline{m}_t + \mu_2 Y_{t-1}^r + \mu_3\overline{Y}^r + \mu_4 u_t + \mu_5 v_t + \mu_6 w_t,$$

wobei

$$\mu_1 = 1,\ \mu_2 = -\mu_3 = \frac{1}{\gamma},\ \mu_4 = \frac{\alpha'\gamma}{1+\alpha'\gamma},$$

$$\mu_5 = \frac{\alpha'}{1+\alpha'\gamma},\ \mu_6 = \frac{1}{1+\alpha'\gamma}.$$

Literaturangaben [1])

1. Monographien

Ackley, G.: Macroeconomic Theory. New York 1961.

Alchian, A. A., Allen, W. R.: University Economics. 2nd ed. Belmont 1967.

Argy, V.: The Postwar International Crisis – an Analysis. London 1981.

Arrow, K. J.: Aspects of the Theory of Risk-Bearing. Helsinki 1965.

Bergen, V.: Theoretische und empirische Untersuchungen zur längerfristigen Geldnachfrage in der Bundesrepublik Deutschland (1950–1967). (Schriften zur angewandten Wirtschaftsforschung, 27.) Tübingen 1970.

Borchert, M.: Geld und Kredit. Eine Einführung in die Geldtheorie und Geldpolitik. Stuttgart 1982.

Burger, A. E.: The Money Supply Process. Belmont, Cal., 1971.

Chandler, L. V., Goldfeld, S. M.: The Economics of Money and Banking. 7th ed. New York 1977.

Claassen, E.-M.: Grundlagen der Geldtheorie. 2., neubearb. u. erw. Aufl. Berlin, Heidelberg, New York 1980.

–: Grundlagen der makroökonomischen Theorie. München 1980.

Deppe, H.-D.: Betriebswirtschaftliche Grundlagen der Geldwirtschaft. Band 1: Einführung und Zahlungsverkehr. Stuttgart 1973.

Dernburg, Th. F., McDougall, D. M.: Lehrbuch der makroökonomischen Theorie. Die Messung, Analyse und Kontrolle der gesamtwirtschaftlichen Aktivität. 3., neubearb. deutsche Aufl. nach der 5. amerik. Aufl. übersetzt. Stuttgart 1981.

Dickertmann, D., Siedenberg, A.: Instrumentarium der Geldpolitik. 4., neubearb. u. erw. Aufl. Düsseldorf 1984.

Dieckheuer, G.: Wirkung und Wirkungsprozeß der Geldpolitik. Eine mikro- und makroökonomische Analyse. (Untersuchungen über das Spar-, Giro- und Kreditwesen, Bd. 77.) Berlin 1975.

Dornbusch, R., Fischer, S.: Macroeconomics. 2nd ed. Auckland 1981.

Dürr, E.: Wirkungsanalyse der monetären Konjunkturpolitik. Frankfurt a.M. 1966.

Duwendag, D., Ketterer, K.-H., Kösters, W., Pohl, R., Simmert, D. B.: Geldtheorie und Geldpolitik. Eine problemorientierte Einführung mit einem Kompendium bankstatistischer Fachbegriffe. 2., überarb. u. erw. Aufl. Köln 1977.

Ebel, J.: Portefeuilleanalyse: Entscheidungskriterien und Gleichgewichtsprobleme. (Schriftenreihe Annales Universitatis Saraviensis, Bd. 47.) Köln 1971.

Engel, G.: Die Einbeziehung des monetären Bereichs in makroökonomische Modelle. Ein Beitrag zur Diskussion über den Transmissionsmechanismus monetärer Impulse. Göttinger Dissertation 1973.

---

[1]) Die unmittelbar in einem Kapitel verarbeitete Literatur wird am Ende des entsprechenden Kapitels angegeben.

Evans, M. K.: Macroeconomic Activity. Theory, Forecasting, and Control. An Econometric Approach. New York, Evanston, London 1969.

Fisher, I.: The Purchasing Power of Money. Its Determination and Relation to Credit, Interest and Crisis. New and rev. ed. New York 1922 (Reprinted 1963).

–: The Theory of Interest. New York 1930.

Friedman, M.: A Theory of the Consumption Function. Princeton, N. J. 1957.

–: Price Theory. Chicago 1976.

Friedman, M., Schwartz, A. J.: A Monetary History of the United States, 1867–1960. Princeton, N. J. 1963.

Frisch, H.: Die neue Inflationstheorie. Göttingen 1980.

Fuhrmann, W., Rohwedder, J.: Makroökonomik. Zur Theorie interdependenter Märkte. München, Wien 1983.

Gestrich, H.: Kredit und Sparen. Hrsg. v. W. Eucken. 2., durchges. Aufl. Godesberg 1947.

Gurley, J. G., Shaw, E. S.: Money in a Theory of Finance. Washington, D.C. 1960.

Halm, G. N.: Economics of Money and Banking. Rev. ed. Homewood, Ill. 1966.

Hansen, A. H.: A Guide to Keynes. New York, Toronto, London 1953.

Hansen, B.: A Survey of General Equilibrium Systems. New York 1970.

Harrod, R. F.: Money. London 1969.

Hübl, L.: Bankenliquidität und Kapitalmarktzins. (Veröffentlichungen des Instituts für Empirische Wirtschaftsforschung, Bd. 2.) Berlin 1969.

Hume, D.: Political Discourses. 2nd ed. Edinburgh 1752.

Issing, O.: Einführung in die Geldtheorie. 4., überarb. Aufl. München 1981.

Jarchow, H.-J.: Theoretische Studien zum Liquiditätsproblem. (Kieler Studien, 75.) Tübingen 1966.

Keynes, J. M.: A Treatise on Money. Vol. I. The Pure Theory of Money. Vol. II. The Applied Theory of Money. London 1930.

–: The General Theory of Employment, Interest, and Money. London 1936.

Klein, L. R.: The Keynesian Revolution. 2nd ed. London, Melbourne 1968.

Köhler, C.: Geldwirtschaft. 1. Band. 2., veränd. Aufl. Berlin 1977.

Laidler, D. E. W.: Essays on money and inflation. Manchester 1975.

Leijonhufvud, A.: On Keynesian Economics and the Economics of Keynes. A Study in Monetary Theory. New York, London, Toronto 1968. (Deutsche Übersetzung: Über Keynes und den Keynesianismus. Eine Studie zur monetären Theorie. Hrsg. und mit einem Vorwort v. G. Gäfgen. Köln 1973.)

Lutz, F. A.: Geld und Währung. Gesammelte Abhandlungen. Tübingen 1962.

–: Zinstheorie. 2., neu bearb. und stark erw. Aufl. Tübingen 1967.

Markowitz, H. M.: Portfolio Selection. Efficient Diversification of Investments (Cowles Foundation for Research in Economics at Yale University, Monograph 16.) New York 1959.

Marshall, A.: Money, Credit, and Commerce. London 1923.

Möller, H.: Ökonometrische Untersuchung zur Bestimmung von Geldmenge, Kreditvolumen und Zinssatz in der Bundesrepublik unter besonderer Berücksichtigung zentralbankpolitischer Maßnahmen. Göttingen 1978.

Monissen, H. G.: Makroökonomische Theorie: Sozialprodukt, Preisniveau und Zinsrate. Band 1. Stuttgart 1982.

Morley, S. A.: Inflation and Unemployment. 2nd ed. Hinsdale, Ill., 1979.

Neldner, M.: Die Bestimmungsgründe des Volkswirtschaftlichen Geldangebots. Berlin, New York 1976.

Newlyn, W. T., Bootle, R. P.: Theory of Money. 3rd ed. Oxford 1979.

Niehans, J.: The Theory of Money. Baltimore, London 1978.

Okun, A. M.: The Political Economy of Prosperity. Washington, D.C., 1970.

Patinkin, D.: Money, Interest, and Prices. An Integration of Monetary and Value Theory. 2nd ed. New York 1966.

Pesek, B. P., Saving, Th. R.: Money, Wealth, and Economic Theory. New York, London 1967.

–: The Foundations of Money and Banking. New York, London 1968.

Phillips, Ch. A.: Bank Credit. A Study of the Principles and Factors underlying Advances made by Banks to Borrowers. New York 1932.

Pohl, R.: Theorie der Inflation. Grundzüge der monetären Makroökonomik. München 1981.

Richter, R., Schlieper, U., Friedmann, W.: Makroökonomik. Eine Einführung. Mit einem Beitrag v. J. Ebel. 4., korr. u. erg. Aufl. Berlin, Heidelberg, New York 1981.

Robert, D.: Makroökonomische Konzeptionen im Meinungsstreit. Zur Auseinandersetzung zwischen Monetaristen und Fiskalisten. (Schriften zur Monetären Ökonomie, hrsg. v. D. Duwendag.) Baden-Baden 1978.

Robertson, D.: Money. Cambridge 1922.

Sayers, R. S.: Modern Banking. 7th ed. Oxford 1967.

Schilcher, R.: Geldfunktionen und Buchgeldschöpfung. Ein Beitrag zur Geldtheorie. (Wirtschaftswissenschaftliche Abhandlungen, H. 11.) Berlin 1958.

Schmölders, G.: Geldpolitik. 2., neu bearb. Aufl. Tübingen, Zürich 1968.

Schneider, E.: Einführung in die Wirtschaftstheorie. III. Teil. Geld, Kredit, Volkseinkommen und Beschäftigung. 12., um einen Anhang erw. Aufl. Tübingen 1973.

Siebke, J., Willms, M.: Theorie der Geldpolitik. Berlin, Heidelberg, New York 1974.

Sprinkel, B. W.: Money and Markets. A Monetarist View. Homewood, Ill., 1971.

Steinmann, G.: Inflationstheorie. Paderborn 1979.
Stobbe, A.: Volkswirtschaftslehre I. Volkswirtschaftliches Rechungswesen. 5., rev. u. erw. Aufl. Berlin, Heidelberg, New York 1980.
Stucken, R.: Geld und Kredit. 2., stark veränd. Aufl. Tübingen 1957.
Stützel, W.: Volkswirtschaftliche Saldenmechanik. Ein Beitrag zur Geldtheorie. 2. Aufl. Tübingen 1978.
Veit, O.: Grundriß der Währungspolitik. 3., durchgänig ern. Aufl. unter Mitwirkung des Instituts für das Kreditwesen. Frankfurt a. M. 1969.
Westphal, U.: Theoretische und empirische Untersuchungen zur Geldnachfrage und zum Geldangebot. (Kieler Studien, 110.) Tübingen 1970.
Whittlesey, Ch. R., Freedman, A. M., Herman, E. S.: Money and Banking: Analysis and Policy. 2nd ed. New York, London 1968.
Willms, M.: Zinstheoretische Grundlagen der Geldpolitik. (Untersuchungen über das Spar-, Giro- und Kreditwesen, Bd. 53.) Berlin 1971.
Woll, A.: Allgemeine Volkswirtschaftslehre. 7., völlig überarb. u. erg. Aufl. München 1981.
Wrightsman, D.: An Introduction to Monetary Theory and Policy. 2nd ed. New York, London 1976.
Zottmann, A.: Allgemeine Volkswirtschaftslehre IV (Geld und Kredit). Stuttgart 1965.

2. Beiträge aus Zeitschriften

Andersen, L. C., Jordan, J. L.: The Monetary Base – Explanation and Analytical Use. "Federal Reserve Bank of St. Louis Review", Vol. 50, No. 8 (1968), S. 7ff.
Baltensperger, E.: The Precautionary Demand for Reserves. "The American Economic Review", Vol. 64 (1974), S. 205 ff.
Barro, R. J.: Rational Expectations and the Role of Monetary Policy. "Journal of Monetary Economics", Vol. 2 (1976), S. 1ff.
Barro, R. J., Fischer, S.: Recent Developments in Monetary Theory. "Journal of Monetary Economics", Vol. 2 (1976), S. 133ff.
Baumol, W. J.: The Transaction Demand for Cash: An Inventory Theoretic Approach. "The Quarterly Journal of Economics", Vol. 66 (1952), S. 545ff.
Brainard, W. C., Tobin, J.: Econometric Models: Their Problems and Usefulness. Pitfalls in Financial Model Building. "The American Economic Review", Papers and Proceedings, Vol. 58 (1968), S. 99ff.
Brunner, K.: The Role of Money and Monetary Policy. "Federal Reserve Bank of St. Louis Review", Vol. 50, No. 7 (1968), S. 9ff.
–: The "Monetarist Revolution" in Monetary Theory. „Weltwirtschaftliches Archiv", Bd. 105 (1970 II), S. 1ff.
–: Eine Neuformulierung der Quantitätstheorie des Geldes. Die Theorie der relativen Preise, des Geldes, des Outputs und der Beschäftigung. „Kredit und Kapital", 3. Jg. (1970), S. 1ff.

–: A Survey of Selected Issues in Monetary Theory. „Schweizerische Zeitschrift für Volkswirtschaft und Statistik", 107. Jg. (1971), S. 1ff.

–: A Diagrammatic Exposition of the Money Supply Process. „Schweizerische Zeitschrift für Volkswirtschaft und Statistik", 109. Jg. (1973), S. 481ff.

–: Hat der Monetarismus versagt? „Kredit und Kapital", 17. Jg. (1984), S. 18ff.

Brunner, K., Meltzer, A. H.: The Place of Financial Intermediaries in the Transmission of Monetary Policy. "The American Economic Review", Papers and Proceedings, Vol. 53 (1963), S. 372ff.

–: Studies on Money and Monetary Policy. "The Journal of Finance", Vol. 19 (1964), S. 240ff.

–: Liquidity Traps for Money, Bank Credit, and Interest Rates. "The Journal of Political Economy", Vol. 76 (1968), S. 1ff.

–: The Uses for Money: Money in the Theory of an Exchange Economy. "The American Economic Review", Vol. 61 (1971), S. 784ff.

Brunner, K., Neumann, M. J. M.: Monetäre Aspekte des Jahresgutachtens 1971/72 des Sachverständigenrats. „Weltwirtschaftliches Archiv", Bd. 108 (1972 I), S. 257ff.

Christ, C.: Patinkin on Money, Interest, and Prices. "The Journal of Political Economy", Vol. 65 (1957), S. 347ff.

Claassen, E.-M.: Die Definitionskriterien der Geldmenge: M_1, M_2, ... oder M_X? „Kredit und Kapital", 7. Jg. (1974), S. 273ff.

Fand, D. I.: A Monetarist Model of the Monetary Process. "The Journal of Finance", Vol. 25 (1970), S. 275ff.

Fase, M. M. G., Kuné, J. B.: The Demand for Money in Thirteen European and Non-European Countries: A Tabular Survey. „Kredit und Kapital", 8. Jg. (1975), S. 410ff.

Friedman, M.: A Monetary and Fiscal Framework for Economic Stability. "The American Economic Review", Vol. 38 (1948), S. 245ff.

–: The Demand for Money: Some Theoretical and Empirical Results. "The Journal of Political Economy", Vol. 67 (1959), S. 327ff.

–: The Role of Monetary Policy. "The American Economic Review", Vol. 58 (1968), S. 1ff.

–: A Theoretical Framework for Monetary Analysis. "The Journal of Political Economy", Vol. 78 (1970), S. 193ff.

–: The Quantity Theory of Money. "The Indian Economic Journal", Vol. 17, No. 4, 5 (1970), S. 409ff.

–: A Monetary Theory of Nominal Income. "The Journal of Political Economy", Vol. 79 (1971), S. 323ff.

Frisch, H.: Inflation Theory 1963–1975: A "Second Generation" Survey. "The Journal of Economic Literature", Vol. 15 (1977), S. 1289ff.

Gabisch, G.: Portfoliotheorie der Geldnachfrage. „das wirtschaftsstudium", 5. Jg. (1976), Nr. 5, S. 220ff.

Gibson, W. E.: Interest Rates and Monetary Policy. "Journal of Political Economy", Vol. 78 (1970), S. 431ff.

Gordon, R. J.: Recent Developments in the Theory of Inflation and Unemployment. "Journal of Monetary Economics", Vol. 2 (1976), S. 185ff.

Havrilesky, T.: A Comment on 'The Use of the Aggregate Demand Curve'. "The Journal of Economic Literature", Vol. 13 (1975), S. 472f.

Hicks, J. R.: A Suggestion for Simplifying the Theory of Money. "Economica", Vol. 2 (1935), S. 1ff.

–: Mr. Keynes and the "Classics": A Suggested Interpretation. "Econometrica", Vol. 5 (1937), S. 147ff.

–: Liquidity. "The Economic Journal", Vol. 72 (1962), S. 787ff.

Jarchow, H.-J.: Der Bankkredit in einer Theorie der "Portfolio Selection". „Weltwirtschaftliches Archiv", Bd. 104 (1970 I), S. 189ff.

Jarchow, H.-J., Möller, H.: Geldbasiskonzepte und Geldmenge (I). Erster Teil: Theoretische Zusammenhänge. „Kredit und Kapital", 9. Jg. (1976), S. 177ff., Geldbasiskonzepte und Geldmenge (II), Zweiter Teil: Empirische Zusammenhänge. „Kredit und Kapital", 9. Jg. (1976), S. 317ff.

Jarchow, H.-J., Rühmann, P., Engel, G.: Geldmenge, Zinssatz, Bankenverhalten und Zentralbankpolitik. „Weltwirtschaftliches Archiv", Bd. 105 (1970 II), S. 304ff.

Johnson, H. G.: Monetary Theory and Policy. "The American Economic Review", Vol. 52 (1962), S. 335ff.

–: Inside Money, Outside Money, Income, Wealth and Welfare in Monetary Theory. "Journal of Money, Credit and Banking", Vol. 1 (1969), S. 30ff.

–: The Keynesian Revolution and the Monetarist Counter-Revolution. Richard T. Ely Lecture. "The American Economic Review", Papers and Proceedings, Vol. 61 (1971), S. 1ff.

Kleinewefers, H.: Geldmultiplikator und Bankenstrategie. „Schweizerische Zeitschrift für Volkswirtschaft und Statistik", 106. Jg. (1970), S. 17ff.

Köhler, C.: Thesen und Gegenthesen. Bemerkungen zu Milton Friedmans monetärem Konzept des "New Liberalism". „Weltwirtschaftliches Archiv", Bd. 105 (1970 II), S. 31ff.

König, H.: Einkommenskreislaufgeschwindigkeit des Geldes und Zinssatzveränderungen: Eine ökonometrische Studie über die Geldnachfrage in der BRD. „Zeitschrift für die gesamte Staatswissenschaft", Bd. 124 (1968), S. 70ff.

–: Ein monetaristisches Modell zur Erklärung von Arbeitslosigkeit und Inflation: Modellprobleme und -implikationen für die BRD. „Zeitschrift für Nationalökonomie", Vol. 38 (1978), S. 85ff.

Lipsey, R. G.: The Relation between Unemployment and the Rate of Change of Money Wage Rates in the United Kingdom, 1862–1957: A Further Analysis. "Economica", Vol. 27 (1960), S. 1ff.

Lutz, F. A.: Geldschaffung durch die Banken. „Weltwirtschaftliches Archiv", Bd. 104 (1970 I), S. 3ff.

Markowitz, H.: Portfolio Selection. "The Journal of Finance", Vol. 7 (1952), S. 77ff.

Mayer, T.: Die Struktur des Monetarismus. „Beihefte zu Kredit und Kapital", H. 4 (1978), S. 9ff.

Miller, M. H., Orr, D.: A Model of the Demand for Money by Firms. "The Quarterly Journal of Economics", Vol. 80 (1966), S. 413ff.

Modigliani, F.: The Monetary Mechanism and its Interaction with Real Phenomena. "The Review of Economics and Statistics", Supplement, Vol. 45 (1963), S. 79ff.

Monissen, H. G.: Including a Government Budget Restraint in Standard Macroeconomic Analysis: Some Fiscal and Monetary Policy Implications. „Finanzarchiv", Neue Folge, Bd. 31 (1972), S. 193ff.

Müller, H.: Die Bedeutung der time lags für die Wirksamkeit der Geld- und Kreditpolitik in der Bundesrepublik Deutschland. „Weltwirtschaftliches Archiv", Bd. 100 (1968 II), S. 272ff.

Muth, J. F.: Rational Expectations and the Theory of Price Movements. "Econometrica", Vol. 29 (1961), S. 315ff.

Neumann, M. J. M.: Zwischenziele und Indikatoren der Geldpolitik. „Kredit und Kapital", 4. Jg. (1971), S. 398ff.

–: Rationale Erwartungen in Makromodellen. Ein kritischer Überblick. „Zeitschrift für Wirtschafts- und Sozialwissenschaften", 99. Jg. (1979), S. 371ff.

–: Stabilisierungspolitik bei rationalen Erwartungen. „Wirtschaftswissenschaftliches Studium", 10. Jg. (1981), S. 111ff.

Otruba, H.: Zur mikroökonomischen Geldnachfragetheorie. „Zeitschrift für Nationalökonomie", Bd. 30 (1970), S. 309ff.

Pesek, B. P.: Bank's Supply Function and the Equilibrium Quantity of Money. "The Canadian Journal of Economics", Vol. 3 (1970), S. 357ff.

Phillips, A. W.: The Relation between Unemployment and the Rate of Change of Money Wage Rates in the United Kingdom, 1861–1957. "Economica", Vol. 25 (1958), S. 283ff.

Pohl, R.: Der Transmissionsmechanismus der Geldpolitik. „Jahrbücher für Nationalökonomie und Statistik", Bd. 190 (1975/76), S. 1 ff.

Poole, W.: Optimal Choice of Monetary Policy Instruments in a Simple Stochastic Macro Model. "The Quarterly Journal of Economics", Vol. 84 (1970), S. 197ff.

Richter, R.: The Banking System within Macro-Economic Theory. "The German Economic Review", Vol. 6 (1968), S. 273ff.

Sargent, T. S., Wallace, N.: Rational Expectations and the Theory of Economic Policy. "Journal of Monetary Economics", Vol. 2 (1976), S. 169ff.

Schneider, E.: Automatism or Discretion in Monetary Policy. "Banca Nazionale Lavoro Quarterly Review", No. 93 (1970), S. 111ff.

Siebke, J.: An Analysis of the German Money Supply Process: The Multiplier Approach. „Beihefte zu Kredit und Kapital", H. 1 (1972), S. 243ff.

Siebke, J., Willms, M.: Das Geldangebot in der Bundesrepublik Deutschland. – Eine empirische Analyse für die Periode von 1958 bis 1968. „Zeitschrift für die gesamte Staatswissenschaft", Bd. 126 (1970), S. 55ff.

–: Zinsniveau, Geldpolitik und Inflation. „Kredit und Kapital", 5. Jg. (1972), S. 171ff.

Spencer, R. W.: The Relation between Prices and Employment: Two Views. "Federal Reserve Bank of St. Louis Review", Vol. 51, No. 3 (1969), S. 15ff.

Teigen, R. L.: Demand and Supply Functions for Money in the United States: Some Structural Estimates. "Econometrica", Vol. 32 (1964), S. 476ff.

–: Some Observations on Monetarist Analysis. „Kredit und Kapital", 4. Jg. (1971), S. 243ff.

–: A Critical Look at Monetarist Economics. "Federal Reserve Bank of St. Louis Review", Vol. 54, No. 1 (1972), S. 10ff.

Tintner, G.: The Theory of Choice under Subjective Risk and Uncertainty. "Econometrica", Vol. 9 (1941), S. 298ff.

Tobin, J.: The Interest-Elasticity of Transactions Demand for Cash. "The Review of Economics and Statistics", Vol. 38 (1956), S. 241ff.

–: Liquidity Preference as Behaviour Towards Risk. "The Review of Economic Studies", Vol. 25 (1958), S. 65ff.

–: A General Equilibrium Approach to Monetary Theory. "Journal of Money, Credit and Banking", Vol. 1 (1969), S. 15ff.

Tobin, J., Brainard, W. C.: Financial Intermediaries and the Effectiveness of Monetary Controls. "The American Economic Review", Vol. 53 (1963), Papers and Proceedings, S. 383ff.

Tsiang, S. C.: Liquidity Preference and Loanable Funds. Theories, Multiplier and Velocity Analysis: A Synthesis. "The American Economic Review", Vol. 46 (1956), S. 539ff.

–: The Precautionary Demand for Money: An Inventory Theoretical Approach. "The Journal of Political Economy", Vol. 77 (1969), S. 99ff.

Vanderkamp, J.: Inflation: A Simple Friedman Theory with a Phillips Twist. "Journal of Monetary Economics", Vol. 1 (1975), S. 117ff.

Whalen, E. L.: A Rationalization of the Precautionary Demand for Cash. "The Quarterly Journal of Economics", Vol. 80 (1966), S. 314ff.

3. Sammelwerke, Beiträge aus Sammelwerken u. a.

Alchian, A. A.: Information Costs, Pricing, and Resource Unemployment. In: E. S. Phelps et al. Microeconomic Foundations of Employment and Inflation Theory. New York 1970. S. 27ff.

Bernholz, P.: Die Reaktionen der Banken auf Maßnahmen der Zentralbank und ihre Auswirkungen auf Geld- und Kreditmärkte. In: Studien zur Geldtheorie und monetären Ökonometrie. Hrsg. von G. Bombach (Schriften des Vereins für Socialpolitik, Neue Folge, Bd. 66.) Berlin 1972. S. 61ff.

Brunner, K. (Hrsg.): Targets and Indicators of Monetary Policy. San Francisco 1969.

Brunner, K.: Zwei alternative Theorien des Geldangebotsprozesses: Geldmarkt- versus Kreditmarkttheorie. In: Geldtheorie. (Hrsg. von K. Brunner, H. G. Monissen, M. J. M. Neumann). Köln 1974. S. 114ff.

–: Geldtheorie und Geldpolitik IV: Aus der Sicht des Monetarismus. In: Handwörterbuch der Wirtschaftswissenschaft (HdWW). Zugleich Neuauflage des Handwörterbuchs der Sozialwissenschaften. 3. Bd. (1981). S. 391 ff.

Brunner, K., Monissen, H. G., Neumann, M. J. M. (Hrsg.): Geldtheorie. Köln 1974.

Cagan, P.: The Monetary Dynamics of Hyperinflation. In: Studies in the Quantity Theory of Money. (Ed. by M. Friedman). Chicago 1956. S. 25ff.

Clower, R.: The Keynesian Counterrevolution: A Theoretical Appraisal. In: The Theory of Interest Rates. Proceedings of a Conference held by the International Economic Association. (Ed. by F. H. Hahn and F. P. R. Brechling). London, New York 1965. S. 103ff.

Clower, R. (Hrsg.): Monetary Theory. Selected Readings. Penguin Books. Harmondsworth 1969.

Ehrlicher, W.: Geldtheorie und Geldpolitik III: Geldtheorie. In: Handwörterbuch der Wirtschaftswissenschaft (HdWW). Zugleich Neuauflage des Handwörterbuchs der Sozialwissenschaften. 3. Bd. (1981). S. 374 ff.

Ehrlicher, W., Becker, W.-D. (Hrsg.): Die Monetarismus-Kontroverse. Eine Zwischenbilanz. (Beihefte zu Kredit und Kapital, H. 4.) Berlin 1978.

Friedman, M.: The Quantity Theory of Money – A Restatement. In: Studies in the Quantity Theory of Money. (Ed. by M. Friedman). Chicago 1956. S. 3ff.

Friedman, M. (Hrsg.): Studies in the Quantity Theory of Money. Chicago 1956.

Friedman, M., Meiselman, D.: The Relative Stability of Monetary Velocity and the Investment Multiplier in the United States, 1897–1958. In: E. C. Brown et al.: Stabilization Policies. A Series of Research Studies Prepared for the Commission on Money and Credit. Englewood Cliffs, N. J. 1963, S. 165ff.

Hagen, E. E.: The Classical Theory of the Level of Output and Employment. In: Readings in Macroeconomics. (Ed. by M. G. Mueller). New York 1966. S. 3ff.

Häuser, K.: Die Geldmarktabhängigkeit des deutschen Kapitalmarktes. In: Geld- und Währungspolitik in der Bundesrepublik Deutschland. (Beihefte zu Kredit und Kapital, H. 7.) Hrsg. und eingeleitet von W. Ehrlicher, D. B. Simmert. Berlin 1982. S. 309 ff.

Hicks, J. R.: The Pure Theory of Portfolio Selection. In: Critical Essays in Monetary Theory. (Ed. by J. R. Hicks). Oxford 1967. S. 103ff.

Johnson, H. G.: Selected Essays in Monetary Economics. London, Boston, Sydney 1978.

–: Recent Development in Monetary Theory. In: Selected Essays in Monetary Economics. (Ed. by H. G. Johnson). London, Boston, Sydney 1978. S. 73ff.

Kaldor, N., Trevithick, J., Geldtheorie und Geldpolitik V: Aus keynesianischer Sicht. In: Handwörterbuch der Wirtschaftswissenschaft (HdWW). Zugleich Neuauflage des Handwörterbuchs der Sozialwissenschaften. 3. Bd. (1981). S. 412ff.

Kalmbach, P. (Hrsg.): Der neue Monetarismus. München 1973.

Kath, D.: Geld und Kredit. In: Vahlens Kompendium der Wirtschaftstheorie und Wirtschaftspolitik. Band 1. 2., überarb. u. erw. Aufl. München 1984. S. 173ff.

Möller, H., Jarchow, H.-J.: Kreditangebot, Kreditnachfrage und exogene Geldbasis. Eine theoretische und ökonometrische Studie für die Bundesrepublik. In: Geld- und Währungspolitik in der Bundesrepublik Deutschland. (Beihefte zu Kredit und Kapital, H. 7.) Hrsg. und eingeleitet von W. Ehrlicher, D. B. Simmert. Berlin 1982. S. 207ff.

Patinkin, D.: Geld und Vermögen. In: Geldtheorie. (Hrsg. von K. Brunner, H. G. Monissen, M. J. M. Neumann). Köln 1974. S. 154ff.

Phelps, E. S. et al.: Microeconomic Foundations of Employment and Inflation Theory. New York 1970.

Ritter, L. S.: The Role of Money in Keynesian Theory. In: Banking and Monetary Studies. (Ed. by D. Carson). Homewood, Ill. 1963. S. 134ff.

Smith, W. L., Teigen, R. L. (Hrsg.): Readings in Money, National Income, and Stabilization Policy. 4th. ed. Homewood, Ill., 1978.

Teigen, R. L.: The Demand for and Supply of Money. In: Readings in Money, National Income, and Stabilization Policy. (Ed. by R. L. Teigen). 4th. ed. Homewood, Ill., 1978. S. 54ff.

Thorn, R. S. (Hrsg.): Monetary Theory and Policy. Major Contributions to Contemporary Thought. New York 1976.

Tobin, J.: The Theory of Portfolio Selection. In: The Theory of Interest Rates. Proceedings of a Conference held by the International Economic Association. (Ed. by F. H. Hahn and F. P. R. Brechling) London, New York 1966. S. 3ff.

Willms, M., Riechel, K. W.: Geldtheorie und Geldpolitik VII: Geldangebot. In: Handwörterbuch der Wirtschaftswissenschaft (HdWW). Zugleich Neuauflage des Handwörterbuchs der Sozialwissenschaften 3. Bd. (1981). S. 451ff.

Woll, A.: Geldtheorie und Geldpolitik VIII: Geldnachfrage. In: Handwörterbuch der Wirtschaftswissenschaft (HdWW). Neuauflage des Handwörterbuchs der Sozialwissenschaften. 3. Bd. (1981). S. 464ff.

Personenregister[1])

[1]) Die unter den Literaturangaben (S. 338ff.) genannten Autoren sind hier nicht vollständig aufgeführt.

Sachregister[1])

---

[1]) Die fett gedruckten Ziffern geben die Stellen an, an denen der betreffende Begriff erläutert wird.